벤져민 그레이엄의
성장주 투자법

Benjamin Graham and the Power of Growth Stocks
Copyright © 2012 by Frederick Martin, Nick Hansen, Scott Link, Rob Nicoski
All rights reserved.

Korean Translation Copyright © 2022 by BOOKON
Korean edition is published by arrangement with McGraw Hill LLC
through Imprima Korea Agency

이 책의 한국어판 저작권은 Imprima Korea Agency를 통해
McGraw Hill LLC와의 독점 계약으로 부크온에 있습니다.
저작권법에 의해 한국 내에서 보호를 받는 저작물이므로
무단 전재와 무단 복제를 금합니다.

벤저민 그레이엄의
성장주 투자법

초판 1쇄 · 2022년 3월 15일

지 은 이 · 프레더릭 마틴
옮 긴 이 · 김상우

펴 낸 곳 · (주)한국투자교육연구소 부크온
펴 낸 이 · 김재영
편   집 · 이승호, 권효정
편집지원 · 김경수
디 자 인 · 강이랑
주   소 · 서울시 영등포구 문래동 문래 SK V1센터 1001호
전   화 · 02-723-9004
팩   스 · 02-723-9084
홈페이지 · www.bookon.co.kr
블 로 그 · blog.naver.com/bookonblog
이 메 일 · book@itooza.com
출판신고 · 제322-2008-000076호(2007년 10월 17일 신고)

I S B N · 978-89-94491-99-8 13320

◆ 부크온은 (주)한국투자교육연구소의 출판 브랜드입니다.
◆ 파손된 책은 교환해 드리며, 책값은 뒤표지에 있습니다.
◆ 무단전재나 무단복제를 금합니다.

꿈의 주식에 투자하는 가장 안전한 선택

벤저민 그레이엄의 성장주 투자법

프레더릭 마틴 지음 | 김상우 옮김

차례

- 추천사 1　　　　　　　　　　　　　　　　　…9
- 추천사 2　　　　　　　　　　　　　　　　　…12
- 감사의 글　　　　　　　　　　　　　　　　　…16

1　그레이엄이 가르쳐준 것들　　　　　　…19

잃어버렸던 '거장의 투자 공식' | '안전마진'을 먼저 생각하라 | 그레이엄이 바라본 성장주 투자 | 버핏의 '재무상태표에 국한되지 않는 가치평가' | 투자철학은 현실에 근거한다

2　최고를 추구하는 기업을 찾아라　　　…37

'의미 없는 구분'을 하는 이유 | 가치투자로 수익 내는 법 | 성장투자로 수익 내는 법 | 성장기업과 가치기업의 공통 문제 | 가치투자의 6가지 문제 | 성장투자의 6가지 문제 | 투자자는 적절한 복리수익을 올려야 한다 | 구체적인 목표수익률부터 정하라 | 내 투자 실적 계산하기 | 장기수익률의 과제 | 배당금 재투자 리스크를 고려하라 | 케이크를 먹어도 손에는 여전히 케이크가 있다 | '빅 아이디어'의 힘 | 손 안의 한 마리 새 vs. 수풀 속의 두 마리 새

3 기업의 진정한 가치를 알려주는 그레이엄의 공식 ··· 95

손쉽게 기업 가치 계산하는 법 | 그레이엄의 공식 : (8.5+2g)×EPS | 다른 가치 평가 공식들 | 가치평가 공식들이 가진 결함 | '현재의 내재가치'를 계산할 때의 주의점 | '7년 전망'을 수립하라 | 미래가치 평가 4단계 | 공식은 단순할수록 좋다 | 그레이엄의 공식이 제공하는 혜택 | 성장투자에 대한 그레이엄의 '선물'

『증권분석』 개정판(1962년) 39장 전문 '성장주 가치평가를 위한 보다 새로운 방법'

4 중요한 것은 매도가 아니라 매수다 ··· 145

'매수 원칙'에 집중하라 | 주식시장만의 독특한 특징 | 매수가 정하기 | '기준수익률'이 중요하다 | 매수가 원칙을 고수하라 | '변동성'은 주식시장이 주는 선물이다 | 시장 변동성을 이용한 매수 | 서둘러 주식을 매수할 필요가 있을까 | 매수 결정의 교과서적 사례 : 시스코 | 꾸준한 복리수익을 만들자

5 언제나 안전마진을 생각하라 ··· 183

투자의 '안전마진'과 비행의 '안전마진' | 안전지대에 머물기 | 안전마진을 결정하는 지배적 변수 | 안전마진을 구축하는 핵심 규칙 | 성장투자는 제트기를 조종하는 것과 같다

6 좋은 기업을 가늠하는 잣대 ··· 211

'사업 성장이 빠른 기업'과 '훌륭한 성장기업' | 방어 가능한 사업모델: 훌륭한 성장기업을 규정하는 요소 | '지속 가능한 경쟁우위' | 경쟁우위로서의 '진입장벽' | 충성도 높은 고객층 구축하기 | 경쟁우위가 있다는 것을 보여주는 신호와 지표들 | 투하자본이익률과 주식 투자수익 간의 관계 | 위험한 경쟁우위 신화들 | '경쟁우위 지키기' | '우수한 업무 효율성'을 가늠하는 잣대 | '파이'를 키우는 5가지 요인 | '나쁜 성장' 피하기 | '선형 성장'의 함정 | '정밀한 예측'이 필요 없는 경우 | "주주들의 최선의 이익을 위해 봉사하고 있는가?" | 자본 규율: 현명하고 합리적인 자본의 사용 | 자본을 주주들에게 돌려주는 문제 | '이익 첨가'라는 허울 | 투명하게 밝히면 경쟁에 불리하다? | 시간은 소수의 좋은 주식을 찾는 데 써야 한다

7 투자 사례: 그레이엄의 가르침을 제대로 활용하라 ··· 289

투자 경험을 소개하는 목적 | '한물 간 컴퓨터 제조회사' 애플 | 애플에 투자한 이유 | 스티브 잡스가 그린 '새로운 애플' | '우수한 재무 상태', '할인된 주가', '혁신적인 신제품' | '아이폰의 시대'를 연 애플의 혁신 | 스타일을 만들어 낸 '폴로' | 좋은 기업을 매수하려면 '미스터 마켓'을 이용하라 | 높은 시장점유율이 매력인 '맥러드USA' | 리스크를 제대로 평가하라 | 최대가 아니라 최고가 되려는 노력, '플렉서스' | 경영진의 일관된 메시지 그리고 실적 | 혁신적인 신제품에 초점을 맞춘 '미들비' | "CEO가 회사 지분을 얼마나 보유하고 있나요?" | '더 강한 기업'을 추구하는 곳에 투자하라 | 투자 성공 확률을 높이기 위해 기억해야 할 것들

8 부자가 되기 위해 경계해야 할 것들 ··· 347

모르는 것과 알면서도 하지 않는 것 | 모든 것을 알고 난 후에도 계속 배워야 한다 | 주식중개인은 당신의 돈을 다 없어질 때까지 투자하는 사람이다 | 그저 뭔가를 하기 위해 하는 일은 하지 마라, 차라리 그냥 가만히 있어라 | (그는) 특별히 뭔가를 하지는 않았지만, 매우 잘했다 | 껴안을 것은 지수가 아니라 여러분의 어머니다 | 3개월이란 기간은 어떤 의미도 없다 | 그 기차를 타고, 코카인에 취하다 | 나이 들수록 남은 시간은 적어지고 인내심은 커진다 | 목표가의 함정 | 내가 돈보다 더 좋아하는 것이 딱 하나 있다… 바로 다른 사람의 돈이다 | 내가 전문가들을 믿는 실수를 하다니! | '성과 없는 노력'의 가치 | 다른 사람은 모르는 뭔가를 아는 것, 그것이 사업의 비밀이다

9 성공투자의 핵심 원칙 ··· 383

투자전략을 구성하는 핵심 개념 | 모두가 승자가 되는 방법 | 그레이엄 투자 원칙을 실전에 응용하기 | 투자를 단순화하라

부록 현재가치와 미래가치 ··· 409

각자 자신의 꿈을 추구하길 바라며,
세 아들, 피터, 테드, 윌에게 이 책을 바칩니다.

추천사 1

숙향
『이웃집 워런 버핏, 숙향의 투자 일기』 저자

주식의 내재가치를 계산하는 방법으로는 워런 버핏도 활용하는 현금흐름할인법(DCF)이 널리 알려져 있습니다. 이 방법은 각 기업의 미래 예상 수익률과 할인율(이자율) 두 요소가 중요한데, 버핏도 인정했듯이, 두 가지 요소 모두 추정이 어려운 데다 수치 변동에 따른 내재가치 변동률이 크기 때문에 활용하기에 쉽지 않습니다. 이런 이유로 버핏은 아예 모르는 것보다는 대략이라도 아는 게 낫다면서, 이 방법을 사용하는 대신, 안전마진을 크게 가져갈 것을 주문합니다.

가치투자의 대가인 벤저민 그레이엄은 내재가치를 산정하는 공식으로 '(8.5 + 2G) × EPS'를 제시했습니다. 이 공식은 가치주와 성장주 모두 내재가치 계산을 간편하게 할 수 있도록 했으며 특히 DCF 방식에서 할인율을 제외함으로써 활용가치를 높였습니다.

이 책의 저자인 프레더릭 마틴은 1997년 자산관리회사인 DGI를 설립한 이후 뛰어난 성과를 올리고 있는 현직 펀드매니저입니다. 그는 그레이엄의 『증권분석』 1962년 개정판 '성장주 가치평가를 위한 방법'을 다룬 39장에서 제시한 그레이엄의 내재가치 계산 공식과 자신이 설정한 기본수익률을 충족하는 종목을 발굴하는 방법으로 투자자산을 운용한다고 합니다.

저자는 현재 사용하고 있는 내재가치 투자법이 어떻게 만들어졌는지 그리고 다른 내재가치 계산법에 비해 어떻게 우월한지 그 이유를 설명합니다. 또한 투자 과정에서 직접 경험한 다양한 사례를 통해 성장주 투자법의 유용성과 응용 방법을 일러줍니다. 크게 성공한 투자와 처참하게 실패한 투자 사례 모두를 보여주는데, 저자의 생생한 경험은 독자들의 이해도를 높입니다.

저자는 이 책을 그레이엄의 가장 중요한 원칙들을 성장주 투자에 적용하는 것을 돕는 하나의 참고서로 이용해주면 좋겠다고 했고, 포트폴리오를 구축할 때는 안전마진, 미스터 마켓 그리고 복리 수익의 힘 3가지를 핵심 개념으로 반드시 적용해야 한다는 당부를 덧붙입니다.

저자의 성장주 투자법은 매도보다 매수를 더 중시하는데, 이를 위해 그레이엄 가르침의 핵심인 안전마진과 시장의 변동성을 이용할 것을 강조합니다.

가치투자는 현재 가치에 비해 싼 주식에 투자하는 것이고 성장주 투자는 미래 가치에 비해 싼 주식에 투자하는 방식이지만 가치투자의 기본인 가치에 비해 싼 주식을 매수한다는 점에서는 둘은 다르지 않습니다.

한편 성장주 투자는 미래 수익을 예측하기 위해 종목 분석에 많은 시간을 할애해야 하므로 본업이 있는 투자자들이 배워서 활용하기에는 쉽지 않은 투자법이라는 점을 지적하고 싶습니다.

가치투자의 밑바탕에는 투자하고 있는 기업(주식)이 지금까지 잘해

왔으므로 앞으로도 잘할 거라는 기대감이 있습니다. 이 책은 가치투자자들이 가장 중시하는 안전을 기본으로 두고 성장주에 투자하는 방법을 제시한다는 점에서 저처럼 전통적인 가치투자를 지향하는 투자자에게도 일독의 가치가 충분하다고 생각합니다.

본문에서 찾은, 제가 생각하는, 이 책의 핵심 문장입니다.

"지속 가능한 경쟁우위를 가진 유망한 성장기업들을 찾아서, 그레이엄의 가치평가 공식을 사용해 그 주식들의 가치를 평가하고, 시장이 적절한 매수 기회를 제공할 때까지 참고 기다리면 성공 확률을 높일 수 있다."

추천사 2

크레이그 웨플렌 Craig R. Weflen
노란 신경과병원 Noran Neurological Clinic 원장

내가 처음 프레드(프레더릭 마틴)를 만난 것은 30여 년 전인 1979년이었다. 당시 나는 미니애폴리스 주의 한 신경과병원 부원장으로 있었고, 프레드는 그 지역 한 투자회사의 젊은 펀드매니저였다.

그때 우리 병원은 병원 연기금을 운용할 새로운 펀드매니저를 찾고 있었다. 그 후보자들을 골라 최종 후보자 명단을 만드는 것이 나의 과제였다. 후보자들은 펀드에 관한 자신의 운용계획을 우리에게 설명했으며, 프레드도 그 중 한명이었다.

대부분의 펀드매니저들은 자신의 전문성을 잘 보여주는 화려한 그림, 차트, 표 등을 갖춘 멋진 설명 자료를 준비해 왔다. 그런데 프레드는 그런 게 전혀 없었다. 그는 그저 회의실에 들어와 자리에 앉은 후 진지하게 자신의 투자철학을 설명하기만 했다.

프레드는 말재주가 뛰어나지는 않았다. 하지만 그의 말 속에는 다른 펀드매니저들에게는 전혀 없던 '실질적인 내용'이 있었다. 그는 우리 병원 연기금을 정확히 어떻게 운용하고 불려나갈 것인지 아주 자세히 설명했다.

심사과정 끝 무렵, 내가 프레드를 선택하겠다고 하자 병원 동료들은 다들 놀라는 눈치였다. 더 세련된 다른 후보자들이 있었기 때문이었다. 하지만 프레드에게는 그들과 구별되는 정직함, 성실함, 그리고 조용한 자신감이 있었다. 나는 내 결정을 끝까지 고수했다. 그리고 결국 프레드가 우리 병원 연기금을 운용하게 됐다.

처음에 우리는 프레드에게 연기금 운용 현황을 한 달에 한 번 보고해 달라고 했다. 그러나 2년 후, 그의 능력에 대한 우리의 확신이 커진 후에는 분기에 한 번 보고해 달라고 했고, 그 후에는 1년에 한 번 보고해 달라고 했다. 최근에는 그에게 운용 현황 보고를 요청하지도 않았다. 연기금 계좌에 불어난 수익만 보면 그 현황을 알 수 있기 때문이었다.

1980년 프레드가 병원 연기금 계좌 운용 책임을 처음 맡았을 때, 연기금 펀드의 총자산은 84만 1,338달러였다. 그 후 일부 자금이 연기금 펀드에 추가되고, 또 일부 자금이 퇴직급여로 인출되면서 96만 7,943달러가 연기금 펀드에 순유입 되었다. 따라서 우리가 적립한 연기금의 원금은 총 180만 달러가 됐다(1980년 당시 연기금 펀드 자산 + 그 후 순유입액).

그리고 프레드의 운용 하에 이 180만 달러는 2011년 4월 30일까지 9,690만 달러로 불어났다. 5,000% 이상 증가한 것이다. 프레드는 우리 연기금 펀드를 주식과 채권을 균형 있게 혼합한 포트폴리오balanced account로 운용했다. 1980년부터 2011년 4월까지 이 포트폴리오의 총수익률은 연평균 13.8%였으며, 그 중 주식 자산의 수익률은 연평균 16.1%에 달했다. 이런 수익률은 30년 동안 거의 들어보지 못한 실적이었다. 같은 기간 S&P 500 지수의 연평균 상승률은 11.4%였다.

일단 프레드를 채용하기로 하자, 나머지는 쉬웠다. 처음부터 우리 모두는 프레드가 정직하고 윤리적인 사람이라는 것을 분명히 알게 되었다. 그는 항상 솔직하게 털어놓고 말했고, 자신이 하고 있는 일을 소상히 밝혔으며, 자신이 하겠다고 말한 것은 정확히 그렇게 했다. 그는 보이는 것과 똑같은 그런 사람이었다. 우리는 그의 말을 그대로 믿었고, 그의 방법을 완전히 신뢰했다.

사실 우리가 어떤 다른 선택의 여지가 있었던 것도 아니었다. 프레드는 자신이 자기 일을 할 수 있게 인내해주고 믿어주는 고객하고만 일한다는 것을 분명히 했다. 만약 그를 믿지 못하고 계속 의심했다면, 그는 우리를 떠났을 것이다.

오랜 세월에 걸쳐 우리의 업무 관계는 점차 개인적인 우정으로 발전해 갔다. 수년 전 내가 55세의 나이에 은퇴를 고려하고 있을 때 프레드는 나를 설득해 생각을 바꾸게 했다. 그는 내가 모두의 공익에 기여할 수 있는 특별한 재능이 있다고 했다. 나는 그의 조언을 받아들여 내 일을 계속 했으며, 그 후 한 순간도 이런 결정을 후회한 적이 없다.

매년 그리고 수십 년 동안 프레드가 정말 훌륭한 포트폴리오 실적을 쌓는 것을 지켜본 나는 프레드가 쓴 이 책을 정말 읽어보고 싶었다.

나는 프레드가 어떤 사람인지, 그리고 그가 우리 포트폴리오를 키우면서 보여준 인내심과 규율에 대해 이미 잘 알고 있었지만, 더 많은 것을 배우고 싶었다.

나는 그가 벤저민 그레이엄으로부터 받아들인 주식 평가 공식, 주식 선정과정, 안전마진, 그리고 한 기업이 지속 가능한 경쟁우위를 가지고 있는지 판단할 때 그가 고려하는 것들에 대해 알고 싶었다. 또 주식시장에서 성공적인 투자를 하기 위해 필요한 인내, 끈기, 규율, 그리고 결정과정에 영향을 미칠 수 있는 것들에 대해서도 알고 싶었다.

나는 보다 자세한 내용을 이 책에서 찾아보고, 그가 우리 연기금의 투자원금 180만 달러를 어떻게 9,690만 달러로 불릴 수 있었는지 제대로 알고 싶었다.

그리고 이 책을 읽고 난 지금, 그가 어떻게 그런 마법 같은 실적을 올릴 수 있었는지 정확히 알게 되었다.

이제까지 지켜보건대, 프레드는 우리에게 들려줄 훌륭한 이야기를 갖고 있는 사람이다. 마침내 그가 이 책을 통해 그 흥미진진한 이야기를 세상사람 모두에게 알릴 수 있게 된 것을 매우 기쁘게 생각한다.

감사의 글

많은 분들께 감사를 드리고 싶다.

먼저, 벤저민 그레이엄과 워런 버핏에게 감사드린다. 벤저민 그레이엄은 투자에 대한 기념비적 업적을 남겼을 뿐만 아니라 증권분석을 포함한 재무분석에 깊은 애정을 보여주었다. 그리고 워런 버핏은 여러 글을 통해 자신의 투자철학을 기꺼이 그리고 솔직하게 공유해 주었다.

나의 동료 닉 한센Nick Hansen, 스코트 링크Scott Link, 롭 니코스키Rob Nicoski에게도 고마움을 전한다. 이 책의 1장을 써 준 닉은 미래가 아주 촉망되는 젊은 청년이다. 7장을 쓴 스코트는 뛰어난 애널리스트이며, 모든 면에서 매우 훌륭한 경쟁력을 갖춘 사람이다. 6장을 맡은 롭은 흠잡을 데 없는 논리와 뛰어난 개인적 용기를 결합해 투자를 해 왔다. 이들이 쓴 각 장은 내가 따로 손댈 필요가 거의 없을 정도였다.

진 월든Gene Walend도 이 책을 쓰는 데 많은 도움을 주었다. 그는 이 책의 여러 부분을 직접 써주었을 뿐 아니라 이 책의 편집자 역할까지 해 주었다. 특히 그는 내가 이 책을 언제 끝낼지 알 수 없던 시기에도 포기하지 않고 계속 작업할 수 있도록 나를 북돋아 주었다.

데니스 세네세스$^{Dennis\ Senneseth}$, 폴 베커$^{Paul\ Becker}$, 브래드 앤더슨$^{Brad\ Anderson}$은 나에게 투자를 가르쳐 준 스승들이다. 데니스는 내가 업계 초년생 시절 기업을 체계적으로 분석하는 것이 가능하다는 것을 가르쳐 주기도 했다. 또 그는 세상을 사람들과 다르게 보는 것도 좋을 수 있다는 것을 알려 주었다. 폴 베커는 좋은 아이디어를 찾아 구석구석 살펴보는 법, 모든 아이디어에 동일한 원칙을 적용하는 법을 가르쳐 주었다. 브래드는 주식과 관련된 전반적인 환경에 대해 깊이 생각하는 법을 알려 주었다.

지금은 고인이 되신 존 파커$^{John\ Parker}$에게도 깊은 감사를 드린다. 존은 내 고객이었으며, 나의 멘토나 다름없는 분이었다. 그리고 내가 만났던 사람들 중 최고의 리스크 관리자였다.

이 책의 추천사를 써 준 크레이그 웨플렌에게도 고마움을 전한다. 크레이그는 '최고의 고객'이란 찬사에 가장 잘 어울리는 사람이다.

나의 형 프랭크^{Frank}에게도 감사의 마음을 전해야겠다. 프랭크는 투자에는 한 가지 이상의 방법이 있다는 것을 내게 알려 주었다.

이 책을 처음 제안하고 쓰게 만든 로버트 버스$^{Robert\ Buss}$에게도 고마움을 전한다. 사실 책을 쓴다는 것은 내 버킷 리스트에는 없던 일이었다.

독창성과 뛰어난 기술적 능력으로 이 책에 수록된 도표들을 이해하기 쉽게 만들어준 에반 알메로스$^{Evan\ Almerroth}$에게도 감사의 말을 전한다. 한 장의 그림은 천 마디 말만큼 가치가 있는 것이기 때문에 에반이야말로 이 책에 가장 많은 기여를 했다고 할 수 있다.

나는 우리 회사 디서플린드 그로스 인베스터스(DGI)$^{Disciplined\ Growth}$

Investors의 모든 직원들의 능력과 헌신 덕분에 편하게 이 책 집필에 매달릴 수 있었다. 이 기회를 통해 DGI의 모든 직원에게 깊이 감사드린다.

또 일일이 언급할 수 없을 정도로 많은 DGI 고객들에게도 감사를 드린다. DGI 고객들은 우리의 믿음을 실천하고 그런 실천을 통해 지식을 얻는 것을 허락해 주었다.

나에게 터보프로펠러 비행기와 제트기 비행법을 가르치는 그런 골치 아픈 일을 하면서도 품위를 지키며 나의 동료 조종사가 되어 준 제임스 도비쉬James Dobesh에게도 고마움을 전한다. 그는 뛰어난 비행기술뿐 아니라 비행에 안전마진을 어떻게 적용해야 하는지도 몸소 보여주었다.

마지막으로 내 날개를 받쳐주는 바람, 아내 수Sue에게도 깊은 감사의 말을 전한다.

1

그레이엄이 가르쳐준 것들

 Benjamin Graham

잃어버렸던 '거장의 투자 공식'

50년 이상 투자에 매진한 벤저민 그레이엄은 주식의 분석, 매수, 매도 방법에 있어 주식시장 역사상 그 누구보다도 큰 영향을 끼쳤다.

그레이엄은 주식시장이 거의 전적으로 매우 부유한 사람들만 이용하던 시대부터 직업과 은퇴저축계좌를 가진 거의 모든 사람이 이용하는 대중적인 시장으로 발전하던 시대까지 왕성하게 활동했다.

교수이자 작가, 그리고 주식 거래자로서 그레이엄은 주식투자를 직관, 감정, 모멘텀에 기초한 광적이고 투기적인 행위에서 엄격한 공식, 치밀한 분석, 그리고 방법론적 타이밍에 기초한 정밀과학으로 바꿨다.

1976년 82세의 나이로 세상을 떠난 그레이엄은 '월스트리트의 학장', '증권분석의 아버지' 그리고 '가치투자의 창시자'로 불린다.

작가로서 그는 역사상 가장 성공적인 두 권의 투자서를 남겼다. 1934년 데이비드 도드^{David Dodd}와 공저한 『증권분석^{Security Analysis}』 그리고 1949년에 발간한 『현명한 투자자^{The Intelligent Investor}』가 바로 그것이다.

그레이엄은 이 두 책에서 자신의 투자방법론을 자세히 설명했다. 이 책들은 초판 발간 이후에도 개정판을 통해 주기적으로 업데이트 되었다. 그리고 오늘날에도 여전히 활발히 판매되고 있다.

그레이엄이 금융계에 얼마나 많은 영향을 끼쳤는지 알고 싶다면, 그가 수십 년 동안 워런 버핏의 멘토였다는 사실부터 먼저 떠올려주기 바란다.

그레이엄이 가장 널리 알려진 것은 가치투자에 대한 그의 기여 때문일 것이다. 여기서 '가치투자'란 기본적으로 엄격한 분석과 타이밍에 기초한 투자방법론이다. 내재가치에서 할인된 가격에 거래되는 저평가된 주식을 매수해서 이 주식이 적절한 수익률을 제공하면 매도하는 것이다.

그러나 그레이엄에 관한 것 가운데 투자대중들에게 거의 잊혀진 것도 있다. 그의 가장 위대한 발견 중 하나임에도 불구하고 말이다. 바로 성장주 투자에 관한 것이다.

'벤저민 그레이엄'이라는 이름은 가치투자와 거의 동일시되는 것이 사실이다. 하지만 그레이엄은 현업 말년에 와서 성장주 투자의 가치도 다시 보기 시작했다. 더욱이 그는 성장주 투자를 위한 공식과 투자방법론을 개발해『증권분석』개정판(1962년) 39장에 '성장주 가치평가를 위한 보다 새로운 방법 Newer Methods for Valuing Growth Stocks'이란 제목으로 소개하기까지 했다.

이후『증권분석』의 개정판 작업 및 출간은 '그의 후학들'에 의해 1988년과 2008년에도 진행되었다. 그런데 불행히도 성장주 투자에 대한 장$^\text{章}$은 1962년판 이후에 발간된 모든 판본에서 사라져버렸다.

성장주 투자에 대한 장이 왜 빠졌는지에 대한 아무런 설명도 없었다. 성장주 투자에 대한 장이 빠지기 시작한 것은 이상하게도 1976년 그레이엄이 세상을 떠나고 난 후 벌어진 일이다.

성장주 투자에 대한 장이 사라진 이유와 별개로, 이 때문에 지난 수십 년 동안 1962년판 이후 판본으로 『증권분석』을 읽은 투자자들은 그레이엄이 제공한 가장 중요한 투자 통찰 중 하나를 접하지 못하게 되었다.

우리 책의 기본적인 목적은 '그동안 잃어버렸던' 그레이엄의 투자 공식과 방법론을 재조명함으로써 개인 및 전문투자자 모두가 성장주를 분석하고 매수함에 있어 그레이엄의 투자 통찰을 활용할 수 있도록 하려는 것이다(그레이엄의 성장주 투자에 대한 장은 우리 책 3장에서 그 전문을 공개했다).

'안전마진'을 먼저 생각하라

그레이엄의 투자철학은 2가지 중요한 전제에 뿌리를 두고 있다. 하나는 증권은 그 가격과 관계없이 분석되어야 한다는 것이고, 다른 하나는 어떤 증권이든 미래 실적은 불확실하다는 것이다.

그래서 그레이엄이 제안한 것은, 손실로부터 자신의 투자를 보호할 수 있는 안전마진을 확보하기 위해 증권을 평가된 가치에서 할인된 가격에 매수하는 것을 목표로 하라는 것이다. 투자의 리스크와 수익은 모두 분석의 질과 이런 '안전마진Margin of Safety'에 달려 있다는 것이다.

그레이엄은 여기서 멈추지 않았다. 이런 원칙들을 굳건히 유지한 채, 그는 전문투자자와 개인투자자 모두를 위한 성공적인 투자에 관한 포괄적인 일련의 저작을 펴냈다.

『증권분석』에서 그는 투자 증권을 선정할 때 적용해야 할 적절한 핵심 사항과 기법들에 주로 치중했다. 그리고 그의 가장 영향력 있는 저작으로 널리 간주되고 있는 『현명한 투자자』에서는 투자자에 초점을 맞춰 자신의 투자철학을 펼쳐보였다.

이런 그레이엄의 저작이 가진 힘이 단순한 진리에 기초한 것이기 때문이라면, 시대를 초월하는 그 저작의 영속성은 그런 기초 위에 세운 그의 뛰어난 기법 때문이었다. 그는 공허한 학문으로 투자철학을 수립한 것이 아니다. 그는 오랜 세월에 걸친 힘든 경험을 통해 자신의 투자철학을 이끌어냈다.

그레이엄은 1894년 영국에서 태어나 그 이듬해 부모님과 함께 미국으로 이주했다. 부친은 미국에서 수입회사를 열었지만 실패했고, 그레이엄이 아직 아이였을 때 세상을 떠났다. 그리고 1907년 경제위기로 조금이나마 남아 있던 모친의 저축마저 사라져 버렸다. 그레이엄은 내내 생활고에 시달렸다.

그러나 그레이엄은 아주 우수한 학생이어서 컬럼비아대학에 입학했고, 20세의 나이에 차석으로 대학을 졸업했다. 졸업 당시 컬럼비아대학에서는 그에게 수학, 영어, 혹은 그리스 및 라틴 철학 교수직을 제안했지만, 그레이엄은 월스트리트에서 성공하기 위해 그 제안을 거절했다.

그리고 1914년 월스트리트의 증권중개사 뉴버거, 핸더슨 앤드 뢰브

Newburger, Henderson & Loeb에서 일을 시작했고, 빠르게 승진했다. 그리고 5년도 안되어 그레이엄은 연 50만 달러 이상을 벌게 되었다. 1919년 25세의 청년에게는 엄청난 거금이었다.

그러나 그 돈은 오래가지 못했다. 그레이엄과 1920년대 그의 사업 파트너가 된 제롬 핸더슨Jerome Henderson은 1929년 주가 대폭락으로 그들의 사업이 거의 망가지는 지경에 이르렀다. 그러나 친구들의 도움과 개인 자산 대부분을 매각함으로써 그레이엄과 핸더슨은 바닥에서 다시 일어설 수 있었다. 그레이엄이 초창기 자신의 실수에서 배운 교훈은 그 후 그의 투자철학을 형성하는데 큰 도움이 되었다.

그레이엄은 1950년대까지 일했고, 저술은 1970년대까지 계속했다. 그리고 이 기간 그는 몇 차례의 현대사 최대의 주가 급변과 경제적 격변들을 겪었다. 그럼에도 그는 자신의 저작들을 개정판으로 계속 업데이트하면서 자신의 이해와 통찰들을 다듬고 또 다듬었다.

그는 특별한 시대를 살아온 성공한 사업가이자 투자자였으며, 뛰어난 사상가였다. 그리고 지금까지 나온 투자에 관한 가장 중요한 저작들 중 두 권을 우리에게 남겼다.

그레이엄은 신기원을 이룬 투자매니저이고 많은 글을 쓴 작가일 뿐만 아니라, 1928년부터 1955년까지는 컬럼비아대학에서 학생들을 가르치기도 했다. 그의 학생 중 한 명이 워런 버핏이었다.

워런 버핏은 컬럼비아대학 졸업 후 그레이엄에게 자신을 고용해 달라고 요청하기도 했다. 그리고 약간의 우여곡절을 거쳐 버핏은 그레이엄의 회사에서 일하게 되었으며, 이곳에서 궁극적으로 그를 미국에서 가장 유명하고 성공한 주식투자자로 만든 '투자의 원칙'들을 배우게 되었다.

그리고 그 후 버핏은 그레이엄의 업적을 기반으로 투자자로서 한층 더 발전하게 되었다. 사실 버핏은 버크셔 해서웨이 연차보고서에 수록할 목적으로 그가 쓰고 널리 읽히게 된 '주주서한'에 영감을 제공한 것이 그레이엄이라고 말하기도 했다. 이 주주서한에서 버핏은 이해하기 쉬운 투자 통찰들을 언제나 지적으로 정직하면서도 유머러스하게 전하고 있다.

그레이엄이 바라본 성장주 투자

만약 그레이엄을 성장투자자로 묘사한다면 그의 많은 가치투자 추종자들 입장에서 볼 때는 논란의 여지가 많고, 거의 이단적인 주장임에 분명하다.

이제까지 가치투자와 성장투자는 완전히 다른 투자전략으로 간주돼 온 게 사실이다.

가치투자는 불확실한 미래에 대비해 (보다 적은 자본을 위험에 노출시키기 위해) 유동자산이나 이익에 보다 낮은 가격을 지불하는 것에 초점을 맞춘다.

반면, 성장투자는 전통적으로 해당 기업의 미래 성장이 주가 상승을 촉진할 것이란 기대 속에 투자자들이 그 기업의 유동자산이나 이익에 보다 높은 가격을 기꺼이 지불하는 것을 특징으로 한다.

그렇다면 그레이엄을 성장투자와 연결 짓기 위해서는 성장투자와 가치투자에 대한 기존의 전통적인 이해를 수정해야 한다.

가장 단순한 의미에서 '가치'란 투자 스타일이 아니라 매수 스타일을 말한다. 실제 성장과 가치라는 두 용어는 구분하기가 쉽지 않다. 우리는 그레이엄과 버핏 덕분에 '가치'를 고려하는 사고방식$^{value\ mindset}$이 실제로 성장투자 과정의 중요한 요인이 되었다고 믿는다.

이와 관련해서는 먼저 그레이엄과 버핏의 저작들을 살펴보면서 그들의 생각과 생각의 발전과정부터 되짚어 보는 것이 도움이 될 것이다.

대학 졸업 후 첫 직장에서 말단 채권세일즈맨으로 일을 시작한 그레이엄은 곧 통계 담당자로 승진했다. 그리고 통계 담당자가 되면서 그레이엄은 각 투자자산의 기본 수치들에 대한 이해와 평가 수준을 높일 수 있었다. 그러나 그레이엄이 증권분석의 기초가 되는 투자철학을 실제로 정립하기 시작한 것은 그의 부와 사업이 거의 망가진 후의 일이다.

그레이엄의 불운은 마진콜에 대한 유동성 문제, '인기'주에 대한 너무 낙관적인 투자, 그리고 대공황이 원인이었다. 하지만 동시에 그는 상당한 비영업용 자산, 높은 배당률, 그리고 일반적으로 저평가되고, 알려지지 않았거나, 인기 없는 자산을 가진 증권들을 매수해서 계속 돈을 벌었다.

이런 경험을 통해 그레이엄은 그의 저서 핵심에 스며들게 되는 가격, 가치, 그리고 안전우선^{conservatism}에 대한 견해를 형성하게 되었다.

그레이엄이 수입을 보충할 목적으로 글을 쓰게 된 것은 1929년에서 1932년까지 진행된 주가 폭락 때문이었다. 『증권분석』과 『현명한 투자자』 외에도 그는 다른 여러 책과 글, 논문 등을 썼다.

그레이엄의 사고의 발전과정을 이해하는 관건은 그의 지식의 원천을 아는 것이다. 학교에서 고전을 배우긴 했지만, 그가 『증권분석』 초판을 발간한 시점(1934년)에는 이미 이 분야에서 20년의 실무경험을 쌓은 뒤였다. 그리고 그 후 계속된 그의 직업적 경험과 경험주의에 대한 신조는 추후 발간된 개정판(1940년판, 1951년판, 1962년판)들에 훨씬 풍부한 내용을 제공하게 되었다.

그레이엄은 순전히 수학적인 투자이론 혹은 수학적으로 잘 구축된 투자이론을 만들려고 하지는 않았다. 그는 역동적인 귀납적 관점dynamic, bottom-up perspective을 적용해 자신의 생각을 발전시켰다. 그레이엄의 투자철학은 그의 이런 지식의 원천을 반영하고 있는 것이다.

모든 투자와 그 투자의 수익률의 결과는 가장 기본적으로는 그 투자에 지불하는 가격에 의해 결정된다. '가치에 대한 시장의 투표'라 할 수 있는 이 가격은 해당 기업의 가치를 보여주는 강력한 논거가 될 수 있다. 그러나 그레이엄은 이런 주장을 거부했다. 그의 가족이 겪은 생활고, 그리고 1920년대 호황기의 극단적인 시장 변동, 1929년의 주가 폭락, 그 후 1940년대 말과 1950년대의 시장 회복과 급등 등을 몸소 경험했기 때문이다. 그레이엄은 가격을 가치를 보여주는 지표로 보지 않았다.

그는 비합리적인 경우가 많은 시장가격의 성격, 그리고 그에 따른 자산 변동의 심리적인 영향을 제대로 인식했다. 이런 경험을 통해 그레이엄은 이른바 '미스터 마켓Mr. Market'이라는 은유적인 표현을 만들어냈다. 그레이엄은 주식시장, 요컨대 미스터 마켓을 조울증을 앓고 있는 사업파트너로 묘사했다.

또 그레이엄은 "투자자의 핵심 문제는, 그리고 그의 최악의 적은 바로 자기 자신일 수 있다"는 경고를 투자자들에게 자주 했다.

그레이엄은 가격과 가치를 구분하는 것이 말하기는 쉬워도 실천하기는 어렵다는 것을 알았으며, 따라서 그 원칙을 실천하는데 도움이 되는 실질적인 조언도 아끼지 않았다. 그는 가치를 보여주는 지표, 다시 말해 투자자산의 가치를 평가하기 위한 논리적으로 철저하고 보다 엄격한 방법론을 개발하려고 했다.

그레이엄이 투자의 가장 중요한 원칙으로 압축해서 표현한 그의 핵심적인 통찰은 '안전마진'이었다. 그는 투자자의 정보 그리고 분석의 질과 폭에 관계없이 어떤 주식이든 주식의 미래는 근본적으로 불확실하다는 점을 강조했다. 따라서 투자자는 평가된 가치에서 상당히 할인된 가격에 투자자산을 매수함으로써 예측과 가치평가에서 불가피하게 발생하는 오류들에 항상 대비해야 한다는 것이다.

그레이엄은 투자자가 애초에 적은 돈을 지불하면 돈을 잃을 가능성도 더 낮아진다고 했다. 해당 투자자산의 미래를 통제할 수는 없지만 그 투자자산에 지불하는 돈은 통제할 수 있으니 말이다.

안전마진이란 시장의 나머지 부분과 별개로 한 증권의 가치를 사실상 '평가할 수 있다'는 것을 함축적으로 되풀이하는 말이다. 미래에 대한 예측이 매우 불안정하다는 것을 경험한 그레이엄은 미래이익 증가 같은 덜 유형적이고 덜 신뢰할 만한 가치의 원천보다는 시장성 비영업용 자산이나 부외자산 같이 가치를 보다 안정적으로 보여주는 증거들을 중시했다.

초기 저작들에서 그레이엄은 기업이 보유한 자산들의 가치평가가 중요하다는 것을 반복해서 강조했다.

이런 그레이엄이 기업의 장기적인 이익 잠재력을 평가하는 데 초점을 맞추기 시작한 것은 현업 말년에 와서 보였던 변화이다.

그의 투자철학의 모든 측면이 그렇듯, 그가 성장의 힘을 평가하게 된 것도 경험의 산물이다. 투자자로서 경력이 쌓이면서, 그레이엄은 성장의 장기적인 힘에 대한 평가 방법을 개발했다. 그리고 이를 『증권분석』 개정판(1962년) 39장 '성장주 가치평가를 위한 보다 새로운 방법'을 통해 처음 공개했다.

『현명한 투자자』 개정판에서도 그레이엄의 이런 언급을 찾아볼 수 있다.

"좋은 양질의 주식에 너무 높은 가격을 지불함으로써 발생하는 위험은 일반적인 증권 매수자들이 직면하는 실질적인 위험이긴 하지만 주된 위험은 아니다… 투자자들이 입는 주된 손실은 경기가 좋을 때 '질이 낮은$^{low-quality}$' 증권을 매수하는 데서 발생한다."

그레이엄이 성장의 힘을 인정하게 된 가장 강력한 이유는 투자 경력 말년에 있었던 가이코^{GEICO}에 대한 투자 성공 때문이었다.

당시 그의 자산의 약 25%를 차지했던 이 한 번의 거래로 그레이엄은 그 외 다른 모든 투자자산에서 올린 수익을 모두 합한 것보다 더 많은 수익을 올렸다. 그는 가이코 주식을 주당 27달러에 인수했는데, 가이코 주식의 가치는 그 후 몇 년 동안 주당 5만 4,000달러까지 올랐다. 일반적으로 그레이엄은 '가치투자의 아버지'로 널리 알려져 있지만, 아이러니하게도 그의 최대의 수익은 성장기업에서 나왔던 것이다.

『현명한 투자자』 개정판(1973년)의 결론에서 그레이엄은 다음과 같이 말했다.

"성장주 투자철학은 안전마진 원칙과 부분적으로는 유사하고, 또 부분적으로는 배치된다. 성장주 매수자는 과거 평균보다 높은 예상이익을 기대한다. 따라서 그는 과거 실적 대신 이런 예상이익을 사용해 안전마진을 계산한다고 할 수 있다. 투자이론에서 신중히 추산된 미래이익이 완전히 밝혀진 과거 실적보다 덜 신뢰할만한 지침으로 간주되어야 할 이유는 없다. 사실 증권분석은 미래에 대한 잘 수행된 평가를 선호하는 방향으로 점점 나아가고 있다. 따라서 성장주 투자법도 미래에 대한 계산이 보수적으로 행해진 것이고, 지불하는 가격과 비교해 만족할만한 마진을 보여주는 것이라면, 일반적인 투자에서 발견할 수 있는 것만큼이나 믿을만한 안전마진을 제공해 줄 수도 있다."

그레이엄은 성장주 투자를 전적으로 수긍한 것은 결코 아니었지만, 투자자로서 경력을 쌓아가면서 점점 성장주 투자의 힘을 인정하기 시작했다. 그리고 그레이엄이 멈춘 곳에서 버핏이 바통을 이어받았다.

버핏의 '재무상태표에 국한되지 않는 가치평가'

뉴욕에서 그레이엄의 직원으로 일한 후 워런 버핏은 1956년 오마하로 돌아가 합자회사인 버핏 파트너십 Buffett Partnership을 세웠다. 나중에 버핏은 이 회사를 다른 여러 합자회사들과 통합했으며, 1969년에는 이를 대부분 청산했다. 청산 당시 그는 "지금 시장에서는 더 이상 저가 매수기회를 찾을 수 없다"고 하면서, 회사에 남아 있던 버크셔 Berkshire 주식과 다이버시파이드 리테일링 Diversified Retailing 주식을 파트너들에게 분배했다.

그런 후 버크셔의 지배권을 인수하고 여러 기업인수를 단행해서 오늘날 버크셔 해서웨이로 널리 알려진 투자 기업집단을 건설했다.

버핏 파트너십 설립 후 처음 10년 동안 다우존스 산업평균지수$^{\text{Dow Jones Industrial Average}}$가 123% 상승하는 동안 버핏의 투자자산은 무려 1,156%나 증가했다.

버크셔 해서웨이의 성공도 이와 비슷하게 대단한 것이었다. 1965년부터 2009년까지 버크셔 해서웨이의 총수익률은 434,057%였는데, 같은 기간 S&P 500 지수의 총수익률은 5,430%에 머물렀다. 이는 연 복리 수익률로는 각각 20.3%(버크셔 해서웨이)와 9.3%(S&P 500 지수)에 해당하는 실적이다.

버핏은 전통적인 가치투자 시각을 완전히 추종한 것은 아니었다. 처음엔 그도 전통적인 가치투자에 초점을 맞췄지만, 시간이 가면서 성장기업들의 가치를 인정하는 쪽으로 옮겨갔다.

버핏의 포트폴리오에서 비중이 가장 크고 가장 수익성이 좋았던 종목들은 '전형적인 가치주'가 아니었다. 모두 장기적인 이익 증가로 큰 이익을 냈던 코카콜라, 가이코, 프록터 앤드 갬블, 아메리칸 익스프레스, 월마트 같은 당시의 성장기업들이었다. 버핏이 섬유회사였던 원래 버크셔 해서웨이 사업에 투자해 부자가 된 것은 결코 아니었다.

따라서 버핏은 안전마진과 해당 자산의 진정한 가치에 대한 독립적인 분석을 강조하는 그레이엄의 원칙을 고수하면서도 기업의 기본적인 이익창출력(수익력)$^{\text{earings power}}$, 능력 있는 경영진, 그리고 브랜드와 그 외 여러 경쟁우위 같은 무형자산에도 점점 더 초점을 맞추기 시작했다.

이런 변화가 그레이엄의 원칙과 모순된 것은 아니었지만, 원칙의 순서를 바꾼 것은 맞다. 이는 한 기업의 가치의 성격과 그 가치를 미래에 유지할 능력에 대한 이해가 증대했다는 것을 보여주는 대목이다.

버핏이 그레이엄의 철학에 기여한 부분은 기업의 가치 구성요인에 대한 보다 세련된 인식이다. 이는 그레이엄과 비슷하게 수십 년의 실제 투자 경험에서 비롯된 것이었다. 그레이엄의 '지적 관대함'에 큰 도움을 받은 버핏은 '재무상태표에 국한되지 않는 가치평가'라는 개념을 자유롭게 발전시킬 수 있었다.

그런데 버핏은 이런 전략에 보수적으로 접근할 것을 강조했다. 그레이엄이 계량화할 수 없는 자산에 가치를 부여하는 것을 꺼려했다면, 버핏은 자신이 이해하지 못하는 사업모델이나 제품을 가진 기업에 투자하는 것을 미심쩍어 했다.

그레이엄과 버핏은 모두 자신이 이해하지 못하는 것에 투자하는 것은 재앙의 원인이 될 수 있다는 간단한 주장에 동의했다. 이런 리스크 개념은 주가 변동성이 불확실성, 따라서 리스크를 나타내는 집합적이고 보다 우수한 지표라는 대중적인 관념에 반하는 것이었다. 주가 변동성을 리스크로 보는 대중적인 관념에서는 주가 변동성이라는 집합적인 리스크 평가가 수익을 결정하는 가장 기본적인 요인으로 간주된다.

그레이엄은 주가 변동을 리스크로 보는 이런 주장에 이의를 제기했을 뿐만 아니라(그레이엄은 리스크란 투자자가 영구적으로 자본을 잃을 가능성이라고 보았다), 리스크와 수익을 잘못 연계시켰다고 단호히 말했다.

"투자자가 목표로 해야 할 수익률은 그가 부담하는 리스크의 정도에 어느 정도 비례한다는 일반적인 관념이 있지만, 우리의 견해는 다르다.

추구되는 수익률은 부담하는 리스크의 정도가 아니라 투자자가 자신의 과제(분석)에 기꺼이 쏟아 붓고 또 쏟아 부을 수 있는 지적인 노력의 양에 달려 있다."

그레이엄이 리스크와 수익이 지적인 노력의 산물이라는 것을 인식했다면, 어떤 투자자든 자신이 이용할 수 있는 노력의 양은 유한하고 따라서 신중하게 배분되어야 한다는 것을 인식한 사람은 워런 버핏이었다.

그레이엄은 버핏이 활용했던 '매수-보유$^{buy\text{-}and\text{-}hold}$' 전략에 대해 결코 많이 언급하진 않았다. 매수-보유 전략은 버핏이 장기적인 이익창출력의 가치를 파악하는 데 점점 더 많은 초점을 둠에 따라 파생된 전략이었다.

투자자들이 자신의 포트폴리오를 매년 새롭게 재구축한다면, 그들이 보유한 자산에 대한 이해가 제한될 수밖에 없다. 따라서 그들의 포트폴리오는 더 위험해진다. 그리고 그런 단기간에는 투자자들이 장기 성장의 가치를 보상받을 가능성은 낮다.

투자철학은 현실에 근거한다

그레이엄과 버핏은 실제 경험을 통해 그들의 철학을 발전시켰다. 이들의 투자철학은 완전히 만들어져서 세상에 나온 이론이 아니라, 현실을 이해하고 현실에서 이익을 내려는 지속적인 시도가 만들어 낸 결과물이다.

이런 시각에서 볼 때, 이들의 투자철학의 발전은 경험에서 배운 교훈들을 점점 더 정교하게 다듬어 온 과정 그 자체다. 충분한 증거에 반하는 것이라면, 이들은 자신의 투자철학의 어떤 부분도 바꿀 수 있었다.

그레이엄의 투자철학은 한 증권의 기본적인 가치 fundamental worth를 평가하고, 오류에 대비해 안전마진을 둔 가격에 그 증권을 매수한다는 것이 기본 원칙이다. 그래서 그는 기업의 가장 분명한 그리고 명확한 가치를 가진 자산, 요컨대 재무상태표 구성 항목들을 분석하는 것에서부터 시작한다.

그리고 시간이 가면서 그레이엄은 '이익창출 잠재력' 같은 보다 무형적인 자산의 가치도 '신뢰할 만하게' 평가할 수 있다는 것을 인식하게 되었다.

버핏은 그레이엄의 이런 통찰을 더욱 발전시켜, 브랜드, 능력 있고 책임감 있는 경영진, 경쟁우위, 그리고 (기업)문화 같은 무형적 요소들을 구체화 했다.

그레이엄과 버핏은 가격, 가치, 그리고 불확실성 사이의 적절한 관계를 파악하는 것이 필요하다고 생각했기 때문에 기업의 파악하기 어려운 미묘한 요인들을 더 잘 평가할 수 있는 능력을 다듬을 수 있었다.

이들의 투자철학은 이를 하나의 정적인 도그마, 변하지 않는 투자의 경전으로 해석하는 투자자들에 의해 잘못 해석되기도 한다.

유형자산에 기초해 적절한 분석을 한 후 가격과 가치 사이에 안전마진을 두고 그 기업을 매수한다는 원칙은 그레이엄의 초기 버전에 불과하다. 싸게 사는 것은 원칙이지만, 자산에만 기초해 혹은 현재 이익에 기초해 싸게 사는 것이 절대적인 규칙은 아니다.

이들의 투자철학이 지금도 완전한 것은 아니다(또한 앞으로도 완전한 것은 아닐 것이다). 더욱 발전하고 개선해야 할 부분들이 있다.

우리는 버핏의 경우 기업의 가치를 결정하는 여러 덜 유형적인 그러나 보다 중요한 요인들을 확인하긴 했지만, 그런 결정 요인들의 자세한 성격은 깊이 탐구하지 않았다고 본다. 이 책에서 우리는 지속 가능한 경쟁우위, 문화, 경영진, 그리고 여타 성장 동인들에 대한 버핏의 논의에 우리의 의견을 덧붙일 것이다.

또 우리는 '미스터 마켓'이라는 비유를 더욱 확장시킬 것이다. 요컨대 우리는 기업에 대한 시장의 잘못된 평가를 이용해 안전마진과 추가 수익을 확보할 수 있는 보다 섬세한 방법을 살펴볼 것이다.

그리고 가장 중요한 우리의 주장은 성장기업이 그레이엄과 버핏 투자자들에게 훌륭한 투자 선택이라는 것이다.

이 책이 효과적인 투자에 관한 최종 보고서는 결코 아닐 것이다. 그러나 우리는 이 책에서 소개한 전략과 방법들이 벤저민 그레이엄에 의해 시작된 투자철학의 자연스러운 발전과정 속에 나온 후속 성과 중 하나라고 굳게 믿고 있다.

벤자민 그레이엄의
성장주 투자법

2

최고를 추구하는 기업을 찾아라

> 모든 현명한 투자는 가치투자다.
> 요컨대 지불하는 것보다 더 많은 것을 얻는 것이 현명한 투자다.
> 주식 가치를 평가하기 위해서는 그 기업의 가치를 평가해야 한다.
> – 찰리 멍거

'의미 없는 구분'을 하는 이유

수십 년 동안 펀드매니저들은 성장투자와 가치투자라는 두 개의 큰 범주에 따라 나뉘었다. 프랭크 러셀 컴퍼니^{Frank Russell Company}는 성장주와 가치주에 대해 각각 러셀 성장지수^{Russell Growth Index}와 러셀 가치지수^{Russell Value Index}를 개발하기도 했다.

그런데 한쪽에서는, 특히 워런 버핏은 이런 것이 의미 없는 구분이라고 주장하기도 한다. 『워런 버핏의 주주서한^{The Essays of Warren Buffett: Lessons for Corporate America}』에는 이렇게 씌여 있다.

"우리가 볼 때 두 투자법은 서로 밀접히 연계된 것입니다… 가치를 계산할 때 성장은 '항상' 고려되는 요인이며, 가치에서 차지하는 중요성이 아주 적을 수도 매우 클 수도 있고, 가치에 미치는 영향이 부정적일 수도 긍정적일 수도 있는 하나의 변수가 됩니다."

또한 버핏은 이런 말도 했다.

"우리는 '가치투자'라는 용어 자체가 불필요한 중복적인 표현이라고 생각합니다. '투자' 자체가 지불한 금액을 정당화해 주는 가치를 추구하는 행위 아닌가요? 한 주식에 대해 계산된 가치보다 많은 금액을 (이보다 훨씬 더 높은 가격에 되팔 목적으로) 의식적으로 지불하는 것은 투기라고 해야 할 것입니다. (물론 이런 행위가 불법적인 것도, 비도덕적인 것도, 그리고 우리가 보기에 부자로 만들어주는 것도 아닙니다)"

그런데 투자환경을 성장과 가치라는 범주로 임의로 구분하는 것은 투자자들이 기업을 이해하고 평가하는 데 도움이 되는 유익한 통찰을 제공할 수도 있다.

가치주를 선호하든 성장주를 선호하든 간에, 성공적인 투자에 필요한 최소한의 요건은, 일관되고 이해할 수 있는 원칙을 갖는 것이다.

어떤 주식이든 주식을 매수할 때 모든 투자자는 2가지 핵심적인 문제에 직면하게 된다. 첫째는 내가 매수하고 있는 기업이 어떤 종류의 기업인가 하는 것이고, 둘째는 그 주식을 매수하는데 적절한 안전마진을 확보했는가 하는 것이다.

자신이 성장주를 보유하는지 가치주를 보유하는지 알면 이 각각의 투자법에 대한 자신의 생각을 명확히 하는 데 도움이 될 수 있다.

성장기업과 성장투자자

성장기업이란 '장기적으로 평균적인 기업보다 높은 비율로 성장하며 자본이익률도 만족스러운 기업'이다. 평균적인 기업의 주당순이익 증가율이 연 4%라고 한다면, 주당순이익 증가율이 연 4% 이상이고 자본이익률도 만족스러운 기업이 성장기업이 된다.

벤저민 그레이엄은 『현명한 투자자』 1949년 초판에서 성장기업(성장주)을 다음과 같이 정의했다.

"성장주란 과거 여러 해 동안 평균 이상의 실적을 냈으며 미래에도 그럴 것으로 예상되는 기업으로 정의될 수 있다."

그는 『증권분석』 개정판(1962년)에서는 이런 정의를 더욱 확장해 다음과 같이 말했다.

"'성장주'란 용어는 과거에 일반적인 주식들보다 주당순이익 증가율이 훨씬 높았고, 미래에도 계속 그럴 것으로 기대되는 주식에 적용되는 용어이다."

그리고 성장투자자란 이런 성장기업에 투자하는 사람을 말한다.

가치기업과 가치투자자

아이러니하게도 가치기업이 보편적으로 정의된 적은 전혀 없었다. 이 책의 목적상 우리는 가치기업에 대해 자의적이긴 하지만 우리만의 정의를 제시해보고자 한다.

우리가 정의하는 가치기업은 '평균적인 기업보다 느리게 성장하고 있는 성숙한 기업'을 말한다. 이런 식의 가치기업 범주에는 장기적인 성장이라고는 전혀 없는 많은 기업이 포함될 수 있다.

그리고 가치투자자란 이런 가치기업에 투자하는 사람을 말한다.

성장주와 가치주

투자자들은 항상 기업과 주식의 차이를 기억해야 한다.

기업이란 제품이나 서비스를 제공하는 일에 종사하는 사람들의 현실적인 집합체이다. 모든 기업은 그 기업의 현재 이익과 현금흐름 그리고 미래 전망에 대한 분석에 기초해 어느 정도 합리적으로 규정할 수 있는 가치(내재가치)를 갖고 있다.

주식은 시장에서 공개적으로 매매되며, 매일 가격(주가)을 제공한다. 그리고 투자자들은 그 가격에 해당 기업의 주식을 매수하거나 매도하게 된다. 모든 기업은 그 주가와 내재가치가 서로 크게 다를 수 있고, 또 다를 것이다.

성장주는 평균적인 기업보다 빠르게 성장하고 있는 기업들의 상장 주식(주식시장에 상장되어 실제 거래되고 있는 주식)을 말한다. 가치주는 우리의 정의상 평균적인 기업보다 느리게 성장하고 있는 기업들의 상장 주식을 말한다.

그런데 한 기업의 내재가치와 주가의 차이는 이따금 성장주를 가치주로 만들 수 있고, 그 반대의 경우도 발생한다.

사실 내재가치와 주가의 차이는 주식의 분류를 어렵게 만들어 왔다. 주가가 낮을 경우 애널리스트가 성장기업의 주식을 성장주로 분류할까? 프랭크 러셀의 애널리스트들이 성장주 지수(러셀 성장지수)와 가치주 지수(러셀 가치지수)를 개발할 때 성장주와 가치주를 구분하는 방법을 놓고 씨름했을 게 분명하다.

이들은 기업보다는 주식에 기초해 각 지수 소속 주식들을 분류하는 방법을 택한 것으로 보인다. 러셀 성장지수에 속한 주식들은 PER(주가수익배수)과 PBR(주가순자산배수) 같은 밸류에이션 지표로 보면 가격이 보다 높은 주식들로 구성되는 경향이 있고, 러셀 가치지수 소속 주식들은 동일한 지표로 볼 때 이런 밸류에이션이 더 낮은 경향이 있다.

그런데 투자대상을 평가할 때는 주식보다는 기업에 초점을 맞추는 것이 더 낫다.

우리는 장기적인 성장 잠재력이 가장 좋은 기업은 가치기업이 아니라 성장기업이라고 믿고 있다. 그레이엄조차 "사실 이 문제는 더 복잡하다"는 단서를 붙이긴 했지만, 성장기업과 가치기업 사이에서 선택을 해야 할 경우 "현명한 투자자라면 성장주를 고르는데 집중해야 하며, 그것만이 논리적인 것 같다"고 했다(『현명한 투자자』 1949년 초판 91쪽).

『현명한 투자자』 개정판에서도 그레이엄은 "지불한 가격이 과도하지 않다면 이런 주식(성장주)을 매수해 보유하는 것이 매력적인 것은 분명하다"며 성장주 투자를 더욱 지지했다.

그레이엄은 대부분의 투자 경력을 가치투자자로서 포트폴리오를 운용했다. 그는 가격 변동에 맞춰 아주 잘 매수해서 기회가 오면 매도하는 방식으로 수많은 거래를 실행했다.

그리고 그는 자신의 가장 주목할 만한 단 한 번의 성장주 투자(설립된 지 10년 남짓한 초창기의 가이코 주식을 매수해서 오랫동안 보유한 것)에서 자신의 모든 가치주 투자를 합한 것보다 훨씬 많은 돈을 벌었다.

그레이엄은 평생 가치투자 전략을 추구했지만, 정작 자신의 부는 성장주 투자로 이룬 것이다.

가치투자로 수익 내는 법

가치기업에 대한 투자는 고정수입증권 투자와 여러 면에서 동일한 특징을 갖고 있다. 둘 모두 미래의 성장잠재력에 대해서는 많은 관심을 기울이지 않지만, 이것이 가치투자가 수익성이 없다는 것을 의미하는 것은 아니다.

사실 가치투자로 적절한 수익을 기대하는 것은 지극히 합리적이다.

가치투자에는 2가지 가능한 수익원이 있다. 하나는 배당금이고, 다른 하나는 주가와 내재가치 간의 차이를 이용하는 것이다.

배당금의 가치

주식의 장기적인 총수익에 관한 대부분의 연구들이 배당금이 총수익 창출에 중요한 역할을 한다는 점을 밝혔음에도 불구하고, 배당금의 가치는 지난 수십 년 동안 무시되어왔다.

배당금이 보다 중요해진 것은 최근의 일인데, 이는 부분적으로 고정수입증권으로 올릴 수 있는 수익이 미미해졌기 때문이다. 자신들의 투자자산에서 발생한 수입으로 삶을 꾸려가는 은퇴한 부부는 좋은 배당금을 지급하는 안정적인 기업에 투자할 경우 큰 혜택을 받을 수 있다는 것을 알게 되었을 것이다.

가치기업들 중 많은 기업이 배당금으로 지급할 돈으로 더 많은 것을 할 수도 있었겠지만, 배당금은 가치기업의 경우 특히 중요하다.

가능한 최선의 시나리오로 보면, 좋은 사업모델, 안정적인 고객기반, 그리고 연간 12%의 ROE(자기자본이익률)를 유지하면서 비성장산업에 종사하는 가치기업은 이론적으로 이익의 100%를 배당금 형태로 지급할 수 있다. 이런 기업을 장부가에 매수하면 연간 12%라는 아주 매력적인 배당수익률을 올리게 된다.

그런데 불행히도 거의 모든 가치기업은 이 '이익의 100%'에 못미치는 수준에서 배당금을 지급한다. 최근 많은 가치기업들의 배당수익률은 3~5% 범위에 있다.

내재가치보다 낮은 가격에 매수하라

우리가 보기에, 대부분의 투자자들은 한 주식에 투자해서 고작 연평균 5%의 수익을 올리는 것에는 만족하지 않을 것이다. 그 주식에 투자함으로써 안게 되는 리스크를 정당화하기 위해서는 최소 연 8%의 수익을 원할 것이다.

그렇다면 배당수익률이 5%인 가치기업에서 8%의 장기 수익은 어떻게 가능할까? 주가와 내재가치가 일치하는 경우가 드물기 때문에, 투자자가 가치주를 내재가치보다 낮은 가격에 매수할 수 있는 때가 있다. 투자자는 주가와 내재가치의 이런 차이를 현명하게 활용해 수익률을 5%에서 8%로 제고할 수 있다.

예를 들어 기업 A의 내재가치가 주당 10달러이고, 주당순이익은 1달러이며, 이익의 50%(0.5달러)를 배당금으로 지급한다고 할 때(배당성향 50%), 주식 매수에 대한 3가지 시나리오를 살펴보자. 이 3가지 시나

표 2-1 · 주식 매수에 대한 3가지 시나리오

주식 매수가	8달러	10달러	12달러
배당수익률	6.3%	5.0%	4.2%
연평균 주가 상승 수익률*	2.3%	0.0%	-1.7%
연평균 총수익률	8.6%	5.0%	2.5%

* 매수가 8달러의 2.3% 연평균 주가 상승 수익률(연평균 주가 시세차익 수익률)은 주가와 내재가치가 10년 후에 일치하는 것으로 가정한 것이다. 주가와 내재가치가 그보다 일찍 일치하면 연평균 주가 상승 수익률은 더 높아질 수 있다.

리오는 기업 A의 주식을 8달러(내재가치보다 낮은 가격), 10달러(내재가치와 같은 가격), 12달러(내재가치보다 높은 가격)에 매수하는 각각의 경우를 말한다.

[표 2-1]을 통해 분명히 알 수 있는 것은, 가치투자자들이 주식 매수로 적절한 수익을 올리기 위해서는 내재가치보다 낮은 가격에 주식을 매수해야 한다는 것이다.

성장투자로 수익 내는 법

성장기업 투자자에게는 (1) 배당금, (2) 주가와 내재가치 간의 차이를 이용하는 것, (3) 장기적인 내재가치의 상승이라는 3가지 잠재적 수익원이 있다.

그런데 성장기업의 경우는 배당금을 지급하지 않는 경우가 아주 많다. 이런 관행은 이익잉여금을 배당금으로 지급하기보다는 기업의 성장에 투자하는 것이 더 낫다는 경영진의 의견이 반영된 것이다.

성장하면서 동시에 잉여현금흐름을 창출할 수 있는 그런 좋은 성장기업이 배당금을 지급하면, 이는 투자자들에게 중요한 수익원이 될 수 있다.

결국 모든 성장기업은 성숙하기 마련이다. 경영진이 사업을 적절히 발전시켜 회사가 상당한 규모의 지속 가능한 잉여현금흐름을 갖게 되면, 배당금으로 받는 돈이 최초의 주식 매수가를 초과하는 경우도 있다!

성장기업에 투자하는 신중한 투자자라면, 특히 주식 매수 시점의 주가와 내재가치 간의 차이도 이용해야 한다.

가치투자자가 적절한 수익을 올리기 위해 현재의 내재가치보다 낮은 가격을 지불해야 한다면, 성장투자자는 일정한 성장기간 동안(우리의 경우 7년을 적용한다) 내재가치의 상승을 고려해 추산한 미래의 적정 내재가치보다 낮은 가격에 주식을 매수해야 한다.

예를 들어 주당 내재가치가 10달러이고 내재가치가 매년 15% 증가하는 성장기업의 주식을 매수한다면, 5년 후에 그 주식의 내재가치는 20달러가 될 것이다. 또 10년 후에는 40달러가 되며, 15년 후에는 80달러가 될 것이다.

내재가치 성장률이 연 10%라 해도, 7년 후 이 기업의 내재가치는 20달러로 상승하고, 14년 후에는 40달러, 21년 후에는 80달러가 된다. 따라서 내재가치 성장률이 연 10%인 경우, 이 주식을 현재의 내재가치와 동일한 가격인 10달러를 주고 매수해도 7년 후 내재가치인 20달러보다 낮은 가격에 매수하는 것이다. 그리고 7년 후 이 주식의 주가가 내재가치에 수렴된다고 가정하면 약 10%의 연평균 주가 상승 수익률을 기대할 수 있다.

성장기업과 가치기업의 공통 문제

성장투자와 가치투자 모두에 해당되는 잠재적인 문제가 최소 4가지가 있다.

1. 회사가 이익잉여금을 잘못 재투자할 수 있다: 모든 기업 경영진은 세후 이익을 주주들에게 배당금 형태로 지급하거나, 회사에 재투자하거나, 혹은 이 둘을 결합할 수 있다. (자사주 매입은 주주들에게 순이익이나 현금을 돌려주는 것이 분명 아니다!)

가치기업과 성장기업 모두 경영진이 이익잉여금을 잘못^{poorly} 재투자하면, 이런 주주자본의 낭비는 회사의 자본이익률을 하락시키게 된다. 보다 장기적으로 볼 때, 주식시장은 이런 기업의 주주들을 냉혹하게 대했다.

2. 미래를 예측하는 데는 비전과 보수적인 시각이 모두 필요하다: 요기 베라$^{Yogi\ Berra}$는 "예측하기란 (특히 미래를 예측하는 것은) 어려운 일이다"라고 잘라 말한 바 있다.

성장기업에 투자하든 가치기업에 투자하든, 투자자로서 여러분은 그 기업의 미래 실적에 대한 예상에 기초하고 있는 것이다.

가치기업에 투자하고 있다면, 여러분은 그 기업이 사업을 계속 잘 꾸려나갈 것으로 기대하고 있는 것이다. 그 기업이 배당금을 지급하고 있고 여러분이 그 배당금을 재투자하고 있다면, 여러분은 미래의 금리가 부적절하게 낮지는 않을 것으로 기대하고 있는 것이다.

여러분이 성장기업에 투자하고 있다면, 그 기업이 만족스러운 성장률을 기록하면서 사업을 잘 운영할 것으로 기대하고 있는 것이다.

주식투자를 할 경우 투자자는 미래가 어떨지에 대해 어느 정도 상상을 해야 한다. 그러나 그런 상상은 실제로 발생 가능한 것들에 대한 상상으로 적절히 절제되어야 한다. 일반적으로는 '신중한 낙관'이 투자자들에게 가장 좋다.

또 어떤 기업에 투자하기 전에 그 기업이 어디로 갈 수 있는지에 대한 비전을 가져야 한다. 그리고 그 기업이 그런 비전을 달성할 확률이 합리적인 수준인지를 확인해야 한다.

결론적으로 미래를 예측하는 데는 비전과 보수적인 시각^{conservatism}이 모두 필요하다.

3. 회사가 배당금 지급에 인색할 수 있다: (성장기업과 가치기업을 모두 포함해) 대부분의 기업들의 경영진은 적절한 수익을 올리기 위한 자신들의 이익잉여금 재투자 능력을 과대평가하는 경향이 있다. 이는 그들이 주주 이익에 반하는, 인색한 배당금 정책을 추구하는 경향이 있다는 것을 의미한다.

성장이 없는 가치기업의 경우, 경영진은 회사의 전반적인 성장을 달성하기 위해 자기자본이익을 여러 투자자산에 배분하는 경우가 많다. 그런 노력의 일환으로 다른 기업에 대한 인수가 행해지는데, 이 경우 적절한 투하자본이익률을 올리지 못하는 경우가 매우 많다.

이런 허튼 노력 대신 경영진이 해야 할 일은 자신의 회사가 성장이 없는 '제로성장기업'이라는 것을 인정하고, 이익의 전부를 주주들에게 배당금으로 지급하는 것이다.

오늘날 많은 성장기업은 사업모델이 매우 우수해서 빠른 속도로 성장하면서 여유 현금도 창출하고 있다. 그러나 일부 기업의 경우 장부에 수십억 달러의 현금을 보유하고 있으면서 배당금을 지급하지 않고 있다. 이들이 연간 배당금 지급을 거부하는 것은 회사의 장기 주주들을 냉대하는 일이다.

4. 주가와 내재가치 간의 차이가 좁혀지지 않을 수도 있다: 벤저민 그레이

엄은 주식시장은 단기적으로는 투표를 집계하는 개표기와 같고, 장기적으로는 체중계와 같다고 했다. 이 말이 함축하고 있는 생각은 장기적으로 한 기업의 주가와 내재가치는 수렴하는 경향이 있다는 것이다.

그러나 주가는 오랫동안 내재가치를 밑돌 수도 있다. 주가와 내재가치 간의 차이가 줄어드는 것이 한 주식의 기대수익을 구성하는 주요 요인 중 하나라면, 이런 차이가 줄어 사라지는 것이 오랫동안 지연된다면 이는 그 주식의 수익률을 떨어뜨리게 된다.

가치투자의 6가지 문제

가치기업에 투자할 때는 내재가치의 장기적인 성장이 적거나 전혀 없을 가능성이 높은 자산을 매수하고 있다는 사실을 받아들여야 한다. 가치투자는 채권투자와 비교될 수 있다.

가치투자와 관련된 문제는 크게 다음 6가지로 정리된다.

1. 수익을 제고하기 위해 매매해야 할 수도 있다: 대부분의 가치기업은 내재가치의 성장이 적거나 전혀 없을 것으로 가정하는 것이 좋다.

한 투자자가 장기적으로 연 9%의 복리수익을 원한다고 해보자. 이때 기업 A의 배당수익률이 5%인데 성장률은 4% 미만이라고 한다면, 매수해 보유하는 것만으로는 기대수익률 9%를 충족할 수 없기 때문에 이 투자자가 수익을 제고하기 위해서는 그 주식을 매매해야 한다.

기본적으로 한 주식에 대한 가치투자자의 투자 기간은 그 주식을 분석해 내재가치보다 낮은 가격에 주식을 매수한 후 이를 내재가치에 수렴한 가격 혹은 그보다 높은 가격에 매도할 때까지의 기간이다.

2. 시간이 가치투자자의 편이 아닐 수 있다: 받아들일만한 투하자본이익률을 올리기 위해서는 가치기업의 주가와 내재가치가 목표 투자수익률을 충족시킬 수 있을 정도로 충분히 빨리 수렴되어야 한다.

여러분이 주가가 결국 내재가치로 수렴될 것이란 기대 속에 내재가치에서 20% 할인된 가격에 한 주식을 매수했다고 해보자. 1년 혹은 2년 후 이 주식의 주가가 내재가치에 수렴하게 되면, 연평균 수익률 10% 혹은 그 이상의 높은 수익률을 올릴 수 있다. 그러나 시장가격이 내재가치에 도달하는 시간이 5년이나 10년 정도 걸린다면 연평균 수익률은 매우 낮아진다.

가치투자자에게 시간은 정말 중요하다.

3. 투자 실패 종목들이 전체 포트폴리오 수익률을 좌우할 수 있다: 여러분이 가치기업 세 곳에 각각 100달러씩 투자했다고 가정해보자. 이 가운데 두 기업은 기대한 대로 실적을 내서 투자 후 5년 동안 50%의 총수익률(배당금+이자)을 제공했다고 해보자. 그런데 세 번째 기업에 대한 투자는 엉망이 되어서 같은 기간 수익률이 50% 하락했다면 어떻게 될까?

그렇게 되면 이 기간 이 세 기업으로 구축된 포트폴리오의 수익은 50달러에 불과하게 된다(5년 후 포트폴리오 가치 = (150달러 + 150달러 + 50달러) - 투자원금 300달러 = 총수익 50달러).

성공한 투자의 총수익률은 높았지만(66%), 실패한 하나의 투자에서 발생한 손실을 간신히 상쇄하는 정도에 불과하다.

4. 가치기업 경영진은 성장 욕구를 제어할 필요가 있다: 기업 임원들은 회

사가 제로성장산업에 종사하고 있어도 회사의 제로성장전략을 받아들이기를 꺼리는 경우가 많다. 더 나쁜 것은 주주들이 제로성장기업에 지속 불가능한 성장전략을 추구하도록 압박하는 경우가 많다는 것이다.

이런 기업들은 이익잉여금을 배당금 형태로 주주들에게 지급하는데 사용하기보다는 부적절한 기업인수와 제품라인 확대에 배분함으로써 잘못된 성장을 추구하는 유혹에 빠질 수 있다.

그 결과는 이스트먼 코닥Eastman Kodak이 지난 30년간 보여준 것처럼 주주들에게 재앙이 될 수 있다. 2010년 7월 12일자 〈블룸버그 비즈니스위크Bloomberg Businessweek〉에서 로벤 파자드Roben Farzad는 이스트먼 코닥에 대해 이렇게 언급했다.

"핵심 필름사업이 사양길에 접어들던 1980년대와 1990년대에 실패한 기업인수와 제품개발에 150억 달러 이상이나 날려버렸다. 지금 이 회사의 전체 가치는 10억 달러에 불과하다. 주주들이라면 날려버린 150억 달러 중 일부라도 받는 편을 원하지 않았을까?"

5. '콘크리트 보트' 혹은 '가치함정'의 문제: 가치투자가가 어떤 주식을 살 때는 일반적으로 그 기업 경영진이 지금까지처럼 미래에도 사업을 계속 효과적으로 운영할 것이라고 가정한다. 이들은 제로성장기업조차도 계속 꾸준한 자기자본이익을 냄으로써 회사의 현재 내재가치를 유지할 것으로 기대한다.

이른바 '가치함정'의 경우는 투자자가 이미 성숙한 기업의 주식을 매수하는 경우다. 처음에 투자자는 내재가치에서 상당히 할인된 가격에 이 강하고 성숙한 기업의 주식을 산다. 그런데 이 기업이 사업을 잘못 경영하면서 그 내재가치가 마치 '콘크리트 보트'처럼 서서히 가라앉고

만다.

1960년대 이후 제너럴 모터스General Motors 주주들은 한때 업계를 지배했던 이 회사가 내재가치를 유지하기에 충분할 정도의 실적은 낼 것으로 믿었다. 그리고 솔직히 말하면, 우리도 아주 오랫동안 이런 달콤한 생각에 빠져있었다. 그러나 불행히도 제너럴 모터스는 2009년 파산할 때까지 지속적으로 주주자본을 탕진했다.

드문 경우긴 하지만, 전체 산업이 붕괴해서 '콘크리트 보트 함대'가 일거에 침몰할 수도 있다. 현대의 가장 유명한 가치투자자 중 한 명이었던 빌 밀러Bill Miller를 침몰시킨 경우가 여기에 해당할 것이다.

레그 메이슨 밸류 트러스트Legg Mason Value Trust를 운용했던 빌 밀러는 1991년부터 2005년까지 15년 연속 S&P 500 지수를 상회하는 실적을 낸 훌륭한 투자자였다. 전체 금융계로부터 많은 존경과 찬사가 쏟아진 것은 당연한 일이었다. 〈머니Money〉는 그를 "1990년대의 가장 훌륭한 자금운용자"로 명명했고, 1999년 모닝스타Morning Star는 그를 "1990년대 최고의 펀드매니저"로 선정했다. 〈비즈니스위크BusinessWeek〉 역시 그를 "가치투자의 영웅 중 한 명"이라고 했다.

그러나 불행히도 밀러는 2009년 그의 펀드 자산의 상당 부분을 일련의 '콘크리트 보트' 기업들에 투자했으며, 이 때 그의 금융부문 가치기업 포트폴리오는 완전히 침몰하고 말았다. 당시 밀러가 운용했던 레그 메이슨 밸류 트러스트의 주가는 2007년 6월 78.93달러의 고점에서 2009년 3월 18.48달러의 저점까지 77%나 폭락하고 말았다(그 후 2년이 안 되서 주가는 약 38달러까지 회복했다).

6. 배당금을 재투자하는 문제: 일반적으로 가치투자자들은 배당금을 지

급하는 주식을 매수한다. 따라서 이들은 돈을 계속 불리기 위해 그 배당금을 재투자할 방법을 찾을 필요가 있다.

이는 채권투자와 매우 흡사하다. 여러분이 10%의 이자를 지급하는 채권을 찾을 수는 있겠지만, 그렇게 지급받은 10%의 이자로 무엇을 할 것인가? 그 정도 수익률을 제공하는 다른 주식이나 채권들을 찾을 수 있을까? 만약 찾지 못한다면, 여러분의 포트폴리오의 연간 수익률은 하락할 것이다.

성장투자의 6가지 문제

성장투자자들이 당면하는 주요 문제는 다음 6가지로 정리된다.

1. 너무 높은 가격을 지불하는 문제: 주식을 살 때 너무 높은 가격을 지불할 수 있다.

한 기업의 내재가치가 주당 10달러인데, 여러분이 주당 80달러에 이 주식을 매수했다고 해보자. 이 경우 이 기업의 내재가치가 여러분이 지불한 가격에 도달하려면 이 기업은 향후 15년간 매년 15% 성장해야 한다. 이것이 2000년에서 2002년 사이 진행된 기술주 주도 약세장의 가장 근본적인 문제였다.

1990년대에 매수했던 인터넷 관련주와 기술주의 내재가치가 매수가에 도달하기를 기다리고 있는 투자자들이 아직도 있다. 이들의 이런 기다림은 앞으로도 수년간 더 계속될 수 있다.

2. 너무 많은 것을 기대하는 경향이 있다: 한 성장기업의 미래 성장률을 과대평가하기가 매우 쉽다.

우리는 월스트리트 애널리스트들이 아무렇지도 않게 20% 이상의 성장률을 예측하는 것에 계속 놀라곤 한다. 성장률이 연 20%인 기업은 3년 6개월마다 그 규모가 2배가 된다!

이는 직원의 절반은 회사에 들어온 지 4년도 되지 않았으며, 고객 기반은 상대적으로 새로운 것일 가능성이 높다는 것을 의미한다. 이 경우 회사의 내부 예산수립은 매우 힘든 과제가 된다. 예컨대 이 기업은 3년 6개월마다 회사의 물리적 공간을 약 2배로 늘려야 할 것이다.

그리고 이런 과제 외에도 고속 성장하는 산업은 강력한 신규 경쟁자를 끌어들이는 경우가 많다.

3. 잘못된 성장전략을 추구하기도 한다: 투자하는 성장기업이 올바른 성장전략이 아니라 잘못된 성장전략을 추구할 수 있다.

예를 들어 해당 분야에서 보다 지배적인 행위자가 되기 위해서는 회사의 강점을 더욱 강화하는 것이 더 좋은 전략인데, 그저 회사의 성장만을 위해 잘못된 기업인수를 단행하거나 제품라인 확장을 시도할 수도 있다.

회사의 강점을 더욱 강화하면 성장속도가 좀 느리다 해도 회사는 계속 유기적인 성장을 할 수 있다. 여러분이 한 주식을 매수할 때는 본질적으로 경영진이 회사를 적절한 투하자본이익률로 꾸준히 성장시킬 수 있는 현명한 결정을 할 것이라고 보고 그 경영진에 베팅하는 것이다.

많은 기술기업들이 2000~2002년 약세장 이후 잘못된 투자를 했다. 2000년 브로드밴드 하드웨어 공급자인 하모닉Harmonic의 주가는

150달러가 넘었다. PER이 100배가 넘는 주가였다. 그런데 최근 하모닉의 주가는 6달러 수준에 불과하며 이익을 내는데도 여전히 어려움을 겪고 있다.

그리고 한때 월스트리트의 인기를 끌었던 전자상거래 소프트웨어 업체 브로드비전BroadVisiond의 주가는 1:9 및 1:25 주식병합 후 최근 액면가 1달러당 1페니 밑으로까지 떨어졌다. 이 주식은 주식병합 조정 가격으로 2000년 약 1만 9,000달러의 고점을 찍은 후 최근 몇 년 12달러 수준에 거래되었다(그리고 2020년 파산으로 상장폐지되었다.―옮긴이).

1990년대 가장 인기 있던 전자상거래업체 중 하나였던 커머스 원Commerce One은 1999년과 2000년에 이익을 전혀 내지 못하고 있었음에도 주당 100달러가 훨씬 넘는 가격에 거래되었다. 하지만 2004년 파산해 분할 매각되었다.

엑소더스 커뮤니케니션스Exodus Communications 같은 한 때 고가주였던 다른 기술기업들도 그 후 연이어 파산을 선언하고 회사 문을 닫았다.

4. 매매의 유혹 문제: 성장주는 가치주보다 변동성이 더 심한 경향을 보인다. 이 때문에 성장주를 매매하는 것이 수익률을 제고할 수 있는 확실한 방법이라고 믿기도 한다. 그러나 가장 숙련된 매매자들만이 이런 주식을 매매해 수익을 낼 수 있다.

사실 더 가능성이 높은 것은 이런 매매 활동으로 수익을 내는 것은 고객이 아니라 증권사라는 것이다. 놀랍게도 이런 사실을 더 잘 알고 있을 성장주 기관투자자들도 매매의 유혹에 빠져있다고 할 정도로 해마다 왕성한 매매 활동을 보이고 있다.

5. 나무가 하늘 끝까지 자라지는 못한다: 최고의 성장기업이라 해도 결국

에는 성숙하고 성장이 둔화된다. 따라서 투자자는 그에 맞는 계획을 세울 수 있어야 한다.

역사상 최고로 성공한 기술기업 중 하나인 마이크로소프트도 결국엔 정체기에 도달해 성장이 둔화되었다. 세계적인 심장박동조율기 제조사 메드트로닉^{Medtronic}도 수년 동안 두 자릿수 수익률을 기록한 후 마침내 성장이 둔화되었다.

이 문제에 대해 그레이엄은 『현명한 투자자』에서 이렇게 말했다.

"매우 빠른 성장이 영원히 지속될 수는 없다. 한 기업이 크게 성장하면, 바로 그로 인한 규모의 확대 때문에 그간의 성장을 유지하기가 매우 어려워진다. 어떤 시점이 되면 성장세는 멈추고, 많은 경우 하락 전환한다."

6. 투자 성공 종목들이 전체 포트폴리오 수익률을 좌우할 수 있다: 성장기업 포트폴리오에서는 투자 성공 종목들의 주가가 몇 배 상승할 수 있으며, 그 결과 투자 실패 종목들의 손실을 압도하게 된다.

이런 개념의 수학적 원리는 간단하다. 여러분이 3개의 종목에 각각 100달러씩 투자했는데, 그 후 5년 동안 두 종목에서는 전액 투자 손실이 발생했지만 세 번째 종목에서 주가가 10배 상승했다고 해보자. 여러분의 성공률은 1/3로 낮았지만 포트폴리오의 가치는 300달러에서 1,000달러로 상승해 수익률은 333%가 된다.

성장주 투자자의 경우에는 투자에 성공한 종목이 계속 수익을 내게 하라는 "이익은 굴려라$^{let\ your\ winners\ run}$"라는 투자격언이 특히 잘 들어맞는다.

투자자는 적절한 복리수익을 올려야 한다

지금까지 우리는 성장투자와 가치투자의 기본적인 개념을 정리하고, 두 투자법에 공통된 문제들과 각 투자법에 고유한 문제들을 살펴보았다.

이제는 장기 투자자들이 직면하고 있는 주요 이슈들을 살펴보도록 하자.

평균적인 투자자들의 투자 생애는 50년 정도다. 그런데 대부분의 투자자들은 지난 1년, 3년, 5년, 혹은 10년간 달성한 수익이 미래의 방향을 결정하는 데 가장 중요한 요인이라고 생각하고 있다. 이는 잘못된 것이다.

그림 2-1 · 복리의 구성 부분

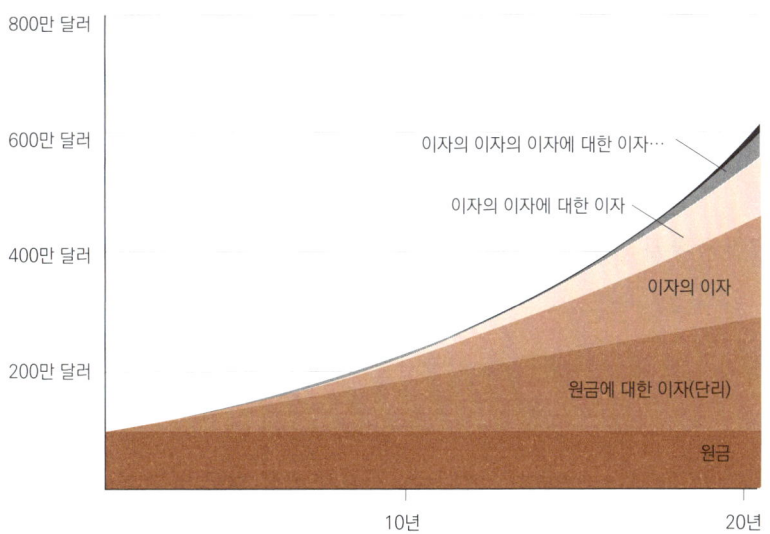

그보다 모든 투자자들이 직면한 가장 중요한 문제는 전체 투자 생애 동안 적절한 복리수익을 올리는 것이다.

복리는 '세상의 8번째 불가사의'라고도 불린다. 복리는 원금과 그간 발생한 이자에 지급되는 이자다. 처음에는 적지만, 시간이 가면서 추가되는 수익이 엄청나게 커질 수 있다.

100달러 투자금이 연 10% 복리로 불어나면, 10년 후에는 260달러가 되고, 50년 후에는 1만 1,730달러가 된다. [그림 2-1]은 이런 복리의 구성 부분들을 나타낸 것이다.

연 복리는 '연간 수익률', '연평균 수익률'이라고도 한다. 정부가 (금융기관에 공개를) 요구하는 연 복리는 금융소비자들이 돈을 빌리는 실제 비용을 보다 쉽게 비교하는 데 도움이 된다.

반면, 단리$^{simple\ interest}$는 원금에 합산되지 않는 이자를 말한다. 금융계와 경제학에서 일반적으로 말하는 이자는 복리다.

그렇다면 복리가 투자 생애 동안 어떤 차이를 만들어내는지 살펴보자. 평균적인 투자자들의 투자 생애가 50년 정도인 것에 맞춰 장기적으로 복리가 만들어내는 차이를 구체적인 숫자로 확인해보자.

투자자 A, B, C가 각각 10만 달러를 가지고 투자 여정을 시작했다. 그런데 투자자 A는 연 복리 5%의 수익을, B는 연 복리 7%의 수익을, C는 연 복리 9%의 수익을 올리고 있다고 해보자.

언뜻 보기에 이 정도 실적 차이는 그리 커 보이지 않는다. 실제 5년 후 투자자 A의 투자자산은 12만 7,628달러가 되고, B는 14만 255달러가 되며, C는 15만 3,862달러가 된다. 5년 후 C의 투자자산은 B보다는 약 10%, A보다는 약 20% 많아진다.

그림 2-2 · 복리의 힘: 수익률의 차이가 만들어내는 투자 실적

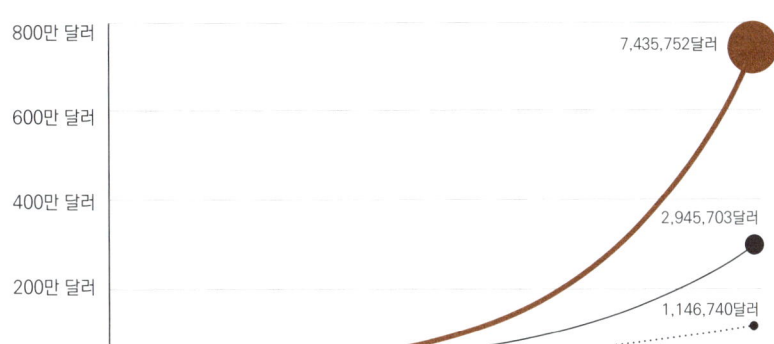

그런데 시간이 가면서 이런 차이는 더 벌어지기 시작한다. 10년 후 C의 투자자산은 23만 6,736달러, B의 투자자산은 19만 6,715달러, 그리고 A의 투자자산은 16만 2,889달러가 된다. 이제 C는 A보다는 45%, B보다는 20% 많은 투자자산을 갖게 된다.

그리고 20년 후 C의 투자자산은 56만 442달러, B의 투자자산은 38만 6,968달러, A의 투자자산은 26만 5,330달러가 된다. A와 B도 20년 동안 좋은 수익을 올렸지만, C의 투자자산은 B보다는 45%, A보다는 2배나 많아졌다.

50년 후에는 이런 차이가 더욱 어마어마해진다. (연 복리 9%의 수익을 올린) C의 투자자산은 743만 5,752달러가 된다. 그리고 (연 복리 7%의 수익을 올린) B의 투자자산은 294만 5,703달러, (연 복리 5%의 수익을 올린) C의 투자자산은 114만 6,740달러가 된다. 이제 C의 투자자산은 B의 2.5배, A의 약 7배가 되었다.

2장 최고를 추구하는 기업을 찾아라 ···· 59

[그림 2-2]는 처음에는 약간에 불과했던 차이가 장기적으로 만들어낼 수 있는 엄청난 차이를 나타낸 것이다. 외견상 작아 보이는 투자 수익률의 차이가 장기적인 투자 실적 면에서는 아주 극명한 차이를 만들어낼 수 있다.

구체적인 목표수익률부터 정하라

복리수익률표(복리표)를 보면 간단해 보이지만, 현실 세계에서 실제로 복리의 개념을 사용하는 것은 아주 복잡한 문제다.

투자자들이 전 투자 생애 동안 적절한 복리수익을 올리기 위해서는 그 첫 번째로, 일반적이고 장기적으로 원하는 투자 목표^{goal}와 구체적인 목표수익률^{target}의 차이부터 이해해야 한다. (목표수익률을 기준수익률 $^{hurdle\ rate}$이라고 한다. 기준수익률에 대해서는 뒤에 따로 설명하겠다)

투자자 A의 장기적인 투자 목표가 50년 동안 연평균 9%의 복리수익이라고 해보자. A의 투자원금이 10만 달러라고 할 때, 그가 이런 장기적인 투자 목표를 달성할 경우 투자자산은 700만 달러가 훨씬 넘는 거액이 된다. 그렇다면 연평균 9%의 복리수익이라는 장기적인 투자 목표를 달성할 수 있는 합리적인 확률을 확보하기 위한 투자자 A의 구체적인 목표수익률은 어떻게 되어야 할까?

복리표를 보면 매우 흥미로운 답이 나온다. (복리표는 모든 투자자가 『현명한 투자자』, 『증권분석』, 『워런 버핏의 주주서한』 그리고 희망컨대 지금 이 책과 함께 바로 옆에 두고 참고해야 할 자료다.)

이제 우리는 장기적인 복리 수익률에 영향을 미치는 몇 가지 시나리오를 만나보게 될 것이다. 가령 시장가격이 1년에 50% 하락할 수도 있고, 그 기간이 1년이 아니라 10년 정도로 길게 이어질 수도 있다. 이런 각각의 경우 어떤 결과를 낳는지 살펴보도록 하자.

먼저, 포트폴리오의 시장가격이 1년에 50% 하락한 경우다. 이를 좀 더 분명히 하기 위해, 투자자 A가 49년 동안은 연평균 9%의 복리 수익을 올렸지만, 50년차에 포트폴리오 시장가격이 50% 하락했다고 해보자.

그래도 투자자 A의 포트폴리오 가치는 거의 340만 달러로 여전히 부유하다. 그러나 그의 장기적인 복리 수익률은 9%에서 7%를 약간 넘는 수준으로 하락한다.

투자자 A가 어느 시점에 손실을 보았느냐 하는 것은 문제가 되지 않는다. 손실을 1년차에 봤든 10년차에 봤든 결국 그 결과는 동일하다.

[그림 2-3]은 이런 각각의 시나리오에 대한 결과를 나타낸 것이다. 투자자가 적절하고도 구체적인 목표수익률을 설정했을 때 중간에 잠시 실패했다 해도 그의 장기적인 투자 목표가 반드시 실패하는 것은 아니라는 것을 이 그림을 통해 알 수 있다. 이 경우 A는 9%라는 구체적인 목표수익률을 달성하지는 못했을지 몰라도 7%라는 장기적인 투자 목표는 달성하게 된다.

다른 시나리오도 한번 보도록 하자. 1년에 한꺼번에 50% 하락하는 것이 아나라 10년 정도로 길게 이어지는 경우다.

사실 시장은 40년 정도마다 고난의 10년을 경험하는 것으로 보인다. 1929년부터 1939년까지, 1965년부터 1975년까지, 그리고 2000

그림 2-3 · 구체적인 목표수익률과 장기적인 투자 목표에 관한 몇 가지 시나리오

■ 구체적인 목표수익률 9%와 장기적인 투자 목표 7%

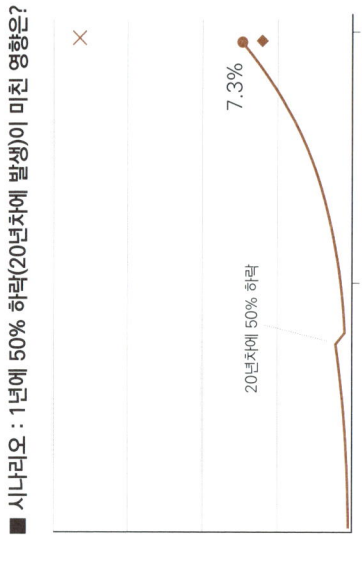

■ 시나리오 : 1년에 50% 하락(20년차에 발생)이 미친 영향은?

■ 시나리오 : 1년에 50% 하락(50년차에 발생)이 미친 영향은?

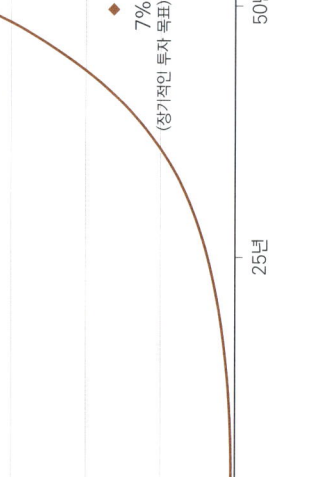

■ 시나리오 : 고난의 10년이 미친 영향은?

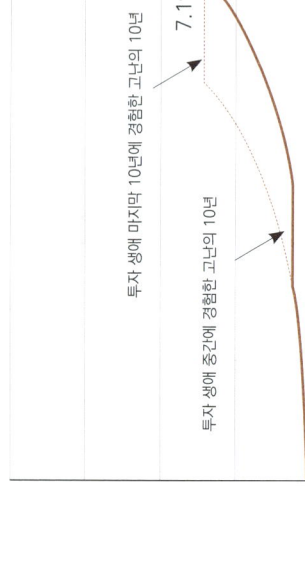
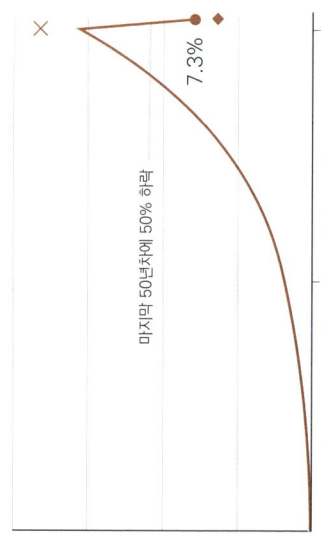

년부터 2010년까지가 그랬다.

투자자가 40년 동안 연평균 9%의 복리 수익을 올렸지만, 고난의 10년 동안 고통을 겪었다면, 이것이 그의 복리수익에 미치는 영향은 1년에 50% 하락한 경우와 거의 동일하다. 이 경우에도 장기적인 수익률은 7% 조금 넘는 수준으로 하락하게 된다.

한 투자자의 투자 생애에서 이런 시나리오들 가운데 하나는 발생할 수 있다고 가정하는 것이 현명하다. 그렇기 때문에 여기서 주목해야할 것은 투자자는 자신의 구체적인 목표수익률을 장기적인 복리수익률 목표보다 2% 높게 설정해야 한다는 것이다.

예컨대 여러분이 연평균 9%의 복리수익률을 원한다면, 구체적인 목표수익률은 연평균 11%로 해야 한다. 연평균 7%의 복리수익률을 원한다면, 구체적인 목표수익률은 연평균 9%로 해야 한다(여기서 말하는 수익률은 수수료 차감 전 수익률이다. 잦은 매매나, 뮤추얼펀드 소유에 관련된 수수료는 투자자의 장기 수익률에 상당한 영향을 미칠 수 있다).

목표수익률에 대한 견해

이 대목에서 우리의 견해를 밝히자면 이렇다. 9%의 장기 수익률(11%의 구체적인 목표수익률)을 추구하는 투자자의 경우 직관적으로 성장주가 더 매력적이 된다.

가치기업의 경우에는 과연 얼마나 많은 기업이 배당수익률과 이익증가율을 합쳐 11%의 목표수익률을 제공할 수 있을까? 이는 가치기업에게는 벅찬 목표다. 5%라는 상당한 배당수익률을 가진 가치기업이라 해도 11%의 목표수익률을 달성하기 위해서는 평균 기업보다 높은 6%

의 이익증가율을 기록해야 한다.

우리가 아는 한, 가치기업에 대한 투자로 두 자릿수 수익률을 달성할 수 있는 유일한 방법은 높은 매매회전률 전략을 실행하는 것뿐이다.

가치기업으로 두 자릿수 수익률을 달성하려는 것은 평범한 일반 골퍼가 프로 수준의 플레이를 하려는 것과 같다. 절대로 계속 해낼 수 없는 어려운 샷들을 연거푸 해내야 하는 것이다. 가끔 그런 어려운 샷들을 해낼 수는 있겠지만, 리밋을 늘리고 리스크를 높이면 매우 어려운 상황(모래함정, 러프, 나무, 워터 해저드 등)에도 빠지게 된다.

투자자로서 여러분이 (특히 가치기업에 대해) 목표수익률을 너무 높이 설정했다면 계속해서 위험을 감수해야 하고, 여러분이 모르거나 이해하지 못하는 이면의 문제가 있을 수도 있는 주식을 언제나 매우 할인된 가격에 매수해야 한다.

또 그렇게 하려다 보면 이런저런 실수도 하게 되고 잘못된 주식들을 골라서, 결과적으로 너무 많은 투자자산에서 손실을 보게 된다. 그런 손실은, 여러분이 일부 주식은 잘 골랐다 해도 여러분의 전체 투자 수익을 끌어내리게 된다.

실제 주요 가치펀드들이 발표한 수익률을 보면, 전문 펀드매니저들조차도 높은 매매회전률 및 상당히 할인된 가격에 주식을 매수하는 전략으로 두 자릿수 수익률을 지속적으로 유지할 수는 없었다.

여러분이 성장기업에 투자하든 가치기업에 투자하든, 과도한 리스크를 피하고 주식 선정과정에서 좋은 선택을 할 수 있는 그런 적당한 목표수익률을 설정하는 것이 중요하다.

내 투자 실적 계산하기

복리표와 함께, 모든 투자자는 실적 계산의 기초 정도는 이해해야 한다.

첫 번째 질문은 여러분이 투자로 돈을 벌었느냐 아니면 잃었느냐 하는 것이다. 이런 기초적인 질문을 했다고 비웃지 말아주길 바란다. 투자로 실제 수익을 올리는 투자자는 우리가 보통 생각하는 것보다 훨씬 적다.

수익을 계산하는 간단한 공식은 다음과 같다.

수익 = 마지막 시장가 - (최초 시장가 + 추가 순투자금 - 순출금액)

간단한 사례로 여러분의 포트폴리오 가치가 10년 동안 투자금의 추가 투입이나 출금이 전혀 없이 10만 달러에서 20만 달러로 2배가 되었다고 해보자. 그러면 여러분의 포트폴리오는 연 복리 7%의 수익률을 올린 셈이 된다.

그런데 10만 달러로 시작한 포트폴리오가 20만 달러가 되었다고 포트폴리오 가치가 무조건 2배가 되는 것일까? 만약 10년 동안 투자하면서 추가로 10만 달러를 더 넣어서 포트폴리오 가치가 20만 달러가 된 것이라면 상황은 달라진다.

이 경우 수익 계산 공식으로 계산하면 수익은 다음과 같다.

수익 = 마지막 시장가 200,000달러 - (최초 시장가 100,000달러 + 추가 순투자금 100,000달러) = 0

이 다음 단계의 실적 측정법에 관심 있는 투자자라면 시간가중수익률time-weighted return 측정법을 알아야 한다.

시간가중수익률 측정법은 측정 기간 중 현금흐름(추가 투자금의 유입과 출금: 현금 유출입)의 영향을 배제하고 실적만을 측정하는 것이다. 그렇게 실적을 측정한 후 지수펀드 같은 다른 투자 옵션들과 그 실적을 비교할 수 있다. (시간가중수익률 계산법에 관심이 있다면 위키피디아 http://en.wikipedia.org/wiki/True_time-weighted_rate_of_return 참고)

시간가중수익률은 또 다른 실적 측정법인 금액가중수익률dollar-weighted return과는 다르며, 투자자는 이를 간단히 이해할 수 있어야 한다. 투자 실적 측정 서비스업체 스폴딩그룹Spaulding Group의 대표 데이비드 스폴딩David Spaulding은 2011년 2월 21일자 〈연기금과 투자 매거진Pensions and Investment Magazine〉에 발표한 글에서 이 두 측정법의 차이를 다음과 같이 요약했다.

많은 연기금이 시장 하락으로 겪은 대규모 손실에서 회복하기 위해 여전히 노력 중이다. 그리고 많은 사람들이 절대적인 기준이나 부채 관련 기준이 아니라 시장지수를 실적 비교 기준으로 사용하는 것은 적절하지 않다는 것을 알아가고 있는 중이다. 그런데 그들이 사용하고 있는 수익률도 부적절하다는 것을 아는 사람은 얼마나 될까?

대부분의 연기금은 실적을 측정하기 위해 시간가중법만 사용하고 있는 것 같다. 그 이유는 무엇일까?

아마도 다음과 같은 몇 가지 이유 때문일 것이다. 첫째, 그동안 그들이 항상 사용해 왔던 방법이다. 둘째, GIPS(국제투자성과기준)Global Investment Performance Standards가 요구하는 방법이다. 셋째, 그들의 컨설턴트들이 사용하고 추천하는 방법이기 때문이다.

연기금들은 시간가중법이 1960년대에 연기금 자신의 실적이 아니라 자신의 펀드매니저의 실적을 측정하는 방법으로 개발되었다는 사실을 기억하지 못하고 있다.

미국 은행관리연구소Bank Administration Institute는 피터 디에츠Peter Dietz의 기념비적 논문을 따라 1968년 최초의 실적 측정 기준을 제시했다. 뒤이어 1971년 미국투자상담협회Investment Counsel Association of America의 기준이 나왔다. 이 두 기준은 모두 시간가중수익률 측정법을 천명한 것인데, 시간가중수익률 측정은 현금흐름(측정 기간 중 현금의 유출입)의 영향을 제거하거나 축소한 것이다.

그런데 이들이 이렇게 한 이유는 무엇일까? 그것은 현금흐름을 통제하는 것은 펀드매니저가 아니라 그들의 고객들이기 때문이다.

여러분이 여러분의 '펀드매니저의 실적'을 알고 싶다면, 시간가중법을 사용하면 된다. 그런데 여러분 '자신의 포트폴리오 실적'을 알고자 할 경우, 과연 여러분이 통제하는 현금흐름의 영향을 제거해야 할까? 자신의 포트폴리오 실적을 알고자 할 경우 시간가중법을 사용하는 것은 전혀 맞지 않다.

이때는 금액가중법을 사용해야 한다. 이는 여러분이 2가지 방법으로 수익률을 계산해야 한다는 것을 의미하는데, 그것은 우리가 (1) 펀드매니저의 실적은 어떠한가, 그리고 (2) 투자자로서 우리 자신의 실적은 어떠한가라는 2개의 서로 다른 질문을 하기 때문이다.

우리는 연기금들이 자신의 오류를 깨닫도록 설득하는 일에 갈수록 성과를 내왔고, 더 많은 연기금들이 이해하거나, 깨닫거나, 그것도 아니면 거의 50년 동안 알려졌던 것의 실체를 그저 인식하기를 바란다.

연기금이 잘못된 벤치마크의 사용을 중단한다면, 이는 자신의 실적을 적절히 평가하는 길에 이제 막 들어선 것에 불과하다. 연기금들은 여기에서 더 나아가 자신의 실적을 실제로 적절히 평가할 필요가 있다.

장기 투자자 입장에서 본 샤프지수

지난 20년 동안 수학적으로 훨씬 더 정교한 실적 분석 방법이 부상했는데, 샤프지수$^{\text{The Sharpe Ratio}}$가 그것이다.

샤프지수는 금융산업에서 사용하는 리스크 조정 후 실적 지표이며, 이를 수학적으로 나타내면 다음과 같다.

$$(R_p - R_f) \div \sigma_p$$

여기서 R_p는 포트폴리오 수익률, R_f는 무위험 수익률(보통은 미국 국채 금리), σ_p는 포트폴리오 수익률의 표준편차다.

개념적으로 말하면, 샤프지수란 무위험투자의 수익률을 초과하는 포트폴리오의 초과 수익률을 포트폴리오 수익률의 변동성으로 나눈 비율이다. 현대 포트폴리오이론과 그 파생이론들에서는 수익률의 변동성을 리스크와 동일시하므로 샤프지수는 추가되는 리스크에 대해 얼마나 많은 초과 수익이 발생하는지를 보여준 것이다. (그래서 샤프지수가 3이라면, 1의 리스크를 추가할 경우 3의 초과 수익이 발생한다는 것을 의미한다)

하지만 샤프지수는 여러 이유로 비판을 받아왔으며, 샤프지수의 문제점들을 수정한 유사한 지수들이 개발되었다. 그러나 이런 지수들은 모두 한 가지 명백한 문제를, 요컨대 시간과 복리의 영향을 무시하는 경향이 있다.

샤프지수는 투자수익률을 어떤 단일 기간에 관련된 독립된 수치로 보면서 이런 수익률을 그 기간의 평균 변동성과 비교한다. 그런데 장기 투자자의 경우, 이런 비교는 매우 잘못된 것이다.

수익은 장기적으로 복리로 불어나는 반면, 변동성은 그렇지 않다. 사실 변동성의 크기는 측정되는 기간에 따라 크게 달라지는 것이 보통이다. 주식 수익률의 표준편차를 하루가 아니라 30년에 걸쳐 측정한다면, 그 주식 수익률의 복리적 측면이 그 표준편차의 비복리적 성격을 압도하게 되고, 그러면 같은 포트폴리오를 측정한다 해도 샤프지수는 훨씬 높아지게 된다.

결국 장기 투자자에게는 단기 변동성의 맥락에서 포트폴리오 리스크를 잘못 평가하는 지표는 거의 어떤 가치도 없다. 그런데 대부분의 주식투자자들이 자신의 포트폴리오에 대해서는 장기적인 계획을 갖고 있으면서도, 단기적인 가격 변동성을 과도하게 고려하는 매우 기계적인 지표를 사용해 리스크를 잘못 측정하고 있다는 것은 사뭇 당혹스러운 일이다.

장기수익률의 과제

성장기업과 가치기업, 둘 중 하나를 선택해야 한다고 생각해보자.

여기서 가치기업 V는 매우 훌륭한 기업으로 주당순이익은 1달러이고, 주당 0.6달러의 배당금을 지급하고 있으며, 향후 50년 동안 매년 5% 성장할 것이라고 가정해보자.

이 주식을 주당 10달러에 매수하면, 투자자는 배당금에서 연 6%(배당수익률 6%), 성장에서 연 5%(이익증가율 5%), 연간 총 11%의 수익을 예상할 수 있다.

또 성장기업 G의 경우 주당순이익은 0.5달러이고, 배당금으로 주당 0.1달러를 지급하고 있으며, 향후 50년 동안 매년 10% 성장할 것이라고 가정해 보자.

이 주식을 주당 10달러에 매수하면, 투자자는 가치기업의 경우와 마찬가지로 연간 총 11%의 수익(배당수익률 1% + 이익증가율 10%)을 예상할 수 있다.

이 두 기업 중 하나를 선택할 경우, 대부분의 투자자들은 가치기업 V를 더 우수한 투자자산으로 선택할 것이다. 좋은 배당수익률 및 성장률을 갖고 있으면서 단기적으로 변동성이 덜 할 것이기 때문이다.

그러나 장기 투자자에게는 사실 성장기업 G가 확실한 선택이 된다. 배당금을 재투자한다고 할 때 (미래 주가 수준을 예측하는 것은 불가능하기 때문에) 더 많은 배당금을 재투자해야 할 V 주식 투자자가 미래 주가의 불확실성에 더 취약해지기 때문이다.

논의 목적 상 우리는 4개의 중요한 가정을 했다. (1) V와 G 투자자 모두 이 주식을 50년간 보유한다 (2) 두 투자자 모두 세금은 납부하지 않는다 (3) 두 투자자 모두 거래비용을 지불하지 않는다 (4) 배당금은 전액 보유 주식에 재투자된다.

이런 가정에서 두 기업의 연간 총수익률은 앞에서 말한 대로 11%이다. 그런데 불행히도 이런 총수익률 계산은 향후 50년 동안 주식시장이 매년 지속적으로 그리고 합리적으로 주가를 책정한다는 것을 가정한 것이다. 현실은 물론 이와 달라서 주가는 내재가치 주변에서 등락하게 된다. 우리는 이런 주가 등락을 감안할 필요가 있다.

이 문제는 간단하다. 요컨대 배당수익률이 높을수록 총수익률은 미래 주가에 더 영향을 받는다. 예를 들어, 14년 동안 V 주식 투자자는 주당 총 18.06달러의 배당금을 V 주식에 재투자하게 된다. 여기서 주당 총 18.06달러의 배당금은 최초 투자에서 발생한 배당금, 주당 배당금 증가분, 그리고 재투자된 자금에서 발생한 배당금의 합이다. 이 재투자된 금액은 10달러인 이 주식의 최초 매수가보다 크다.

반면, G 주식 투자자는 같은 14년 동안 3.01달러의 배당금만 재투자하게 된다. 재투자되는 금액이 최초 매수가보다 훨씬 적다.

결과적으로 주가 등락은 G 주식 투자자보다 V 주식 투자자에게 훨씬 중요하다.

기간을 50년으로 늘리면, V 주식 투자자는 1,000달러 이상을 재투자해야 하지만 G 주식 투자자는 167달러만 재투자하면 된다. 이는 이

그림 2-4 · 재투자 리스크

성장주(G)의 재투자 리스크

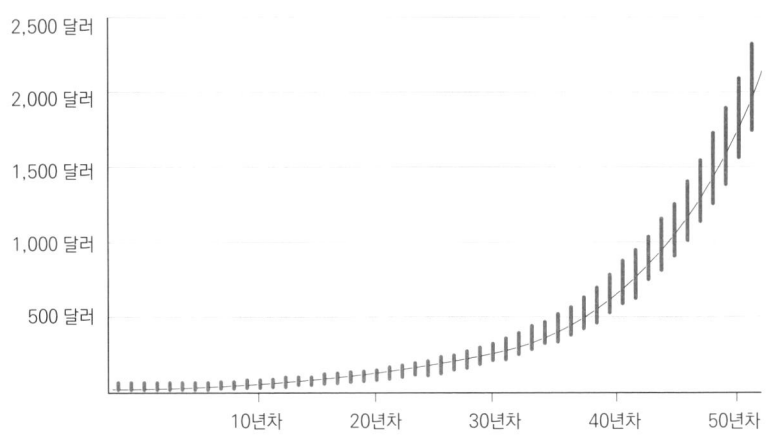

가치주(V)의 재투자 리스크

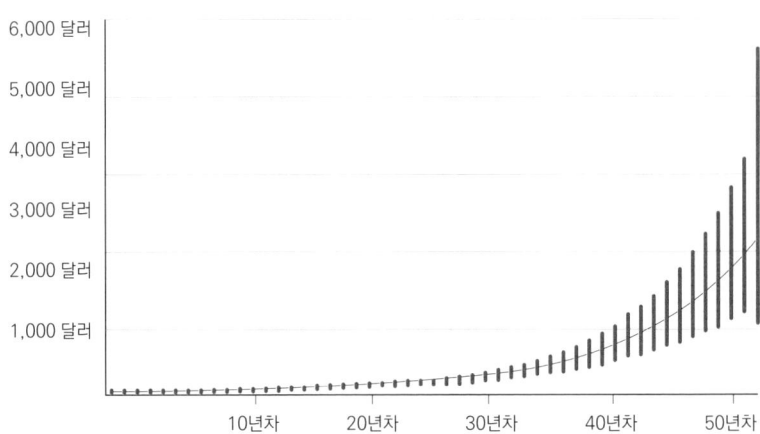

※ 전체 투자기간 동안 주가 범위: 과대평가된 경우 +33%, 과소평가된 경우 −25%로 가정

· 막대선 상단: 재투자 시 과대평가된 가격 · 막대선 하단: 재투자 시 과소평가된 가격
— 중간 곡선: 기준선(재투자 시 적정가격)

두 주식의 미래 밸류에이션에 아무런 변화가 없는 상태에서 모든 배당금이 각 주식에 재투자된다는 것을 가정한 것이다.

[그림 2-4]는 주가의 변화에 따른 각 주식의 복리수익률 분포를 나타낸 것이다.

쿠폰이자 지급 채권 vs. 제로쿠폰채권

재투자 문제에 대한 추가적인 통찰을 얻기 위해 채권투자의 경우를 살펴보자. 1970년대와 1980년대의 고금리 시절 채권 듀레이션(투자원금 회수기간) 개념이 발전했다. 이는 당시 만연했던 높은 금리를 고려하려는 시도였다.

쿠폰이자 8%, 만기 30년에 액면가로 거래되는 채권의 경우를 생각해보자. 투자자가 이 채권에 10만 달러를 투자하면, 이자로 1년에 8,000달러를 벌게 된다. 그리고 12년 후에는 이자로 9만 6,000달러, 만기 30년을 다 채우면 이자로 24만 달러를 벌게 된다.

그런데 이 투자자가 자신의 포트폴리오 가치를 연 8%의 복리로 계속 증대시키길 원한다면, 그는 커다란 재투자 수익률 리스크에 직면하게 된다. 포트폴리오 가치를 연 8% 복리로 계속 증대시키려면, 처음 12년 동안에는 전체 투자원금에 해당하는 금액을 재투자해야 한다. 채권 만기 기간인 30년 동안에는 투자원금의 2.5배를 재투자해야 한다.

그의 수익률 분포는 [그림 2-5]와 같은 양상이 될 가능성이 높다.

이런 개념을 보다 자세히 이해하기 위해 다른 형태의 채권도 살펴보자. 같은 투자자가 30년 동안 수익률이 연 8%인 제로쿠폰채권을 매수했다고 해보자.

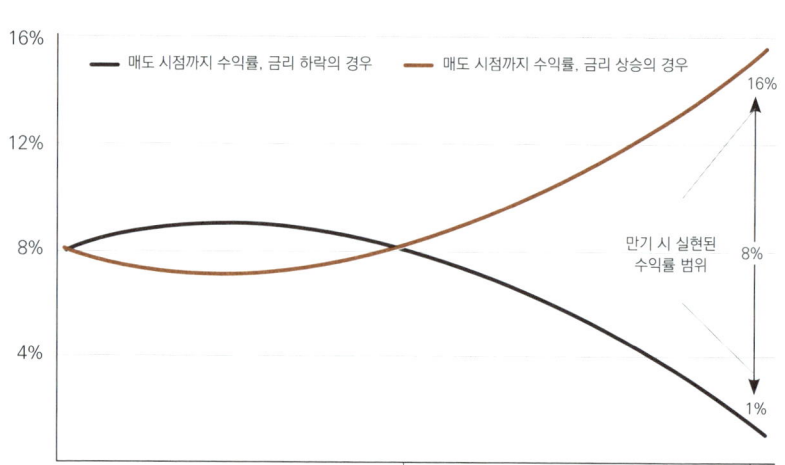

그림 2-5 · 쿠폰이자 지급 채권의 매도 시점까지 수익률

이 채권은 쿠폰이자는 지급하지 않지만 30년 후 한 번에 채권 원금(액면가액)을 다 돌려준다. 투자자가 이 채권에 10만 달러를 투자하면, 30년 후 약 100만 달러를 받게 된다.

이 경우의 수익률 분포를 나타낸 것이 [그림 2-6]이다.

이런 두 채권에 대한 투자 경험을 하나의 그림으로 나타낸 것이 [그림 2-7]이다.

쿠폰이자 8%의 30년 만기 채권의 경우 초기에는 수익률의 변동성이 적지만 후기로 가면서 가능한 수익률의 범위가 확대되는 것을 볼 수 있다. 이는 쿠폰이자 수입을 재투자할 때 이용할 수 있는 미래의 금리를 예측하는 것이 불가능하기 때문이다.

반면, 제로쿠폰채권은 초기에는 상당한 가격 변동성을 보이지만, 채권이 만기에 가까워지면서 수익률 범위가 축소된다. 30년 시간지평을

그림 2-6 · 제로쿠폰채권의 매도 시점까지 수익률

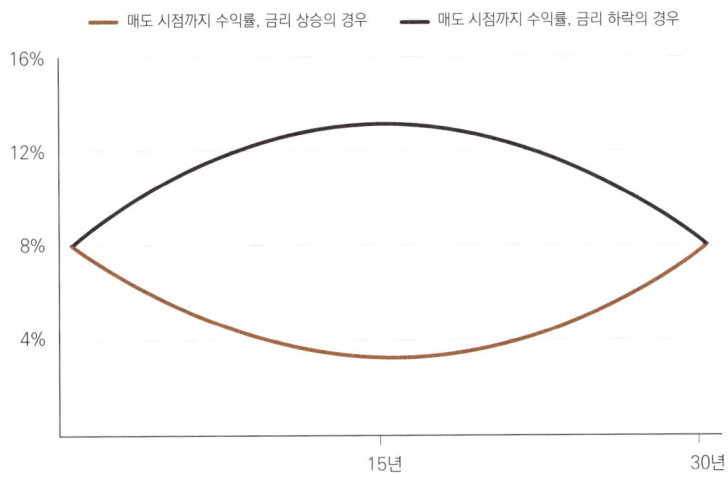

그림 2-7 · 쿠폰이자 지급 채권과 제로쿠폰채권의 가능한 수익률

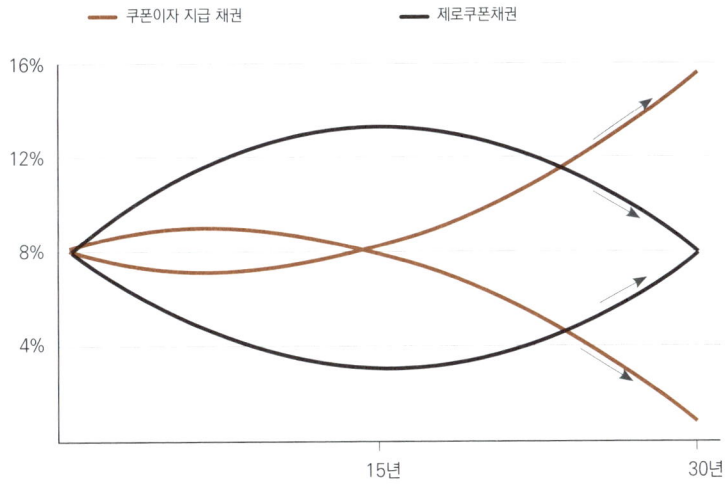

가진 투자자의 경우 제로쿠폰채권이 그가 원했던 연 8%의 복리수익률 목표를 제공할 가능성이 훨씬 높다.

[그림 2-5]와 [그림 2-6], [그림 2-7]은 금리가 상승하거나 하락하는 상황에서 투자자가 해당 미래 시점(X축)에 채권을 매도했을 때 얻는 COC 수익률cash on cash yield(연간 순이익 ÷ 투자원금)의 변화(Y축)를 나타낸 것이다.

[그림 2-5]에서 보듯이 쿠폰이자 지급 채권의 경우 '물고기' 모양을 그리게 된다. 이런 그림이 나오는 것은 원금의 가치와 재투자된 쿠폰이자의 가치, 이 둘의 상호작용에 따른 것이다.

금리가 상승하면 채권의 미래 원금 상환액의 현재가치는 하락한다. 하지만 재투자된 쿠폰이자의 가치는 그보다 높은 비율로 복리로 증가하면서 시간이 감에 따라 원금의 가치 하락을 압도하게 된다.

그러나 금리가 하락하면 그 반대가 된다. 할인율이 하락하기 때문에 채권 원금의 현재가치는 상승한다. 반면 재투자된 쿠폰이자의 수익률은 낮아진다. 그렇게 되면 낮아지는 수익률로 재투자되는 쿠폰이자가 누적되면서 결국에는 원금 상환액의 현재가치 상승으로 발생하는 이익을 압도하게 된다.

[그림 2-6]의 제로쿠폰은, 원금(미래 원금 상환액)의 현재가치는 그 시점의 할인율의 감소나 증가에 따라 상승하거나 하락한다.

그럼에도 쿠폰이자가 없어서 쿠폰이자 재투자로 인한 변화는 전혀 없다. 다시 말해 미래가치는 확실하다. 시간이 가면서 복리 할인율의 영향이 감소하기 때문에 채권의 현재가치는 다시 액면가로 수렴된다.

그러나 투자자가 채권 만기 시 발생하는 수입을 재투자해야 한다면, 그 시점에서 재투자 리스크는 있다. (책 뒤에 부록으로 실린 '현재가치와 미래가치' 참조)

배당금 재투자 리스크를 고려하라

앞에서 본 가치기업 V와 성장기업 G에 대한 투자 사례에서 우리는 의도적으로 V를 매력적인 가치기업으로 설정했었다. 이제 방금 살펴본 채권 투자 사례를 염두에 두고 제로성장기업 Z와 고성장기업 H 두 기업의 경우를 보자.

제로성장기업 Z의 주당순이익은 1.1달러이고 성장률은 제로다. 이 회사는 모든 이익을 배당금으로 지급하고 있다. 이 회사 주식을 주당 10달러에 산다고 할 경우 배당수익률은 11%로 높다.

반면, 고성장기업 H는 주당순이익이 0.33달러이고, 모든 이익을 회사에 재투자하기 때문에 배당금이 없다. H의 주가도 10달러인데, 향후 50년 동안 주당순이익은 연 11% 증가할 것이다.

이 두 기업에 대한 투자는 모두 본질적으로는 재투자 리스크를 안고 있다(투자자 입장에서 두 회사는 미래에 열악한 투자자산이 될 수도 있다는 말이다). 게다가 배당금을 받는 주주 입장에서 보면 제로성장기업 Z에 투자한 투자자들의 재투자 리스크는 너무 크다.

향후 50년 동안 배당금을 Z에 재투자할 경우에 Z의 PER이 그 50년 동안 동일하다고 가정하면, 투자자들은 (주당) 약 1,836달러를 재투자하게 된다.

물론 Z의 사례는 매우 극단적인 사례다. 50년 동안 11%의 배당수익률을 제공하는 기업은 거의 없다. 하지만 투자자들이 이런 기업을 발견할 수도 있다. 그리고 이런 기업의 주가가 처음 매수한 그 다음 해에 상승할 수도 있다. 그렇게 된다고 또 한 번 가정해 보자.

예를 들어 PER 9배(배당수익률 11%)에서 PER 15배(배당수익률 6.6%)로 상승한다면 어떻게 될까? 투자자들은 (주당) 약 400달러만 Z에 재투자하는 것으로 바뀌게 된다.

이처럼 제로성장기업을 매수해서 기대할 수 있는 미래의 수익은 그 주식의 미래 주가에 따라 크게 달라진다.

반면, 고성장기업 H에 투자한 투자자들의 경우엔 배당금 재투자 리스크가 전혀 없다.

케이크를 먹어도 손에는 여전히 케이크가 있다

배당금은 장기 투자자들에게 가장 기본적인 수익원이다. 그런데 한 주식을 매수해서 이를 절대 팔지 않는다면, 배당금 말고 그 주식을 보유한 보상은 어디서 받을 수 있을까?

장기 배당성장의 힘은 상당할 수 있다. 앞의 성장기업 G의 사례를 다시 보자. 성장기업 G의 주식을 주당 10달러에 샀고, 그 주식의 현재 주당순이익이 0.5달러이고, 이익이 50년 동안 매년 10% 증가한다면, 50년 후 이 기업의 이익은 117.4배 증가해 있을 것이다. 따라서 50년 후 성장기업 G의 주당순이익은 58.7달러가 될 것이다.

그런데 50년 후 G가 이제 성숙한 기업이 되었다고 판단하고 모든 이익을 배당금으로 지급하기로 결정한다면, 연 배당금은 주당 58.7달러가 된다. 이는 최초 투자원금(주당 10달러)의 약 6배에 해당하는 금액이다. 그리고 이런 배당금이 매년 지급된다.

나이가 25세인 한 투자자가 이 주식을 포트폴리오에 넣었다고 해보자. 이 투자자는 2만 달러를 투자해서 주당 10달러인 G 주식을 2,000주 매수했다. 그리고 50년이 지나 75세가 되었을 때 이 투자자는 G 주식에서 연 배당금으로 11만 7,400달러(58.7달러 × 2,000주)를 받게 될 것이다.

연 11만 7,400달러라면 현재 달러 가치로 볼 때 적절하고 안전한 은퇴생활을 하기에 충분한 돈이다. 그리고 그는 여전히 G 주식 2,000주를 보유하고 있으며, 매년 그만큼 배당금을 받는다.

이런 경우를 케이크를 먹어도 손에는 여전히 케이크가 있는 상태라고 할 수 있다.

'빅 아이디어'의 힘

성장주에 투자할지 가치주에 투자할지와 관련해 다음과 같은 질문을 해보자. 만약 여러분이 평생 단 하나의 훌륭한 주식에만 투자해야 한다면, 성장주를 사겠는가? 아니면 가치주를 사겠는가? 우리에게 그 답은 분명하다. 성장주다.

성장주 매수-보유의 힘을 확인하기 위해 20세기 최악의 약세장 저점에서 있었던 사례를 한번 살펴보도록 하자. 1932년 5월 다우존스 산업평균지수(다우지수)의 회복 사례가 바로 그것이다.

당시 다우지수는 1929년 고점에서 약 90% 폭락한 상태였는데, 결과적으로 보면 이는 엄청난 단기 매수 기회였다. 다우지수를 구성하고 있던 30개 기업의 전체 시가총액은 약 50억 달러에 불과했다.

이들 기업이 꼭 가치기업은 아니었다는 사실을 유념할 필요가 있다. 이들은 세계에서 가장 크고 가장 중요한 기업에 속하는 기업들이었다. 당시 한 투자자가 이들 주식 각각을 동일한 금액만큼 매수했다면 그 후 그의 투자는 어떻게 되었을까?

결과적으로 그 중 제너럴 모터스 같은 4~5개 기업은 파산하게 되었다. 그리고 이스트먼 코닥, 굿이어Good Year, US스틸US Steel, 포춘 브랜즈Fortune Brands 같은 7개 정도의 기업은 상장은 유지했지만 실적이 매우 좋지 않았다. 그러나 어쨌든 살아남은 이들 7개 생존기업의 현재 시가총액은 합계 약 500억 달러에 달한다.

그리고 허니웰Honeywell, 크라이슬러Chrysler, 웨스팅하우스Westinghouse, 텍사코Texsco 같은 다른 12개 기업은 그 후 80년 동안 다른 상장기업에 인수되거나 비상장기업으로 전환되었다. 이 12개 기업의 피인수 및 비상장기업 전환과정에 주주들에게 지불된 돈은 총 1,950억 달러였다. 이때 각각의 기업인수 과정에 주주들에게 지불된 돈이 해당 인수 거래일로부터 연 복리 8%로 늘었다고 가정하면, 그 돈은 2011년까지 약 4,900억 달러로 불어나게 된다.

그런데 진짜 수익은 나머지 6개 최고의 기업들에서 발생했다. 코카콜라, 제너럴 일렉트릭$^{General\ Electric}$, IBM, 프록터 앤드 갬블$^{Procter\ \&\ Gamble}$, 셰브론^{Chevron}, 엑손^{Exxon}이 바로 그 최고의 기업들이다. 이 6개 기업은 현재 시가총액이 합계 약 1조 3,000억 달러에 달하며, 배당금으로 연간 약 350억 달러를 지불하고 있다.

여기서 이들 기업의 시가총액 증가란, 이들로부터 받은 약 80년간의 배당금에 대해서는 어떤 가정도 하지 않았고 이들의 주식 희석도 전혀 고려하지 않은, 단순한 시가총액의 증가를 말한다.

이 모든 것을 종합하면, 1932년 5월 이 30개 기업에 (30개 기업 전체 시가총액에 해당하는) 50억 달러를 투자했다고 하면, 2011년까지 그 투자원금 50억 달러는 배당금을 무시하고도 거의 400배에 달하는 약 2조 달러로 증가하게 된다. 사실 그동안 받았을 배당금만으로도 투자원금을 훨씬 초과하게 될 것이다.

그렇다면 상당한 수익을 창출하고 내재가치가 증가할 수 있는 좋은 기업들을 매수해 보유하겠는가? 아니면 배당금과 매매로 확실한 수익을 올리기 위해 성장이 정체된 기업들을 끊임없이 매매하겠는가? 우리가 보기에 그 답은 명확하다. 우수한 장기 수익을 올리는 데는 성장주가 훨씬 더 좋은 기회를 제공한다.

그레이엄의 '빅 아이디어'

두 번째 이야기는 『현명한 투자자』 개정판(1973년) 후기에서 가져온 것이다.

여기에서 벤저민 그레이엄은 그의 회사 두 파트너, 제롬 뉴먼$^{Jerome\ Newman}$과 그레이엄 자신에 대해 말하고 있다. 그레이엄은 원래는 공무원보험사$^{Government\ Employee\ Insurance\ Company}$였던 가이코에 대한 그들의 투자 내용을 설명한다. 이 이야기에서 투자자가 얻어야 할 교훈은 전혀 뜻밖의 것이다.

가이코에 대한 투자 수익이 20년에 걸친 그들의 광범위한 투자활동, 그리고 수없이 많은 개별적인 결정들로 실현한 다른 모든 수익의 합을 훨씬 초월한다는 것이다.

이에 대해 그레이엄은 다음과 같이 말했다.

> 우리는 월스트리트에서 자신의 돈과 타인의 돈을 관리하는 데 삶의 상당 부분을 바친 두 파트너에 대해 잘 알고 있다. 그 과정에서 겪은 고난을 통해 이들은 세상의 모든 돈을 벌려고 하는 것보다는 안전하고 신중한 것이 좋다는 교훈을 얻게 되었다.
>
> 이들은 증권 사업에 다소 독특한 방법을 수립했는데, 그것은 좋은 수익 가능성과 건전한 가치를 결합한 방법이었다. 이들은 가격이 과한 것으로 보이는 것은 뭐든 피했으며, 더 이상 매력 없어 보이는 수준까지 가격이 오른 증권들은 재빨리 처분했다. 이들의 포트폴리오는 항상 잘 분산되었으며, 100개 이상의 서로 다른 종목들로 구성되어 있었다.
>
> 이런 식으로 이들은 여러 해에 걸친 전체 시장의 부침 속에서도 꽤 좋

은 성과를 냈다. 이들은 운용을 위임받은 수백만 달러의 자본으로 연평균 약 20%의 수익을 올렸고, 고객들은 그 결과에 매우 만족했다.

이 책의 초판이 출간되던 해에 이 두 파트너가 운용하는 펀드에 한 성장기업의 지분 50%를 매수할 기회가 한번 왔다. 몇 가지 이유로 그 기업이 종사하는 산업은 당시 월스트리트의 관심을 끌지 못했고, 따라서 많은 주요 월스트리트 증권사들은 그 지분 거래를 거절했다.

그러나 이 두 파트너는 그 기업의 가능성에 깊은 인상을 받았다. 이들에게 결정적이었던 것은 그 가격이 당시 그 기업의 현행 이익과 자산가치에 비해 적당히 쌌다는 것이었다. 이들은 그들의 펀드 자산의 약 1/5을 투입해 이 기업의 인수를 추진했다. 그리고 이들은 번성하는 이 새 기업과 하나가 되었다.*

사실 이 기업은 매우 실적이 좋아서 주가가 지분 50%를 인수하는 데 지불한 가격의 200배로 상승했다. 실제 이익 증가를 훨씬 넘어선 주가 상승이었으며, 지분을 인수한 거의 직후부터 그 주가 시세는 이 두 파트너의 자체 투자 기준으로 봐도 너무 높은 수준까지 올랐다.

그러나 이들은 이 기업을 자신들의 일종의 '가족기업'으로 간주했기 때문에, 이런 눈부신 주가 상승에도 불구하고 그 지분의 상당량을 계속 보유했다. 그리고 이들 펀드에 참여했던 많은 투자자들도 그렇게 했고, 그 결과 이들은 이 하나의 기업(그리고 후에 조직되는 이 기업의 계열사들)을 보

---

* 정확히 말하면, 이 두 파트너는 이 기업의 매수가가 이 기업의 자산 가치로 100% 상쇄되기를 원했기 때문에 이 거래는 성사되지 못할 뻔 했다. 그런데 재무제표 상 5만 달러였던 자산이 후에 시가 3억 달러 이상이 되었다. 이런 뜻밖의 행운으로 이들은 원했던 것을 얻었다.

유함으로써 백만장자가 되었다.

　아주 역설적이게도 이 한 번의 투자 결정에서 발생한 총수익이 이 파트너들이 자신의 전문 분야에서 20년 동안 수행한 (수많은 분석, 끝없는 생각, 그리고 계속된 개별적인 투자 결정들을 포함한) 광범위한 투자 활동을 통해 실현한 다른 모든 수익의 합을 훨씬 초과했다.

　이런 이야기 속에 현명한 투자자가 얻어야 할 가치 있는 교훈이 있다면 그것은 무엇일까?

　한 가지 분명한 교훈은 월스트리트에는 돈을 벌고, 맡아서 관리할 여러 방법이 있다는 것이다. 그리고 또 하나의 교훈은, 아주 분명한 교훈은 아니지만, 한 번의 행운, 혹은 한 번의 매우 영민한 결정(그런데 과연 이 둘을 구분할 수 있을까?)이 평생에 걸친 장인의 노력 이상으로 가치가 있을 수 있다는 것이다.

　그러나 그런 행운을 얻거나 중요한 결정을 하기 위해서는 보통 그 전에 이미 준비가 되어 있어야 하고 잘 다듬어진 능력이 있어야 한다. 충분히 준비되고 인정된 사람에게만 이런 기회들이 찾아와 문을 두드릴 것이다. 그리고 이런 기회들이 찾아오면 그 기회를 이용할 수 있는 자금, 판단력, 그리고 용기가 있어야 한다.

　물론 우리는 오랫동안 신중함과 기민함을 유지하는 모든 현명한 투자자들에게 이와 비슷한 기회가 찾아올 것이라고 보장할 수는 없다. 우리는 서문에서 우리가 비웃었던 J. J. 라스코브^{J. J. Raskob}의 "누구나 부자가 될 수 있다"는 말로 이 책을 끝낼 생각은 없다.

　그러나 금융에는 흥미로운 많은 가능성이 존재하며, 현명하고 진취적인 투자자라면 이 소란한 서커스장 같은 곳에서 즐거움과 수익을 동시에 찾을 수 있어야 한다. 적어도 즐거움은 보장한다.

빅 아이디어에 투자하기: 확률 or 방법론

여러 아이디어 중 '하나'의 빅 아이디어에 투자하는 것은 (그레이엄의 가이코 투자처럼) 확률의 문제이고, '여러' 빅 아이디어를 찾아 이에 투자하는 것은 방법론의 문제다.

효과적인 성장투자 방법론 없이 '신중한 분산'이라는 교리를 따르는 투자자는 최고의 성장 아이디어들이 제공하는 혜택을 충분히 누리지 못할 것이다.

그 결과 이 투자자의 수익률은 궁극적으로 포트폴리오 내의 한 단일 종목의 질이 아니라 전체 포트폴리오의 질에 의해 결정된다. 그리고 포트폴리오의 질은 그 투자자가 사용하는 방법론의 질에 의해 다시 결정될 것이다.

신중한 분산으로 성장주 포트폴리오를 구축할 때의 위험은 실패한 주식(실패한 주식의 문제는 보다 가능성이 있는 다른 주식을 포트폴리오에 추가함으로써 고통 속에 수정된다. 이런 수정을 통해 포트폴리오는 개선된다)이 아니라 성공한 주식에서 발생한다.

이 성공한 주식은 신중한 분산의 원칙을 시험에 들게 할 수 있다. 한 주식이 상승해서 포트폴리오에서 대규모 포지션이 되어 투자자의 총자산에서 지나치게 큰 비중을 차지하게 되면, 투자자는 성공한 이 주식을 계속 굴려 더 수익을 낼지 아니면 분산을 위해 그 비중을 신중하게 줄여야 할지 딜레마에 직면하게 된다.

여기서 우리는 성공한 주식들을 너무 일찍 매도할 때의 문제점에 대해 이해할 필요가 있다. 장기 복리의 힘을 이해하고자 하는 사람들을 위해 한 가지 분석 결과를 소개하자면, 훌륭한 주식을 보유함으로써 얻을 수 있는 진정한 혜택은 복리수익 발생 후반기에 실현된다는 것이다.

이런 진정한 혜택이 발생하기 전에 일찍 성공한 주식의 포지션을 축소하면 [그림 2-8]에서처럼 그 주식의 상방 가능성도 축소된다.

대규모 단일 포지션 리스크를 피하는 방법 중 하나는 성공적인 대형 포지션 주식을 한 개 이상 찾아 이에 투자하는 것이다.

우리 생각에 이는 운이라기보다는 방법론의 문제다. 투자자가 성공한 여러 개의 대형 포지션 주식들을 보유하게 되면, 그의 포트폴리오는 어떤 포지션도 그 규모가 과도하지 않게 균형을 유지할 수 있다.

투자자가 원칙 있는, 신중히 분산된 성장투자 전략을 사용한다 해도, 한 개의 성공한 대형 포지션을 갖게 될 수도 있다. 이것이 반드시 나쁜 것은 아니다. 그의 포트폴리오의 다른 나머지 주식들이 적어도 평균 정

그림 2-8 · 포지션 축소 혹은 청산 시점이 실적에 미치는 영향

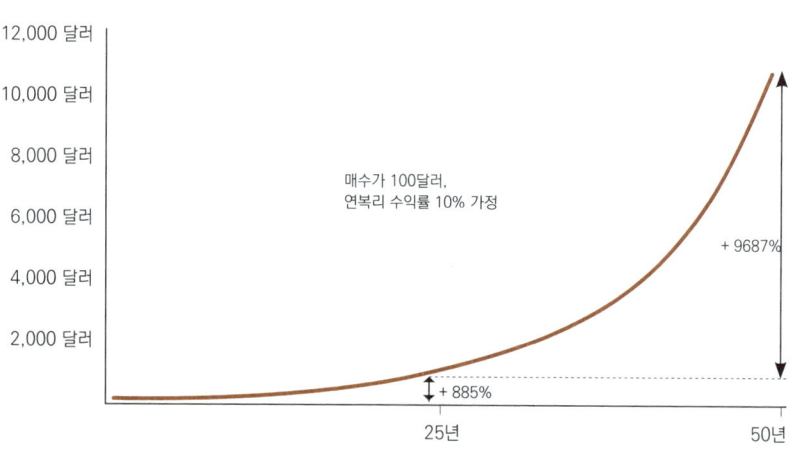

도의 실적을 냈다고 가정하면, 이 투자자는 전체적으로 성공한 포트폴리오를 가지고 있으며 상대적으로 유리한 입장에 있는 것이다.

그러나 그는 자신의 포트폴리오가 매우 집중되었다는 것, 그리고 그 대규모 포지션에서 장기간 하락이 있을 경우 오랜 기간 전체 포트폴리오 수익을 훼손할 수 있다는 것을 인정해야 한다.

한 개 혹은 두 개의 매우 집중된 포지션으로 구축된 포트폴리오를 갖고 있다면, 투자자는 그 종목(들)에 충분한 안전마진을 적용해야 한다. (5장에서 우리는 성장주를 매수할 때 안전마진은 어떻게 적용해야 할지 살펴볼 것이다.)

그런데 안전마진 개념은 주식을 처음 매수할 때뿐만 아니라, 이미 보유하고 있는 주식의 포지션(특히 매우 집중화된 포지션)을 유지할지 말지를 결정할 때도 적용될 수 있다.

우리는 이것이 매우 주관적이고 어려운 문제라는 것을 알고 있다. 일반적으로 어떤 한 투자의 안전마진이 (주가 상승 혹은 내재가치 하락 등으로) 크게 줄어서 그 투자의 미래 수익을 위협하게 되면, 그 투자의 포지션을 줄이거나 청산하는 것을 고려해야 한다. 정말 훌륭한 회사의 경우에는 (주가가 상승해도 내재가치가 상승하기 때문에) 이런 일이 투자 생애에 한두 번 정도만 매우 드물게 발생한다.

이와 관련된 가장 분명한 그리고 가장 최근의 사례는 2000년 시스코와 여타 첨단기술 및 인터넷 관련주에 대한 극단적인 과대평가였다.

1990년대 말 기술주 가격이 크게 상승했을 때 해당 주식 보유자라면, 주가에 기초해 볼 때 이들 주식의 안전마진이 심각하게 훼손되었다고 보는 것이 합리적이었다. 그리고 신중한 투자자라면 이런 주식의 포지션을 줄이거나 완전히 청산하기로 결정했을 것이다.

그런데 성장주 투자의 진정한 혜택을 누리기 위해서는 주가가 100배 상승할 주식을 매수하는 것만으로는 충분하지 않다. 벤저민 그레이엄은 이와 관련해 이렇게 말했다.

"어떤 한 단일 기업에 대한 투자에서 큰돈을 버는 사람은 거의 항상 그 기업과 밀접한 관계가 있는 사람들이다… 그렇게 밀접한 관계가 있는 사람들은 자산의 많은 부분을 그 단일 기업에 투자하고 숱한 부침을 거치면서도 그 투자를 유지하게 된다."

이런 식의 투자 유지를 정당화해주는 그런 '밀접한 관계'가 없다면, 투자자는 (장기적으로 주가가 모두 상승함으로써 신중한 분산을 유지할 수 있고, 특히 각각의 아이디어 모두가 복리의 힘을 누릴 수 있는 그런) 여러 빅 아이디어들이 필요하다.

여러 개의 좋은 아이디어는 각 아이디어가 실적을 낼 수 있는 여건도 조성해 준다. 예컨대 일부 아이디어가 실적을 내면, 그때까지 실적을 내지 못하고 있는 다른 아이디어들을 유지하고 이들이 실적을 낼 때까지 기다릴 여유가 생긴다.

그러나 이런 여건이 조성되지 못하면, 좋은 아이디어라 해도 실적을 낼 시기가 도래하기 전에 그 포지션을 줄이거나 청산할 수밖에 없는 상황이 올 수 있다.

손 안의 한 마리 새 vs. 수풀 속의 두 마리 새

앞서 배당금 재투자에 대해 살펴볼 때 우리는 성장주에 대한 실행 가능한 대안으로 최상의 시나리오를 갖춘 가치주에 대해 살펴봤다. 하지만 현실에서는 6%의 배당수익률과 5%의 장기 이익증가율, 혹은 11%의 배당수익률과 제로성장률을 가진 최상의 가치주를 찾을 가능성은 희박하다.

그럼에도 우리가 이런 낙관적인 가정을 한 것은 성장주와 가치주의 (밸류에이션 차이와는 대조되는) 구조적 차이를 보여주기 위함이었다.

미국 주식시장에서 배당수익률이 5% 이상인 경우는 상대적으로 드물며, 이런 배당수익률은 대개의 경우 성장률이 평균 이하인 예컨대 4% 이하인 주식들에서 발견된다.

그러나 투자자들은 이런 기업들이 지속적인 장기 수익을 올릴 수 있는 가능한 최선의 방안이라고 믿으면서 기꺼이 비용을 지불하고 있다. 이들은 손 안에 있는 새 한 마리가 수풀 속에 있는 새 두 마리보다 가치 있다고 생각한다.

이들은 작은 실제 이익을 취하는 것이 더 큰 이익을 올릴 가능성에 매달리는 것보다 낫다고 확신하는 것이다. 때문에 이들은 성장주로 올릴 수 있는 보다 훌륭한 수익 가능성을 놓치고 있을 뿐 아니라, 매수하는 고배당주에 종종 과도한 가격을 지불하기도 한다.

우리가 보기에 가치시장 쇼핑객들(가치투자자들)의 투자 결정에는 감정적 요인이 작용하는 경향이 있는데, 꾸준한 고배당주가 제공할 수 있는 '마음의 평화'를 위해 추가 비용까지 지불하기도 한다.

반면 성장시장 쇼핑객들(성장투자자들)은 투자 대비 훨씬 나은 가치를 찾을 수 있는 경우가 (항상은 아니라도) 종종 있지만, 그 대가로 마음의 평화를 희생해야 한다.

가치기업 쇼핑객들은 '안전한 영역'에서 자신의 상품을 찾는 것을 선택한 사람들이다. 그렇다고 이들이 그 영역 안에서 저평가된 주식을 찾을 수 없다는 의미는 아니다. 다만 이들이 다른 많은 사람들과 함께 상품을 쇼핑하고 있다는 것을 의미한다. 이런 투자자들은 매매에 특별히 능숙하지 않으면 아마도 적절한 수익률, 예컨대 한 자릿수 중후반대의 수익률을 가정할 것이다.

가치기업들의 문제는 이들의 상대적인 동일성에 있다. 이들은 모두 자신의 가치 대비 동일한 가격 범위(비슷한 밸류에이션; 비슷한 PER)에서 매매되는 경향이 있다. 즉, 밸류에이션 변동성이 적은 것이다.

이 때문에 통상적으로 극단적인 금융 리스크가 있는 이른바 심층 가치기업들(해당 유니버스에서 가격이 가장 싼 기업들)에 만족할 수 없을 경우 찾아야 할 예외적인 가치기업들, 요컨대 내재가치에서 '상당히 할인된 가격'에 거래되는 '좋은' 가치기업들을 찾기가 더 어려워졌다.

반면, 성장주 유니버스의 변동성은 내재가치에서 할인된 가격에 성장주를 매수할 수 있는 지속적인 기회 흐름을 제공한다.

장기 투자의 관점에서 보라

여러분이라면 어디에서 쇼핑을 하겠는가? 성장기업 슈퍼마켓인가? 아니면 가치기업 슈퍼마켓인가?

저가 쇼핑객이라면 최저가에 가장 싼 물건이라는 월마트식 쇼핑을 선호할 것이다. 그러나 장기 투자자라면 그 선택은 분명하다. 분명 가치기업보다는 성장기업 유니버스가 상당한 장기 수익을 제공할 가능성이 훨씬 크다.

성장주 투자로 누릴 수 있는 주요 혜택을 정리하면 다음과 같다.

1. 투자 결정과 매매 횟수가 상대적으로 적다: 성장주 투자를 하면 투자 결정과 매매를 할 필요성이 상대적으로 적다.

성장투자의 목적은 훌륭한 주식을 매수해 장기간 보유하는 것이며, 가치투자의 목적은 싼 주식을 매수해 주가가 상승하면 매도하는 것이다.

따라서 능숙한 매매는 가치투자전략에 필수적인 한 부분이 된다. 그러나 효과적인 매매는 드문 일이고, 비용도 많이 든다.

2. 시간은 성장투자자 편이다: 성장기업에 투자해서 적절한 복리수익을 올리기 위해 필요한 것은 인내뿐이다.

가치기업에 투자할 경우에는 무작위적인 단기 시장 움직임을 이용해 어느 정도 주가가 상승하면 매도해야겠지만, 성장기업에 투자할 경우에는 그런 시장 움직임에 맞춰 베팅할 필요가 없다.

시장의 '장기적'인 냉엄한 효율성(시장은 단기적으로는 개표기와 같지만 장기적으로는 체중계와 같다)을 믿고 기다리면 된다.

성장기업 투자의 경우 시간은 투자자 편이다. 그 기업이 계속 성장하면 주식시장은 궁극적으로 기다린 것에 충분한 보상을 해준다.

3. '빅 아이디어'의 힘: 성장주에 투자하면 빅 아이디어의 힘을 통해 성공할 수 있다. 나머지 다른 주식들의 수익률이 평균에 불과하다 해도, 한

두 개의 훌륭한 주식으로 평균 이상의 연 복리수익률을 올릴 수 있다.

가치주에 투자할 경우에는 그런 하나의 빅 아이디어에 집중할 확률이 상당히 줄어들게 된다.

반면 성장주에 투자할 경우에는 '좋은 실적을 제공할 수 있는' 하나의 장기적인 빅 아이디어에 투자할 수 있는 입장에 있게 된다. 물론 당연히 그런 기업에 투자하게 된다는 보장은 없지만, 그럴 가능성은 상당히 높아진다.

4. 두 자릿수 연 복리수익률을 달성할 가능성이 더 높다: 앞서 살펴본 것처럼 장기 복리수익은 달성하기가 쉽지 않다. 하지만 성장투자는 '매수-보유' 전략이기 때문에 여러 해 동안 투자한 주식이 성장하고 상승하는 동안 세금을 한 푼도 내지 않고 그 상승을 지켜볼 수 있다.

반면 적극적인 '매수-매도' 전략을 구사해야 하는 가치투자의 경우는 지속적으로 국가에 (세금으로) 상당한 기부를 해야 한다.

그리고 동시에 자신이 투자 리스크를 부담할 가치가 있는 더 많은 주식들을 찾기 위해 부단히 노력해야 한다.

투자는 단순하지만 쉬운 것은 아니다

성장기업들의 항구적인 특징은 그 활력에 있다. 이들은 끊임없이 움직이고 있다. 과거 한때 애플 컴퓨터는 가망 없는 개인용 컴퓨터 제조사로 취급받기도 했다. 하지만 오늘날 애플은 웹에 연결되는 스마트 전자기기들을 생산하는 대표적인 업체가 되었다.

우리가 보기에 성장기업 투자의 문제는 이제까지 두 자릿수 수익률을 낼 가격에 매수할 수 있는 기업들이 너무 많았다는 것이다(그리고 앞으로도 계속 그럴 가능성이 있다는 것이다).

따라서 문제는 성장주 유니버스가 비싸냐 아니냐가 아니라, 투자 포지션을 구축할 개별 투자 기회를 찾을 수 있느냐 없느냐 하는 것이다. 성장주 투자에서 성공하기란 결코 쉽지 않으며 힘든 일이다. 그러나 노력과 끈기를 갖고 공부하는 투자자는 훌륭한 성장주 포트폴리를 구축할 수 있을 것이다.

이번 장에서 가치투자와 성장투자의 차이점에 대해 살펴봤다. 물론 이는, 앞에서도 밝혔듯이 우리의 자의적인 기준에 따른 것이며 우리만의 정의에 그치는 것일 수 있다.

다음 장부터는 성장기업에 투자하는 데 필요한 체계적인 전략을 살펴보도록 하겠다. 이 과정에서 우리는 진정한 성장기업을 찾는 법, 그런 기업을 잘 매수하기 위해 시장을 이용하는 법, 그리고 성장기업에 투자할 때 안전마진을 구축하는 법 등을 소개할 것이다.

더불어 성공한 경우와 실패한 경우를 모두 포함해 우리의 실전 투자 사례도 몇 개 소개할 것이다.

벤자민 그레이엄의
성장주 투자법

기업의 진정한
가치를 알려주는
그레이엄의 공식

> "한 기업의 내재가치는 전적으로 그 기업의 미래에 있다.
> - 워런 버핏

손쉽게 기업 가치 계산하는 방법

일반적인 항공기 비행에서 가장 위험한 단계 중 하나는 착륙이다. 제트기 조종사는 시간당 약 140마일로 점진적인 하강경로를 따라 항공기를 조종하다가 활주로 바로 위에서 하강을 멈춰야 한다. 대부분의 항공사고가 공항 5마일 내에서 발생하는 것은 결코 이상한 일이 아니다.

안전한 착륙의 관건은 항공기를 안정된 항속으로 점진적인 하강경로를 따라 운항하는 조종사의 능력에 달려있다. 그러나 항공기는 3차원(항공 용어로 피치^{pitch}, 롤^{roll}, 요^{yaw})으로 움직이며, 착륙 단계에서는 이런 3차원 모두에 아무런 문제가 없어야 한다.

항공기가 바람직한 점진적인 하강경로보다 위에 있으면, 조종사는 하향 피치를 높여야(항공기 기수 각도를 아래로 더 내려야) 한다. 그런데 이런 조치는 항공기를 바람직한 하강경로로 돌려놓을 수 있지만, 동시에 항속도 높이게 된다. 그런데 항속이 높아지면 날개가 만들어내는 양력이 증대되고, 그러면 항공기는 하강하는 게 아니라 상승하게 된다.

약간 전문적이긴 하지만, 무슨 말인지 독자 여러분이 이해했기를 바란다.

여러 해 전, 아마도 너무 과도하게 많았던 착륙 사고에 대한 대응과정에서 누군가 피치, 롤, 요 중 한 가지 변수를 동결시키는 것이 바람직한 하강경로를 탐색하는데 도움이 된다는 것을 발견했다. 그래서 채택된 것이 항공기의 피치를 동결시켜 하강비율을 통제하는 힘을 조정하는 것이었다. 이런 간단한 기술은 조종사가 안전한 비행을 할 수 있는 중요한 수단이 되었다.

투자도 복잡한 다차원적인 활동이다. 이런 복잡함에 대응하기 위해 투자자는 많은 변수들의 상호관계를 파악한다고 하는, 점점 그 성능이 향상되는 컴퓨터에 의존해왔다. 그러나 이런 방식은 인간의 직관이라는 가장 중요한 투입변수를 놓치는 경향이 있다.

항공기 사례에 비춰볼 때, 투자과정에 훨씬 좋은 솔루션은 일부 변수들을 '동결'시킴으로써 애널리스트들이 적절한 수의 변수들에 초점을 맞출 수 있게 하는 것이다.

벤저민 그레이엄은 성장투자자와 가치투자자를 포함하는 모든 주식시장 투자자들에게 투자과정의 주요 변수들 중 하나를 동결해서 매수결정을 단순화하는 매우 중요한 도구를 하나 제공했다. 그가 『증권분석』 개정판(1962년)에 소개한 가치평가 공식이 바로 그것이다.

그레이엄의 이 공식은 아주 훌륭하면서도 간단하게 만들어져서 투자자들이 기업의 가치를 쉽게 계산할 수 있게 해주었다. 그리고 이 공식은 성장기업과 가치기업(혹은 제로성장기업) 모두에 적용될 수 있다. 그레이엄의 공식을 사용함으로써 상장기업의 가치를 평가할 때 투자자들은 다른 중요한 변수들을 자유롭게 고려할 수 있게 됐다.

우리는 이와 관련해 그레이엄의 『증권분석』 개정판(1962년) 39장 전문을 이번 장 뒷부분에 전재했다.

그레이엄의 공식 : (8.5 + 2g) × EPS

상장기업의 내재가치를 계산하는 그레이엄의 간단한 공식은 무엇일까?

내재가치를 계산하기 위해서는 이익증가율에 2를 곱한 후 8.5를 더한 값(이것이 적정 PER이다)에 현재의 주당순이익을 곱하면 된다.

이를 공식으로 표기하면 다음과 같다.

[8.5 + (2 × 이익증가율)] × 주당순이익 = 기업의 주당내재가치

그렇다면 이 공식을 사용한 계산 사례들을 살펴보도록 하자. 다음은 이 공식을 사용해 제로성장기업, 평균 성장기업, 그리고 평균 이상 빠르게 성장하는 성장기업의 가치를 평가하는 법을 정리한 것이다.

제로성장기업

이 사례에서 기업 A의 연간 주당순이익은 2달러이고, 그레이엄의 공식으로 계산하면 주당내재가치는 다음과 같다.

[8.5 + (2 × 이익증가율 0%)] × 주당순이익 2달러
= [8.5 + (2 × 0)] × 2 = 주당내재가치 17달러

따라서 기업 A의 내재가치는 주당 17달러가 적절해 보인다. 주당순이익 2달러에 주가 17달러면, 이 회사의 PER(주가 ÷ 주당순이익)은 8.5가 되는데, PER 8.5는 성숙한 기업에 아주 일반적인 적정 PER이다.

평균 성장기업

평균 성장기업 B의 연간 주당순이익은 2달러이고, 연간 이익증가율은 5%이다. 5%는 S&P 500 지수 기업들의 일반적인 이익증가율이다. 이 수치를 가지고 기업 B의 내재가치를 계산하면 다음과 같다.

[8.5 + (2 × 이익증가율 5%)] × 주당순이익 2달러
= [8.5 + (2 × 5)] × 2 = 주당내재가치 37달러

우연은 아닌 것으로 보이는데, 대부분의 애널리스트들은 S&P 500에 15~20의 PER을 사용하고 있다. 그레이엄의 공식으로 계산한 기업 B의 PER 18.5(주가 37달러 ÷ 주당순이익 2달러)는 S&P 500 소속 평균 성장기업들의 일반적인 PER 범위 중간에 해당된다.

평균 이상 빠르게 성장하는 성장기업

평균 이상 성장기업인 C의 연간 주당순이익은 2달러이고, 연간 이익 증가율은 10%이다. 이 경우 C의 내재가치는 다음과 같다.

[8.5 + (2 × 이익증가율 10%)] × 주당순이익 2달러
= [8.5 + (2 × 10)] × 2 = 주당내재가치 57달러

C의 적정 PER은 28.5(주가 57달러 ÷ 주당순이익 2달러)가 되는데, 이는 S&P 500 소속 평균 이상 성장기업들의 아주 일반적인 PER이다.

다른 가치평가 공식들

주식의 가치를 평가하기 위해 애널리스트들이 사용하는 다른 많은 공식들이 있다. 보다 일반적으로 사용되는 그런 공식 중 일부를 살펴보고 이를 그레이엄의 공식과 비교해 보도록 하자.

PEG

오늘날 일반적으로 사용되는 공식 중 하나는 'PEG(PER ÷ 연간 예상 이익증가율)'다. PEG로 계산하는 주당내재가치 공식은 다음과 같다.

주당내재가치 = 이익증가율 × 주당순이익

이 공식을 사용하면, 연간 주당순이익 1달러, 연간 이익증가율 10%인 기업의 주당내재가치는 10달러가 될 것이다.

이익증가율 10% × 주당순이익 1달러
= 10 × 1 = 주당내재가치 10달러

PEG는 간단하지만, 몇 가지 결함이 있다. 가장 분명한 결함은 성숙한 기업의 가치평가와 관련된 것이다. 한 제로성장기업의 주당순이익이 1달러라고 할 때, PEG로 계산한 이 기업의 가치는 0이 된다.

PEG로 계산한 제로성장기업의 주당내재가치
= 이익증가율 0% × 주당순이익 1달러 = 0 × 1 = 0

PEG는 모든 기업의 가치를 과소평가하는 경향이 있다.

연간 이익증가율이 5%인 기업의 적정 주가는 주당순이익의 5배, 즉 PER 5가 된다. 이익증가율이 12%인 훌륭한 성장기업조차도 적정 주가는 주당순이익의 12배, 즉 PER 12가 된다.

결과적으로 대부분의 애널리스트들은 주식 매수가를 정당화하기 위해 자신들의 (가치기업 유니버스든 성장기업 유니버스든) 주식 유니버스의 미래 이익증가율을 과대평가한다.

현금흐름할인법

또 널리 사용되는 가치평가법은 현금흐름할인법(DCF) 또는 현금흐름할인모형이다.

현금흐름할인법에 관한 이론은 매우 견고하기 때문에 우리는 그레이엄 공식으로 계산한 가치평가를 현금흐름할인법으로 계산한 가치평가와 비교해 보았다(책 뒤에 수록한 '부록: 현재가치와 미래가치'를 참조해 주기 바란다).

그 결과 우리는 적절한 범위의 이익증가율 가정치에서는 그레이엄의 공식으로 계산한 가치평가 결과가 현금흐름할인법의 결과와 매우 비슷하다는 것을 발견했다.

수학적으로 관심 있는 독자라면, 현금흐름할인법이 부여하는 주당내재가치(적정 PER)는 이듬해(1년차) 이익을 기준수익률$^{hurdle\ rate}$과 이익증가율의 차이로 나눈 값과 같다는 것을 고려하기 바란다.

이를 공식으로 나타내면 다음과 같다.

주당내재가치 = 1년차 주당순이익 ÷ (h-g) × 100

이 공식에서 h는 기준수익률, g는 이익증가율이다.

현재 연간 주당순이익을 1달러라고 할 때, 기준수익률 12%, 이익증가율 7%를 사용하면, 그 차이는 5%이다. 그러면 주당내재가치는 PER 21.4가 된다. [1년차에 주당순이익은 1.07달러(1달러 + 0.07달러)가 되니까, 공식에 대입하면, 1.07달러 ÷ (12% - 7%) × 100 = 1.07 ÷ 5 × 100 = 21.4달러가 된다. 이는 주당순이익 1달러의 21.4배, 즉 PER 21.4가 된다.]

같은 주식을 그레이엄의 공식으로 계산하면 주당내재가치는 PER 22.5가 된다. [{8.5 + (2 × 이익증가율 7%)} × 주당순이익 1달러 = {8.5 + (2 × 7)} × 1 = 22.5달러가 된다. 그러니까 주당순이익 1달러의 22.5배, 즉 PER 22.5가 된다. 이 결과는 현금흐름할인법의 계산결과와 거의 맞아 떨어진다.]

현금흐름할인법의 문제는 변수들이 너무 많고 이런 변수들이 서로 상호작용할 수 있다는 것이다. 현금흐름할인법 공식은 기준수익률과 이익증가율을 모두 포함하고 있기 때문에 해당 기업에 대한 가치평가를 정당화하기 위해 기준수익률이나 이익증가율 수치를 바꾸고 싶은 유혹이 들게 할 수도 있다.

일반적으로 가치평가 공식이 복잡하면 해가 될 수 있다. 복잡한 것보다는 단순한 것이 낫다. 기업에 대한 가치평가는 '비정밀 과학'이다. 가치평가모델이 단순하고 보다 직접적일수록 투자자가 이익, 현금흐름, 그리고 미래 성장률 같은 다른 부분들에 집중하기가 더 쉽다.

가치평가 공식들이 가진 결함

모든 가치평가 공식에는 결함이 있다. 그레이엄의 공식 같은 경우 이익만을 기초로 기업의 가치를 평가한다. 이는 영업외 자산이 미칠 수 있는 긍정적인 효과나 영업외 부채가 미칠 수 있는 부정적인 효과를 무시하는 것이다.

한 투자자가 어떤 것이 더 나은 투자가 될지 판단하기 위해 A와 B 두 기업의 가치를 평가하고 있다고 해보자. 기업 A와 기업 B의 주당순이익은 1달러로 같고, 향후 7년간 연간 예상 이익증가율도 10%로 동일하며, 주가도 10달러로 같다. 그렇다면 투자자는 이 두 주식 중 어떤 주식을 매수해야 할까?

PEG로 봐도 이 두 주식에는 차이가 없다고 할 것이다. 그러나 이는 잘못된 것이다. 재무상태표를 볼 때, 기업 A는 주당현금이 5달러이고 부채는 없는 반면, 기업 B는 현금은 없고 주당 5달러의 부채를 갖고 있다고 해보자. PEG는 이것을 고려하지 못하지만, 기업 A(현금부자 기업)가 기업 B보다 나은 선택임에 분명하다.

바로 이 때문에 투자자들은 기업의 이익 외에 다른 것도 보고, 매수하기 전에 기업의 재무상태를 조사해 영업외 자산과 부채를 살펴봐야 한다.

두 번째 결함은 고금리와의 경쟁과 관련된 것이다.

주식의 PER이 고금리의 영향으로부터 자유로울까? 물론 그렇지 않다. 그레이엄 자신도 장기 회사채 금리가 4.4%를 초과하면 PER은 하향 조정되어야 한다고 말한 바 있다.

그레이엄이 4.4%를 콕 집어 말한 것은 1964년 AAA등급 회사채의 평균 금리가 4.4%였기 때문이었다. 그는 1974년 9월 18일 CFA연구소Institute of Chartered Financial Analysts와 금융애널리스트연구재단Financial Analyst Research Foundation의 공동 후원으로 뉴욕에서 개최된 한 세미나에서 수정한 그의 공식을 소개했다.

수정된 그레이엄의 공식은 한 기업의 내재가치를 계산할 때 AAA 회사채의 현행 만기수익률을 고려한 것이다. 그 공식은 다음과 같다.

주당내재가치 = (8.5 + 2g) × 주당순이익 × (4.4 ÷ y)

여기서 g는 이익증가율, y는 AAA등급 회사채 수익률이다.

이 공식이 PER에 미치는 영향은 쉽게 확인할 수 있다. AAA등급 회사채 수익률이 4.4%를 유지한다면(4.4 ÷ 4.4 = 1), 그레이엄의 원래 공식이 그대로 적용된다.

그런데 AAA등급 회사채 수익률이 6.6%로 상승하면 PER은 2/3 수준으로 하락한다(원래 PER × (4.4 ÷ 6.6) = 원래 PER × 2/3 = 원래 PER에서 1/3이 감소).

만약 AAA등급 회사채 수익률이 8.8%로 상승하면 PER은 1/2 수준으로 하락하게 된다. 이 경우 다른 모든 것이 동일하다고 하면, 모든 기업의 미래가치는 50% 감소하게 된다.

그레이엄의 수정 공식을 사용하길 원하는 사람들을 위해 말하자면, 약간 조심할 필요가 있다. 이 수정 공식을 사용하기 위해서는 미래의 금리를 잘 예측해야 한다. 이 공식에 대한 투입 변수로 최근의 금리를 사용하는 투자자는 잘못된 결과를 얻을 수 있다.

1965년부터 1981년까지 장기 금리는 점진적으로 상승했는데, 이런 상황에서 투자자들이 미래 금리가 아니라 최근 금리를 투입 변수로 사용하면 그레이엄의 수정 공식에 (상승하기 전의) 너무 낮은 금리를 계속 투입하는 일이 벌어질 수 있다. 이 경우 수정 공식은 기업의 미래가치를 과대평가하게 된다.

그런데 1981년 상황이 역전되었다. 1981년부터 약 2000년까지 금리는 대체로 하락했다. 이 경우 최근 금리를 사용하면 기업의 미래가치는 과소평가되는데, 이는 수정 공식을 사용하는 투자자들이 역사상 최고의 강세장 중 하나에서 투자를 꺼리게 만드는 결과를 초래할 수도 있었다.

수정 공식의 또 다른 리스크는 이익증가율 예측에서 발생한다. 높은 장기 금리는 보통 고인플레이션 기간과 관련이 있다. 인플레이션 기간에는 인플레이션 때문에 매출액과 이익증가율이 상승할 수 있다.

이런 문제들을 고려해 우리가 투자자들에게 제안하자면, '고금리의 영향을 염두에 두되, 투자환경이 장기적으로 금리가 유의미한 수준으로 상승하는 방향으로 가고 있다는 강한 확신이 없는 한 PER을 하향 조정하지 말라'는 것이다.

'현재의 내재가치'를 계산할 때의 주의점

방금 살펴 본 2가지 결함에도 불구하고, 그레이엄의 공식은 가치기업과 성장기업 모두에 적용될 수 있다.

그레이엄의 공식을 사용해 현재의 내재가치를 계산하기 위해서는 해당 기업 현재의 정상 주당순이익 normalized current EPS 즉, 정상적인 사업 활동을 할 경우 예상되는 현재의 주당순이익을 추산하고 그 기업의 미래 이익증가율을 예측해야 한다.

쉽게 확인할 수 있는 역대 이익과 현금흐름 데이터를 분석함으로써 투자자는 고려 중인 각 기업의 적절한 현재 이익을 판단할 수 있어야 한다.

일반적으로 해당 기업 그리고 다른 여러 곳에서 (과거, 현재, 예상 이익 및 현금흐름 숫치를 포함해) 많은 정보를 쉽게 얻을 수 있으며, 이를 이용해 모든 상장기업의 현재 이익을 합리적으로 추산할 수 있다.

그레이엄의 공식을 효과적으로 사용하기 위해서는 현재의 주당순이익을 정상 주당순이익으로 전환해야 한다. 이를 위해 투자자는 전체적인 경기주기, 해당 기업이 속한 산업의 산업주기, 그리고 해당 기업의 투자주기는 어디쯤에 있는지 확인하고, 이에 맞춰 현재의 주당순이익을 조정해야 한다.

전체 경제가 불경기라면 현재 주당순이익은 상향 조정되어야 하고, 호황기라면 하향 조정되어야 한다. 그리고 해당 기업이 속한 산업이 불황이거나 극심한 경쟁기에 있으면 현재 주당순이익은 상향 조정되어야 하고, 해당 산업이 호황기이면 현재 주당순이익은 하향 조정되어야 한다. 또 해당 기업이 미래 성장을 위해 막대한 투자를 하는 중이면 현행 주당순이익은 상향 조정되어야 한다.

또한 각 기업의 이익증가율도 예측해야 한다. 우리는 투자자들이 정상 이익에 기초해 이익증가율을 예측할 것을 권하고 있다. 이는 경제, 산업 그리고 개별 기업의 주기가 미치는 영향을 줄이는 데 도움이 될 것이다.

우리가 사용하는 이익증가율은 그 기업의 기본적인 장기 이익증가율이다. 그레이엄 또한 그의 공식이 '향후 7~10년간 예상되는 연평균 이익증가율'에 기초하고 있다고 밝힌 바 있다. 우리는 투자자들이 향후 7년간 예상되는 이익증가율을 사용할 것을 권한다. 7년은 일반적인 경기주기보다 길지만 투자자가 어느 정도 합리적으로 예측할 수 있을 정도로는 짧은 기간이다.

'현재의 내재가치' 쓰임새가 다를 수 있다

현재의 내재가치를 계산하는 것은 성장기업과 가치기업처럼 그 종류가 다른 주식에 각각 다른 목적으로 사용될 수 있다.

가치기업의 경우 현재의 내재가치는 그 주식을 매수할지 말지를 결정하는 데 강력한 기초가 될 수 있다. 가치기업의 내재가치는 향후 7년 동안 크게 변할 가능성이 적기 때문에 현재의 내재가치가 중요하다.

반면 성장기업의 경우 현재의 내재가치 계산은 투자 과정의 시작일 뿐이다. 성장기업에 투자하기 위해 투자자는 그 기업의 미래가치에 기초해 투자 결정을 내려야 한다. 이 때문에 성장기업의 투자 결정에서 현재의 내재가치는 가치기업의 투자 결정에서보다 덜 중요하다.

그럼에도 성장기업의 현재 내재가치를 계산하는 일은 여전히 중요하다. 현재의 내재가치를 계산하는 과정에서 투자자는 그 기업과 그 기업의 사업에 대해 보다 철저히 이해할 수 있게 된다. 해당 기업의 현재 사업에 대한 철저한 이해가 있어야만 투자자는 그 기업의 미래가치에 대한 평가를 시작할 수 있다.

해당 기업의 현재를 이해하기 위한 노력은 만족할 만한 안전마진(이에 대해서는 5장에서 살펴볼 것이다)을 구축하는 데 중요하다. 해당 기업의 현재 사업을 어느 정도 정확하게 분석할 수 없다면, 그 주식은 포기하고 다른 주식을 찾아야 한다.

'7년 전망'을 수립하라

성장주를 분석하고 있다면, 고려중인 모든 기업의 적절한 7년 전망을 수립하는 것이 매우 중요하다.

우리는 관심 있는 모든 기업에 대해 이와 관련된 자세한 모델을 구축함으로써 7년 전망 수립 단계의 중요성을 강조하고 있다. 우리는 해당 기업의 손익계산서, 현금흐름표, 재무상태표, 그리고 경영진의 강점을 평가하는 일로 7년 금융모델 구축을 시작한다. 또한 우리는 그 기업의 규모, 해당 산업의 규모, 성장 잠재력, 가능한 이익률을 살펴본다.

이런 정보를 가지고 우리는 그 기업의 상세한 수입-지출 내역을 만든다. 우리가 만든 그 자세한 수입-지출 내역에는 고려중인 각 기업의 매출액과 이익 전망치가 포함된다(예상 손익계산서). 또 우리는 각 기업의 예상 현금흐름표와 재무상태표도 만들어 본다.

모든 투자자가 우리가 하는 정도로 자세한 예상을 할 수 있는 시간, 자원, 혹은 능력을 가진 것은 아닐 것이다. 그러나 그 정도의 시간, 자원, 능력이 없는 투자자는 과도하게 낙관적인 전망은 하지 않도록 극도로 주의해야 한다. 성장주 투자자가 해당 기업에 대해 자세한 전망을 할 수 없음에도 불구하고 과도하게 낙관적인 전망을 하면 재앙을 맞이

할 수도 있다.

미래는 항상 불확실하기 때문에 투자자는 특정 수치가 아니라 일정 범위로 이익증가율을 추산해 볼 수도 있다.

예컨대 해당 기업이 연 10%의 이익증가율을 달성할 수 있다고 믿는다면, 이익증가율 추산치를 연 8~12%의 범위로 넓혀 볼 수 있다. 추산 범위의 고점을 기준으로 자신의 투자 결정을 하지 않는 한 이는 적절한 것이다.

7년 후부터는 성장률을 낮춰 잡아라

가장 빠르게 성장하는 기업들조차 시간이 지나면 결국 성숙해지며, 성장률도 둔화된다. 따라서 그레이엄의 공식을 성공적으로 사용하기 위해서는 미래의 어느 시점부터 해당 기업의 성장률을 낮춰 볼 필요가 있다.

우리는 우리가 보유하고 있는 모든 기업에 대해 7년 후부터는 성장률을 낮춰 잡는다.

그렇다면 우리가 사용하는 7년 후 성장률은 어떤 것일까?

우리의 경험적 분석에 따르면, 7년 후 대부분의 성장기업들의 연간 성장률은 약 7% 수준으로 하락한다. 따라서 우리는 우리가 분석하는 모든 기업의 7년 후 성장률을 7%로 설정한다.

요컨대, 그레이엄의 공식에 따라 우리는 보유하고 있는 각 기업의 7년차 적정 PER을 22.5로 전망하고 있다[8.5 + (2 × 7) = 22.5].

우리가 이렇게 하는 데는 나름 이유가 있다. 그 이유는 다음과 같다.

첫째, 7년 전망을 수립하는 것은 상당히 쉽지 않은 일이고, 우리는 그런 7년 전망이 적절히 맞도록 하는 데 우리의 분석 노력을 집중하고자 했다. 둘째, 장기적으로 개별 기업들의 이익증가율은 장기적인 전체 경제성장률에 접근하면서 지속 가능한 수준으로 수렴하는 경향이 있다. 셋째, 조종사가 착륙을 할 때 한 가지 변수를 동결하는 것처럼 우리는 우리의 분석을 보다 용이하게 하기 위해 이 변수(7년 후 성장률 변수)를 동결하고자 했다.

미래가치 평가 4단계

가치기업이 아니라 성장기업을 평가하기 위해서는 그레이엄의 공식을 두 번(현재의 내재가치 추산과 미래의 내재가치 추산) 적용해야 한다.

성장기업의 내재가치는 역동적으로 변하기 때문에 현재의 시장에서 그 주식에 지불할 적절한 가격을 판단하기 위해서는 그 기업의 미래가치를 예상하는 것이 필수적이다.

성장기업 투자자의 경우 미래의 내재가치는 그 주식의 매수, 매도, 혹은 보유를 결정할 핵심 기준점data point이 된다.

한 기업의 미래가치를 평가하기 위해서는 다음 4단계가 필요하다.

1단계: 해당 기업의 연평균 주당순이익(현재의 정상 주당순이익) 판단
2단계: 해당 기업의 장기적인 주당순이익 증가율(향후 7년간 예상 이익증가율) 전망
3단계: 지금부터 7년 후 연평균 주당순이익(7년차 정상 주당순이익)

> 추산
>
> **4단계:** 그레이엄의 공식을 사용해 7년 후 (미래의) 내재가치 계산

우리는 1단계와 2단계는 이미 살펴보았다.

3단계를 실행하기 위해 투자자는 현재의 정상 주당순이익(1단계)을 향후 7년간 예상 이익증가율(2단계)에 적용해 7년 후 연평균 주당순이익을 추산해야 한다.

기업 A의 현재 연평균 주당순이익이 1달러이고 향후 7년간 예상 이익증가율이 10%라면, 7년 후 연평균 주당순이익은 약 2달러가 된다.

그 다음 4단계를 실행해 미래의 내재가치를 계산한다. 이를 위해 투자자는 7년차 예상 주당순이익에 7년차 적정 PER을 적용해야 한다. 앞서 소개한 것처럼 우리는 7년 후 예상 이익증가율(이를 '영구성장률'이라고 한다)로 7%를 사용하며, 따라서 7년차 적정 PER은 22.5배를 적용한다. 따라서 기업 A의 7년 후 내재가치는 약 45달러가 된다. 이를 계산한 공식은 다음과 같다.

 기업 A의 7년 후 내재가치
 = [8.5 + (2 × 7%)] × 7년차 주당순이익 2달러
 = PER 22.5 × 7년차 주당순이익 2달러 = 22.5 × 2 = 45달러

특정 전망치가 아니라 전망치 범위를 사용하고자 할 경우에는 다음과 같이 계산할 수 있다.

투자자가 향후 7년 동안 기업 A의 예상 이익증가율을 8~12% 범위로 전망한다고 해보자. 여기서 이 기업의 현재 주당순이익이 1달러이고 이익증가율이 8%라면, 7년차 주당순이익은 1.71달러가 될 것이다. 그리고 이 기업의 이익증가율이 12%라면, 7년차 주당순이익은 2.21달러가 된다.

이 두 결과에 PER 22.5배를 적용하면 기업 A의 7년 후 내재가치는 38.47달러에서 49.72달러의 범위에 있게 된다.

공식은 단순할수록 좋다

우리가 이렇게 간단한 가치평가 공식을 사용하고 투자자들에게도 권하는 이유는 무엇일까? 단순함과 이론적 견고함이 이런 공식의 가장 큰 이점이기 때문이다.

투자자들 사이에는 복잡성과 단순성을 둘러싼 오랜 논쟁이 있었다. 그런데 계산 능력이 보다 보편화되고 수학적 공식이 보다 정확해지면서 가치평가 공식들을 보다 복잡하게 만들려는 자연스러운 유혹이 있었다.

그런데 복잡한 공식들의 문제는 투자세계가 그렇게 정확하지는 않다는 데 있다. 이익 추산치는 말 그대로 '추산치'일 뿐이다. 부정확한 경우가 많은 추산치를 사용해 정확한 전망치를 수립하는 것은 처음부터 불가능한 일이다.

좋은 투자 결정을 하기 위해서는 기업의 내재가치에 대한 근사치만 있으면 된다. 사실 시간과 경험이 있으면 그림이 얼마나 정확한지는 알 수 있다. 그러나 복잡한 공식이 그 답은 아니다.

복잡한 수학적 공식의 치명적일 수 있는 또 다른 결함은 과거를 중시하는 경향이 있다는 것이다. 공식에는 변수로 투입할 과거 데이터가 필요하다. 과거 데이터가 좋은 투자 결정에 도움이 될지는 누구도 확실히 알지 못한다. 어떤 데이터가 중요한지 판단하는 데는 사람의 분석과 개입이 필요하다.

또한 우리는 투자자가 전체 투자 과정을 단순하게 유지하는 것이 좋다고 생각한다.

오늘날 세계에는 산만한 요인들이 너무 많아서 투자 성공에 필요한 소수의 핵심 변수들을 놓치기가 매우 쉽다. 경험이 쌓이면서 투자자들은 주식을 매수할 때 중요하다고 잘못 생각되는 대부분의 것들을 무시하는 법을 배우게 된다.

대부분의 거시경제적 변수들은 필요한 만큼 정확하게 예측할 수 없으며, 우리는 이런 변수들과 우리가 보유한 주식 사이의 연관성에 대해서도 잘 이해하지 못한다. 대부분의 투자자들은 그들이 알지 못하는 사건 혹은 한 기업에 대한 그들의 투자 결정과는 거의 관련 없는 사건들에 소중한 분석시간을 낭비하고 있다.

그레이엄의 공식이 제공하는 혜택

투자자가 단순한 것이 더 좋다는 생각을 일단 받아들이게 되면, 이제 그레이엄의 공식 같은 간단한 모델이 제공하는 이점도 인정해야 한다.

그레이엄의 가치평가 공식이 제공하는 가장 중요한 혜택은 투자자들에게 명확한 초점을 제공한다는 것이다. 매수 대상 주식을 선택할 때 유혹적으로 보이지만 사실은 별 관련 없는 많은 변수들을 제거해버리기 때문이다.

그레이엄의 공식은 투자자들이 좋은 투자 결정을 하는 데 필요한 구체적인 변수들(해당 기업의 질과 수익력, 이익증가율, 이익증가율의 질, 그리고 미래가치)에 초점을 맞추게 한다. GDP 성장률, 채권수익률, 그리고 단기적인 경제상황 같은 외부 변수들은 개별 기업의 장기적인 전망과는 별 관련이 없다.

그레이엄의 공식이 제공하는 두 번째 중요한 혜택은 많은 중요한 변수들을 '동결'함으로써 소수의 주요 이슈들에 대해 예리한 분석과 판단을 할 수 있게 한다는 것이다.

그레이엄은 이렇듯 유용하고 간단한 가치평가 공식을 우리에게 제공했을 뿐만 아니라 투자 결정을 할 적절한 시간표(7~10년)까지도 제안했다.

그레이엄의 공식을 사용함으로써 투자자는 투자과정의 중요한 두 부분(해당 기업의 현재 사업에 대한 이해와 적절한 7년 전망의 수립)에 편하게 초점을 맞출 수 있게 됐다.

성장투자에 대한 그레이엄의 '선물'

평생에 걸쳐 가치투자의 장점들을 옹호했던 벤저민 그레이엄이 현업 말년에 와서야 마침내 성장주 투자의 힘을 깨달은 듯하다. 그가 이렇게 심경의 변화를 일으키게 된 것은 1950년대에 일부 훌륭한 성장주들이 매우 우수한 실적을 냈기 때문일 수도, 혹은 그의 가이코 투자가 크게 성공한 때문일 수도 있다.

그 이유가 무엇이든 그레이엄은 성장주를 분석하고 그 가치를 평가할 방법이 필요하다고 강하게 느낀 것만은 분명하다. 그리고 그는 그 '방법'을 『증권분석』 개정판(1962년)에 실었다.

'39장: 성장주 가치평가를 위한 보다 새로운 방법^{Newer Method for Valuing Growth Stocks}'은 그레이엄이 우리에게 주는 값진 선물이다. 이 39장은 (성장주든 가치주든) 주식투자에 관한 지금까지 나온 글 중 가장 유용하고 간단한 글 중 하나다.

여기에서 그레이엄은 성장주 가치평가에 대한 당시의 주요 이론들을 소개하고, 그런 각 이론들의 강점과 약점을 분석한다. 그리고 주식 가치평가에 대한 자신만의 방법을 제시하고 있다.

상식과 단순성 차원에서 돋보이는 이 39장은 안타깝게도 이후 출간된 『증권분석』 개정판들에서는 아무런 설명도 없이 사라져 버렸다.

우리는 그레이엄의 걸출한 경력에 새로운 이정표가 되는 획기적인 글이기도 한, 이 39장의 전문을 소개한다.

『증권분석』 개정판(1962년) 39장 전문

성장주 가치평가를 위한 보다 새로운 방법

성장주 가치평가: 현재까지의 상황

앞에서 우리는 성장주를 '과거 일정 기간 평균 이상의 빠른 속도로 주당순이익이 증가했으며 앞으로도 일정 기간 이런 강점을 유지할 것으로 예상되는 주식'으로 정의했다.

편의상 우리는 진정한 성장주를 연간 예상 이익증가율이 최소 7.2%가 되는 주식으로 정의했는데(그러면 10년 후 이익이 2배가 된다), 이런 최소 기준을 더 낮게 책정할 수도 있을 것이다.

물론 좋은 과거 실적과 매우 유망한 미래는 투자자와 투기자 모두에게 항상 중요한 매력 요인이었다. 1920년대 이전의 주식시장에서 성장 전망은 '투자 변수'로서의 중요성 측면에서 강력한 재무상태와 배당 안정성보다 덜 중요한 부차적인 변수로 취급되었다. 그러다 1920년대 말에 와서 성장 전망이 보통주 투자자들과 투기자들 모두에게 주요 고려사항이 되었다.

이런 성장 전망은 당시 대부분의 인기주가 도달했던 매우 높은 주가 배수(이 글에서 말하는 배수는 주가이익배수인 PER 혹은 주가배당배수인 PDR이다. PER은 그 역인 이익수익률로, PDR은 그 역인 배당수익률로 호환해 말할 수 있다—옮긴이)를 정당화해주는 것으로 생각되었다. 그러나 당시 금융 애널리스트들은 성장주에 대해 수학적 가치평가를 수행하려는 어떤 진지한 노력도 하지 않았다.

그런 계산을 위한 자세한, 기초적인 내용은 (1929년 주가 폭락 후인) 1931년 S. E. 길드$^{\text{S. E. Guild}}$의 책 『주식 성장과 할인율 표$^{\text{Stock Growth and Discount Tables}}$』에서 처음 등장했다.

그리고 이 기초적인 방법은 1938년 출간된 J. B. 윌리엄$^{\text{J. B. William}}$의 『투자가치 이론$^{\text{The Theory of Investment Value}}$』에서 하나의 본격적인 이론과 방법론으로 발전했다. 이 책은 보통주의 가치는 그 주식의 모든 미래 배당금들(그 각각을 현재가치로 할인한 금액)의 합이라는 기본적인 논지를 자세히 제시하고 있다. 미래 성장률 추산치는 미래의 배당금을 파악하는 데 사용되어야 하고, 그렇게 파악된 미래의 배당금을 통해 최근의 총가치(현재가치)를 계산하는 데 사용되어야 한다는 것이다.

1938년 내셔널 인베스터스 코퍼레이션$^{\text{National Investor's Corporation}}$이 공식적으로 성장주 매수 정책에 집중하는 최초의 뮤추얼펀드가 되었으며, 이들은 한 경기주기 정점에서 다음 경기주기 정점까지 이익이 증가했고 앞으로도 계속 그럴 것으로 예상되는 기업을 성장주로 보았다.

그 후 15년 동안 좋은 성장 실적을 기록한 기업들이 점점 더 많은 인기를 얻었다. 그러나 성장주의 가치를 정확히 평가하기 위한 노력은 거의 없었다.

1954년 말, 성장주 가치평가에 대한 현재의 방법론이 클렌데닌^{Clendenin}과 반 클리브$^{\text{Van Cleave}}$의 「성장주와 보통주의 가치$^{\text{Growth and Common Stock Values}}$」라는 논문에서 처음 제시되었다.[1] 이 글은 성장률과 성장 지속기간$^{\text{rate and duration of growth}}$, 그리고 할인요인에 대한 다양한 가정들에 기초해 미래 배당금의 현재가치를 찾는 기본적인 표들을 제공했다.

1954년 이후 금융 간행물(주로 〈파이낸셜 애널리스트 저널$^{\text{Financial Analyst Journal}}$〉)에서 성장주의 수학적 가치평가를 주제로 한 많은 논문들이 쏟아져 나왔다. 이 논문들은 기술적 방법과 공식들, 다우존스 산업

평균지수(다우지수)와 많은 개별 종목들에 대한 그런 방법과 공식의 적용, 그리고 성장주 이론과 성장주의 시장 실적에 대한 일부 비판적 평가들을 다루고 있었다.

이번 장에서 우리는 (1) 현재 사용되고 있는 성장주 가치평가에 대한 수학적 이론을 가능한 가장 기초적인 형태로 살펴보고, (2) 그 주제와 관련된 방대한 문헌들에서 고른 이 이론의 일부 적용 사례들을 소개하며, (3) 이 이론의 신뢰성에 관한 우리의 견해를 밝히고, 나아가 이 이론의 일반적으로 복잡한 수학을 대체하는 우리의 매우 간단한 방법을 제안하고자 한다.

'영구성장률' 방법론

성장이 '무기한 미래$^{\text{indefinite future}}$'에 고정비율로 지속된다고 가정하면, 미래의 성장을 평가하는 기초적인 산술 공식은 쉽게 찾을 수 있다. 투자자의 연간 요구수익률에서 고정 성장비율(영구성장률$^{\text{Permanent-Growth-Rate}}$)을 빼기만 하면 된다. 그 차액이 현행 배당금의 자본환원율 $^{\text{capitalization rate for the current dividend}}$, 즉 배당수익률이 된다.

이 방법은 이 분야의 대표적인 이론가가 해당 주제에 대한 아주 초기의 논문에서 수행한 다우지수에 대한 가치평가를 그 사례로 살펴볼 수 있다.[2]

이 연구는 다우지수의 영구성장률을 4%로 가정하고 투자자의 총요구수익률(할인율$^{\text{discount rate}}$)은 7%로 가정했다. 이 경우 투자자는 3%의 현행 배당수익률을 요구하게 되며, 이 3%의 요구 배당수익률이 다우지수의 가치가 된다.

우리는 배당금이 매년 4% 증가하고 따라서 (영구성장률이 4%이므로) 시장주가도 매년 4% 상승할 것으로 가정할 것이다. 그러면 어느 해든 투자자는 연초 대비 3%의 배당금 수익(배당수익률)과 4%의 주가상승 차익(주가상승률), 요컨대 연간 총 7%의 복리수익을 올리게 된다.

평균적인 배당성향을 가정하면 요구 배당수익률은 그에 해당하는 배당배수(배당수익율의 역)로 전환해 볼 수 있다. 이 논문에서 채택한 평균 배당성향은 2/3이었으며, 따라서 배당배수는 33의 2/3, 즉 22배가 된다.[3] 현행 배당금의 22배가 적정 가치라는 것이다.

보통주 혹은 일군의 주식들에 대한 이렇게 상쾌하고도 간단한 가치평가법이, 특히 성장주 분야에서, 왜 보다 복잡한 방법으로 대체되어야 했는지를 이해하는 것이 중요하다.

이 방법은 성장률(이익증가율)을, 예컨대 5% 정도까지 가정하면 꽤 그럴듯하게 작동한다. 영구성장률을 5%로 가정하면 요구 배당수익률은 2%에 불과하고(총요구수익률 7% - 영구성장률 5% = 2%), 여기서 배당성향을 2/3로 하면 현행 배당금의 배수로는 33배가 된다.

그런데 예상 성장률을 이보다 높게 책정하면, 배당배수는 매우 급격히 상승한다. 6.5%의 성장률을 적용하면 배당배수는 200배가 되고, 7% 이상의 성장률을 적용하면 (여하한의 배당금을 지급한다고 할 경우) 그 주식의 배당배수, 즉 적정 가치는 무한infinity이 된다.

이 이론과 방법론에 기초하면 한 보통주의 예상 성장률이 7% 이상인 경우에는 그 주식에 지불할 가격으로 어떤 가격도 너무 비싸지 않은

가격이 된다.[4]

다른 방법론이 필요했다

많은 증권분석가들의 추산에서 한 종목에 진정한 '성장주' 자격을 부여하는 데 필요한 거의 최소한의 예상 성장률은 7%이기 때문에 앞에서 소개한 단순한 가치평가법은 이런 성장주 분석에는 사용될 수 없다는 것이 분명했다. 성장률이 7% 이상인 모든 성장주의 가치는 무한이 되기 때문이다.

수학적으로 봐도 그렇고 신중하게 생각해도 높은 성장률을 기록하는 기간은 유한한 기간(사실상 꽤 짧은 기간)으로 제한되어야 한다. 꽤 높은 성장률을 기록하는 기간이 지난 후에는 성장이 완전히 중단되거나 보통 수준으로 진행될 것으로 가정해서 후반기의 이익 배수(혹은 배당 배수)를 적절히 낮춰야 한다.

현재 성장주의 가치평가에 사용되고 있는 기본적인 방법은 이런 처방을 따르고 있다.

일반적으로 현재의 기본적인 성장주 가치평가법은 약 10년 동안은 (기업들마다 매우 다르지만) 상대적으로 높은 성장률을 가정하고 있다. 그리고 그 후에는 앞서 소개한 간단한 방법으로 10년차 혹은 여타 '목표target' 연도의 이익을 평가할 수 있도록 성장률을 낮춰 보고 있다. 그런 다음 10년차 이전 시기에 받을 배당금들을 현재가치로 할인하는 것처럼 이 목표 연도의 가치를 현재가치로 할인한다. 그런 후 이 두 부분을 합하면 원하는 가치를 구할 수 있다.

　이 방법을 적용한 예는 다음과 같은 다소 전형적인 가정을 해서 분명히 살펴볼 수 있다. (1) 할인율, 즉 연간 요구수익률은 7.5%[5], (2) 10년 동안은 연간 약 7.2%의 성장률(즉 10년 후에는 이익과 배당금이 2배가 된다), (3) 10년차 이익배수는 13.5배(이 배수는 10년 후 요구 배당수익률 5%, 예상 성장률 2.5%에 해당하는 것이다. 이는 후반기 성장률과 관련해 몰로도프스키가 '알 수 없는 단계level of ignorance'라고 칭하면서 채택한 것이다. 우리는 '보수적으로 볼 단계level of conservatism'라는 표현을 선호한다). 그리고 우리의 마지막 가정은 (4) 평균 배당성향은 60%라는 것이다(이는 성장률이 좋은 기업에는 높은 수준의 배당성향일 것이다).

　이런 가정들에 기초할 때, 현재 이익 1달러당 가치는 다음과 같이 계산된다.

A. 10년차 주가의 현재가치: 10년차 이익은 2달러, 주가는 27달러가 될 것이다. 이 주가의 현재가치는 27달러의 48%, 즉 약 13달러가 된다.

B. 향후 10년 동안 지급될 배당금의 현재가치: 배당금은 60센트에서 시작되어 1.20달러까지 늘어날 것이며, 10년 동안 연평균 약 90센트, 총 약 9달러가 지급될 것이다. 여기에 (5년의 평균 대기기간을 고려하여) 약 70%의 현가계수present-worth factor(자금의 가치를 현재가치로 환산할 때 적용하는 할인계수)를 적용하면, 배당금 부분의 현재가치는 약 6.3달러이다.

C. 총현재가치와 승수: A와 B를 합하면 약 19.3달러가 되며, 이는 현재 이익의 배수로 19.3배이다.

이 방법을 적용해 평가한 1961년 다우지수의 가치

1961년의 한 논문에서 몰로도프스키는 1961년에서 1970년까지 향후 10년 동안 다우지수에 가장 적절한 성장률로 5%를 택했다.

그 결과 이 10년 동안 다우지수는 총 63% 성장해, 이익은 1960년 35달러의 '정상normal' 이익에서 57달러로 증가했고, 따라서 1970년 예상 주가는 (1960년 가치로 할인하면 365달러인) 765달러가 되었다. 여기에 약 300달러의 10년 예상 총배당금(70%의 현가계수를 적용한 순배당금으로는 210달러)을 더해야 한다.

이런 방법으로 계산한 다우지수의 1960년 가치는 약 575달러로 계산된다(1961년의 경우 몰로도프스키는 이 가치를 590달러까지 높였다).

채권수익률 계산과 유사점

앞에서 사용한 수학적 계산과정은 주어진 수익률에 해당하는 채권의 가격, 따라서 주어진 가격이 나타내는 수익률을 결정하는 데 사용되는 계산 과정과 같다는 것을 알아야 한다.

한 채권의 가치, 즉 적정 가격은 각각의 쿠폰 지급액과 최종적으로 지급하는 원금을 일정한 할인율(채권의 정해진 수익률과 동일한 요구수익률)을 적용해 현재가치로 할인하여 계산한다.

성장주 가치평가에서 목표 연도의 예상 주가는 만기 시 상환되는 채권의 액면가에 해당한다.

다른 이론가들의 수학적 가정

다우지수 사례에서 사용된 계산이 일반적인 방법을 잘 보여준 것으로 볼 수 있지만, 여러 금융 저술가들이 사용한 구체적인 가정들, 혹은 '제한 요인들^{parameters}'이 다소 다양하다는 것도 유념해야 한다.

클렌데닌과 반 클리브가 처음 제공한 표들은 성장기간을 60년까지 계산했지만, 다른 여러 금융 저술가들이 계산에 실제로 가정한 기간은 5년(빙$^{R.\,A.\,Bing}$), 10년(몰로도프스키와 버클리$^{J.\,G.\,Buckley}$), 12~13년(봄포크 $^{J.\,E.\,Bohmfalk}$), 20년(파머$^{G.\,H.\,Palmer}$와 버렐$^{O.\,K.\,Burrell}$) 그리고 30년(케네디 $^{R.\,E.\,Kennedy,\,Jr.}$)으로 다양했다.

할인율도 5%(버렐)부터 9%(봄포크)까지 매우 다양했다.[6]

미래 성장률 선택

대부분의 성장주 가치평가자들은 어떤 종목을 평가하든 미래의 예상 성장률에 대해 획일적인 기간을 적용하고, 획일적인 할인율(요구수익률)을 적용할 것이다. (예외적으로 봄포크는 성장주를 세 등급으로 나누고, 등급에 따라 성장 기간을 12년에서 13년까지, 할인율은 8%에서 9%까지 다르게 적용했다).

그러나 당연히 예상 성장률은 기업마다 다를 것이다. 마찬가지로 한 기업에 대해서도 분석가들마다 적용하는 예상 성장률이 다르다.

과거 일정 기간의 성장 실적만 기준으로 하면, 어떤 기업이든 성장률을 객관적으로 설정할 수 있을 것이다. 그러나 모든 금융 저술가들은 과거의 성장률은 기업을 분석하는 데 있어 하나의 변수로만 고려되어야 하며, 이를 기계적으로 미래의 성장률에 적용해서는 안 된다고 아주 적절한 주장을 하고 있다.

그런데 경고삼아 한 가지 조언하자면, 과거의 성장률조차 분석가들마다 서로 다른 방법으로 계산될 수 있다는 것이다.[7)]

'정상이익'에 적용되는 배수

지금 소개한 방법들은 현재 이익 1달러당 배수를 계산한 것이다. 그런데 이 이익배수는 실제 현재 또는 최근 이익의 배수는 꼭 아니고, '정상'으로 간주되는 이익Normal Earnings, 즉 평활화 이익 곡선smoothed-out earnings curve(이익의 평균, 추세를 나타내는 곡선)에서 나타나는 현재 이익의 배수이다.

따라서 1960년과 1961년 다우지수에 적용된 이익배수는 일반적으로 ('정상 이하'로 보이는 1960년과 1961년의 실제 이익보다 높은) 이익 '추세선trend-line' 상의 이익에 적용된 배수였다.

여러 공식들에서 배당금과 이익: 단순 비교

'현대'의 성장주 가치평가법들은 보통주의 현재가치는 그 주식에서 예상되는 미래의 모든 배당금의 현재가치의 합이라는 J. B. 윌리엄스[J. B.]

Williams의 기본적인 개념에서 상당히 벗어난 것이다.

사실 현재 일반적으로 10~20년의 배당금을 계산하고 있는데, 이것이 최종 가치$^{final\ value}$의 일부를 이루고 있다. 그러나 기업들의 예상 성장률이 높아질수록 예상 배당성향은 감소하는 경향이 있으며, 따라서 목표 연도의 이익 대비 배당금 부분의 중요성(비중)은 감소한다.

결과적으로 예상 배당성향의 편차는 최종 배수에 큰 영향을 미치지 않을 것이다. 따라서 향후 10년 동안 모든 기업의 배당성향을 60%로 가정함으로써 계산 과정을 단순화 할 수 있다.

현재 이익 1달러가 어떤 가정된 비율로 증가할 때 달성하게 되는 10년차 이익을 T라고 하면, 10년 배당금의 가치는 약 2.1 + 2.1T로 계산된다. 10년차 시장주가의 현재가치는 13.5T의 48%, 약 6.5T로 계산

표 39-1 · (단위 : %, 달러)

예상 성장률(이익증가율)	10년차 이익(T)	현재 이익의 배수 (8.6T + 2.1)
2.5	1.28	13.1X
4.0	1.48	14.8X
5.0	1.63	16.1X
6.0	1.79	17.5X
7.2	2.00	19.3X
8.0	2.16	20.8X
10.0	2.59	24.4X
12.0	3.11	28.8X
14.3	4.00	36.5X
17.5	5.00	45.1X
20.0	6.19	55.3X

된다. 따라서 현재 이익 1달러의 총가치(그 주식의 최종 배수)는 8.6T + 2.1이 된다.

[표 39-1]은 여러 이익증가율 가정치별로 T(10년차 이익)와 그에 따른 배수들을 정리한 것이다.

성장률이 낮은 경우 배수들이 다소 낮은데, 이는 배당성향을 60%로만 가정했기 때문이다. 이 방법에서 현재가치(현재 이익의 배수)는 현재 이익과 예상 성장률로만 계산된다. 독립적인 계산 변수로서 배당금은 사라진다.

성장주의 경우 배당금의 중요성이 크게 줄어들고 있다는 것을 인정하면, 이런 이례를 보다 기꺼이 받아들일 수 있을 것이다.

성장주 가치평가의 한 가지 명백한 패러독스

우리의 모델로 사용된 대표적인 몰로도프스키의 가정들로 돌아가 보자. 그는 모든 주식의 10년 후 주가를 그 해의 이익의 13.5배로 가정했다. (이와 유사하게, 봄포크는 자신의 글에서 평가한 100개의 성장주 모두 12~13년 후 주가는 이익의 11배에서 12.5배 사이가 될 것으로 가정했다).

그러나 (지금부터 10년 후인) 1971년 이익배수는 기업마다 크게 다를 것이고, 1960년대 10년 동안 실제로 좋은 성장률을 기록한 기업들의 주가가 성장률이 약간 개선된 기업들보다 훨씬 높은 배수에 거래될 것이 분명하다.

가치평가자의 경우 그들이 평가하고 있는 주식의 목표 연도 주가가 예상 성장률과 어느 정도 비례하는 배수가 될 것이라는, 보다 현실적인 가정을 해서는 안 되는 이유는 무엇일까? 한 주식의 이익이 지금부터 10년 후인 1971년에 2배가 되고, 그 주식의 지금 현재가치가 이익의 20배라고 한다면, 그 주식의 가격이 1971년에도 이익의 20배가 될 것으로 예상하면 안 되는 이유는 무엇일까?

이런 가정을 하면, 7.5%의 요구수익률을 초과하는 것을 피하기 위해 그 주식의 현재가치는 현재 이익의 20배 이상으로 상승해야 할 것이다. 그러면 1971년의 주가 배수는 이익의 20배 이상이 될 것이며, 현재가치가 무한에 근접할 때까지 이런 조정은 계속 반복되어야 할 것이다.

여기서 수학적 사실은 배당수익률과 이익증가율의 합이 할인율을 초과하는 것으로 가정되는 모든 주식의 경우 목표 연도의 예상 배수는 현재 배수보다 '낮아야 한다'는 것이다.

그렇지 않으면, 우리가 배당수익률과 영구성장률의 합이 7%나 7.5%를 초과한다는 단순한 가정을 버리게 만들었던 무한 가치로 돌아가야 한다.

보수적인 시각과 안전요인을 논의에 포함시키면, 10년 동안 예컨대 연 10% 비율로 증가할 것으로 예상되는 이익에 대해 10년 후 배수로 13.5배를 (낮게) 가정하는 것에 대한 반대는 극복될 수 있다.

몰로도프스키 식으로 평가한 가치는 예상 성장률이 실현될 경우 연간 7.5%의 수익을 실제로 제공할 현재 가격이라기보다는 그런 상황에서 '7.5%보다 높은' 수익을 제공할 현재 가격으로 보아야 한다.

우리는 실현된 실제 성장률이 예상치보다 낮을 그런 매우 큰 리스크에 대한 보상으로 투자자가 이런 수학적 결과를 요구하는 것이 완전히 논리적이라고 생각한다.

추천하는 2개의 보충 계산

투자자를 위해 이런 논점을 구체적으로 보여주기 위해 우리가 애널리스트들에게 제안하는 것은 지금까지 살펴본 그들의 가치평가를 2개의 부수적인 계산으로 보충하라는 것이다.

첫 번째 계산은 예상 성장률이 실현될 경우 실제 투자자들이 올릴 수 있는 수익률의 근사치를 찾는 것이다.

이 목적을 위한 가장 단순한 가정은 그 주식들이 1971년에도 평가자들이 1961년 이익에 적용한 이익배수와 같은 배수에 거래될 것이라고 가정하는 것이다.

이 배수는 여전히 처음 계산에 사용된 13.5배를 초과하게 되므로 수익률은 기본적인 7.5%를 초과하게 된다. 여기서 그 차이는 (1) 예상 성장률의 실현으로 기대할 수 있는 초과수익이거나, (2) 최초의 가치평가에 포함된 안전요인의 양을 나타내게 된다.

두 번째 계산은 유사한 방법으로 실제 성장률이 추정치 '밑으로' 얼마나 떨어질지, 그래도 최초의 가치평가에서 계산했던 기본적인 7.5%의 수익률을 매수자에게 제공할지 판단하는 것이다.

그 예로 예상 성장률이 7.2%인 주식을 사용해 이런 보충적인 계산 과정을 살펴보자.

이 주식의 현재 이익배수는 (지금부터 10년 후인 1971년 배당성향 60%,

이익배수 13.5배에 기초해) [표 39-1]에서처럼 19.3배로 계산된다. 이제 1971년 실제 배수는 1961년에 적절한 것으로 계산된 19.3배가 될 것으로 가정하자. 그러면 현재 이익 1달러의 1971년 가치에 11.6달러가 추가된다. 복리표를 참고하면, 1971년 가치라는 새로운 기초에서 1961년 이익의 19.3배에 매수자가 실현하는 수익률은 기본적인 7.5%가 아니라 약 10%가 된다는 것을 알 수 있다. 마찬가지로 실제 성장률이 평균 5%에 불과해도 배수가 19.3배로 유지되면, 이 가격에서 투자자는 7.5%의 목표수익률을 달성하게 된다.

이런 계산들이 수학적으로 오점이 없는 것은 결코 아니지만 (다소 자의적인 성격이 있다) 최초의 가치평가 공식에 약 1/3의 안전요인을 포함시켰다는 측면에서 아주 틀린 것도 아니라고 생각한다.

성장주 가치평가 사용법

여기에서 제안한 성장주 가치평가법 중 어느 것이든 그것을 가장 직접적이고 긍정적으로 사용하는 것은 저평가된 매력적인 종목을 고르고 과대평가된 종목을 가려내는 것이다.

앞에서 소개한 2개의 기법(몰로도프스키와 봄포크의 기법)은 각각의 개별 연구에서 이런 식으로 적용되었다.

몰로도프스키의 기법은 다우지수 편입 주식 각각의 '투자가치 investment value'를 찾아서 이를 현재 주가와 비교하는 것이었다. 그 결과, 1961년 2월 다우지수 편입 주식의 전체 주가 수준(649)은 이들의 전체 투자가치 590보다 10% 높은 것으로 나왔다. 이 중 5개 종목은 가치의 75~95% 수준에서 거래되었고, 15개 종목은 가치의 100~120% 수준, 10개 종목은 가치의 120~153% 수준에서 거래되고 있었다.

이런 가치평가와 그에 따라 판단한 현재 주가의 싸거나 비싼 수준은 몰로도프스키가 사용한 구체적인 공식과 그가 선택한 연간 이익증가율 예상치에 따른 것이다. 그가 사용한 연간 이익증가율 예상치는 최저 1.5%(유나이티드 에어크래프트$^{United\ Aircraft}$)에서 최고 10%(알코아^{Alcoa}와 이스트먼 코닥) 사이에 걸쳐 있었다.

봄포크는 자신이 평가한 가치를 현재 주가와 다른 식으로 비교하고 있다. 그는 현재 주가에 내포된 이익증가율(즉, 그의 공식에 따라 1960년 7월 주가와 동일한 가치를 만들어내는 이익증가율)을 계산한다. 그는 그 질에 따라 3개 그룹으로 나뉜 93개 종목을 대상으로 이를 계산했다(그는 이 각각의 그룹에 대해 약간 다른 할인율과 성장기간을 사용하고 있다).

대개의 경우, 그의 예상 이익증가율은 시장주가에 내포된 이익증가율과 상당히 근접했다(봄포크는 다우지수에 대해서는—지난 13년 역대 이익증가율이면서 동시에 시장주가 상승률에 해당한다고 그가 찾아낸—6.5%의 이익증가율을 적용했다). 그러나 두 경우는 그의 예상 이익증가율이 시장주가 상승률의 거의 3배였고, 한 경우는 시장주가 상승률이 그의 예상 이익증가율보다 40% 높았다.

몰로도프스키와 봄포크의 목록에서 모두 등장한 9개 종목에 대해 이 둘이 선택한 미래 이익증가율을 비교해보면 흥미로울 것 같다. 여기에 우리는 봄포크가 발견한 1947~1959년의 역대 이익증가율도 추가해 비교해 보았다.

표 39-2 · 9개 종목에 대한 역대 이익증가율 및 예상 이익증가율 비교 (단위 : %)

	역대 이익증가율	봄포크의 예상 이익증가율	몰로도프스키의 예상 이익증가율
얼라이드 케미컬 & 다이	7.5	10.0	6.0
알코아	12.0	13.0	10.0
듀폰	10.0*	10.0*	7.0
이스트먼 코닥	9.5	11.5	10.0
제네럴 일렉트릭	9.0	10.0	10.0
굿이어	12.0	9.0	5.0
인터내셔널 페이퍼	4.5	8.5	3.5
프록터 & 갬블	6.0	9.0	8.0
유니온 카바이드	9.0	9.5	5.0

* (듀폰이 투자했던) 제너럴 모터스는 제외한 것임.

[표 39-2]는 역대 이익증가율이 미래 이익증가율을 예상하는데 결정적인 역할은 결코 아니지만, 중요한 역할을 한다는 것을 보여주고 있다. 그리고 매우 능력 있는 애널리스트들 사이에도 각 기업에 부여하는 이익증가율에 대한 의견이 상당히 다를 수 있다는 것도 보여준다.

가치평가법의 또 다른 용도

이 주제에 대한 많은 연구들은 (현재 이익이나 배당금의 배수로서의) 가치, 이익증가율, 성장기간, 그리고 할인율 간의 다양한 관계에 집중하고 있다.

실제 혹은 예상 배당수익률(혹은 이익배수)로 연구를 시작하면, (1) 주어진 연수 내에 총요구수익률을 올리는데 필요한 이익증가율은 얼마인가? (2) 여러 이익증가율별로 그 요구수익률을 올리는데 필요한 연수는 얼마인가? (3) 주어진 기간 동안 주어진 이익증가율을 기록할 때 실질수익률은 얼마인가? 등을 선택적으로 계산할 수 있다.[8]

이런 계산들은 애널리스트들이 한 성장주의 현재 시장가 수준을 판단하는데 고려해야 할 이익증가율 및 성장기간과 관련된 계량적 의미를 인식하게 만든다는 측면에서 애널리스트들에게 분명 가치가 있는 계산들이다.

과거의 경험에서 얻는 교훈들

인기 있는 성장주들의 실제 투자 결과에 대한 연구는 그런 종목들의 현재가치를 계산함에 있어 충분한 안전마진이 필요하다는 것을 잘 보여줄 것이다.

물론 해당 종목들이 장기간 높은 성장률을 지속한 경우, 매우 높아 보이는 이익배수에서 매수했어도 투자 실적은 매우 좋았다는 것을 우리는 알고 있다.

이런 경험을 잘 보여주는 좋은 사례는 인터내셔널 비즈니스 머신(IBM)Internaional Business Machines이다. 과거에 매우 높아 보였던 IBM의 주가는 그 후의 이익 증가 및 주가 상승 측면에서 보면 사실은 낮았던 것으로 늘 밝혀졌다. 예컨대 1961년 80배인 IBM의 이익배수도 과거의 이익증가율이 미래에도 충분히 오랫동안 유지된다면 실은 저평가였던 것으로 밝혀질 수 있다.

투자자들은 일반적으로 IBM의 훌륭한 실적에 고무되어 최근 이익증가율이 좋고 그것이 지속될 가능성이 높은 기업이라면 거의 어떤 기업이라도 그에 해당하는 높은 배수에 매수해도 안전할 수 있다고 생각하게 되었다.[9]

그런데 성장주 전체로 놓고 보면 꽤 다른 그림이 나온다.

흔히들 지난 20년 전체 성장주의 실적은 전체 시장의 실적보다 확실히 우수할 것으로 예상할 것이다. 성장주들의 시장 인기가 지속적으로 상승했고, 따라서 그들의 시장주가에 도움이 되는 추가적인 요인이 있었기 때문이라고 본다.

하지만 확인할 수 있는 자료들을 살펴보면, 결과는 이런 예상과 다르다는 것을 보여준다. 이에 관한 3개의 연구 및 자료를 살펴보자.

1. T. E. 애들리T. E. Adderley와 D. A. 헤이스D. A. Hayes는 1957년 5월 「선정된 성장주 포트폴리오의 투자 실적The Investment Performance of Selected Growth Stock Portfolios」이라는 논문을 〈파이낸셜 애널리스트 저널〉에 발표했다.

이 논문에서 이들은 한 금융잡지가 1939년, 1940년, 1943년, 그리고 1946년에 실은 기사들에서 추천한 5개 성장주 포트폴리오 각각의 연간 투자 실적을 1955년까지 추적 조사했다. 그리고 이 포트폴리오들의 각 연도 실적(배당금을 포함했을 때의 실적과 배당금을 제외했을 때의 실적)을 다우지수 실적과 비교했다.

그런데 전체적으로 이 둘의 실적은 놀라울 정도로 비슷했다. [표 39-3]은 그 실적을 정리한 것이다.

1955년까지 서로 다른 기간(9~16년)의 평균 총수익률은 추천된 성장주 포트폴리오의 경우 307%, 다우지수의 경우는 315%였다.

2. 봄포크는 「선정된 성장주의 11년(1946~1957년) 실적^{Eleven-Year (1946-57) Record of Selected Growth Stocks}」이라는 논문에서 24개 성장주의 실적을 분석했다.

이들 성장주의 연평균 투자 실적은 최하 6%(에어 리덕션^{Air Reduction})에서 최고 25%(IBM)였다.

봄포크는 이들 성장주의 수익률 평균이 약 13%이며, 이는 S&P 500 지수의 425개 산업주의 수익률 평균 13.4%와 거의 비슷하다는 점을 지적하고 있다.

3. 와인젠버거^{Wiesenberger}의 『1961년 투자회사들^{Investment Companies 1961}』에는 '성장주 펀드들^{Growth-Appreciation Funds}'의 실적을 독립적으로 분석한 부분이 있다.

여기에서는 증권 및 여타 자본 원천에서 발생한 모든 수익과 배당을 재투자했다는 가정에 기초해 20개 펀드의 1951~1960년 사이 실적을

표 39-3 · 전체 수익률(배당금 포함) 비교 (단위 : %)

보유기간	추천 성장주 포트폴리오	다우지수
3년	26	22
5년	65	60
10년	153	165

확인할 수 있다.

그 10년 동안 이들 펀드들의 총수익률은 127%에서 392% 사이에 걸쳐있었고, 전체 평균은 289%였다. 같은 기간 S&P 500 지수의 총수익률은 322%였다.[10]

논평: 이 3개의 연구에서 계산한 실적들은 기본적으로 미래 예상 이익증가율에 기초해 주식을 선정하려는 시도에 내포된 기본적인 문제들을 잘 보여주고 있다.

우리가 시장 평균과 비교해 본 이런 실적들을 계산할 때 수학적 가치평가법이 어느 정도 사용되었는지는 모른다. 결코 확실하지는 않지만, 이번 장 전반부에서 소개한 그런 식의 완벽한 기법들을 가지고 비교하기 더 좋은 미래의 실적들을 계산해낼 수는 있다.

그러나 실제로는 미래 수년간의 실적에 대한 본질적으로 부정확한 전망 혹은 '어림짐작^{guesstimates}'에 기초한 가치평가를 위해 세련된 수학적 계산을 사용하는 것에 대해 우리로서는 깊은 불신이 있다.

우리의 성장주 가치평가법

이 책의 저자들은 최근 몇 년 이 문제를 연구하면서 개별적으로 그리고 함께 여러 방법과 공식들을 개발해왔다. 이런 방법 중 3개를 짧게 소개하도록 하겠다.

약간 놀랍게도, 주어진 이익증가율을 가지고 이 각각의 방법으로 계산한 배수(적정 가치)들은 그 차이가 적었다.

우리의 첫 번째 방법은 가치평가에서 배당금 요인을 제거한 것을 제외하고는 우리가 일반적으로 보통주에 하는 것과 기본적으로 동일한 방법을 적용해본 것이다.

이는 향후 7년간의 평균 이익에 적절한 배수를 적용해서 가치를 계산했다는 것을 말한다. 어떤 예상 이익증가율을 적용하든, 평균 이익은 7년의 중간, 즉 4년차 이익과 대략 비슷할 것이다(그렇다 해도, 우리가 생각한 성장기간이 7년 밑으로 줄지는 않는다. 요컨대 배수가 7년차 이익배수 밑으로 하락하지는 않는다).

우리의 배수 범위는 2가지를 고려해 설정되었다. 첫째는 7년 동안 연간 이익증가율 상한치를 20%로 제한한 것이었다. 이 상한치를 적용하면 이익은 7년 후 3.5배가 된다. 이 정도면 투자 기대치를 충분히 충족시키는 수준은 분명하다.

표 39-4 · (단위 : %)

(7년간) 연간 예상 이익증가율	평균(4년차) 이익의 배수	현재 이익의 배수
3.5	13X	15X
5.0	14X	17X
7.2	15X	20X
10.0	16X	23.5X
12.0	17X	27X
14.3	18X	31X
17.0	19X	35.5X
20.0	20X	41.5X

둘째는 평균, 즉 4년차 이익에 이와 비슷한 배수 상한치를 적용한 것이었다. 우리는 그 최대치로 평균 이익의 20배를 적용했다. 이런 최대치는 전체 다우지수 편입 기업처럼 중간 정도 전망을 가진 건전한 대기업들에 적용된 13배의 150% 수준으로 자의적으로 정한 것이다.

우리는 이들 다우지수 편입 기업들의 미래 이익증가율을 연간 3.5%로 예상한다. 이런 전제들이 의미하는 것은 예상 이익증가율이 3.5%에서 20%로 오르면 이에 비례해 배수도 13배에서 20배로 상승한다는 것이다. 그 결과를 정리한 것이 [표 39-4]이다.

이 표는 우연히도 몰로도프스키의 방법과 비슷한데, 그것은 7년차 예상 이익의 모든 배수들이 11.5~12.5배의 좁은 범위로 몰리기 때문이다. 그러나 앞에서 소개한 몰로도프스키의 방법과 대부분의 다른 방법들은 여기에서 우리가 고려하지 않은 배당금 수입과 할인요인을 계산에 포함하고 있다는 것을 기억해야 한다.

우리의 두 번째 방법은 찰스 타템Charles Tatham이 독자적으로 개발해서 1961년 그의 회사가 발표한 방법이다.[11] 이 방법은 그의 책 43장 '상장 유틸리티기업 보통주의 가치평가Valuation of Public Utility Common Stocks'에 소개되었다.

우리의 세 번째 방법은 다른 사람들이 사용한 다양한 수학적 과정들에 대한 연구를 통해 우리가 발견한 2개의 매우 단순한 방법이다. 우리는 이 2개의 단순한 방법을 가지고 보다 복잡한 계산을 통해 얻는 결과와 대체로 동일한 결과를 얻을 수 있었다.

첫째는 몰로도프스키의 개념에서 직접 개발하고 앞에서 소개한 우리의 '8.6T + 2.1' 배수이다. 둘째는 훨씬 단순한 것으로 다음과 같다.

$$\text{가치} = \text{현재의 '정상' 이익} \times (8.5 + 2g)$$

g : 향후 7~10년 동안 예상되는 연평균 이익증가율

이 공식에서 각 수치들은 예상 이익증가율이 0인 제로성장기업의 이익배수로는 8.5배가 적절하다는 개념에 기초한 것이며, 따라서 현재 이익배수 13.5배는 예상 이익증가율 2.5%인 기업에 적절한 배수가 된다 (이익증가율 2.5%인 기업에 적절한 배수가 13.5배라는 것은 몰로도프스키의 계산 결과와 같다). 더욱이, 다른 여러 이익증가율 예상치별 배수는 다른 사람들이 (더 복잡한 방법으로) 더 열심히 계산해낸 배수들만큼이나 그럴 듯해 보인다. 지금 소개한 4가지 방법들로 계산한 각각의 배수들을 몰

표 39-5 ·

예상 이익증가율	0%	2.5%	5%	7.2%	10%	14.3%	20%
10년 후 이익증가		28%	63%	100%	159%	280%	519%
배수:							
몰로도프스키의 방법*	11.5 X	13.5 X	16.1 X	18.9 X	23.0 X	31.2 X	46.9 X
타뎀의 표**			18 X		25 X		
'8.6T + 2.1' 공식	10.7 X	13.1 X	16.1 X	19.3 X	24.4 X	36.5 X	55.3 X
'8.5 + 2g' 공식	8.5 X	13.5 X	18.5 X	22.7 X	28.5 X	37.1 X	48.5 X
우리가 선호하는 방법(7년 전망)	8.5 X	13.5 X	17 X	20 X	23.5 X	31 X	41.5 X

* 몰로도프스키 방법론의 이런 예상 이익증가율은 향후 10년의 예상 이익증가율이 과거 5년간 실제 이익증가율과 같다는 가정에 기초한 것이다.
** 타뎀의 책 43장 591쪽의 7년 이익증가율 전망치 표에서 가져온 것이다.

로도프스키 방법으로 계산한 결과와 비교한 것이 [표 39-5]이다.

특기할만한 것은, 우리가 선호하는 7년 이익 전망에 기초한 계산 결과(배수)가 이익증가율 10%까지는 다른 공식들로 계산한 결과(배수)와 꽤 비슷하다는 것이다.

10% 이상의 이익증가율에서는 우리가 선호하는 7년 전망에 기초한 배수들이 다른 공식들이 계산한 배수보다 보수적이다. 이는 부분적으로는 10% 이상이라는 낙관적인 예상 이익증가율에서는 후반부인 8~10년차의 성장이 큰 영향을 미치기 때문이고, 또 부분적으로는 우리가 4년차 이익의 배수를 20배로 제한한 때문이기도 하다.

우리는 먼 미래에까지 높은 예상 이익증가율을 부여할 확신은 부족하다는 것을 이미 밝힌 바 있기 때문에 이런 범위에서 우리의 보수적인 시각을 다시 옹호할 필요는 없을 것이다.[12]

주

1 〈Journal of Finance〉 1954년 12월호.

2 N. 몰로도프스키(N. Molodovsky), 「An Appraisal of the Dow-Jones Average」, 〈Commercial and Financial Chronicle〉 1958년 10월 30일 참고.

3 여기서 몰로도프스키는 1959년 다우지수 구성 기업들의 '장기 이익 수준'을 (실제는 34달러인데) 단 25달러로 가정했다. 이 이익에 그의 22배 PER을 적용하면 주가는 550달러가 된다(주가 = 이익 × PER). 후에 그는 그의 방법론을 상당히 수정하게 되는데, 이에 대해서는 아래에 소개했다.

4 데이비드 듀랑(David Durand)은 성장주 가치평가의 이런 측면과 '상트페테르부르크의 역설(Petersburg Paradox)'로 알려진 유명한 수학적 이례 간의 유사성에 대해 논한 바 있다. 〈Journal of Finance〉 1957년 9월호에 수록된 그의 논문 참고.

5 후에 몰로도프스키는 연 7.5%가 1871년에서 1959년 사이 보통주 소유자들의 평균 총실현수익률이란 사실을 발견하고, 초기의 7% 대신 7.5%를 요구수익률(할인율)로 채택했다. 이 7.5%의 요구수익률은 5%의 평균 배당수익률과 이익, 배당금, 주가의 연간 합계 약 2.5%의 성장률로 이루어진 것이다.

6 R. A. Bing, 「Can We Improve Methods of Appraising Growth Stocls?」, 〈Commercial & Financia Chronicle〉 1956년 9월 13일; J. E. Bohmfalk, 「The Growth Stock Philosophy」, 〈Financial Analysts Journal〉 1960년 11월; J. G. Buckley, 「A Method of Evaluation Growth Stock」, 〈Financial Analysts Journal〉 1960년 3월; O. K. Burrell, 「A Mathematical Approach to Growth-stock Valuation」, 〈Financial Analysts Journal〉 1960년 5월; R. E. Kennedy, Jr., 「Growth Stocks: Opportunity or Illusion」, 〈Financial Analysts Journal〉 1960년 3월; G. H. Palmer, 「An Approach to Stock Valuation」, 〈Financial Analysts Journal〉 1956년 5월; 그리고 몰로도프스키의 여러 논문들 참고..

7 다우케미컬(Dow Chemical)의 지난 10년 성장률의 경우 케네디는 16%로, 봄포크는 10%로, 버클리는 6.3%로 계산했음을 유념할 필요가 있다. 모두 같은 해인 1960년에 저술한 글에서 제시한 성장률이었다. 이들 각자의 글은 주6) 참고.

8 〈Financial Analysts Journal〉 1961년 5-6월호 29쪽 R. 퍼거슨(R. Ferguson)의 논문에 독창적인 '계산도표(nomograph)'가 수록되어 있는데, 이를 이용해 이런 여러 계산을 쉽게 할 수 있다.

9 성장주 부문에서 뒤늦은 성찰과 선견지명 사이의 차이는 바로 이 IBM 사례에서 잘 확인할 수 있다. 투자회사들에 대한 증권거래위원회의 연구에 따르면, 연구대상 118개 펀드가 1952년 말 보유하고 있던 IBM 주식은 그들의 보통주 보유종목의 0.5%에 불과했다. IBM은 30대 대형 보유종목 중 23위를 차지하고 있었다. 당시 기관투자가들은 1952년 시점에서 상대적으로 높았던 IBM의 이익배수를 경계했다. 이들은 미래 IBM의 우수한 실적을 충분한 확신을 갖고 예측할 수 없었고, 따라서 IBM 주식에 대한 집중 투자는 하지 않았다. 그 후 IBM의 눈부신 성장에 약간 참여하긴 했지만, 이들의 보유량이 소규모였던 관계로 그 이득은 상대적으로 적었다.

10 이런 실적들은 뮤추얼펀드 주식의 판매수수료나 S&P '포트폴리오'에 대한 커미션 비용은 전혀 공제하지 않은 실적이다.

11 『Price-Earnings Ratio and Earnings Growth』, Bache & Company, New York, Oct. 2, 1961

12 극단적으로 높은 배수를 지불하지 않아야 한다는 주장은 매우 설득력이 있다. 이에 대해서는 S. F. 니콜슨(S. F. Nicholson), 「Price-Earnings Ratios」, 〈Financial Analysts Journal〉 1960년 7-8월호 43~45쪽 참고. 이는 1939년부터 1959년까지의 기간 중 11개 이상의 기간을 대상으로 주로 투자 등급의 산업주이며 많은 대기업이 포함된 100개의 보통주에 관한 논문이다. 여기서 저자는 가장 낮은 배수에 거래되는 주식들이 가장 높은 배수에 거래되는 주식들보다 훨씬 큰 주가 상승을 보였다는 사실을 발견했다. 또 여러 기간 동안 손실을 기록한 혹은 상대적으로 주가 상승이 적었던 개별 종목들은 대부분 고배수 그룹에 속한다는 사실도 찾아냈다. 27개의 화학주에 대한 유사한 연구에서도 비슷한 결과가 나왔다. 예를 들어 "PER이 낮은 하위 50%의 주식들이 PER이 높은 상위 50%의 주식들보다 평균 50% 이상 주가가 더 상승"했다. 니콜슨은 결론 부분에서 "많은 투자자들이 주가와 이익의 적절한 관계(즉, 적절한 PER)의 중요성을 제대로 평가하지 못하고 있는 게 분명하다"고 지적했다.

벤자민 그레이엄의
성장주 투자법

4

중요한 것은
매도가 아니라
매수다

> 가격은 여러분이 지불하는 것이고, 가치는 여러분이 얻는 것이다.
> - 워런 버핏

'매수 원칙'에 집중하라

자동차를 구입하는 상대적으로 단순한 결정이 주식 매수와 관련된 여러 사항들을 이해하는 데 도움이 될 수 있을 것이다. 자동차를 구입할 때 꼭 물어야 할 2가지 기본적인 질문이 있다. '어떤 종류의 차를 원하는지'와 '지불할 가격은 얼마를 원하는지'가 바로 그것이다.

일반적인 소비자라면 원하는 자동차 제품과 모델을 찾아봤을 것이다. 신차를 살 계획이라면, 가격을 알아보기 위해 웹 검색을 해봤을 것이고, 자동차 딜러를 쥐어짜 얼마나 가격을 낮출 수 있는지 벌써 알아봤을 것이다. 또 중고차를 살 계획이라면 중고차 가격표를 보고 원하는 차의 시세를 살펴봤을 것이다.

여러분이 2008년식 BMW 750 시리즈 중고차를 사기로 했다고 해보자. 그래서 중고차 가격표를 살펴보고 평균 가격이 약 7만 5,000달러라는 것을 확인했다. 원하는 차를 선택했고 가격을 확인했기 때문에 다음 단계는 실제 구매 결정을 하는 것이다.

구매 결정에서 가장 중요한 부분은 가격이다. 여러분이 이 BMW를 7만 5,000달러에 살 수 있다면, 이는 적정 가격이 될 것이다. 이 경우 이 거래에서는 여러분도 딜러도 딱히 별 이득이 없다.

그런데 여러분이 운이 좋아서 같은 차를 3만 달러에 샀다면, 이는 아주 좋은 매수가가 된다. 이런 경우를 매수자에 유리한 거래^{buyer-advantaged transaction}라고 한다.

반대로 여러분이 어리석어서 (예컨대 색이 아주 맘에 든다는 이유로!) 이 차를 10만 달러에 매수했다면, 이는 아주 형편없는 매수 결정이 된다. 이 거래에서 이득은 판매자에게 돌아간다.

분명 자동차를 적정 가격보다 낮은 가격에 사는 것이 항상 최선이다. 자동차를 살 때 우리가 너무 비싼 값을 치르는 것을 원치 않는 것은 분명하다.

같은 논리가 주식시장에도 적용된다. 우리 모두는 매수하는 주식에 적정 가격보다 낮은 가격을 지불하기를 원한다. 사실 이런 매수 원칙은 주식투자 과정의 가장 중요한 부분이다.

그런데 역설적으로 우리의 잠정 고객들이 우리를 초청해 투자방법에 대해 의논할 때, 그들은 한결같이 우리의 '매수 원칙'보다는 '매도 원칙'에 대해 물어봤다. 매수 결정이 매도 결정보다 훨씬 중요하기 때문에 이는 초점이 잘못된 안타까운 경우다.

주식 같은 장기 자산을 매수할 때 투자자들은 출구전략을 세우는 대신 '출구를 봉쇄해야' 한다. 매수한 주식을 최소 30년간 보유할 것이라고 해보자. 이런 단순한 규칙은 주식 매수에 대한 여러분의 원칙을 바꿔줄 것이며, 그러면 보다 나은 기업들에 투자할 수 있게 된다.

주식시장만의 독특한 특징

사려는 것이 주식이든 자동차든, 워런 버핏이 말한 것처럼 "가격은 여러분이 지불하는 것이고, 가치는 여러분이 얻는 것이다".

자동차시장과 주식시장 사이에는 3가지 매우 분명한 차이가 있다.

첫째, 주식시장은 자동차시장보다 변동성이 심하다. 따라서 한 기업의 주가는 그 기업 자체의 실제 가치에서 크게 벗어날 수 있다. 이는 투자자들에게 중요한 기회가 된다.

둘째, 주식시장은 자동차시장보다 이해하기 어렵고 변화무쌍하다. 기업의 가치를 계산하기가 더 어렵다. 사실, 오늘 BMW 같은 기업을 샀는데, 그 기업이 내일은 유고^{Yugo}(유고슬라비아 소형 자동차 브랜드) 같은 기업이 될 수도 있다.

마지막으로, 주식시장은 평일에는 항상 개장되는 곳이다. 오늘 주식을 매도하겠다고 하면, 대개는 오늘 매도할 수 있으며, 매도금은 3영업일에 받게 된다.

그런데 자동차시장의 경우는 다르다. 주식시장처럼 정해져 있는 것이 없다. 자동차를 한 대 팔기로 했다고 오늘 팔리는 게 아니다. 매수자를 찾아야 한다. 또 매수자를 찾은 뒤에도 대금은 언제 주고받을지 따로 정해야 한다. 그러니까 원하는 적절한 시기에 돈을 받는다는 보장이 없다.

평일에 주식시장이 항상 열린다는 사실은 투자자들에게 좋은 (그리고 종종은 당혹스러운) 특징이다. 벤저민 그레이엄은 『현명한 투자자』에서 주식시장의 이런 독특한 특징에 대해 다음과 같이 밝힌 바 있다.

여러분이 어떤 민간 기업에 1,000달러어치 소액 지분을 갖고 있다고 해보자. 여러분의 사업 파트너 중 하나인 '미스터 마켓'은 친절하게도 매일 자신이 생각하는 여러분의 지분의 가격을 말해주고, 나아가 그 가격에 기초해 여러분의 지분을 사거나 혹은 여러분에게 추가 지분을 팔겠다고 제안한다.

때로는 그가 생각하고 제시하는 가격이 적절해 보이고 여러분이 알고 있는 그 기업의 현황과 전망에 맞아떨어지기도 한다. 반면, 미스터 마켓은 열광과 공포에 휩싸이는 경우도 종종 있어서, 그가 제안하는 가격이 여러분이 보기에 거의 말도 안 되는 것처럼 보이기도 한다.

여러분이 신중한 투자자이거나 지각 있는 사업가라면, 미스터 마켓이 매일 제시하는 그 1,000달러어치 지분의 가격을 수용하겠는가? 여러분이 그에 동의할 경우에만, 혹은 여러분이 그와 거래하기를 원할 경우에만 그렇게 할 것이다.

그가 말도 안 되게 높은 가격에 사겠다고 하면 기쁘게 그에게 매도할 것이고, 그가 말도 안 되게 낮은 가격에 팔겠다고 하면 역시 기쁘게 그로부터 매수할 것이다. 그러나 그 외의 경우에는 그 기업의 영업과 재무상태에 대해 그 기업이 제공한 완전한 보고서에 기초해서 그 지분의 가치와 가격에 대한 여러분 자신만의 의견을 수립하는 것이 더 현명할 것이다.

주식시장이 매일 가격을 제공한다는 바로 그 사실은 우리 모두가 즉석에서 우리의 공포를 떨쳐낼 수 있다는 것을 의미한다. 바로 당장! 보유한 주식이 마음에 들지 않으면, 즉각 그 주식을 매도할 수 있다. 지난 20년 동안 인터넷 같은 기술의 발전으로 인해 소액 투자자의 경우에도 매도에 따른 직접적인 비용 부담이 매우 적어졌다.

주식을 즉각 매도할 수 있는 이런 능력은 자본주의 역사상 가장 큰 혁신 가운데 하나이다. 여러분은 자신의 주식 포지션을 매일 익명의 매수자에게 매우 낮은 거래비용으로 매도할 수 있다. 이보다 더 좋을 수는 없다.

그런데 문제는 여러분의 주식에 붙는 매일매일의 그 가격은 여러분의 관심을 그 기업의 진정한 가치가 아닌 다른 곳으로 돌리게 만드는 경향이 있다는 것이다.

일련의 우연한 사건들로 인해 여러분은 그 기업의 진정한 가치가 주당 30달러인데 그 주식을 10달러에 살 수도 있다. 그리고 이 주식은 곧 20달러로 상승할 수 있는데, 그러면 여러분의 투자자산 가치는 2배가 된다. 그럼에도 이 주식은 여전히 그 진정한 가치(30달러)에서 상당히 할인된 가격이다. 그러면 여러분은 이 주식을 계속 보유해야 할까? 추가 매수해야 할까? 아니면 2배로 뛴 가격에 매도해야 할까?

매일매일 변하는 시장의 가격에 우리가 얼마나 쉽게 판단력을 잃을 수 있는지 살펴보자.

위 주식의 경우, 우리가 보기에 정확한 결정은 추가 매수하는 것이다. 주가는 여전히 그 기업의 진정한 가치에서 크게 할인된 상태에 있기 때문이다. 그러나 수많은 주식시장 투자자들은 "이익을 실현해 파산하는 경우는 절대 없다"는 (그 대가가 컸던) 투자격언에 늘 굴복해 왔다.

그렇다면 투자자는 그런 유혹에 굴복하지 않고 어떻게 주식시장을 이용해야 할까? 그 답은 분명하지만 실행하기란 쉽지 않다.

매수 시점에 투자자는 주가의 변동성을 이용해야 하고, 매도 시점에도 (매수 시점보다는 적은 정도라 해도) 어느 정도는 그러해야 한다. 그러나 그 외의 시기에 투자자는 시장 변동성은 무시하고 해당 기업의 펀더멘털 추이에 집중해야 한다. 이렇게 하기 위해서는 규율과 준비가 필요하다.

매수가 정하기

투자자는 한 주식에 기꺼이 지불할 가격을 결정하기 전에, 다음 2가지 질문에 답해야 한다.

> 1. (벤저민 그레이엄의 공식에 기초한) 그 기업의 가치는 얼마인가?
> 2. 자신의 기준수익률은 얼마인가?

앞서 3장에서 우리는 성장기업을 평가하기 위해 그레이엄의 공식을 이용하는 방법을 소개했다. 우리는 성장기업의 역동적인 성격 때문에 성장기업의 경우 현재가치는 물론 미래가치도 계산해야 한다고 주장했다. 그리고 향후 7년의 가치를 추산하는 방법을 선택했다.

기업 A의 가치를 추산하는 도표를 만든다면, [그림 4-1]과 같을 것이다. 이 도표는 기업 A 주식의 현재 내재가치와 7년 후 예상 내재가치(미래 내재가치)를 나타낸 것이다.

3장에서 이미 살펴본 바와 같이 한 성장기업의 현재 내재가치를 계산하는 것은 그 기업의 현재 사업현황을 이해하기 위한 매우 중요한 과

그림 4-1 · 기업 A의 내재가치

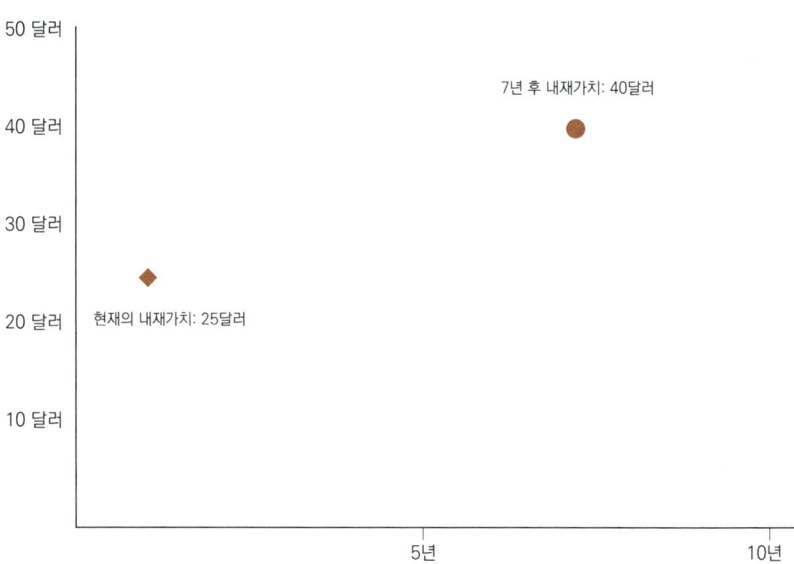

그림 4-2 · 기업 A의 미래 내재가치

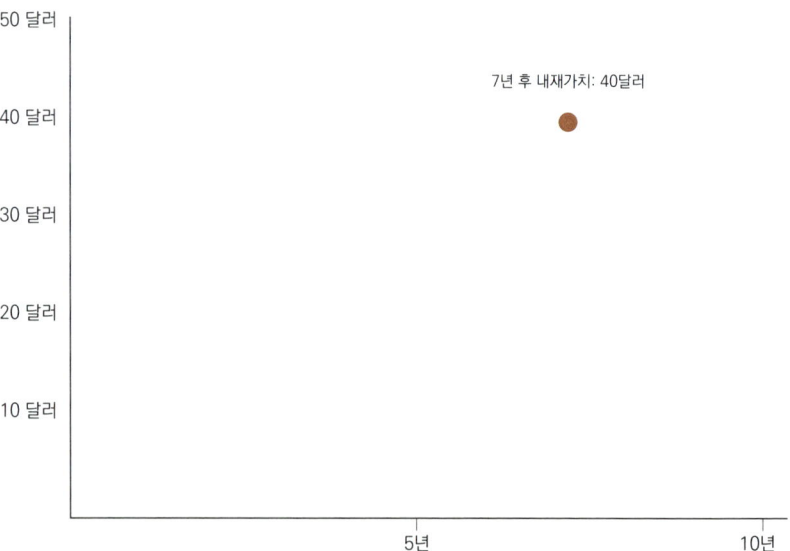

그림 4-3 · 여러 매수가별 기업 A의 수익률

■ 매수가 10달러인 경우: 수익률 연 22%

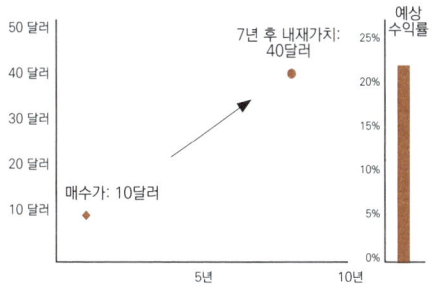

■ 매수가 20달러인 경우: 수익률 연 10%

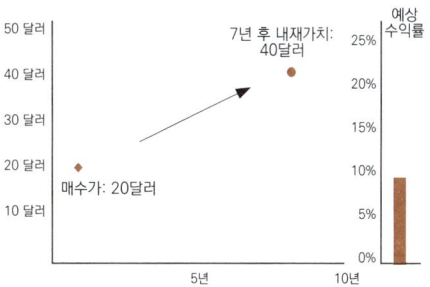

■ 매수가 30달러인 경우: 수익률 연 4%

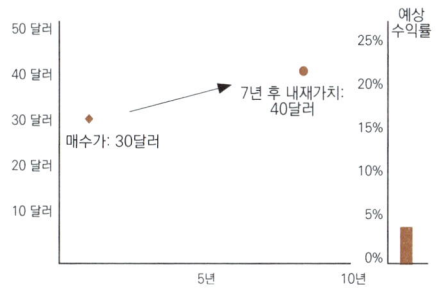

■ 매수가 40달러인 경우: 수익률 연 0%

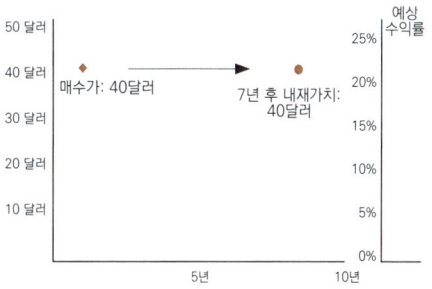

■ 매수가 50달러인 경우: 수익률 연 -3%

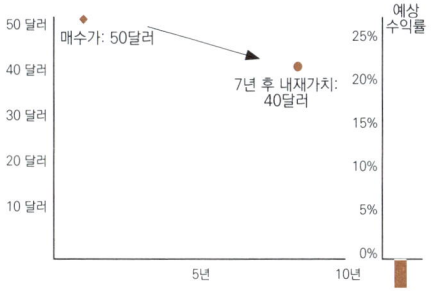

정이다. 그런데 우리가 그 주식을 매수할지 말지를 결정할 때 결정적으로 중요한 것은 그 기업의 미래 내재가치다.

논의 상 혼란을 피하기 위해 여기서 우리는 현재 내재가치 문제는 배제하고 미래 내재가치만 살펴보도록 하겠다.

한 기업의 미래 내재가치(지금부터 7년 후 내재가치)가 주당 40달러라고 가정해보자([그림 4-2]).

이 기업이 배당금은 전혀 지급하지 않는다고 가정하면, 서로 다른 각각의 매수가별 예상 수익률을 쉽게 계산할 수 있다.

[그림 4-3]의 5개 그림은 다양한 매수가에 따라 달라지는 각각의 예상 수익률을 나타낸 것이다. 예상 수익률이 매수가에 얼마나 민감한지(매수가에 따라 얼마나 크게 달라질 수 있는지) 확인해 주기 바란다.

'기준수익률'이 중요하다

기준수익률^{Hurdle Rate}은 여러분이 투자자산으로 (이 경우 주식 포트폴리오로) 달성하기를 원하는 연평균 복리수익률이다. 모든 투자자에게 기준수익률은 그들의 투자 목적을 충족할 특정 주식의 매수가를 결정하는데 중요하다.

기준수익률은 투자자의 목적에 따라 투자자마다 매우 다를 수 있다. 보수적이거나 단기적인 투자자는 5% 이하의 기준수익률에 만족할 수도 있다. 보다 적극적인 투자자는 8~10%의 기준수익률을 가질 수 있다. 올바른 투자 기질과 투자 지식을 가진 소수의 상위 투자자들은 기준수익률을 10% 이상으로 잡을 수 있다.

여러분이라면 기준수익률을 어떻게 정하겠는가? 기준수익률을 정하는 2가지 요인은 여러분의 투자 목적과 그런 목적을 달성하는 데 필요한 지식이다.

앞서 2장에서 우리는 투자자가 주기적인 시장 하락을 보충하기 위해 구체적인 목표수익률^{target}을 원하는 장기 수익률^{goal}보다 2% 정도 높게 설정할 것을 제안한 바 있다. 여기서 목표수익률과 기준수익률은 본질적으로는 같은 것이다.

여러분이 일단 자신의 현금흐름과 은퇴 후 필요한 자금을 분석했다면, 그런 여러분의 목적을 달성하기 위해 자신의 투자 생애 동안, 예컨대 연 8%의 복리수익이 필요하다는 결론을 내릴 수 있다(이것이 여러분이 투자로 원하는 장기 수익률, 즉 투자 목표가 된다). 여기에 주기적인 시장 하락에 대비하고 이를 보충하기 위해 2%를 추가하면, 10%가 여러분의 목표수익률, 즉 기준수익률이 된다.

시장을 이기기란 쉽지 않다

기준수익률을 설정할 때 중요하지만 자주 간과되는 한 가지 요인은 그런 수익률을 달성하는 투자자의 능력이다.

그레이엄과 버핏은 주식으로 적절한 수익률을 달성하는 것은 상대적으로 쉽지만 시장 평균을 초과하는 수익률을 달성하기란 매우 어렵다고 했다.

실제 한 해 동안 시장을 이긴 뮤추얼펀드 매니저 수는 전체 뮤추얼펀드 매니저 수의 10% 이하이다. 10년 동안 계속해서 시장을 이긴 뮤추얼펀드 매니저 수는 2% 이하에 불과하다. 그런데 시장 실적과 같은 실적을 추구하는 S&P 500 지수펀드의 도입으로 투자자들은 7~8% 범위의 수익률을 달성할 수 있게 되었다.

따라서 지수펀드가 아니라 개별 주식에 대한 투자를 선호하는 투자자들의 경우 우리는 시장 수익률보다 다소 높은 10% 정도의 기준수익률을 설정할 것을 제안한다.

또한 우리는 투자자가 진지하게 자신을 성찰해볼 것을 권한다. 투자자는 자신이 시장수익률보다 높은 기준수익률을 달성할 수 있는 기질과 자원을 모두 가지고 있는지 먼저 자기 자신에게 물어봐야 한다.

시장수익률보다 높은 기준수익률을 달성하기 위해 투자매니저(자산운용사 등)를 고용하길 원하는 투자자는 지속적으로 시장을 이길 수 있는 투자매니저가 매우 소수라는 것을 분명히 알아야 한다. 사실 대다수의 투자매니저는 시장보다 실적이 낮다.

시장을 이길 수 있는 투자매니저를 찾기 위해서는 자신의 투자매니저 선정 과정에 몇 가지 중요한 요인들을 고려해야 한다. 투자매니저의 과거 실적이 분명 중요한 요인이긴 하지만, 이 외에도 중요한 다른 요인들이 더 있다.

먼저 투자매니저를 개인적으로 인터뷰해서 그의 능력, 성격, 용기를 파악해야 한다. 양적 데이터에 관심 있는 사람이라면 투자매니저의 포트폴리오 회전율, 직원 이직률, 그리고 고객 회전율을 보는 것이 좋다. 이런 데이터가 투자매니저의 역대 실적보다 훨씬 많은 것을 보여주기도 한다.

자신의 기준수익률을 바꾸지 말라!

일단 기준수익률을 정하면, 시장과 경제상황의 변화로 기준수익률을 바꾸고 싶은 유혹이 종종 발생하더라도 원래의 기준수익률을 고수하는 것이 중요하다.

자신의 장기적인 목표가 바뀌지 않는 한, 시장 상황은 무시하고 자신의 기준수익률을 거의 숭배하는 수준으로 추종하고 고수해야 한다. 지속적인 기준수익률은 주식 매수 결정에 가장 기본적인 지침이 되기 때문이다.

[그림 4-4]는 투자자 A가 자신의 주식 매수 결정에 기준수익률을 어떻게 이용할 수 있는지 나타낸 것이다. 이 투자자가 5%의 기준수익률을 가지고 있다면, 그는 주식 Z를 주당 28.43달러까지 지불하고 매수할 수 있다(7년 후 이 주식의 가치를 계산해보면 주당 40달러다).

이 투자자가 이 주식을 28.43달러보다 낮은 가격에 매수하면, 그는 매수자에 유리한 거래를 한 것이다. 그런데 그가 이 주식을 28.43달러보다 높은 가격에 매수하면, 그는 매수자에 불리한 거래를 한 것이 된다(우리의 매수 결정은 매도자를 이용하려는 것이 아니라, 우리가 우리의 기준수익률을 고수하고 있다는 것을 분명히 하려는 것이다).

다음 사례에서 투자자 B는 투자자 A보다 높은 10%의 기준수익률을 갖고 있다. 주식 Z로 이렇게 높은 기준수익률을 달성하기 위해 B는 현재 주당 20.53달러 이상은 지불할 수 없다. 그가 20.53달러보다 높은 가격을 지불하면 그는 자신의 기준수익률을 달성하는데 불리한 입장에 놓이게 된다. 그러나 20.53달러보다 낮은 가격을 지불하면 그는 기준수익률을 달성할 가능성을 높이게 된다. [그림 4-5]는 이런 투자자 B의 상황을 나타낸 것이다.

투자자 C는 아주 공격적인 15%의 기준수익률을 갖고 있다. 그가 주식 Z를 15.04달러보다 낮은 가격에 매수할 수 있다면 15%의 기준수익률 달성이 가능하다. [그림 4-6]은 이런 투자자 C의 상황을 나타낸 것이다.

[그림 4-4]에서 [그림 4-6]까지 3개의 그림을 보면 완만하던 경사가 갈수록 급해진다. 그만큼 높은 수익률을 달성하기가 어렵다는 것을 두 눈으로 확인하고 있는 셈이다. 투자자 C는 상대적으로 훨씬 더 힘든 상황이다. 그는 분명 평균 이상의 인내와 평균 이상의 규율을 보여야 할 것이다.

다시 말하지만, 분명하고 변하지 않는 기준수익률의 중요성은 아무리 강조해도 지나치지 않다.

그림 4-4 · 투자자 A의 기준수익률: 5%

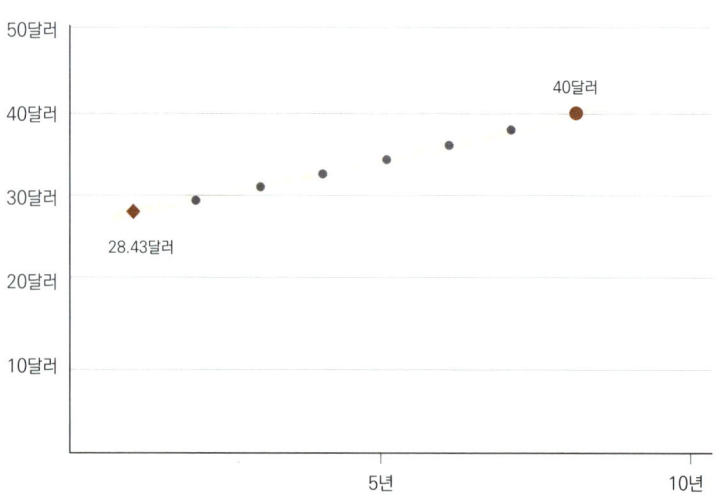

그림 4-5 · 투자자 B의 기준수익률: 10%

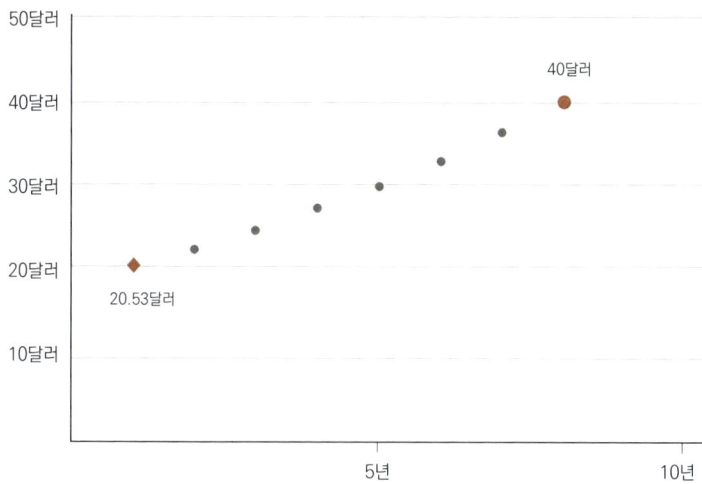

그림 4-6 · 투자자 C의 기준수익률: 15%

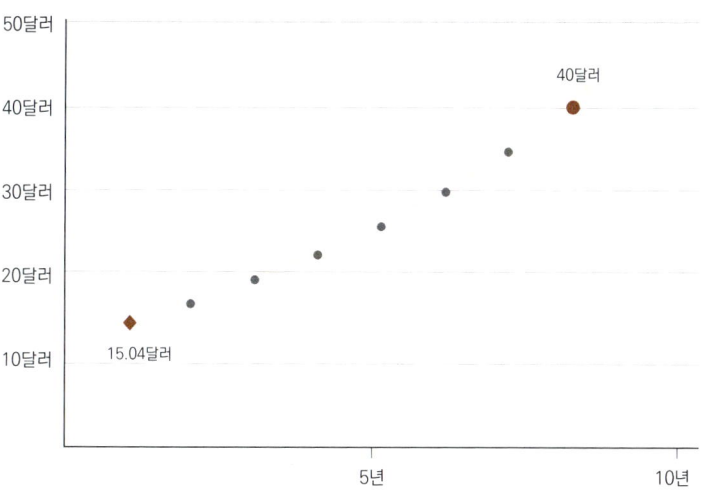

주식시장의 독특한 특징 중 하나는 익명의 상대와 거래할 수 있다는 것이다. 매도자가 한 주식을 어떤 특정 가격에 매도하기로 한 이유가 무엇인지 궁금할 때도 있겠지만, 성공적인 투자를 함에 있어 우리가 거래 상대인 매도자나 매수자의 동기까지 알 필요는 없다. 해당 거래가 우리에게 타당한 거래인지만 알면 된다. 우리가 해당 기업의 가치를 적절히 평가할 수 있으면, 우리의 기준수익률을 달성할 가능성이 높은 가격에 그 주식을 매수할 수 있다. 우리에게 타당한 거래란 바로 이런 거래다.

그렇다면 변함없는 기준수익률을 설정함으로써 우리가 얻을 수 있는 통찰은 무엇일까? 그것은 고정된 하나의 기준수익률을 설정함으로써 매수 과정을 매우 단순화할 수 있다는 것이다.

여러분이 어떤 주식을 자신의 기준수익률 혹은 그보다 높은 수익률을 제공해주는 가격에 매수할 수 있다면, 여러분은 편하게 그 주식을 매수할 수 있다. 그러나 그 주식을 기준수익률이나 그보다 높은 수익률을 제공해주는 가격에 매수할 수 없으면, 그 주식을 매수하면 안 된다. 이는 확고한 매수 결정의 원칙이다.

매수가 원칙을 고수하라

주식을 매수하려는 투자자는 매수 시점에 다음 3가지 상황이 있다는 것을 이해해야 한다.

1. 매도자에 유리한 상황Seller's advantage: 매수자가 그의 기준수익률을 달성할 수 없는 가격에 매도자가 해당 주식을 매도할 수 있는 가격 상황. 매수가 원칙을 지키는 투자자는 이런 가격 수준에 그 주식을 매수하지 않을 것이다.
2. 적정 가격 상황Fair price: 매수자는 적정 가격에 매수하기 때문에 그 거래에 만족할 수 있다.
3. 매수자에 유리한 상황Buyers's advantage: 매수자가 그의 기준수익률보다 높은 수익률을 올릴 수 있는 가격에 해당 주식을 매수할 수 있는 가격 상황.

그런데 왜 투자자는 불리한 가격에 주식을 매수하게 되는 걸까? 그것은 기본적으로 다음 2가지 이유 때문이다.

(1) 투자자가 해당 기업의 가치를 모를 때.

(2) 투자자가 기준수익률을 설정하지 않았거나, (설정했다 해도) 기준수익률 원칙을 지키지 않을 때.

그런데 불행히도 매수가 원칙을 지킨다 해도 주식투자로 돈을 잃을 가능성이 완전히 사라지는 것은 아니다. 한 주식의 미래가치에 대해 제대로 수립한 전망마저도 해당 주식 매수 후 발생하는 이런저런 사건들 때문에 종종 너무 높은 전망치가 되어버리기 때문이다.

이는 어느 한 주식이 포트폴리오 전체 수익률에 치명적인 타격을 주지 않도록 투자를 분산해야 한다는 주장의 가장 좋은 논거가 된다.

'변동성'은 주식시장이 주는 선물이다

주식시장의 항구적인 특징 중 하나는 단기적인 변동성이다. 전체 주식시장이 매일, 매달 혹은 매년 다를 뿐 아니라 개별 주식도 크게 등락한다.

우리는 주식시장이나 개별 주식에 현재 가격이 책정된 이유를 이해하는 데 우리의 분석 노력을 낭비하고 싶지는 않다. 우리가 관심을 갖는 것은 이런 현상이 반복된다는 점이다. 이런 현상은 10% 이상의 수익률을 원하는 투자자들에게는 중요한 현상이다.

우리는 주식시장이 12%의 기준수익률을 올릴 수 있는 그런 가격의 성장주를 제공해 주길 원한다. 그리고 주식시장의 부단한 변동성은 우리에게 그런 기회를 주는 하나의 선물이다.

벤저민 그레이엄은 주식시장은 단기적으로는 개표기와 같고 장기적으로는 체중계와 같다고 했다. 이를 달리 말하면, 주식시장은 단기적으로는 무작위적이고 장기적으로는 단연코 효율적이란 것이다.

주식시장을 단기적으로 변동성이 심한 개표기로 만드는 요인은 많다. 이런 요인들을 알고 이런 요인들이 주식시장에 미치는 영향을 이해하면, 시장의 변동성이 왜 끝없이 반복되는 현상인지 이해할 수 있을 것이다.

시장의 단기 변동성을 만들어내는 핵심 요인은 인간의 성격과 심리다. 우리 인간은 모두 불완전하다. 우리 모두는 자신의 경험과 관련된 편견에 시달리며, 공포와 탐욕에 휘둘린다.

또한 우리는 어떤 생리적 결핍에도 영향을 받는다. 우리의 주식 포트폴리오 실적이 좋을 때는 도파민이라고 하는 물질이 뇌에서 분비되어 코카인을 흡입했을 때와 동일한 반응을 유발한다. 반대로 우리의 포트폴리오가 하락하면 우리의 뇌는 우리가 대단히 심각한 위험에 처했다고 알려준다. 그 결과 대부분의 투자자들은 코카인을 흡입한 것 같은 도취감과 죽음의 공포 사이를 오가게 된다.

시장에 영향을 미치고 변동성을 유발하는 요인 중에는 여러 외부적인 요인들도 있다. 시장 변동성을 유발하는 그런 외부적인 중요 요인들은 다음과 같다.

거래를 유도하는 주식중개업자

주식중개업은 본질적으로 거래를 유발하는 사업이다. 그리고 주식중개업의 스타는 바로 거래를 유발해 막대한 수수료를 챙기는 투자은행들이다.

소매 주식중개업자들은 일반적으로 고객의 거래에 따라 수수료를 받는다. 이들은 가장 사업가적인 사람들에 속하며, 고객들이 계속 거래하게 만드는 뛰어난 재주를 가진 사람들이다.

최근 소매 주식중개업은 (거래가 아니라) 운용자산에 기초한 수수료체계로의 전환을 시도했다. 여기서 문제는, 소매 주식중개업이 (바꾸기 힘든) 자신의 기본적인 속성을 바꾸려는 시도를 하고 있다는 것이다.

그러나 오늘날 운용수수료는 너무 비싸서 고객들이 그 수수료를 지불하고는 제대로 된 실적을 내기 어려운 수준이다. 따라서 우리는 소매 주식중개업이 가장 잘하는 일(거래를 만들어내는 일)로 다시 돌아갈 수밖에 없을 것으로 보고 있다.

소매 주식중개업에서 일하는 '애널리스트들'이 사용하는 분석틀도 거래를 유발할 목적으로 만들어진 것이다. 일반적인 애널리스트 보고서는 12개월의 시간지평을 갖고 있다. 매수나 매도 추천은 보통 해당 기업이 향후 12개월의 '예상 컨센서스'를 초과하느냐 미달하느냐를 기준으로 한 것이다. 이들의 보고서에는 '목표가target price'와 '단기 촉매near-term catalyst(단기적으로 주가에 영향을 미치는 요인들)' 같은 표현이 많이 등장한다.

투자자들은 주식중개업의 애널리스트들이 일반적으로 발행하는 보고서에 최소한 2가지 문제가 있다는 것을 이해해야 한다.

첫째, 이들 보고서는 장기 보유해야 할 자산에 불과 1년의 시간지평을 적용하고 있다. 이는 별로 혹은 전혀 타당하지 않다. 둘째, 이들 보고서는 아주 정확하게 전망할 수 없는 측정 기준점data point(기업의 향후 12개월 이익)에 기초해 투자 추천을 하고 있다.

12개월 단기 이익을 예측하는 것이 거의 불가능하다는 것은 오랫동안 잘 연구되어 왔다. 단기 이익을 예측하는 것이 어렵다는 것을 알려면, 상식적인 시각으로 기업의 손익계산서를 보기만 하면 된다. 일반적인 기업의 경우 세전 이익은 매출액의 10% 미만이다.

따라서 애널리스트가 어느 정도 정확한 이익 예상치를 추산하려면 매출액을 정확히 추산해야 할 뿐만 아니라 그 기업이 보고할 수많은 비용도 예측해야 한다. 우리가 보기에 '향후 12개월 이익을 정확히 예측하는 것'보다는 '향후 몇 년의 이익을 적절히 예측하는 것'이 훨씬 쉬운 일이다.

그러나 애널리스트들은 대체로 신뢰할 수 없는 이런 전망치에 기초해 계속 투자 추천을 하고 있다. 그리고 이런 전망치에 따라 주식중개업자가 추천을 바꾸면 엄청난 매매와 시장 반응이 유발된다.

개별 기업이 제공하는 여러 정보들

수십 년 동안 미국 기업들이 제공하는 정보의 시의성과 내용이 크게 개선되어 왔다.

기업들이 미국 증권거래위원회에 제출하는 감사미필 분기 재무보고서는 분기 종료 후 45일 내에 제공되며, 감사필 연간 재무제표는 회계연도 종료 후 90일 내에 확인할 수 있다. 기업 임원의 보수에 대해서는 주주총회 안내장에서 확인할 수 있다. 이런 정보들은 투자자들이 좋은 결정을 내리는데 유용하게 사용될 수 있다.

투자자들에게 상세한 정보를 제공할 목적으로 많은 상장기업들이 분기 실적 발표 및 컨퍼런스 콜을 하고 있다. 주식중개업의 애널리스트들에게는 지난 3개월 동안 그들이 전망한 분기 실적 예상치를 해당 기업이 초과했는지 혹은 미달했는지를 구체적으로 확인할 수 있는 시간이 되는 셈이다. 애널리스트들은 숨을 죽여 가며 이 시간만을 기다릴 것이다.

오늘날에는 주식중개업에서 공표한 예상치 말고도 그 기업이 실제 달성할 실적으로 생각되는 '비공식 예상 실적^{whisper}'이라는 것도 있다. 이윽고 해당 기업이 분기 컨퍼런스 콜을 개최해서 '사업 현황'을 발표하면, 주식은 분기 실적이라는 하나의 데이터에 격하게 (하루만에 10% 상승하거나 하락하는 식으로) 반응하는 경우가 많다.

영민한 투자자가 볼 때, 이런 분기 실적 발표의 중요성은 그것이 미래 실적을 미리 알려주는 역할을 하는 데 있는 것이 아니다. 우리는 분기 실적 발표와 장기 주식 실적 사이에는 거의 상관관계가 없다는 것을 발견했다.

오히려 분기 실적 발표의 중요성은 (특히 발표된 실적이 부정적일 경우) 그 발표에 대한 시장 반응으로 인해 기민한 투자자들이 기준수익률이나 그보다 높은 수익률을 낼 수 있는 가격에 그 주식을 매수할 수 있는 기회를 얻을 수 있다는 데 있다.

국가 경제정책의 변화

장기적인 국가 경제정책은 시계추처럼 친성장정책과 친분배정책 사이를 오간다. 그리고 투자자들은 이런 변화에 과도하게 반응하는 경향이 있다.

국가 경제정책이 분배 쪽으로 기울면 투자자들은 주식을 보다 비관적으로 보는 경향이 있고, 국가 경제정책이 성장 쪽으로 기울면 투자자들은 주식에 보다 낙관적이 되는 경향이 있다.

미국 연방준비제도(Fed·연준)$^{\text{The Federal Reserve system}}$ 혹은 연준 산하 연방공개시장위원회(FOMC)$^{\text{Federal Open Market Committee}}$의 단기적인 통화정책 변화도 주식시장 변동성의 원인이 될 수 있다.

연준이 통화정책을 완화하기로 결정하면 시장은 긍정적으로 반응하는 경우가 많고, 반대로 통화정책을 긴축으로 이동하면 시장은 부정적으로 반응하는 경향이 있다.

경제위기들

경제위기는 특히 무서운 사건이 될 수 있다. 하지만 자신이 보유 혹은 관심을 갖고 있는 개별 주식들을 잘 알고 있고, 그 위기를 이용할 용기를 가진 투자자들에게는 중요한 수익의 원천이 되기도 한다.

일반적으로 주식시장은 거시경제적 위기에 강하게 반응한다. 거시경제적 위기가 발생하면 많은 투자자들은 보유한 기업의 미래 발전 전망을 유보한다. 이런 위기가 진행되는 동안 많은 투자자들은 보유 주식의 미래가치가 하락한다고 믿는다. 그런데 우리가 보기에 이런 위기 시에 매도에 나서는 투자자들은 뻔히 예상되는 최악의 실수를 하고 있는 것이다.

한 기업의 미래가치는 전체 경제보다는 경영진의 결정과 소속 산업이 처한 상황에 더 많은 영향을 받는다. 그러나 경제 문제에 관해 마구 쏟아져 나오는 방대한 언론보도는 우리의 감각을 억누르는 경향이 있으며, 따라서 중요한 것은 무시하고 중요하지 않은 것에 초점을 맞추게 된다.

대부분의 주요 경제위기들에 있어서 진정한 위기는 문제가 시작될 때가 아니라 문제가 끝날 때 나타난다. 어떤 문제가 그 위기를 초래했건 간에, 위기는 우리가 그 문제를 해결하는 과정에 착수하게 만든다.

거시경제적 위기의 여파와 관련된 또 다른, 보다 심각한 위험이 있다. 투자자들이 경제위기의 영향을 분석하려다 보면 훌륭한 투자기회를 찾고 분석해야 할 자신의 본연의 일이 뒤로 미뤄진다는 것이다.

사실 경제위기의 의미를 효과적으로 분석할 수 없는데도, 그 일에 시간을 낭비할 필요가 있을까? 우리가 보기에, 경제위기 시에 투자자들은 자신의 포트폴리오에 편입할 훌륭한 주식을 찾고 분석한다는 자신의 진정한 목적에 초점을 맞춰야 한다.

주식시장 투자자들이 지금까지 배운 것처럼, 경제위기는 일반적으로 거의 전반적인 주가 하락을 가져온다. 긴장과 공포를 극복할 수 있고, 자신이 위기의 결과를 예상할 수 없다는 것을 인정하는 영민한 투자자들에게 이런 위기는 투자 포지션을 개선할 수 있는 훌륭한 기회를 제공해준다.

2008년 미국의 주요 금융기관과 세계의 여러 금융기관들이 파산했다. 패니메이Fannie Mae와 프레디맥Freddie Mac은 법정관리에 들어갔고, 리먼 브라더스Lehman Brothers와 AIG는 파산해서 세계 금융시스템이 거의 붕괴될 뻔 했다. 당시 누구도 세계 금융시스템이 유지될 수 있을지 자신 있게 예측할 수 없었다.

그리고 미국 주식시장은 2007년 고점에서 50% 이상 하락하는 것으로 반응했으며, 많은 훌륭한 기업들의 주가가 그 이상 하락하기도 했다. 이때 투자자들은 경제적 고통을 피하는데 초점을 맞출 것이냐, 아니면 주가가 아주 저가 수준으로 하락한 많은 훌륭한 기업들에 초점을 맞출 것이냐 하는 매우 분명한 선택에 직면했다.

2008년과 2009년 초 시장 저점에 매수에 나섰다면, 투자자들은 자신의 기준수익률을 초과할 수익을 낼 확률이 매우 높았다. 영민한 투자자들에게 2008년과 2009년은 한 세대에 한 번 있을까 말까 한 훌륭한 매수 기회였다.

시장 변동성을 이용한 매수

가치주보다 성장주에 투자해 얻을 수 있는 이점 중 하나는 성장주가 가치주보다 변동성이 크기 때문에 잘 준비된 투자자들에게는 더 많은 매수 기회를 제공할 수 있다는 것이다.

우리의 투자전략에서 성장주 매수 결정은 그 기업의 7년 후 미래가치에 기초하는 반면, 가치주 매수 결정은 현재가치에 기초하고 있다.

성장주의 역동성은 미래가치 추산치가 현재가치 추산치보다 더 많이 변하는 경향이 있다는 것을 의미한다. 이는 성장주 가치의 가장 기본적인 구성 요인이 미래의 이익증가율이라는 것을 알면 이해할 수 있다(그레이엄의 공식 '8.5 + 2g'에서 g는 예상 이익증가율이다). 반면, 가치주의 가치평가는 미래 이익증가율에 그리 의존하지 않는다. 성장에 대한 투자자의 인식 변화는 성장주에 더 큰 영향을 미친다.

다음 사례들에서 볼 수 있듯이, 이익증가율 전망치의 하락은 가치주보다 성장주에 훨씬 큰 영향을 미친다.

이익증가율의 변화가 가치에 미치는 영향: 가치기업의 경우

주당순이익이 1달러인 가치주의 이익증가율이 2%에서 1.5%로 하락할 경우(이는 이익증가율이 25% 감소한 것이다) 그것이 가치에 미치는 영향은 다음과 같다.

이익증가율 하락 전: 8.5 + 2g = 8.5 + (2 × 2) = 12.5

내재가치 = 12.5 × 주당순이익 1달러 = 12.5달러

이익증가율 하락 후: 8.5 + (2 × 1.5) = 11.5

내재가치 = 11.5 × 1달러 = 11.5달러

성장이 느린 이 가치주 사례에서 이익증가율이 2%에서 1.5%로 0.5%p 하락함에 따라(25%나 줄어들었음에도) 내재가치는 12.5달러에서 11.5달러로 1달러 하락했다(8% 줄어드는 데 그쳤다).

이익증가율의 변화가 가치에 미치는 영향: 성장기업의 경우

주당순이익이 1달러인 성장주의 이익증가율이 10%에서 7.5%로 하락하면(이 역시 원래 이익증가율에서 25%가 감소한 것이다) 이것이 가치에 미치는 영향은 다음과 같다.

이익증가율 하락 전: 8.5 + 2g = 8.5 + (2 × 10) = 28.5

내재가치 = 28.5 × 주당순이익 1달러 = 28.5달러

이익증가율 하락 후: 8.5 + (2 × 7.5) = 23.5

내재가치 = 23.5 × 1달러 = 23.5달러

이 성장주 사례에서 이익증가율이 10%에서 7.5%로 2.5%p 하락함에 따라(앞의 가치주 사례와 마찬가지로 25% 줄어들자) 내재가치는 28.5달러에서 23.5달러로 5달러 하락했다(18%나 줄어들었다).

이것이 성장주 투자자들에게 의미하는 것은 무엇일까?

성장주의 보다 큰 변동성은 규율 있는 장기 투자자에게 매우 유리하게 작용할 수 있다는 것이다. 그리고 이런 큰 변동성은 주식시장에서 반복적으로 나타나고 있으며, 이는 기준수익률을 올릴 수 있는 적절한 가격에 성장주를 매수할 기회가 그만큼 더 많다는 것을 의미한다.

성장기업들의 역사에서 '안정적인 성장'을 찾기란 쉽지 않다. 사실 보다 일반적인 경우 기업의 성장률은 가속과 감속을 모두 겪는다. [그림 4-7]은 7년 간 내재가치 성장을 나타낸 것이다. 안정적인 성장과 가변적인 성장의 차이를 주목해 주기 바란다.

그림 4-7 · 내재가치의 성장(이익 증가): 안정적 성장과 가변적 성장

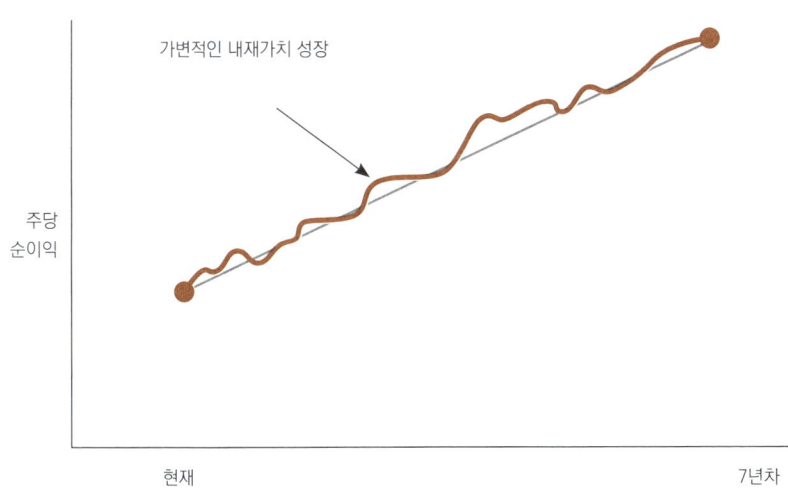

그림 4-8 · 내재가치의 성장(이익 증가)에 반응하는 주가

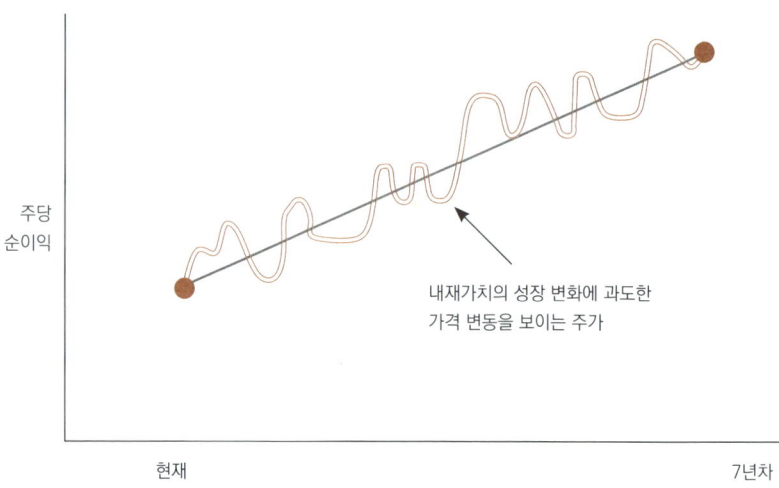

그림 4-9 · 내재가치의 성장(이익 증가)과 주가 변동의 상호작용

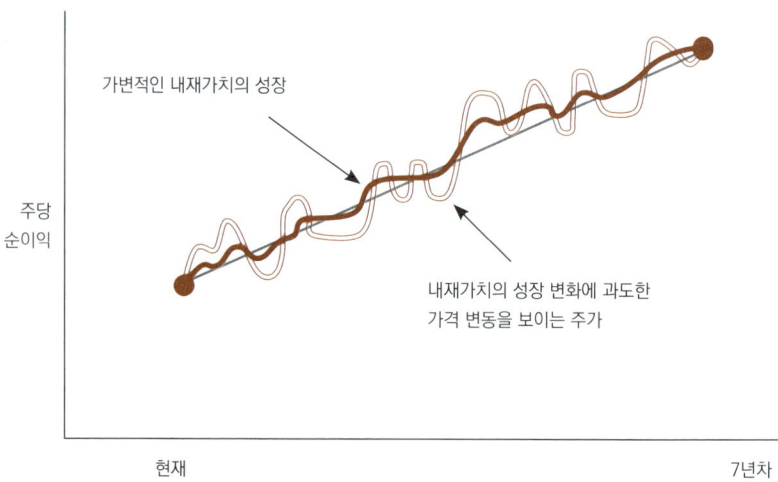

그림 4-10 · 시장 변동성의 이용

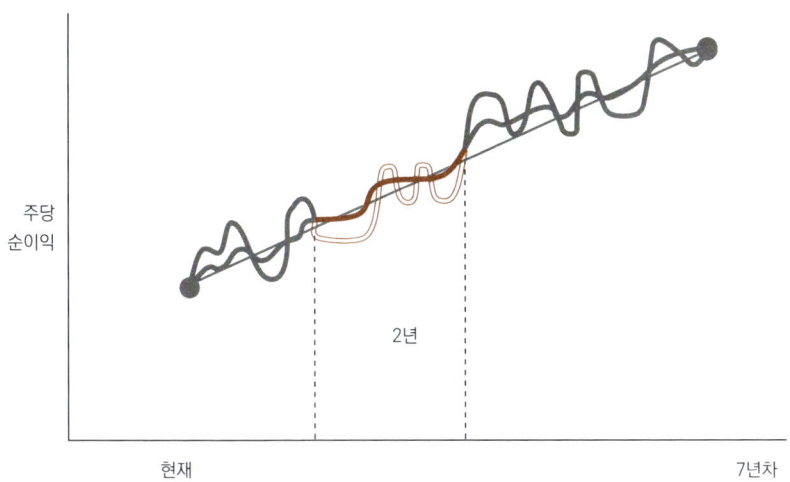

그림 4-11 · 시장 변동성을 이용한 매수

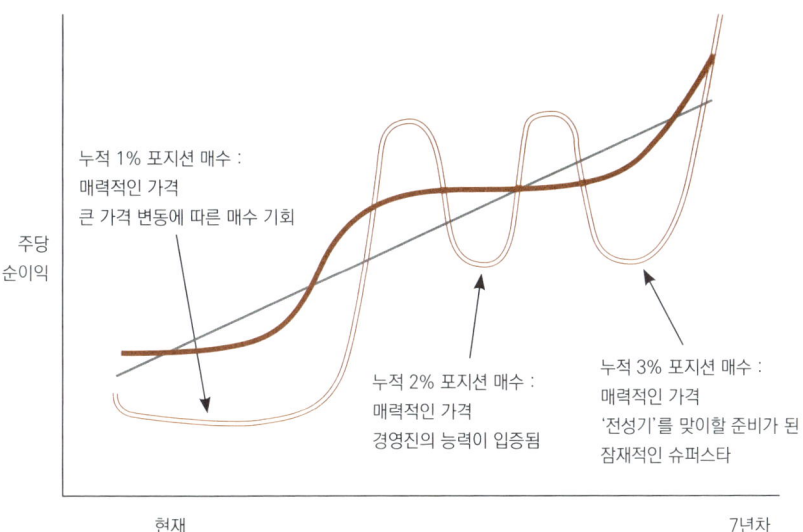

[그림 4-8]처럼 주가는 이익증가율(성장률)의 변화에 과장된 반응을 보이는 경향이 있다. [그림 4-9]는 이익증가율의 변화와 주가의 일반적인 반응 사이의 상호작용을 나타낸 것이다.

[그림 4-10]은 7년의 기간 중 중간 2년 동안의 이익증가율과 주가의 관계를 살펴본 것이다. [그림 4-11]은 [그림 4-10]의 중간 2년을 확대해 본 것인데, 이 2년 동안 우리는 해당 주식을 이상적으로 누적 매수할 수 있다.

이는 우리의 이상적인 매수 방법을 보여주는 것이다. 우리는 포지션을 천천히 구축하는 편을 택하고 있다. 이상적으로 우리는 이 2년 동안 세 차례에 걸쳐 전체 포트폴리오의 3% 비중까지 포지션을 구축한다. 각각의 매수 시점에서 우리는 해당 주식에 대한 중요한 정보를 점점 더 많이 얻게 되며, 그 각각의 매수 시점에서도 주가는 수용 가능한 수익률을 제공하는 수준이다.

이는 설명 목적 상 상황을 이상화 한 것이며, 현실 세계는 이보다 훨씬 복잡하다.

서둘러 주식을 매수할 필요가 있을까

주식시장에서 계속 발생하는 변동성은 장기 투자자들에게 신중하게 투자할 수 있는 추가적인 기회도 제공한다.

한 시점에 대규모 포지션을 매수하기보다는 몇 개월 혹은 몇 년에 걸쳐 포지션을 구축하는 데는 여러 이점이 있다. 우리의 경우 한 주식에 완전한 포지션을 구축하는데 보통 3년을 사용한다. 로마가 하루아침에 건설된 것이 아닌 것처럼, 훌륭한 기업과 훌륭한 주식도 하룻밤 사이에 만들어지는 것이 아니다.

한 주식 포지션에 들어가는 방식은 그 포지션에서 나오는 방식과 많은 관련이 있다. 인내심을 갖고 한 포지션을 구축하는 것은 주식을 보유하는 데도 규율과 원칙이 있어야 한다는 것을 의미한다.

우리가 정확하게 계량화 할 수는 없지만, 투자자들이 주식을 매수하는 방식을 보고 그들의 연간 포트폴리오 회전율을 측정할 수 있을 것으로 본다. 투자자들이 한 번에 전체 포지션을 매수하면 우리는 그들의 포트폴리오 회전율이 상대적으로 높을 것으로 추측하며, 천천히 매수하면 그들의 포트폴리오 회전율이 상대적으로 낮을 것으로 추측한다.

주식을 천천히 매수하는 데에는 중요한 분석적 기능이 있다. 가장 영민한 애널리스트라 해도 모든 재무자료를 검토하고 회사 경영진을 인터뷰해서 얻을 수 있는 지식은 피상적인 수준에 불과하다. 애널리스트는 그 기업의 한 특정 시점의 스냅샷을 보고 있는 것이다. 얼핏 봐서는 경영진의 실시간 결정 능력에 관한 지식은 얻을 수 없다.

한 주식에 대한 최초의 투자를 연애 초기 단계와 비슷한 것이라고 생각해보자. 이때는 모든 것이 장밋빛으로 보인다. 투자자는 아주 훌륭한 사업모델과 멋진 미래 전망을 가진 이 회사를 방금 발견했다. 경영진은 모든 옳은 답을 알고 있는 것처럼 보인다.

그런데 그 후 힘든 시기가 도래한다. 허니문 기간이 끝난 것이다. 회사 CFO는 개인적인 관심사를 추구하기 위해 회사를 떠나고, 회사는 투자자를 곤혹스럽게 하는 기업인수를 단행한다. 설상가상으로 경영진은 투자자가 보기에 말도 안 되는 이유를 들면서 그 기업인수를 옹호하려고 한다.

주식을 천천히 매수하면, 투자자는 그 포지션이 돌이킬 수 없을 정도로 너무 커지기 전에 경영진의 능력에 대한 정보(경험)를 얻을 수 있다.

단기간 급진전됐던 연애가 성공적인 결혼으로 이어지는 경우도 가끔 있지만, 일반적으로는 상대방을 제대로 알기 위해 적어도 1~2년은 지켜봐야 한다. 그래야 성공적인 결혼이 될 확률 또한 높아진다. 내 아내가 어떤 사람인지 정말 알려면 최소한 1년 사계절은 그 사람을 겪어봐야 한다고 했다.

주식의 장기 보유를 추구하는 투자자라면, 달리 말해 자신의 주식과 '결혼하려는' 투자자라면 연애 과정을 찬찬히 제대로 다 거쳐야 한다.

한 주식을 여러 번의 거래로 나눠 매수하는 투자자는 자신에게 좋은, 그리고 흥미로운 상황을 만들 수 있다. 여러분이 포트폴리오의 총 3%를 Y 주식에 투자할 계획이라고 해보자. 최초의 매수 포지션은 1%이고, 다음 2년에 걸쳐 두 번 더 1%씩 포지션을 추가할 계획이다.

이런 식으로 한 주식의 포지션을 획득함으로써 여러분은 자신에게 좋은 윈-윈 상황을 만들 수 있다.

여러분이 매수한 직후 Y의 주가가 2배로 뛰면 여러분은 더 많이 매수했었더라면 하고 아쉬워할 것이다. 사실 경주에서 이긴 말에 만족할 정도로 충분히 베팅한 사람은 없다. 그럼에도 여기서 중요한 것은 여러분이 그 주식을 매수해서 돈을 벌었다는 사실이다(여러분에게 좋은 일이다).

그런데 여러분이 매수한 후 Y의 주가가 하락하면 여러분은 그 기업에 대해 더 많은 것을 알게 되고, 아마도 보다 나은 가격에 그 주식에 대한 포지션을 늘릴 수 있는 기회를 얻은 것일지도 모른다. 그게 아니더라도 적어도 여러분이 그 기업을 재평가하고 그 기업의 전망에 대한 자신의 견해를 바꿀 수 있는 기회는 얻게 된다(이런 기회들 역시 여러분에게 좋은 것이다).

물론 이런 전략을 사용하는 데는 기회비용이 있겠지만, 실제 비용(손실)이 발생하는 것으로부터 여러분을 구해 줄 수도 있다.

처음부터 더 많이 매수해서 더 많은 돈을 벌었더라면 하는 마음은 누구나 가질 수 있다. 그러나 이런 시각은 제한적으로는 옳을지 모르겠지만, 잘못된 시각이다. 기회비용은 실제 발생한 비용이 아니다. 실제로 어떤 돈을 잃은 것도 아니다. 더 많은 돈을 벌 기회만 놓쳤을 뿐이다.

투자자의 진정한 목표는 실제 손실(나중에 완전히 망하게 되는 주식에 너무 많이 투자해서 돈을 잃는 것)을 피하는 것이어야 한다. 사실 기회비용의 발생을 두려워하는 것은 다른 어떤 요인보다도 큰 실제 손실을 야기할 수도 있다.

한 기업에 천천히 투자하면 더 많이 벌 수 있는 기회는 놓칠지 몰라도, 실제로 돈을 잃는 일은 피하는 데(우리는 이것이 훨씬 중요한 우선순위라고 본다) 도움이 될 수 있다.

매수 결정의 교과서적 사례: 시스코

잠재적인 한 여성 고객이 자신의 개에게 '시스코'란 이름을 지어줬다고 했을 때 나는 시스코가 너무 과도한 인기를 끌고 있는 것은 아닌가 하는 생각을 했다. 그 고객이 나와 비슷한 나이였기 때문에 나는 옛날 TV 시리즈물인 '시스코 키드The Cisco Kid'의 시스코를 말하는 거냐고 물었다. 그러자 그녀는 아니라고 하면서, 시스코 주식이 그녀 실적에 큰 도움이 되었기 때문에 그 주식 이름을 따서 개 이름을 지었다고 했다.

시스코는 매수 결정에서 가격의 중요성을 보여주는 가장 교과서적인 사례다.

시스코 주가는 2000년에서 2002년 사이 극심한 가격 변동을 보였다. 2000년 3월 시스코 주가는 주당 82달러로 신고가를 기록했지만, 2년 6개월 뒤인 2002년 10월에는 주당 8달러까지 하락했다. 거의 90%에 달하는 주가 하락이었다. 도대체 무슨 일이 있었던 걸까?

그 답은 시스코의 펀더멘털에 있는 것이 아니었다. 시스코는 계속 훌륭한 실적을 내고 있었다. 매출액은 2000년에서 2007년까지 84% 증가했으며, 같은 기간 이익도 77% 증가했다.

사실 시스코 주가의 폭락은 '펀더멘털'보다는 '과대평가'와 훨씬 더 관련이 있다. 시스코 주가의 극단적인 변동성은 사실 시스코라는 기업만의 이야기라기보다는 시장 전체에 해당하는 이야기다.

시스코 주식을 과대평가된 가격에 매수하거나 후에 내재가치보다 훨씬 낮은 가격에 매도해 손실을 본 투자자들의 경우, 그레이엄의 공식을 사용해 시스코 주식을 평가했더라면 그런 실수는 피할 수 있었을 것이다.

그레이엄의 가치평가 공식에 기초해 12%의 7년 이익증가율을 사용하면 2000년 시스코의 적정 가격(내재가치)은 82달러 고점의 1/5 수준인 약 17달러가 된다. 그리고 (역시 그레이엄의 공식으로 계산했을 때) 2년 후인 2002년 시스코의 내재가치는 당시 주가 8달러의 2.5배 수준인 주당 약 20달러까지 상승하게 된다.

그레이엄의 공식을 사용했다면, 시스코를 2000년 3월의 고점에 매수하는 것을 피하고, 아주 헐값에 거래되던 2002년 10월 그 주식을 매수하기로 결정했을 것이다.

시스코 같은 성장주의 경우, 예상 미래가치를 살펴보는 것이 중요하다. 우리가 기업의 미래가치를 계산할 때는 그 기업의 7년 후 미래가치를 사용한다. 7년 전망 하에서 2007회계연도 시스코의 예상 주당순이익은 1.23달러로 추산되었는데, 시스코가 실제로 보고한 2007년 주당순이익은 1.18달러였다. 추산을 보수적으로 하기 위해 우리는 2007년부터 시스코의 이익증가율을 연 7%로 낮춘다. 그레이엄의 공식에서 이 7%의 예상 이익증가율을 사용하면 2007년 시스코의 적정 가치는 주당 28달러가 된다.

수학적으로 관심 있는 분들을 위해 말하자면, 2007회계연도의 예상 주당순이익 1.23달러에 PER 배수 22.5(8.5 + (2 × 이익증가율 7%) = 22.5)를 곱하면 거의 28달러가 된다.

[그림 4-12]는 시스코의 내재가치 상승을 나타낸 것이다. [그림 4-13]은 시스코의 내재가치에 시스코의 주가 움직임을 겹쳐 본 그림이다. 이 그림을 보면 시스코 주가가 폭락한 이유를 분명히 알 수 있다. 2000년 시스코 보통주 주가는 위험할 정도로 과대평가되었고, 2002년에는 심각하게 과소평가되었다.

시스코 보통주 주가 대신 시스코의 진정한 가치에 관심을 가졌던 어

그림 4-12 · 시스코의 내재가치

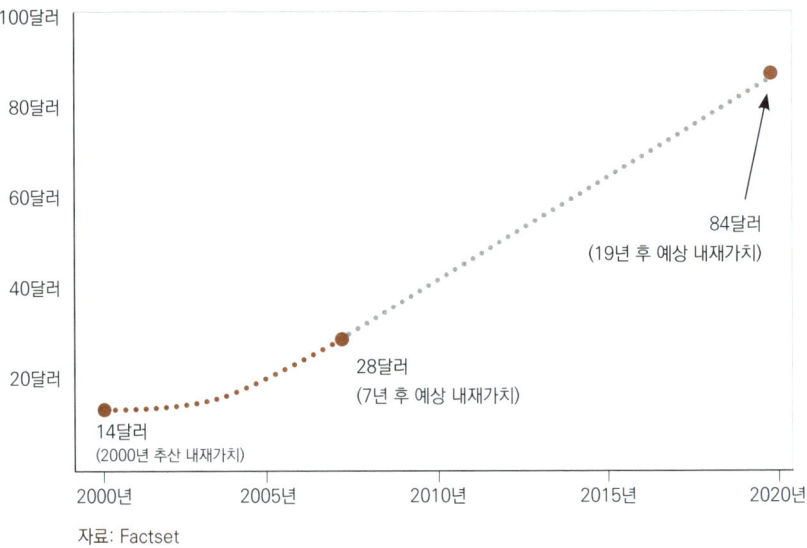

자료: Factset

그림 4-13 · 시스코의 내재가치와 주가

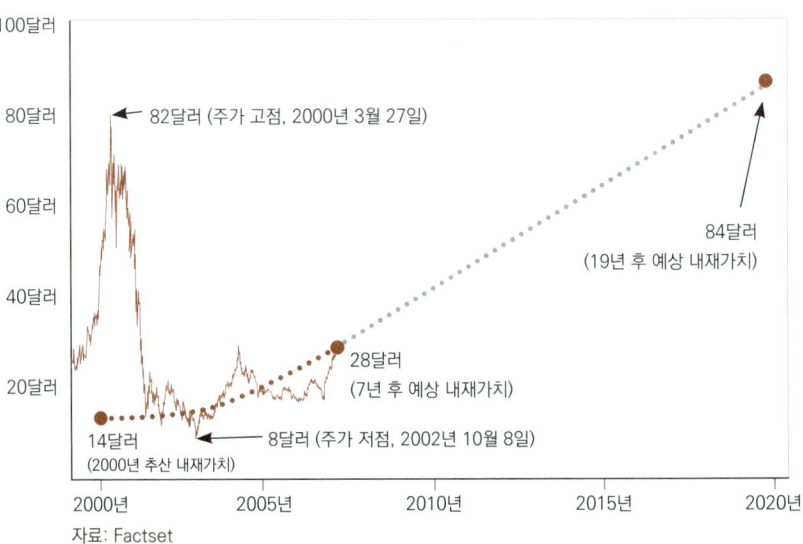

자료: Factset

느 정도 영민한 투자자라면 (2000년에는) 쉽게 재앙을 피하고, (2002년에는) 미래의 내재가치에서 상당히 할인된 가격에 세계적인 성장주를 매수할 기회를 얻었을 것이다.

2011년 현재에도 시스코는 여전히 세계적인 성장기업이다. 정보고속도로 구축 분야에서 주도적인 지위를 점하고 있으며 매출액과 이익은 탄탄하게 계속 증가하고 있다.

꾸준한 복리수익을 만들자

매수 결정은 투자자가 보유하는 모든 주식에 대해 내리게 되는 가장 중요한 결정 중 하나이다. 만약 투자자에게 단 한 번의 투자 결정만 허용된다면, 현실적으로 가장 좋은 투자 결정은 앞서 2장에서 소개한 매수 결정(1932년에 다우지수 편입 30개 종목을 동일 비중으로 매수하는 것)일 것이다.

사후 통찰의 도움을 받아 살펴보면, 20세기 최악의 약세장 저점에 있었던 1932년의 주식시장은 분명 역대 최고의 매수 기회 중 하나였다. 전문지식이 거의 없는 투자자라 하더라도 다우지수라는 당시 가장 유명한 지수의 편입 종목 30개를 동일 비중으로 매수한다는 결정 정도는 할 수 있었을 것이다.

이 30개 종목의 1932년 시가총액 합계는 50억 달러 정도였다. 오늘날 이 30개 종목의 가치는 거의 2조 달러에 달한다. 약 400배 상승한 것이다. 더욱이 이들 기업의 현재가치는 이들이 지급한(그 자체로 최초의 투자 원금보다 훨씬 많은) 연간 배당금은 계산에 포함시키지도 않은 것이다. 여러분이 자랑할 수 있는 어떤 매매 결정도 (그리고 어떤 공매도 결정도) 이런 실적에는 견주지 못할 것이다.

　최적의 포트폴리오는 비싸지 않은 적절한 가격 이하에 매수한 성장기업 주식들로 구성된 포트폴리오일 것이다.

　아주 다행히 투자자가 좋은 주식을 좋은 가격에 골랐다면, 이제 이상적인 시나리오는 그 주식이 절대로 크게 과대평가 되지 않는 것이다. 요컨대, 투자자가 그 포트폴리오를 매매할 필요가 절대 없는 경우다. 이것이 꾸준한 복리수익을 만들어 내는 매수 결정의 힘이다.

5

언제나 안전마진을 생각하라

> 옛 전설에서 현명한 사람은 결국 다사다난한 인간사를
> '이 또한 지나가리니'라는 한 문장으로 요약했다.
> 이와 비슷하게 건전한 투자의 비밀을 세 단어로 압축하라고 하면,
> 우리는 이를 감히 'margin of safety(안전마진)'라고 말하고자 한다.
> – 벤저민 그레이엄

투자의 '안전마진'과 비행의 '안전마진'

안전마진은 '비행'과 '투자'라는 내가 평생 추구한 2개의 열정에서 매우 중요한 요소였다. 투자할 때 안전마진을 무시하면 거금을 잃을 수 있고, 비행에서 안전마진을 무시하면 생명을 잃을 수도 있다.

나는 1970년 하와이의 한 군사비행클럽에서 민간조종사 면허증을 땄다. 연방정부의 제대군인지원법에 따라 정부가 추가 훈련비용의 90%를 내준다는 말을 들은 후에는 더 많은 면허증을 따기 시작했다. 그런 식으로 나는 상업면허증, 교관자격증, 계기비행자격증, 계기비행교관자격증, 그리고 쌍발엔진면허증 등을 땄다. 그런데 아이가 태어난 후 나는 비행은 최소화하고 아버지로서의 인생을 행복하게 즐기고 있었다.

그 때 내 형제 중 한 명이 경비행기를 한 대 샀다. 우리 가족은 서로 매우 경쟁적이었고, 따라서 나도 경비행기를 한 대 샀다. 매우 아름다운 비압축 피스톤엔진 비행기 비치크래프트 보난자$^{Beechcraft\ Bonanza}$였다. 6인승 단발엔진인 이 소형 비행기로 몇 년간 불편한 장기 비행을 즐긴 후, 나는 한 번 크게 돈을 써서 쌍발 압축 터보프롭엔진 비행기인 비치크래프트 킹 에어$^{Beechcraft\ King\ Air}$를 구입했다. 보험사는 두피가 벗겨질 정도로 머리를 긁적이며 망설였지만 결국은 내가 이 비행기를 타는 것을 허락해 주었다. 그 다음 킹 에어를 2대 더 샀는데, 이 2대 모두 내가 처음에 산 비행기들보다 크고 빨랐다.

얼핏 보기에 비행기를 소유하는 것은 완전히 합리적인 결정은 아닌 것처럼 보인다. 조금 더 높이, 더 멀리, 더 빨리 가는 것에는 가격과 가치의 관계와 관련해 다시 생각해 볼 어떤 문제가 있다. 1노트 더 높은 속도를 얻는 데 훨씬 많은 돈이 추가로 들지만, 그에 비해 추가로 얻는 가치는 아주 작다.

나는 2003년에 경비행 제트기인 비치크래프트 프리미어$^{Beechcraft\ Premier}$를 한 대 샀다. 대단하게도 이 비행기는 정지상태에서 보통 15초면 시간당 130마일까지 가속되었다. 이 비행기를 처음 조종할 때 나는 저고도에서 수평비행을 했는데, 내가 미처 반응하기도 전에 이 비행기는 1만 피트 아래에서 제한속도인 250노트보다 훨씬 빠른 325노트까지 가속되었다. 하늘에는 아직 과속을 단속하는 교통경찰이 없고, 따라서 나는 벌금을 내는 일 없이 거침없이 빠른 이 짐승의 속도를 줄여나갔다.

나는 지금까지 7년 동안 이 비행기를 안전하게 이용하고 있는 중이다. 정말 대단히 유용한 기계다. 미니애폴리스에서 시카고까지 45분, 미니애폴리스에서 뉴욕시까지 2시간밖에 걸리지 않는, 일종의 타임머신이다. 그런데 이런 식의 속도에는 많은 위험이 따른다. 4만 1,000피트의 순항고도에서 이 비행기는 시간당 500마일, 분당 약 8~9마일 이상의 속도로 공기를 뚫고 날아간다. 자동차를 운전하고 있는데 경고등이 들어온 적이 있는가? 그 문제를 이해하고 반응하는 데 30초 이상 걸리는 경우가 많다. 제트기의 경우 이런 30초의 분석 시간 동안 추가로 4~5마일을 더 날아간다. 제트기를 비행하는 것은 모두 속도와 관련된 것으로, 관건은 속도를 이용하면서도 어떻게 안전을 유지할 수 있느냐 하는 것이다.

안전한 비행의 관건은 성공적인 투자의 관건과 동일하게 '안전마진'을 유지하는 것이다.

투자자와 조종사로서 나의 시각에서 볼 때, 항공업계가 투자업계보다 안전마진을 훨씬 잘 관리하고 있는 것은 분명하다. 그 이유는 명확하다. 비행에서 안전마진 원칙을 지키지 않을 때 발생하는 비용은 일반적으로 매우 재앙적인 반면, 투자에서 안전마진을 지키지 않을 때 발생하는 비용은 한 사람의 재정, 한 사람의 자존심에만 주로 영향을 미치기 때문이다.

좋은 조종사는 안전마진을 거의 강박적으로 생각한다. 얼마 전 우리는 계획된 비행일정을 맞추느라 안전마진을 무시한 적이 있었다. 내 아내 수와 나, 그리고 우리의 기장 짐은 미니애폴리스 주 세인트폴에서 몬태나 주 헬레네로 비행 중이었다. 중간에 사우스다코타 주의 브루킹스에 잠시 기착해 처제 크리스를 태울 예정이었다. 그런데 당시 브루킹스 공항에는 진눈깨비 폭풍이 몰아치고 있었다. 나는 공항 관제소에 연락해 활주로 상태를 확인했는데, 결빙 때문에 공항은 폐쇄되어 있었다. 짐과 나는 다른 옵션을 생각하기 시작했다. 2가지 최선의 선택은 북쪽으로는 워터타운 공항으로 가는 것이고 남쪽으로는 수 폴즈 공항으로 가는 것이었다. 그런데 워터타운 공항은 관제소가 없었고, 따라서 활주로 브레이크 작동 상태에 대해 알려주지 못할 상황이었다. 이는 우리에게 매우 중요했는데, 그것은 우리 비행기에 역추력 기능이 없었기 때문이었다. 반면, 수 폴즈 공항은 관제소와 항공 서비스를 모두 제공하고 있었다.

그런데 크리스가 전화를 걸어와 워터타운 공항으로 가는 차를 타고 있다고 했다. 나는 내 원칙에 맞지 않을 정도로 안전마진이 너무 줄어들고 있다는 느낌을 받았다. 나는 크리스에게 수 폴즈 공항으로 가는 방법을 찾으라고 했다. 그러지 못하면 그녀를 픽업하지 못할 것이라고 했다. 내가 처제의 요청을 무시함으로써 하나의 리스크를 다른 리스크로 바꿨다고 말하는 사람도 있을 것이다. 나는 그로 인한 관계의 훼손은 꽃다발로 복구할 수 있다고 느끼지만, 비행 중 안전마진을 지키지 않는 것은 매우 어리석은 일이라고 생각한다.

끝이 좋아야 모든 것이 좋은 법이다. 크리스는 수 폴즈 공항으로 가는 차편을 찾았고, 우리와 함께 무사히 몬태나에 갈 수 있었다.

모든 것에 적용되는 가장 기본적인 지침

조종사는 자신의 비행이 안전마진 내에서 이루어지고 있다는 것을 확실히 하기 위해 매일 일상적으로 그와 관련된 결정을 한다. 안전마진을 거의 두지 않고 비행한다는 것은, 물론 그 비행이 반드시 사고로 이어진다는 의미는 아니다. 하지만 비행에 좋은 방법 또한 결코 아니다.

안전마진은 우리 포트폴리오를 운용하는데 가장 기본적인 지침이다. 동시에 우리의 삶을 관리하는데도 역시 가장 기본적인 지침이다.

　스포츠에서 말하는 포인트 스프레드$^{point\ spread}$가 좋은 사례다(포인트 스프레드: 승자와 패자 사이의 예상점수 차. 스포츠 내기의 기준으로 사용된다. 승자 팀에 거는 경우 포인트 스프레드보다 큰 점수 차로 이겨야 내기에 이기며, 패자 팀에 거는 경우 포인트 스프레드보다 적은 점수 차로 져야 내기에 이긴다—옮긴이). 미식축구에서 여러분이 디트로이트 라이온스 팬이라고 하면, 지난 25년 동안 팀의 승패 기록이 형편없는 것에 실망할 것이다. 그러나 진정한 라이온스 팬이라면 팀이 모든 경기에 이길 것을 기대한다. 이들은 자기 팀에 포인트 스프레드를 부여하지 않는다.

　하지만 한번 가정을 해보자. 디트로이트 라이온스가 승리하지 못한 것에 대해 라이온스 팬이 보상을 받는 포인트 스프레드가 경기당 25포인트라고 해보자. 경기당 25포인트의 포인트 스프레드를 받은 시즌에 라이온스에 베팅하는 것은 매우 큰 안전마진을 갖는 것과 같다. 다른 사람들이야 라이온스가 이기든 지든 신경 쓰지 않겠지만, 라이온스 팬들은 (라이온스가 경기에는 졌지만, 포인트 스프레드가 충분해 베팅에서는 돈을 땄을 것이므로) 울면서 은행으로 돈을 받으러 갈지 모르겠다.

　다른 식으로 안전마진을 설명해 보자. 대부분의 의료전문가들은 장수의 4가지 키워드로 절주, 금연, 적절한 다이어트, 그리고 주기적인 운동을 꼽는다. 이 4가지 지침을 따르면 자신의 건강과 장수를 위한 안전마진을 구축하는 것이다.

　그러나 그렇다고 장수가 보장될까? 물론 아니다. 하루에 담배 세 갑을 피우면 젊은 나이에 반드시 요절할까? 물론 그것도 아니다. 그러나 여러분이 하루에 담배를 세 갑 피우면 건강과 장수를 위한 안전마진을 줄이는 것이며, 그 결과 천수를 누릴 확률도 줄어든다.

자동차 안전벨트는 안전마진의 또 다른 사례다. 안전벨트를 한다고 해서 차 사고를 당했을 때 상처 하나 없이 살아나는 것을 보장하는 것은 아니다. 사실 안전벨트를 하지 않은 사람보다 피해가 적을 것이라는 것도 보장하지 않는다. 그러나 그렇게 될 확률은 안전벨트를 한 사람에게 더 유리하다. 안전벨트를 한 사람은 그렇지 않은 사람보다 훨씬 큰 안전마진을 가진 것이다.

그레이엄의 '훌륭한 업적'

벤저민 그레이엄은 투자에 안전마진 개념을 도입한 것으로 널리 칭송받고 있다.

그는 1929년 주가 폭락으로 자신의 투자 포트폴리오가 거의 망가졌던 투자 활동 초기에 안전마진을 고려한 투자의 가치를 알게 되었다. 『현명한 투자자』에서 안전마진 개념에 대해 말할 때, 그는 한 자산이 "진정한 투자자산이 되기 위해서는 거기에 진정한 안전마진이 있어야 한다. 그리고 진정한 안전마진은 숫자로, 설득력 있는 추론으로, 그리고 일련의 실제 경험으로 분명히 나타낼 수 있는 것이다"라고 했다.

안전마진은 효과적인 투자에 가장 기본적인 것이기 때문에 투자자가 자신의 안전마진에 다소 강박적인 것은 나쁜 게 아니다.

안전마진은 적절한 분산을 이해하는 데도 중요하다. 많은 투자자들은 엄격하게 분산투자를 하고 있는 복수의 뮤추얼펀드를 통해 수백 개의 기업을 보유하는 등 실제로 과도하게 분산하고 있다.

그런데 분산의 적절한 수준은 어느 정도 일까? 투자자는 얼마나 많은 주식을 보유해야 할까? 그 숫자는 투자자마다 다르며, 투자자가 만족스러운 안전마진을 계산할 수 있는 주식 수에 따라 다르다.

분산 그 자체를 목적으로 자신의 포트폴리오에 그저 한 종목을 추가하는 것은 사실 안전마진에는 아무런 도움도 되지 않는다.

안전마진을 모르고 주식을 매수하는 것은 '투자 자살'에 해당한다고 할 수 있다. 투자자는 자신이 매수하는 모든 투자자산에 대해 안전마진을 판단해야 한다. 4개 종목의 안전마진만 계산할 수 있다면, 자신의 포트폴리오는 그 4개 종목으로 제한해야 한다. 분산을 위해서는 추가로 S&P 500 지수펀드에 들어가면 된다.

비행의 안전마진과 투자의 안전마진 사이에는 또 다른 매우 중요한 연관이 있다.

능숙하고 안전을 중시하는 조종사는 이륙하기 전 안전마진을 강박적으로 평가한다. 일단 비행기를 타고 지상을 떠나게 되면, 착륙은 반드시 해야 할 일이 된다. 이륙하고 나면 이제 남은 문제는 어떻게 착륙하느냐 하는 것이다. 착륙을 피하는 유일한 방법은 처음에 이륙하지 않는 것뿐이다.

최고의 투자자는 최고의 조종사가 이렇게 이륙하기 전 챙겨보는 것과 똑같이 주식 매수를 본다고 우리는 믿고 있다. 최고의 투자자는 성공적인 실적을 보장하는 데 도움이 되는 안전마진을 확보하기 전에는 주식을 매수하지 않는다.

안전마진은 한 주식의 내재가치와 시장가격의 차이로 정의되는 경우가 많다. 달리 말해, 내재가치보다 상당히 낮은 가격에 거래되는 주식은 안전마진이 큰 것이고, 내재가치나 그 이상의 가격에 거래되는 주식은 안전마진이 없는 것이다. 내재가치 대비 주가가 낮을수록 안전마진은 더 커진다.

그레이엄 자신도 안전마진의 핵심 결정요인으로 가격에 많은 초점을 두었다. 그는 그저 그런 기업의 주식을 매수할 때도 안전마진이 충분하면 투자자가 수익을 낼 가능성이 높다고 믿었다.

"우리의 주장은 (매수자가 지식이 있고 경험이 있으며, 적절한 분산을 하는 한) 가격이 상당히 낮으면 그저 그런 수준의 증권도 건전한 투자 기회가 될 수 있다는 것이다. 상당한 안전마진을 제공할 정도로 가격이 충분히 낮으면, 그 증권은 우리의 투자 기준을 충족시킨다."

또한 그레이엄은 가격만 보면 안전마진의 개념이 너무 협소해진다는 것도 인식했다.

"투자자의 주요 손실은 경기가 좋은 시기에 질이 낮은 증권을 매수하는 데서 발생한다. 경기가 좋은 시기에는 모호한 기업의 보통주 주가도 2~3년의 우수한 성장에 힘입어 유형 투자자산 가치 훨씬 이상으로 상승할 수 있다. 이런 증권은 인정할 수 있는 어떤 견지에서 봐도 적절한 안전마진을 제공하지 않는다."

그는 기업의 진정한 가치에 기초한 정확한 안전마진을 판단하기 위해서는 그 기업의 (가급적이면 평균 이하의 사업 실적을 보였던 기간을 포함해) 7년의 실적을 평가해야 한다고 했다.

또한 그레이엄은 안전마진을 사용할 때 발생하는 한 가지 주요 문제도 지적했다.

"투자자에게 유리한 안전마진을 가진 경우라 해도 개별 증권의 주가 실적은 나쁠 수 있다. 안전마진은 투자자가 손실을 볼 가능성보다는 이익을 낼 가능성이 더 높다는 것을 보장할 뿐이며, 손실이 전혀 발생하지 않는다는 것을 보장하는 것은 아니다."

안전지대에 머물기

안전마진에 분명한 경계가 있는 것은 아니다. 안전마진은 하나의 '안전지대'다. 투자자가 안전마진 원칙을 침범했는지 알려주는 '안전마진 경찰'이나 '안전마진 경고등' 같은 것은 없다.

안전마진을 이해하고, 안전마진을 적용하는 데 자신만의 원칙을 갖고, 그 원칙을 지키기 위해 평생 노력하는 것이 안전마진을 효과적으로 적용하는데 필요한 핵심 관건이다.

그런데 대부분의 투자자들이 노골적으로 안전마진 원칙을 어기는 것은 아니지만, 자기도 모르는 가운데 안전지대 가장자리로 가는 경우가 많다. 주식시장에는 (특히 단기적으로는) 애매한 경우가 많아서 많은 투자자들이 안전지대 안에 편하게 머물지 않고 일부 단기적인 성공을 즐기기도 한다.

사실 이따금 성장주 투자는 안전마진을 무시하는 투자자들에게 보상을 안겨주기도 한다. 눈먼 다람쥐가 숲속 도토리에 발이 걸려 넘어지는 경우가 가끔 있는 것처럼, 성장주 투자자도 자신의 포트폴리오 가치를 크게 높이는 훌륭한 성장주를 우연히 발견할 수 있다.

투자자의 경험, 훈련, 그리고 기질에 따라 안전마진은 투자자별로 다를 수 있다.

이와 관련해 계기비행은 우리에게 한 가지 중요한 시사점을 제공해 준다. 신참 조종사가 처음 구름 속으로 들어갈 때는 불안한 순간이다. 구름 속에서는 소리도 다르고, 전방 시야도 줄어들거나 아예 사라져 버린다. 교관 조종사에게는 익숙한 상황이지만 신참 조종사에게는 그렇지 않다.

여기서 교관과 신참의 차이는 훈련과 경험의 차이다. 조종사가 경험을 쌓으면, 그는 이제 구름 속 비행을 즐기기 시작한다. 올바른 장비를 갖추고 있으면, 사실 구름 속 비행이 맑은 하늘을 비행하는 것보다 안전하다. 구름이 많은 곳에는 다른 비행기가 더 적기 때문이다. 경험 많은 조종사라면 맑은 토요일 오후에 붐비는 범용공항(소형 비행기와 비숙련 조종사들이 많이 몰리는 공항)으로 비행해 가는 것이 악천후나 엄폐물이 있을 때 부득이 해야 하는 계기접근 비행보다 더 어렵다고 말할 것이다.

문제는 투자자들이 안전마진의 중요성을 간과하는 경우가 많다는 것이다. 우선, 많은 투자자들이 서로 다른 다양한 투자자산에서 안전마진을 어떻게 처리해야 할지 배우려 하지 않는다.

그레이엄이 제자 워런 버핏에게 준 최고의 선물은 아마도 안전마진 개념을 철저히 익히고, 이를 투자에 적용하도록 한 것일 것이다.

안전마진을 결정하는 지배적 변수

'안전마진'은 그레이엄의 훌륭한 업적이다. 그는 『현명한 투자자』에서 가치주의 안전마진을 설정하는 기본적인 요인들을 제시했다. 그리고 그는 성장주의 안전마진을 설정하는 데는 다른 방법이 필요하다는 점을 인정했다. 그 차이는 성장기업의 내재가치가 장기간 역동적으로 변하는 것과 관련된 것이다.

가치기업에 대한 투자는 상대적으로 정적인 가치를 가진 자산을 매수하는 것이다. 그리고 지불하는 가격을 안전마진을 결정하는 지배적인 변수로 보면서 그 가격에 초점을 맞추는 경향이 있다. 이는 적절한 것이다. 본질적으로 정적인 가치를 가진 한 투자자산에 충분히 낮은 가격을 지불했다면, 자신에게 유리한 투자의 확률을 높인 것이다.

그러나 성장기업의 경우에는 미래가치가 현재가치보다 훨씬 중요하다. 그레이엄의 관련 언급을 보자.

"성장주 투자철학은 안전마진 원칙과 부분적으로는 부합되고 부분적으로는 상충된다. 성장주 매수자는 그 기업이 과거에 보여준 평균 수익력보다 높은 예상 수익력을 보고 매수한다. 따라서 그는 자신의 안전마진을 계산하는데 과거 실적 대신 이런 예상 이익을 사용한다고 할 수 있다."

성장기업 투자자들이 각각의 매수에 안전마진을 수립할 수 있고, 또 해야 한다는 것이 우리의 주장이다. 그러기 위해 성장기업 투자자들은 자신의 매수 결정이 부분적으로는 그 기업의 미래가치에 기초해야 한다는 것을 고려할 필요가 있다.

안전마진을 구축하는 핵심 규칙

성장주에 투자할 때 안전마진의 구축은 다음 3가지 핵심 규칙에 따라야 한다. 그리고 이를 단계적으로 밟아 나아가야 한다.

> 1. 자신이 어떤 기업을 보유하고 있는지 알아야 한다.
> 2. 적절한 미래가치를 추산해야 한다.
> 3. 적절한 기준수익률을 설정해야 한다.

자신이 어떤 기업을 보유하고 있는지 알아야 한다

성장주의 안전마진을 구축하는 첫 번째 단계는 해당 기업을 분석하는 것이다. 이는 가치기업과 성장기업 모두에 공통으로 적용된다.

기업 분석법을 배우는 데 관심 있는 투자자라면 누구나 이용할 수 있는 많은 문헌들이 있다. 이 책에서 주식 분석의 복잡한 내용들을 자세히 살펴볼 수는 없지만, 어떤 상장기업이든 그 기업의 재무제표를 읽는 것이 그 기업을 이해하는 가장 빠른 방법이라는 말은 해줄 수 있겠다.

1995년 세이프 하버 법Safe Harbor Act이 통과된 후 미국 기업들은 10-K 보고서(매년 증권거래위원회에 제출하는 연간 기업실적 보고서), 10-Q 보고서(분기마다 증권거래위원회에 제출하는 분기 기업실적 보고서), 그리고 주주총회 안내장을 통해 시의적절하고 정확한 재무제표를 제공하게 되었다.

10-K와 10-Q 보고서는 모두 3개의 재무제표(손익계산서, 현금흐름표, 재무상태표)를 제공한다. 이 세 재무제표에는 투자자가 그 기업의 사

업 현황을 완전히 이해할 수 있는 많은 정보가 포함되어 있다. 주주총회 안내장에는 경영진 보수에 관한 내용이 들어 있다. 이 안내장을 잠시만 살펴봐도 최고경영진이 자기 자신에게 어떻게 보수를 제공하는지에 대한 훌륭한 정보를 얻을 수 있다.

기업을 더 깊이 이해하고 싶은 투자자들에게는 물어볼 질문들이 더 많다. 그 기업의 이익, 매출액, 현금흐름이 오랫동안 지속적으로 증가했는가? 그 기업이 장기적인 성장 잠재력이 있는 산업에 속해 있는가? 경영진이 안정적이고 경험이 많은가? 경영진이 그 목적과 계획을 수립해 두었는가? 그리고 그런 계획대로 이행해 왔는가? 회사 서비스나 제품라인을 성공적으로 확대해 왔는가? 주주를 제대로 대우해 왔는가? 하는 질문 등이 그런 것들이다.

최근의 공시 관련 법률들의 개정과 널리 보급된 인터넷으로 인해 개인투자자들은 기업 경영진이 기관 주주들에게 제공하는 분기 컨퍼런스콜 녹취록과 기업 설명자료들을 쉽게 구해 읽어볼 수 있다. 이런 문서들은 최고경영진의 사고방식에 대한 귀중한 실마리를 제공해주는 경우가 많다. 오늘날에는 투자 규모에 관계없이 어떤 투자자든 상장기업에 대한 정보를 충분히 제공받지 못했다는 변명은 할 수 없게 되었다.

또한 우리는 투자자들이 자신의 일상생활도 잘 살펴서 특별한 제품이나 기업을 찾아볼 것을 권한다.

유통 부문이 그런 기회를 제공해 준다. 가성비가 우수한 상품을 지속적으로 공급해주는 소매유통업체가 있다면, 이 업체는 뭔가 제대로 된 일을 하고 있는 중일 것이다. 훌륭한 레스토랑 체인은 어떤가? 혁신적인 전자제품은? 그 기업이 소속 시장에서 어떤 지위를 차지하고 있는지

안다면, 투자자는 주식뿐만 아니라 그 기업을 보기 시작한 것이다.

미래가치에 대한 적절한 추산

현실적인 안전마진을 결정하기 위해서는 해당 기업의 이익과 미래가치에 대한 적절한 예측이 중요하다. 이것이 성장주의 안전마진을 구축하는 두 번째 단계다.

그레이엄은 자신의 가치평가모형을 소개하면서 현명한 조언을 남겼다. 그는 장기적인 매출증가율이 연 20% 이상인 경우는 예상하지 않으려 했다. 다시 말해 이 '20%'가 성장률의 상한선이라는 것이다.

연평균 매출증가율이 20%인 기업은 매 3년 6개월마다 매출액이 2배가 될 것이다. 7년이면 매출액은 4배가 된다. 이런 식의 성장 전망은 경영진에게 엄청난 스트레스로 작용하게 된다.

연 20% 성장률에서는 3년 6개월 이상 회사에 근무한 직원이 50%에 불과해진다. 그 회사의 이직률이 정상이라면 50% 이상의 직원이 상대적으로 신참 직원이 될 것이다. 그리고 이 회사는 빠른 속도로 새 사무실 공간을 임차해야 한다. 무엇보다도 매우 수익성이 좋은 성장률은 경쟁자들을 끌어들이는 경우가 많다.

그레이엄과 마찬가지로 우리 역시 성장률 상한선을 20%로 하는 것이 현명하다고 믿고 있다. 평균적인 기업이라면 연 5~6%의 명목 GDP 성장률 수준으로 성장할 가능성이 높다. 따라서 10% 성장률은 꽤 드문 경우고, 20% 이상의 성장률은 (설혹 있다 해도 2~3년 이상 지속되는 경우는 거의 없는) 극히 예외적인 경우다.

투자자가 경기주기에 따른 이익 반등과 장기적인 이익증가율을 혼

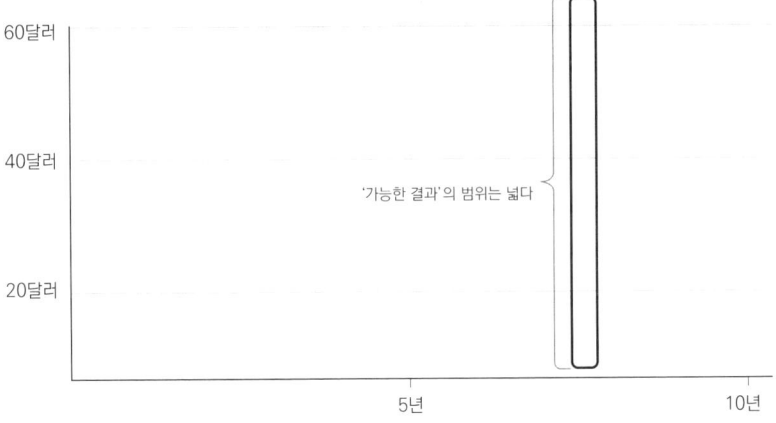

그림 5-1 · 미래가치에 대한 적절한 추산: '가능한 결과'의 범위

동하는 것은 이상한 일이 아니다. 경기침체기를 거친 후에는 기업의 이익이 반등하는 경우가 많다. 이전 경기 저점이 아주 깊었다면, 단기적으로 100% 이상의 이익증가율을 기록할 수도 있다.

이런 상황에서 보통 우리는 매출액과 이익을 장기에 걸쳐 고르게 평활화해서 보다 신뢰할만한 성장률을 계산하려고 한다. 이를 '이익의 정상화(평균화)normalizing the earnings'라고 한다.

투자자들은 장기적인 매출액 전망치를 추산하는 데 많은 신경을 써야 한다. 완전히 수학적인 관점에서 보면, 성장률을 아주 높이 추산하면 모든 주식은 싼 주식이 된다.

이익과 매출액의 예상 성장률은 그 근거가 있어야 하며, 달성될 확률이 높은 것이어야 한다.

[그림 5-1]은 한 전형적인 성장기업의 '가능한 결과possible outcomes'의 범위를 나타낸 것이다.

그레이엄은 '낙관적인 전망'에 대해 다음과 같이 경고했다.

그림 5-2 · 미래가치에 대한 적절한 추산: '실현될 개연성이 높은 결과'의 범위

"그런 인기 종목들에 대해 시장은 미래이익에 대한 '보수적인 conservative' 전망으로는 적절히 보장할 수 없는 가격을 책정하는 경향이 있다. 그런 인기 종목들 전체에 통상적으로 책정되는 (높은) 시장가 수준에 내재된 위험을 극복할 수 있도록 현명하게 개별 종목을 선정하기 위해서는 특별한 수준의 판단력과 선견지명이 필요할 것이다."

또한 투자자들은 지속 가능할 수 없을 정도로 높은 이익률을 예측하지 않도록 매우 조심해야 한다.

한 기업이 지금 현재 매우 높은 이익률을 보일 수 있지만, 경쟁 격화로 그런 이익률이 하락할 수도 있다. 반면, 연구개발 혹은 설비에 상당한 투자를 하던 시기가 막 끝난 기업은 이익률이 장기적으로 개선될 수 있다.

[그림 5-2]는 이런 식의 전망을 한 결과 '실현될 개연성이 높은 결과 probable outcomes'의 범위를 나타낸 것이다.

나무가 하늘 끝까지 자라지는 못한다

모든 기업은 결국 성숙하기 마련이다. 이것이 의미하는 것은 매출액과 이익증가율이 평균 기업 수준으로 돌아가는 추세를 보인다는 것이다. 따라서 성장기업 투자자는 미래의 성장률을 서서히 '낮추는 것'이 중요하다.

우리의 경우 7년 후에는 모든 성장기업의 성장률을 7% 이하로 낮추고 있다. 여기에 예외는 없다. 이것이 자의적으로 보일 수는 있지만 우리는 오랜 시장 경험에 따라 이를 뒷받침하는 경험적 증거를 갖고 있다. 또 7% 상한이 명목 GDP 성장률과 대체로 일치한다고 믿고 있다.

7% 상한을 사용함으로써 우리는 우리의 전망치가 너무 적극적인 것이 아니라는 것을 분명히 해둘 수 있다. 우리는 우리의 안전마진 안에 편하게 머물러 있기를 원한다.

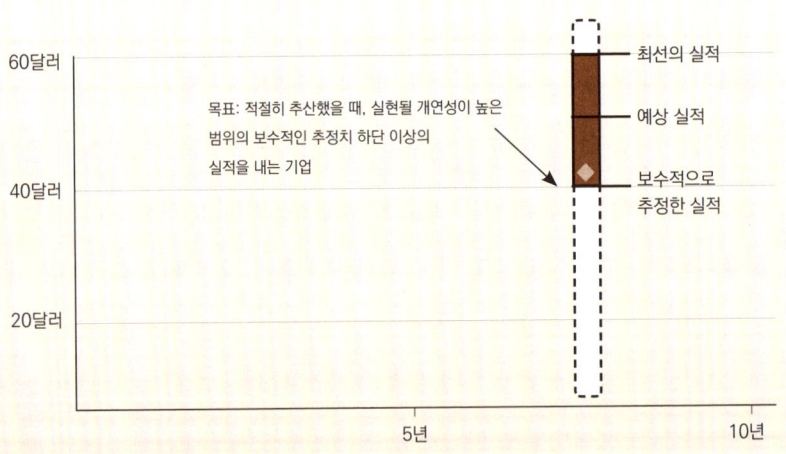

그림 5-3 · 미래가치에 대한 적절한 추산: 우리가 잡은 목표

우리가 운이 좋아서 장기간 두 자릿수 성장률을 유지할 수 있는 그런 드문 기업을 하나 이상 보유하게 되면, 우리는 그런 성장의 혜택을 누릴 수 있다. 그리고 실제로 이런 기업의 경우 우리는 미래 성장에 대한 보수적인 전망에 따라 적정 가격 혹은 그 이하로 생각되는 가격에 그 주식을 매수할 수 있다.

적절한 기준수익률의 설정

그 기업에 대해 충분히 이해했고, 성장률에 대해 보수적인 전망을 했다면, 이제 남은 것은 기준수익률이다. 이것이 성장주의 안전마진을 구축하는 세 번째 단계다.

우리는 앞에서 기준수익률에 대해 이미 살펴본 바 있다. 기준수익률은 투자자가 자신의 투자자산에서 올리기를 원하는 연평균 목표수익률이다.

여러분의 장기적인 목표가 10%의 기대수익률이라면, 여러분은 최소 10%의 수익률이 예상되는 가격에만 주식을 매수할 것이다. [그림 5-4]는 적절한 최고 매수가(매수가 상한)를 결정하기 위해 기준수익률을 사용하는 법을 나타낸 것이다.

기준수익률을 적용해 한 주식의 매수가를 고려할 때 안전마진은 어떻게 되는지를 보는 것이 가장 좋을 것이다. 우리는 12%의 기준수익률을 사용한다. 따라서 우리는 한 주식을 평가할 때 그 주식이 12%의 연평균 수익률을 제공할 정도로 충분히 낮은 가격이 아니면 그 주식을 매

그림 5-4 · 안전마진: 최고 매수가를 정하라

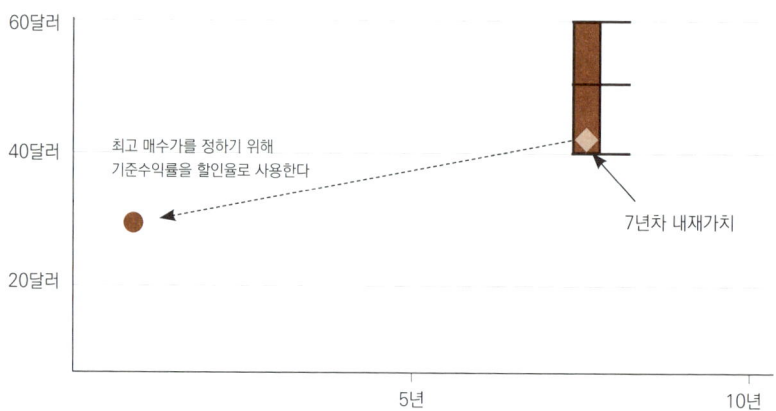

그림 5-5 · 안전마진: 적정 가격보다 낮은 가격을 지불하라

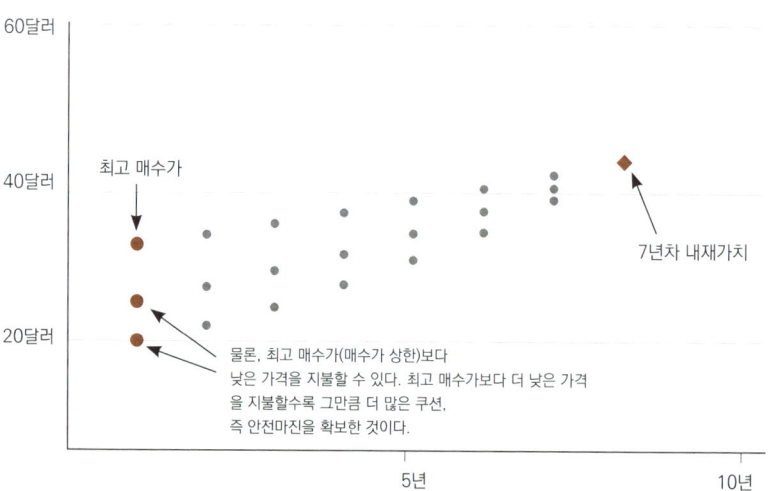

수하지 않는다.

우리가 X라는 주식을 연평균 12%의 수익률이 예상되는 가격에 매수한다면, 우리는 적절한 안전마진을 설정한 것이다. 그런데 우리가 이 주식을 연평균 8%의 수익률이 예상되는 가격에 매수한다면, 여전히 장기적인 수익을 올릴 가능성은 있지만 우리의 안전마진은 훼손된 것이다. 우리가 운이 좋아서 그 주식을 연평균 15%의 수익률이 예상되는 가격에 매수한다면 우리는 안전마진을 더욱 확대한 것이다.

[그림 5-5]는 우리가 한 주식을 매수할 때 안전마진을 어떻게 구축하는지를 나타낸 것이다. 일단 우리가 한 주식의 가치를 정하고 적절한 7년 전망을 하면, 우리는 충분한 안전마진을 제공해주는 가격 수준에서 그 주식을 매수하려고 한다.

[그림 5-6]은 미래가치에 대한 적절한 전망을 하고, 기준수익률을 결정하고, 그런 후 적절한 최고 매수가에서 할인된 가격에 매수한 결과 충분한 안전마진이 확보되는 것을 나타낸 것이다.

기준수익률을 사용하면, 오늘날 널리 사용되고 있는 업계의 위험한 기준(상대실적 평가)을 피할 수도 있다. 투자자가 일단 상대실적의 미끄러운 경사면을 타기 시작하면, 그는 기준수익률을 가변적인 기준으로 바꾸게 된다.

이 투자자의 목적이 향후 3년간 비교 기준으로 선택한 주가지수, 즉 벤치마크 지수보다 높은 수익(지수보다 상대적으로 높은 실적)을 내는 것이라면, 그 벤치마크 지수를 기준으로 한 그의 기대수익률은 얼마일까? 이 경우 이 투자자는 매년 벤치마크 지수에 맞춰 자신의 기대수익률을 바꾸게 된다.

그림 5-6 · 안전마진: 적절한 전망과 적정 가격 지불의 조합

일단 기준수익률을 정하면 어떤 경기주기나 시장주기에도 그 기준수익률을 고수하는 것이 매우 중요하다. 그러지 않고 기준수익률을 특정 벤치마크 지수에 연계시키면, 여러 문제에 직면하게 된다.

예를 들어 주식시장이 주기적인 이유로 침체된 해에는 벤치마크 지수의 예상 수익률이 보통 때보다 높을 것이다. 이때 안전마진을 고려하면서 상대실적 기준을 고수하는 투자자가 어떤 한 주식을 매수하기 위해서는 평균 이상의 기대수익률이 필요할 것이다. 우리는 어려운 시기에 이처럼 엄격한 기준을 적용하는 것에는 이의가 없다.

그러나 주식시장이 주기적인 이유로 상승했을 때, 즉 벤치마크 지수의 예상 수익률이 평균보다 낮을 때는 치명적인 문제가 발생할 수 있다. 시장이 상승했을 때 상대실적 기준을 고수하는 투자자는 벤치마크

지수의 예상 수익률에 맞춰 자신의 기준수익률을 낮추게 될 것이다. 이런 방법을 가장 단순화해서 말하면, 시장이 상승할 때 기준을 완화하는 방법이라고 할 수 있다. 이는 투자자의 자본손실 가능성이 높은 방법이다.

기준수익률을 바꾼다는 것은 분명한 의사소통이 필수적인 투자운용사에는 더 심각한 문제다. 분명히 천명한 고정된 기준수익률이 있어야 애널리스트와 포트폴리오 매니저들은 회사 포트폴리오에 편입된 기업들의 펀더멘털에 초점을 맞출 수 있다.

펀드매니저들이 시장 대비 상대실적으로 평가되는 경향이 있지만, 우리는 절대실적 기준으로 회사를 운영하는 편을 선호한다. 우리는 경제 및 시장 상황과 관계없이 동일한 기준수익률을 유지한다. 우리의 12% 기준수익률이 매우 야심찬 목표이기는 하지만, 우리가 이 수익률을 달성할 수 있다면 고객들은 우리를 계속해서 고용할 것이 거의 분명하다.

또한 우리는 야심찬 기준수익률 목표를 설정했기 때문에 장기적으로 모든 벤치마크 지수를 이길 수 있었다고 믿는다. 1990년대 말 같은 폭등장에서는 벤치마크 지수보다 실적이 낮고 고객을 잃을 수도 있다는 점은 인정한다(사실 그 기간 바로 그런 일이 벌어졌다). 그러나 시장이 좋을 때와 힘들 때 모두를 거치면서 우리가 기록한 장기 실적은 고객들에게 큰 만족을 준 것이 사실이다.

성장투자는 제트기를 조종하는 것과 같다

제트기는 훌륭한 속도를 보장해 준다. 제트기 비행에서 안전마진 원칙을 준수하면 그런 속도를 안전하게 즐길 수 있다. 그러나 안전마진 원칙을 준수하지 못하면 재앙을 맞이할 수도 있다.

같은 논리가 성장주 투자에도 적용된다. 가치주에 투자할 때 안전마진 원칙을 준수하지 못하면 고통스러울 수 있다. 그런데 성장주에 투자할 때 안전마진 원칙을 준수하지 못하면 그 결과는 고통을 넘어 재앙이 될 수 있다.

화이트 오크 셀렉트 성장펀드White Oak Select Growth Fund의 경우가 그 대표적인 예다. 이 사례는 성장주 투자가 사람들을 얼마나 도취시키며, 또 그래서 얼마나 위험한 것이 될 수 있는지 단적으로 보여준다. 이 뮤추얼펀드는 1992년 8월 3일 설립되었다. 오하이오 주 아크론에 본부를 둔 오크 어소시에이츠Oak Associates가 이 펀드의 투자자문사였다.

화이트 오크 셀렉트 성장펀드는 1990년대 전반에 걸쳐 기술기업에 큰 비중을 두고 투자를 했다. 시스코 시스템즈가 그중 가장 중요한 보유종목이었는데, 이 펀드는 시스코의 (성장기업에 중요한 지표라고 할 수 있는) 낮은 이직률을 중요하게 봤다.

팩트셋FactSet이 발표한 실적 데이터에 따르면, 1996년 말부터 2000년 8월까지 이 펀드의 주당 실적은 엄청났다. 1996년 12월 31일부터 2000년 8월 31일까지 이 펀드의 주당 연평균 수익률은 42.7%였다.

한 부유한 의사가 1996년 말 은퇴자금에서 100만 달러를 이 펀드에 넣었다면, 2000년 8월 31일 현재 그의 포트폴리오는 368만 9,000달러가 되었을 것이다. 그리고 조기 은퇴를 꿈꾸게 되었을 것이다.

그런데 불행히도 2000년 8월 이후 2년 동안 이 펀드는 망가지고 말았다. 2000년 8월 31일부터 2002년 9월 30일까지 이 펀드는 76.5% 하락했다. 우리가 가상한 '한 부유한 의사'의 투자자산 역시 이 기간 368만 9,000달러에서 86만 8,759달러로 쪼그라들고 말았을 것이다. 꿈에 부풀었던 은퇴 계획 역시 물거품이 되었을 것이다.

2002년 이후 전체 시장이 회복됨에 따라 이 펀드도 다소 회복해서 2002년 9월 30일부터 2010년 12월 31일까지 주당 95.88% 상승했다. 따라서 이 의사의 투자자산 가치도 2010년 말 170만 1,725달러까지 반등했을 것이다.

정리하자면 1996년 12월 31일부터 2010년 12월 31일까지 14년 동안 화이트 오크 셀렉트 성장펀드는 약 70%의 수익, 연평균 수익률로는 4%에 조금 못 미치는 수익을 낸 것이다.

그런데 여기서 우리가 주목해야 할 것이 있다. 1996년 말부터 2000년 8월까지 기록했던 이 펀드의 엄청난 수익률에 끌려서 2000년 이 펀드의 고점이나 그 근처에서 펀드에 들어간 투자자들에 대한 것이다.

CNN머니닷컴CNNMoney.com의 2001년 2월의 한 기사는 당시 상황을 이렇게 전한다. "이 펀드는 (나스닥이 다시 급락하기 전인) 2000년 10월 말까지 23% 이상 상승했고, 투자자들이 몰리면서 펀드 자산도 2배인 60억 달러로 늘었다."

이렇게 몰려든 투자자들은 '짜릿한' 수익을 좇는다(이는 결코 좋은 생각이 아니다). 그리고 그 결과는 예측이 가능하다. 사실 투자자들은 이 펀드가 참담한 하락을 시작하는 바로 그 순간에 화이트 오크에 몰려든 것이다.

결과는 이렇다. 2000년 8월 31일 이 펀드에 100만 달러를 투자했다면 2002년 9월 30일 저점에는 23만 5,000달러까지 줄어들게 된다. 2010년 말에 와서도 최초의 투자원금 100만 달러는 46만 1,000달러밖에 되지 않는다. 이런 것이 우리가 말하는 재앙이다.

그렇다면 이 펀드의 주당 가치가 크게 하락한 후 투자자들은 어떻게 행동했을까? 어떤 장기 투자자는 펀드가 보유한 기업들이 여전히 좋고, 이들의 주가가 그냥 하락한 것뿐이라는 결론을 내렸을 수도 있다. 사실 영민한 투자자라면 펀드 주식을 추가로 매수했을지도 모른다. 그런데 자료에 따르면 불행히도 투자자들은 정반대로 행동했다. 투자자들은 이 펀드를 버렸다.

2000년 4분기 60억 달러의 고점을 찍은 후 이 펀드의 자산은 2010년 말 3억 달러로 95% 감소했다. 펀드의 주당 가치 하락은 53.9%였기 때문에, 이는 투자자들이 이 펀드를 추가 매수했다기보다는 자금을 빼냈다는 것을 의미한다.

'화이트 오크' 사례가 주는 교훈

이 슬픈 이야기에서 배울 교훈이 많다. 그 중 가장 중요한 3가지 교훈에 초점을 맞춰보자.

첫째, 성장주 투자에는 극단적인 유혹이 동반될 수 있다. 엄청나게 좋은 실적은 비합리적인 매수를 유인할 수 있다. 또 끔찍한 시기가 오면 비합리적인 매도를 촉발할 수 있다. 성장주 투자자들은 이런 유혹에 대처할 수 있는 자체 규율을 확립해야 한다.

둘째, 우리는 이 성장펀드의 펀드매니저가 포트폴리오 보유종목에 대해 어떤 생각을 갖고 있었는지 추측만 할 수 있을 뿐인데, 아마도 이들은 우리가 2장에서 살펴 본 성공한 주요 보유종목과 관련된 딜레마에 직면했을 것이다.

이 펀드에서 성공한 종목은 시스코였다. 이 펀드의 초기 투자자들은 1990년대 초부터 2000년까지 기록한 시스코의 화려한 실적의 수혜를 받은 사람들이었다. 그런데 2000년에 와서 시스코 주가는 미래 전망에 대한 적절한 예측에 기초해 볼 때 매우 과대평가되었다.

이 시점에서 펀드매니저는 첫 단계로 펀드를 폐쇄하고 신규 투자자를 포함해 신규 자금은 받지 말았어야 했다. 그러면 과도한 가격에 시스코를 매수하는 일은 피할 수 있었을 것이다. 그 다음 단계로 펀드매니저는 시스코가 극단적으로 과대평가된 결과 투자의 안전마진이 축소되었고, 따라서 시스코 포지션을 줄이는 것이 현명하다고 생각하고 또 그렇게 했어야 했다.

셋째, 펀드 투자자들의 행동(펀드를 고점이나 그 근처에서 매수하고 바닥에서 매도한 이들의 집단적 결정)으로 인해 상황은 훨씬 더 재앙적인 것이 되었다.

이와는 반대로 시스코가 고점을 치고 있던 2000년 말에 매수하기보다는 매도를 하고, 폭락 후 다시 매수한 투자자들은 어땠을까? 이들의 경우에는 재앙적 손실이 아니라 특별한 수익을 올렸을 것이다.

이 사례에는 또 다른 보다 중요한 교훈이 있다.

모든 투자자들은 잘못된 결정을 할 수 있다. 그러나 안전마진 원칙을 준수하는 투자자들의 경우 잘못된 결정을 하더라도 재앙적 결과로까지는 이어지지 않는다.

이 성장펀드의 펀드매니저가 안전마진 원칙에 따라 움직였다면(주가가 상승한 후 펀드를 폐쇄하고 신규 자금을 받지 않았다면) 결과는 달라졌을 것이다. 또한 이 성장펀드의 투자자들이 안전마진 원칙에 따라 움직였다면(신규 자금을 투입하지 않았더라면) 결과는 달라졌을 것이다. 손실은 훨씬 적었을 것이다.

안전마진 개념은 벤저민 그레이엄이 모든 투자자들에 준 가장 큰 선물이다. 안전마진은 (생명은 말할 것도 없고 투자에서도) 매우 중요하며, 성장주 투자자들에게는 특히 더 그렇다.

안전마진은 투자자들이 용인할 수 있는 가격에 주식을 매수하고 너무 비싼 가격의 주식은 피하게 만들면서, 모든 투자 과정에 투자자들을 안내하는 역할을 한다. 그리고 투자자들의 잘못된 결정이 재앙으로 이어지는 것을 막아 줄 수 있다. 안전마진은 투자자들이 내리는 모든 투자결정 과정에 빠트려서는 안 될 필수적인 부분이 되어야 한다.

제트기 조종사가 안전마진 범위 안에서 비행할 수 있다면, 투자자들도 그렇게 할 수 있다.

6

좋은 기업을 가늠하는 잣대

> 경쟁우위가 없으면, 경쟁하지 말라.
> – 잭 웰치

'사업 성장이 빠른 기업'과 '훌륭한 성장기업'

투자자들이 자주 저지르는 실수 중 하나는 사업 성장이 빠른 기업이면 모두 훌륭한 성장기업으로 가정하는 것이다. 그러나 사업 성장이 빠른 기업과 훌륭한 성장기업 사이에는 분명한 차이가 있다.

'성장'이 장기적인 가치 창출에 매우 중요한 요소임에는 이견이 없다. 그러나 그 기업의 기본적인 사업모델의 질은 무시하면서 성장 전망에만 초점을 맞추는 투자는 위험할 수 있다. 『현명한 투자자』에서 그레이엄이 경고한 것처럼 "한 기업의 물질적 성장 전망이 확실하다 해도, 그것이 투자자의 확실한 수익으로 전환되는 것은 아니다".

이 주장을 증명하기 위해 그레이엄은 1940년대와 1950년대 항공산업의 빠른 성장 사례를 소개했다.

당시 항공여행은 요즘의 인터넷처럼 수요의 급성장을 이끌던 일종의 혁신기술이었다. 사실 그때 모든 주요 상업항공사들은 적극적으로 사업을 확장하고 있었다. 항공산업의 매출액은 1941년 1억 3,500만 달러에서 1960년 29억 달러로 급증했다.

그러나 대부분의 낙관적인 예상마저 뛰어넘었던 이런 빠른 성장에도 불구하고, 수익은 보잘 것이 없었다. 심지어 경기하락기에서는 그마저도 사라지기 일쑤였다.

이는 항공사들에 장기 투자했던 투자자들에게 재앙적인 결과를 초래했다. 사업이 급속도로 성장하고 있다 해도 대규모 영업손실을 기록하는 것은 훌륭한 기업의 특징이 결코 아니다.

상당한 규모의 사업 성장이 평균적이거나 그저 그런 투자자산과 훌륭한 투자자산을 구분하는 기준으로 충분하지 않다면, 무엇으로 그런 구분을 할 수 있을까? 항공산업의 사례는 이 질문에 대해 보다 많은 점을 보여준다.

항공산업이 장기 투자자들에게 전반적으로 수익성 없는 사업이라는 것이 밝혀졌지만, 사우스웨스트 에어라인스Southwest Airlines의 경우에는 그렇지 않았다.

작은 신생 기업인 사우스웨스트는 1971년 서비스를 개시했고, 그 후 곧 항공산업의 추세를 거스르기 시작했다. 항공산업이 1971년에서 2009년 사이 무려 396억 달러의 손실을 기록하는 동안, 사우스웨스트는 같은 기간 66억 달러의 이익을 창출했다. 이 기간 주가는 1971년 6월 기업공개 후 무려 4,674%나 상승했다. 사우스웨스트에 투자한 장기 투자자들에게는 상당한 보상이 돌아갔다.

그렇다면 다른 모든 주요 항공사들이 고군분투하는 동안 사우스웨스트는 어떻게 성공할 수 있었을까?

분명 다른 항공사들에게도 모두 똑같은 일련의 기회들이 있었다. 사실 사우스웨스트는 다른 항공사들과 똑같은 시장 상황에서 경쟁하고 있었다. 그러나 투자자들이 얻은 결과는 천양지차였다. 우리는 사우스웨스트의 우수한 실적을 한 가지 중요한 차이로 정리할 수 있는데, 그것은 사업모델이 우수했다는 것이다. 한 마디로 사우스웨스트의 사업모델은 매우 '방어 가능한 사업모델'이었지만, 다른 항공사들은 그렇지 못했다.

방어 가능한 사업모델은 훌륭한 성장기업을 규정하는 성격이며, 성공가능성이 큰 투자와 그렇지 못한 투자를 구분해 주는 핵심 요인이다.

방어 가능한 사업모델: 훌륭한 성장기업을 규정하는 요소

투자의 관점에서 볼 때, 방어 가능한 사업모델을 가진 기업의 핵심적인 특징은 그 모델을 통해 사업모델이 약한 다른 기업들보다 훨씬 빠른 속도로 내재가치를 증대시킬 수 있다는 것이다.

내재가치의 성장이 장기적인 투자 수익의 핵심 동인이라는 사실을 기억하자. 시간이 가면서 기업의 주가는 그 기업의 실제 기본 가치(내재가치)에 수렴하기 때문이다.

방어 가능한 사업모델이 기업의 가치를 어떻게 높이는지 완전히 이해하기 위해서는 내재가치의 정의를 다시 살펴볼 필요가 있다. 한 기업의 내재가치는 적절한 기준수익률을 할인율로 사용해 할인한 미래의 모든 현금흐름의 순현재가치이다. 그리고 그런 현금흐름의 크기와 지속 가능성을 실질적으로 높일 수 있는 것은 무엇이든 당연히 그 기업의 가치에 실질적인 영향을 미치게 된다. 그리고 방어 가능한 사업모델은 그런 현금흐름의 크기와 지속 가능성을 모두 실질적으로 높여준다.

사후에 보면 방어 가능한 사업모델을 가진 훌륭한 성장기업을 쉽게 알아볼 수 있다. 그러나 투자자로서 여러분은 시장이 확실히 알아보기 전에 이런 기업을 먼저 찾을 수 있어야 한다.

왜 어떤 사업모델은 방어 가능한데, 다른 사업모델은 그렇지 못할까? 보다 중요하게는 어떻게 방어 가능한 사업모델을 가진 기업을 찾아낼 수 있을까? 여러분이 방어 가능한 사업모델을 가진 기업들을 찾아낼 능력을 키울 수 있고 그 주식에 대한 규율 있는 매수자가 될 수 있다면, 투자 원금의 10배, 20배 혹은 100배의 수익을 올릴 수 있는 확률을 크게 높일 수 있다.

그러기 위해서는 방어 가능한 사업모델의 근간이 되는 기본적인 특징들을 충분히 이해할 필요가 있다. 방어 가능한 사업모델의 근간이 되는 첫 번째, 그리고 가장 중요한 특징은 지속 가능한 경쟁우위다.

'지속 가능한 경쟁우위'

가장 기초적인 수준에서 지속 가능한 경쟁우위는 경쟁자보다 고객을 더 잘 획득할 수 있는 지속적이고 독자적인 기업의 일련의 능력과 산업 역학을 말한다.

예를 들어 사우스웨스트는 2급 공항 이용, 공항 간 직항노선 운영,

제한된 고객서비스용품 제공, 단일 모델의 항공기 구매 등으로 규모가 큰 기존의 경쟁자들보다 확실히 낮은 비용구조를 구축할 수 있었다. 그리고 이를 통해 사우스웨스트는 상당한 시장점유율을 확보하고 매력적인 수익을 창출할 수 있었다.

지속 가능한 경쟁우위는 기업이 장기적인 가치를 창출하는데도 도움을 준다. 무엇보다도 경쟁우위는 경쟁으로 인한 수익 잠식의 충격에서 경제적인 수익을 보호해주는 역할을 한다.

경쟁우위가 없다면, 기업이 벌어들이는 수익은 경쟁으로 인해 결국 평균 수준으로 줄어들 수밖에 없다. 또한 경쟁우위가 있는 기업은 경쟁자의 공격을 물리치는 일에 귀중한 자산을 낭비하는 대신 고객에게 제공하는 기존의 가치를 제고하는 데 더 많은 시간과 노력을 기울일 수 있다. 나아가 경쟁우위에 동반되는 보다 안정적인 미래의 수입흐름은 장기적인 사업 계획을 보다 쉽게 세울 수 있게 해줄 뿐 아니라 재정 리스크도 줄여준다.

투자 개념으로서 경쟁우위는 상당히 매력적인 개념이지만, 이를 현실에 적용하는 것은 일반 투자자들에게 쉽지 않은 일이다.

경쟁우위란 용어는 하버드대학 마이클 포터$^{Michael\ Porter}$ 교수의 1985년 저서 『경쟁우위: 우수한 실적을 창출하고 유지하는 법 Competitive Advantage: Creating and Sustaining Superior Performance』을 통해 처음 널리 알려졌다.

워런 버핏도 경쟁우위를 투자자들이 고려해야 할 매우 중요한 요인이라고 보면서 다음과 같이 언급한 바 있다.

"투자의 핵심은 한 산업이 사회에 얼마나 많은 영향을 미칠지 혹은 그 산업이 얼마나 성장할지 평가하는 것이 아니라, 해당 기업의 경쟁우위, 무엇보다도 그 경쟁우위의 지속 가능성을 판단하는 것이다."

잠재적인 투자대상 기업이 경쟁우위를 갖고 있는지 보다 잘 판단하기 위해서는 경쟁'우위'와 경쟁'전략'의 차이를 이해해야 한다.

지속 가능한 경쟁우위는 성격상 구조적이다. 지속 가능한 경쟁우위는 기업이 경쟁에서 일시적으로 한발 앞서 나가게 해주는 (가격할인이나 누구나 따라할 수 있는 비용 절감 같은) 끊임없는 일련의 전술적 조치들이 아니며, 어떤 독특한 장기적인 전략도 아니다. 지속 가능한 경쟁우위는 기본 사업모델에 구조적으로 내재된 것이다.

반면 경쟁전략은 시장에서 승자가 되기 위해 기업이 선택한 경쟁 방법을 말한다. 예를 들어 한 산업에서 어떤 기업은 저가제품 공급 전략을, 또 어떤 기업은 일부 고객만을 위한 고급 제품 및 서비스 공급 전략을 택할 수 있다. 그리고 또 어떤 기업은 고객들에게 혜택을 제공하는 유통이나 기술 능력을 중시하는 전략을 택할 수도 있다. 선택하는 경쟁전략에는 제한이 없지만, 그렇다고 모든 경쟁전략이 경쟁우위를 창출하는 것은 아니다.

지속 가능한 경쟁우위는 성격상 구조적이기 때문에 일단 시장에서 단단히 구축되면 미래의 전략 선택과 관계없이 지속된다. 이는 전략 선택이 더 이상 중요하지 않다는 의미가 아니다. 성공적인 혹은 잘못된 전략 선택으로 경쟁우위가 확실히 제고되거나 잠식될 수 있기 때문에 전략 선택도 중요하다.

따라서 전략 선택과 관련해 투자자가 할 일은 기업이 선택한 경쟁전략이 경쟁우위에 도움이 되는지 아니면 경쟁우위를 훼손하는 것인지 살펴보는 것이다.

이에 대해 전략 전문가들은 사우스웨스트처럼 사업 전략을 잘 수립하고 이를 잘 실행하면 전에는 없던 경쟁우위를 구축할 수 있다고 주장할 수도 있다. 그러나 '미래'에 경쟁우위를 구축할 기업을 찾는 것은 '현재' 지속 가능한 경쟁우위를 가진 기업을 찾는 것보다 훨씬 어려운 일이다. 어떤 기업이 미래에 경쟁우위를 구축할지 예측하는 것은 이 책의 범위를 넘어선 것이다. 그러나 현재 지속 가능한 경쟁우위를 가진 기업을 찾는 일은 올바른 분석틀과 적절한 지적 노력만 있으면 일반 투자자도 다소간 정확하게 해낼 수 있는 일이다.

우리는 지속 가능한 경쟁우위를 통해 향후 오랫동안 수익을 내고 성장할 수 있는 기업을 찾으려고 한다. 우리 경험 상, 경쟁우위는 잠재적인 경쟁자들이 시장에 진입하는 것을 막는 '진입장벽^{barriers}'이나 고객들이 다른 대안적인 공급자로 이동하는 것(전환하는 것)을 막는 '고객 억류^{handcuffs}', 둘 중 한 형태가 된다.

경쟁우위로서의 '진입장벽'

진입장벽은 경쟁자들이 게임에 뛰어들기 위해서는 반드시 넘어야 할 장애물을 말한다.

적어도 효과적인 진입장벽은 경쟁자가 잠재 고객들에게 유사 제품이나 서비스를 공급할 능력을 크게 제한한다. 또 많은 경우 진입장벽은 모든 잠재적인 경쟁자들을 시장에서 배제함으로써 거의 독점과 같은 혜택을 제공한다.

한 기업이 경쟁에 시달리지 않는 높은 진입장벽의 혜택을 누리고 있다는 것을 알려주는 여러 신호들이 있다. 경쟁자 수가 적은 경우, 시장 신규 진입자가 거의 없는 경우, 시장점유율이 높고 안정적인 경우, 그리고 제품이나 서비스 조건에 대해 규제당국으로부터 상당한 결정권을 부여받은 경우가 그런 신호에 해당한다.

이런 진입장벽은 규제, 자산, 또는 규모를 통해 구축될 수 있다.

규제 진입장벽

규제 진입장벽은 경쟁자의 시장 진입 능력을 방해하는 법과 규제, 혹은 각 산업 협회 같은 자율규제기구가 만든 획일적인 기준을 말한다.

미국에서는 미국 정부와 여러 강력한 자율규제기구들이 잠재적인 경쟁자들에게 모쪼록 시장에 진입하지 말라고 명령할 수 있는 가장 광범위한 규제적 권위를 갖고 있다.

규제 진입장벽으로는 직접적인 규제 장벽과 간접적인 규제 장벽이 있다. 지적재산권법, 수수료, 사업허가 요건, 자본금 요건 등이 직접적인 규제 장벽에 속하며, 보조금, 선별 세제혜택, 소송 보호 protection from lawsuits 같은 정부의 차별 조치가 간접적 규제 장벽에 속한다.

이런 규제 장벽들은 경쟁을 막아주는 가장 강력한 장벽에 속한다. 그러나 이런 장벽들은 소규모 규제집단의 종종은 변덕스럽고 정치화된 결정에 따른 것이기 때문에 가장 자의적인 경쟁우위이기도 하다.

따라서 투자자들은 규제 장벽이 정치적 입장이나 상황이 변해도 계속 유지될 것인지 신중하게 판단해야 한다.

가장 잘 알려진 규제 장벽은 의약품 및 의료기기를 대상으로 한 의료산업의 규제 장벽이다. 미국 식품의약청(FDA)$^{Food\ and\ Drug\ Administration}$은 제약사나 해당 기업이 의약품과 의료기기를 의사나 소비자들에게 판매하기 전에 그 제품의 안전성과 효과를 충분히 입증할 것을 요구하고 있다.

제약사의 경우 한 유망한 의약품이 최종 승인되기까지 10년 이상의 시간과 수억 달러의 비용이 소요되는 경우도 있다. 이런 승인 과정에는 장기간 많은 비용이 소요되고 엄격한 절차를 따라 진행되어야 하는 임상시험이 포함된다. 더욱이 새로 개발되어 아직 확인되지 않은 생화학 약제 효과의 불확실성, 그리고 FDA가 강제하는 엄격한 기준 때문에 임상시험에 들어간 의약품 중 최종 승인되는 비율은 낮다. 결과적으로 이런 과정을 견뎌낼 자금과 규제 관련 전문성을 가진 기업은 별로 없다.

반면에 이런 과정에 소요되는 상당한 시간과 자금을 투자해 FDA의 최종 승인을 받은 제약사는 그 보상으로 일정 기간 해당 의약품에 대한 독점판매권을 부여받고, 이를 통해 소요된 비용에 더해 추가 수익까지 확보할 수 있게 된다.

■ **항우울제 '프로작'의 사례:** 이런 규제 장벽이 가진 힘은 크게 성공한 항우울제 프로작^{Prozac}의 사례에서 잘 확인할 수 있다.

제약사 엘리 릴리$^{Eli\ Lilly}$가 개발하고 제조한 플루옥세틴 제재의 프로작은 1987년 FDA의 승인을 받았다. 그리고 1990년대 초 프로작은 모르는 사람이 없을 정도로 유명하고 가장 잘 팔리는 상표의 의약품이 되었다. FDA가 제공한 규제 장벽 덕분에 엘리 릴리의 프로작 매출은 연

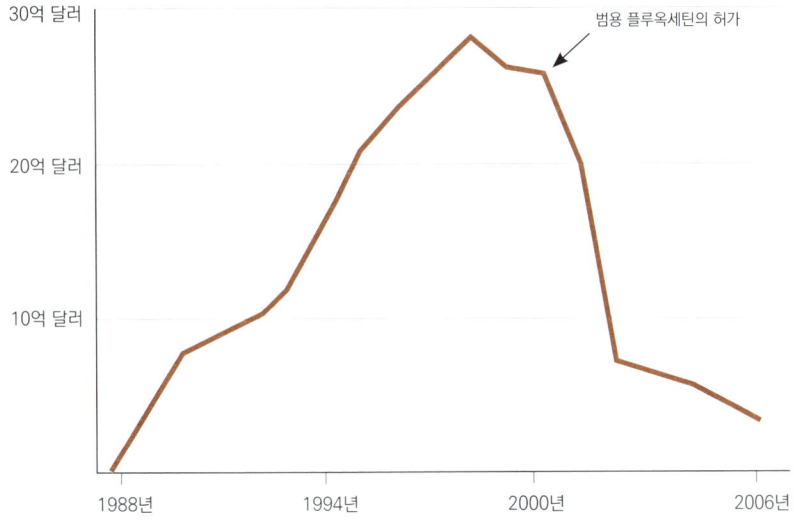

그림 6-1 · 프로작 매출액(1988~2006년)

간 최고 28억 달러에 달한 것으로 추정된다.

그 후 독점판매기간이 끝난 2001년 8월 다른 제약사인 바^{Barr}가 FDA로부터 범용 플루옥세틴의 판매 허가를 받으면서 이런 규제 장벽은 사라졌고, 프로작 매출은 곤두박질을 쳤다. [그림 6-1]에서 볼 수 있는 것처럼, 범용 플루옥세틴이 허가되고 2년 후 프로작 매출액은 고점에서 77%나 급락했다.

■ **음향기술 분야 '돌비'의 사례:** 정부가 제공하는 규제 장벽보다 덜 알려졌지만 또 하나 중요한 규제 장벽이 있다. 바로 민간 표준기구가 부과하는 규제다.

거실에 있는 여러분의 디지털 TV나 블루레이$^{Blue-ray}$ 디스크 플레이

표 6-1 · 돌비의 주요 영업지표　　　　　　　　　　　(단위 : 100만 달러, 주당순이익은 달러)

회계연도(종료월)	2001.09	2002.09	2003.09	2004.09	2005.09
매출액	125	162	217	289	328
영업이익	10	1	48	68	84
영업이익률	7.9%	0.3%	21.9%	23.5%	25.6%
정상 주당순이익	0.07	0.00	0.35	0.46	0.50
투하자본이익률	N/A	N/A	N/A	52.9%	62.0%

회계연도(종료월)	2006.09	2007.09	2008.09	2009.09	2010.09
매출액	392	482	640	720	923
영업이익	130	187	287	364	429
영업이익률	33.1%	38.8%	44.8%	50.5%	46.5%
정상 주당순이익	0.73	1.03	1.56	1.97	2.33
투하자본이익률	64.2%	60.8%	36.7%	35.9%	40.9%

어 앞부분을 찬찬히 살펴보길 바란다. 그러면 그 가전제품 속에 내장된 여러 유명 상표들의 기술 목록을 볼 수 있을 것이다. 미처 알지 못했겠지만 민간 표준기구의 명령에 따라 그런 많은 기술들이 가전제품에 내장되어야 한다.

예를 들어 민간 표준기구의 기준에 따라 모든 DVD 플레이어와 블루레이 디스크 플레이어에는 돌비^{Dolby} 음향처리기술이 들어간다. 이를 통해 돌비는 강력한 경쟁우위를 보유하게 된다. 전자기기업체가 이미 돈을 지불하고 하나의 의무적인 음향기술을 자신의 제품에 사용하게 되면 다른 음향기술업체들이 그들의 기술을 널리 공급할 가능성은 상당히 낮아지기 때문이다.

이런 현상은 돌비와 DTS라는 상대적으로 소규모 음향기술업체들이 사실상 음향기술 과점체제를 형성한 것에서 이미 발견되는 현상이다. 돌비와 DTS는 사업용 비디오와 소비자 가전제품에 사용되는 선진 음향기술의 대부분을 공급하고 있다.

돌비의 기술은 현재까지 약 50억 개의 전자기기에 사용되었다. 우리는 돌비의 인상적인 재무실적과 돌비 기술을 사용하는 기기들의 지속적인 확산에서 돌비의 경쟁우위에 대한 확실한 증거를 확인할 수 있다. [표 6-1]은 돌비의 재무정보를 정리한 것이다.

■ **자동차 백미러 분야 '젠텍스'의 사례:** 또 다른 일반적인 규제 장벽은 특허권이다. 특허권은 기업의 기술, 제조 공정, 어떤 경우에는 특정 사업과정까지 보호해 준다. 많은 기업들은 보유하고 있는 특허권 포트폴리오의 규모를 널리 홍보하기도 한다.

그런데 사실 대부분의 특허권은 실용적인 가치가 거의 없다. 그러나 그 중 일부는 경쟁에 상당한 장벽을 제공해준다. 가치 있는 특허권 포트폴리오로 진입장벽을 구축한 대표적인 사례는 젠텍스$^{Gentex\ Corporation}$다.

젠텍스는 자동차용 자동조광미러, 항공기 조광창, 그리고 화재경보기 같은 제품들의 광전자 센서와 관련 전자회로를 결합한 전자광학 제품을 설계, 제조하는 회사다. 젠텍스의 대표 제품은 1987년 처음 출시된 일렉트로크로매틱 자동조광미러다. 이런 자동조광미러는 후방에서 접근하는 차량의 빛을 탐지하고 눈부심을 줄이기 위해 자동차 백미러

표 6-2 · 젠텍스의 주요 영업지표   (단위 : 100만 달러, 주당순이익은 달러)

회계연도(종료월)	2001.12	2002.12	2003.12	2004.12	2005.12
매출액	310	395	469	506	536
영업이익	82	115	147	150	136
영업이익률	26.4%	29.1%	31.3%	29.7%	25.4%
정상 주당순이익	0.34	0.47	0.59	0.60	0.54
투하자본이익률	19.3%	22.8%	27.7%	33.0%	27.6%
자동조광 미러 출하량 (100만개)	7.2	8.8	10.3	11.6	12.6

회계연도(종료월)	2006.12	2007.12	2008.12	2009.12	2010.12
매출액	572	654	624	545	816
영업이익	126	139	91	93	191
영업이익률	22.1%	21.2%	14.6%	17.1%	23.4%
정상 주당순이익	0.53	0.60	0.40	0.42	0.85
투하자본이익률	22.5%	22.2%	14.4%	16.0%	28.8%
자동조광 미러 출하량 (100만개)	13.4	15.2	14.3	11.7	16.8

의 표면을 어둡게 하는 독점적인 특허기술을 사용한다. 전체적으로 젠텍스는 일렉트로크로매틱 기술, 자동차 백미러, 마이크, 디스플레이, 그리고 센서 기술과 관련된 31개의 미국 특허권과 208개의 해외 특허권을 보유하고 있다.

꾸준히 축적한 전문성에 기초한 특허권 장벽과 OEM업체들을 활용한 그간의 입증된 실적을 통해 젠텍스는 자동차 제조사들에 대한 백미러 매출을 꾸준히 늘렸다. 그 결과 자동조광미러를 장착한 차량 모델

부문에서는 지배적인 시장점유율을 점하게 되었다. 젠텍스는 2009년 자동조광미러시장의 83% 이상을 점한 것으로 자체 추산하고 있다. [표 6-2]는 젠텍스의 재무정보를 정리한 것이다.

■ **유통 분야 '카벨라스'의 사례:** 많은 규제 장벽이 경쟁에 분명한 진입 장벽을 제공하는 성문화된 기준이나 규칙의 형태로 나오지만, 보다 미묘한 형태의 규제 장벽도 있다.

에탄올 의무 같은 전기차에 대한 보조금 제도, 대체에너지에 대한 투자와 사용에 대한 세금우대 같은 세제혜택, 그리고 소송보호 등은 아주 명백한 진입장벽은 아니지만 실제로는 모두 잠재적 경쟁자들의 시장 진입을 억제하고 있는 간접적인 규제 장벽들이다. 이런 규제 장벽은 기존 업체들에게 상당한 비용이나 시간적 경쟁우위를 제공하고 있다.

카벨라스$^{Cabela's}$는 이런 간접적인 규제 장벽의 혜택을 누려온 유통전문회사다. 카벨라스는 지속적으로 확장하고 있는 오프라인 매장 네트워크는 물론이고, 제품 카탈로그와 인터넷을 통해 소비자들에게 다양한 사냥, 캠핑, 낚시 장비들을 판매하고 있다.

대형 수족관과 세계 각지의 동물 조형물을 특징으로 한 카벨라스의 독특한 인테리어, 그리고 카벨라스만의 매우 다양한 판매 제품들 때문에 카벨라스 매장은 아웃도어 애호가라면 꼭 들러야 할 곳이 되었다. 사실 카벨라스의 동굴 스타일 매장에는 매년 400만 명의 쇼핑객이 방문하고 있다. 2010년 시즌 메이저리그의 경우 최대 관객을 유치한 팀이 81회의 홈경기에 약 370만 명의 팬을 경기장으로 끌어들였던 것과 비교하면, 카벨라스의 고객 유인능력을 짐작할 수 있을 것이다.

표 6-3 · 카벨라스의 주요 영업지표 (단위 : 100만 달러, 주당순이익은 달러)

회계연도(종료월)	2001.12	2002.12	2003.12	2004.12	2005.12
매출액	1,078	1,225	1,392	1,556	1,800
영업이익	62	76	85	97	115
영업이익률	5.7%	6.2%	6.1%	6.2%	6.4%
정상 주당순이익	0.72	0.89	0.96	0.96	1.08
투하자본이익률	N/A	N/A	16.6%	14.2%	10.3%
경제개발채권	29	56	72	145	146

회계연도(종료월)	2006.12	2007.12	2008.12	2009.12	2010.12
매출액	2,064	2,350	2,553	2,632	2,663
영업이익	144	151	141	93	187
영업이익률	7.0%	6.4%	5.5%	3.5%	7.0%
정상 주당순이익	1.35	1.40	1.31	0.86	1.62
투하자본이익률	10.4%	8.5%	7.1%	6.6%	9.5%
경제개발채권	117	98	113	109	104

카벨라스의 이런 고객 유인능력 때문에 경제 성장과 발전을 추구하는 많은 지방자치단체들은 카벨라스를 자기 지역에 유치하기 위해 노력하고 있다. 그래서 이들 지방자치단체들은 자신들의 과세 관할지역에 카벨라스를 유치하기 위해 필요한 도로 및 여타 공공 인프라에 선별 투자하는 것은 물론 세제혜택까지 제공하고 있다. 이런 인센티브를 통해 카벨라스는 계속사업비용뿐만 아니라 선행투자비용도 상당히 줄일 수 있다. 카벨라스의 재무정보를 정리한 [표 6-3] 하단의 '경제개발채권economic development bonds'이라는 자산 항목이 이런 혜택의 일부이다.

그런데 불행히도, 경쟁을 제한하는 규제 장벽의 혜택을 누리는 카벨라스 같은 회사도 회사 자체의 잘못된 경영 판단에 따른 후폭풍에서 자유로울 수는 없다. 엉성한 재고관리뿐만 아니라, 너무 커서 개별 시장에는 맞지 않는 것으로 밝혀진 여러 초대형 매장들을 개장하기로 한 카벨라스의 결정은 2007년부터 2009년까지 회사 이익을 감소시키고 말았다. 이런 잘못된 조치들은 특히 유통 부문에 큰 타격을 입혔던 2008년과 2009년의 경기침체로 그 악영향이 증폭되었다.

그러나 이것이 간접적인 규제 장벽이 제공한 경쟁우위를 약화시키지는 않았다. 사실 2009년 이후 카벨라스는 자신의 오류를 인식하고 전략을 수정했다. 카벨라스는 개별 시장에 맞는 신규 점포 규모를 판단하는 데 더 효과적이 되었고, 재고관리 능력도 크게 개선되었다. 그 결과 2010년 투하자본이익률이 회복되기 시작했다.

자산 진입장벽

자산 진입장벽은 한 기업이 어떤 자산을 우선적으로 혹은 유일하게 독점한 결과 구축된 경쟁에 대한 진입장벽이다.

다이아몬드 같은 유형자산이나 소프트웨어 코드 같은 지적재산권이 그런 자산이 될 수 있는데, 이런 자산은 그 기업에 유일한 것으로 (적절한 대체재를 개발할 수 있다고 가정해도) 이를 복제하는 데 상당한 시간, 노력, 자금이 소요되는 그런 자산이다.

규제 장벽과 대조적으로 이런 독점적인 자산 장벽은 경쟁에 대한 진입장벽을 세우는 규제당국이나 표준기구를 필요로 하지 않는다. 독점적인 자산은 그 자체가 스스로 장벽이 된다.

경쟁에 대한 자산 장벽은 일반적으로 유형자산, 지리적 위치, 혹은 독점적인 지적재산권에 대한 우선 접근권에서 유래한다.

유형자산에 대한 우선 접근권으로 구축된 경쟁우위가 투자자가 이해하기 가장 쉬운 자산 장벽일 것이다. 예를 들어 석탄회사들은 대규모 석탄 매장량에 대한 채굴권 소유 형태로 자산 장벽을 가진다.

미국에서는 소수의 기업이 그런 채굴권 대부분을 소유하고 있다. 지금도 전력의 약 45%를 석탄화력발전으로 얻고 있는 미국 경제에서 대규모 석탄층에 대한 소유권은 매우 가치 있는 자산이다. 그런 채굴권의 가치와 진입장벽의 힘이 (원자력발전 같은) 다른 보다 저렴한 전력 생산으로 약화될 수는 있지만, 현재 미국의 석탄 생산 인프라를 대체하기 위해서는 상당한 시간, 노력, 자금이 소요될 것이다.

지리적 위치도 상대적으로 직접적인 형태의 경쟁우위다. 예를 들어 한 지역에서 하나뿐인 유일한 쓰레기매립장을 소유한 폐기물관리회사는 거의 독점적인 지위를 가진다.

이런 진입장벽은 매우 높은데, 그것은 새로운 쓰레기매립장을 만드는 데는 오랜 시간과 막대한 비용이 들기 때문이다. 더욱이 신규 진입자가 등장할 때 기존의 쓰레기매립장회사가 가만히 손을 놓고 있을 가능성은 낮다. 기존의 쓰레기매립장회사는 자신의 현재 운임요율을 이용해 공격적인 가격전술로 대응할 수 있으며, 이로 인해 신규 진입자는 쓰레기 운반트럭업자들을 끌어들이고 어느 정도 쓰레기 처리량을 확보하기까지 초기에 상당한 손실을 감수할 수밖에 없다. 물론 지역 쓰레기 운반트럭업자들이 수거한 쓰레기를 기존의 한 개 매립장이 아니라 여러 곳에 산재된 매립장들로 운반할 수는 있지만, 무거운 쓰레기더미를

먼 곳으로 운반하는 비용을 고려하면 이는 경제성이 없는 결정으로 밝혀질 것이다.

독점적인 지적재산권도 강력한 진입장벽을 제공할 수 있다. 그런데 이를 평가하는 것은 상대적으로 더 어려운 경우가 많다. 독점적인 지적재산권이 만드는 진입장벽은 내부적으로 개발한 기술, 독특한 정보 데이터베이스, 축적된 지식이나 학습곡선 경쟁력, 사업 초기의 손실을 충당할 수 있는 자본, 그리고 독점적인 공정 등과 같은 다양한 원천에서 발생한다.

■ **부동산 데이터베이스가 강점인 '코스타그룹'의 사례:** 코스타그룹 CoStar Group은 미국, 영국, 프랑스 같은 주요 시장에 있는 약 370만 개의 상업용 부동산에 대해 400종 이상의 각기 다른 종류의 정보를 축적했다. 개별 정보항목 data points 으로는 건물의 특성, 역대 매매 및 리스 자료, 그간의 수입과 비용 내역, 임차인, 그리고 리스 만료일 등이 포함되어 있다.

코스타그룹은 지난 20년에 걸쳐 이런 부동산 데이터베이스를 체계적으로 구축했다. 그리고 이런 데이터베이스는 복제하는데 수년이 걸리고 수억 달러가 소요될 수 있으므로 경쟁에 대한 강력한 장벽이 되고 있다.

이런 데이터베이스가 제공하는 자산 진입장벽은, 신규 시장과 제품에 대한 지속적인 공격적 투자에도 불구하고, 코스타가 자본이익률을 꾸준히 제고해왔을 뿐만 아니라 (대부분의 해에 90%가 넘는) 높은 고객유지율을 기록하고 있는 것에서 잘 확인할 수 있다. [표 6-4]는 코스타그

표 6-4 · 코스타그룹의 주요 영업지표 (단위: 100만 달러, 주당순이익은 달러)

회계연도(종료월)	2001.12	2002.12	2003.12	2004.12	2005.12
매출액	73	79	95	112	134
영업이익	(23)	(6)	0	7	7
영업이익률	-31.3%	-7.0%	0.0%	6.0%	5.5%
정상 주당순이익	(0.91)	(0.22)	0.00	0.22	0.24
투하자본이익률	-19.7%	-5.5%	0.0%	5.7%	4.8%
데이터베이스에 수록된 부동산 (100만 개)	0.95	1.03	1.50	1.60	1.80

회계연도(종료월)	2006.12	2007.12	2008.12	2009.12	2010.12
매출액	159	193	212	210	226
영업이익	14	18	40	32	30
영업이익률	8.9%	9.3%	18.7%	15.2%	13.2%
정상 주당순이익	0.46	0.58	1.27	1.00	0.90
투하자본이익률	9.9%	11.2%	21.7%	17.0%	11.4%
데이터베이스에 수록된 부동산 (100만 개)	2.10	2.70	3.20	3.60	4.00

룹의 재무정보를 정리한 것이다.

■ **방사선 치료시스템 분야 '배리언 메디컬 시스템즈'의 사례:** 자산 진입 장벽을 보유한 기업의 또 다른 사례는 암 치료에 사용되는 방사선 치료시스템의 대표적인 공급자인 배리언 메디컬 시스템즈^{Varian Medical Systems}이다.

배리언의 자산 장벽은 독점적인 지적재산권 그리고 고객과의 강력한 피드백 고리, 이 두 부분으로 이루어져 있다.

고객 병원들의 운영 실태에 대한 분명한 이해에 기초한 기술 전문성을 통해 배리언은 선진 기술, 원활한 시스템 통합, 사용의 편의성, 그리고 경쟁력 있는 가격에 제공되는 훌륭한 고객 서비스를 갖춘 우수한 임상적 가치를 발전시킬 수 있었다.

결과적으로 배리언은 방사선 치료시스템 전체 시장의 약 60%를 점유하면서 자신이 사업하는 틈새시장을 지배할 수 있게 되었다. [표 6-5]는 배리언의 재무정보를 정리한 것이다.

표 6-5 · 배리언 메디컬 시스템즈의 주요 영업지표   (단위 : 100만 달러, 주당순이익은 달러)

회계연도(종료월)	2001.09	2002.09	2003.09	2004.09	2005.09
매출액	774	873	1,042	1,236	1,383
영업이익	105	145	198	257	305
영업이익률	13.6%	16.6%	19.0%	20.8%	22.1%
정상 주당순이익	0.48	0.65	0.87	1.13	1.38
투하자본이익률	26.6%	32.8%	38.8%	50.3%	53.9%

회계연도(종료월)	2006.09	2007.09	2008.09	2009.09	2010.09
매출액	1,598	1,755	2,070	2,214	2,357
영업이익	309	339	419	474	534
영업이익률	19.4%	19.3%	20.3%	21.4%	22.7%
정상 주당순이익	1.43	1.62	2.05	2.37	2.69
투하자본이익률	46.8%	36.7%	40.5%	39.7%	42.3%

규모 진입장벽

규모 기반 진입장벽은 규모 확대를 통해 확보한 효율성으로 구축한 진입장벽을 말한다.

이는 특히 시장에서 말하는 이른바 '저가 공급자$^{\text{low-cost producer}}$(제품이나 서비스를 저렴한 가격에 공급하는 회사)'와 관련된 것이다. 이런 효율성은 구매, 제조, 연구개발, 판매와 마케팅, 경영 전문화, 자금조달 비용 등 다양한 원천에서 나온다. 일반적으로 규모의 장벽을 모방하는 데는 상당한 시간과 자금이 소요된다.

그런데 절대적인 규모가 규모의 장벽을 결정하는 것만은 아니다. 중요한 것은 경쟁과 관련된 규모 그리고 해당 시장의 기회와 관련된 규모다.

따라서 규모가 제공하는 경쟁우위는 현지 시장역학에 의해 제한될 수 있다. 이는 일반적으로 마케팅과 유통의 규모가 지역적인 수준에서 구축되는 소매유통 부문에서 특히 그렇다.

한때 시어스^{Sears}와 K마트^{Kmart}는 월마트^{Walmart}보다 상당히 큰 업체였고, 전국적인 수준에서 보다 우수한 규모를 보유하고 있었다는 점을 기억하자. 그러나 월마트는 지역적인 수준에서 규모의 경쟁우위를 발전시켰다. 결과적으로 월마트는 자신의 유통 및 광고 비용을 보다 효과적으로 이용할 수 있었고, 그런 지역 시장들에서 신규 진입자가 진입하기 어려운 규모의 장벽을 세웠다.

■ **화물특송 분야 'UPS'와 '페덱스'의 사례:** 훌륭한 실행력과 결합된 상당한 수준의 규모 장벽은 사실상 경쟁자가 뚫고 넘을 수 없는 장벽이

된다.

UPS와 페덱스^{FedEx}는 미국의 화물특송사업 부문에서 난공불락의 과점체제를 수립했다. 이들은 그 거대한 규모와 사업 분포밀도를 통해 훌륭한 수익을 올리고 있으며, 잠재적인 경쟁자들은 거의 시장 진입을 포기한 상태다

DHL이 2003년 에어본 익스프레스$^{Airborne\ Express}$를 인수하면서 그 시장을 깨고 들어가려고 한 적이 있었다. 당시 DHL은 자원이 부족한 신생기업이 결코 아니었다. 세계시장에서는 주요 사업자 중 하나였으며, 기업인수뿐만 아니라 완전한 국내 배송 네트워크를 구축하기 위해서도 적극적으로 투자했다.

그러나 불과 5년 만에 DHL은 대규모 영업손실을 기록했고, UPS와 페덱스로부터 유의미한 시장점유율을 뺏어오지 못하는 바람에 국내 사업은 포기하고 말았다.

UPS와 페덱스가 그 규모와 실행력을 통해 구축한 경쟁우위는 DHL이 극복하기엔 너무 거대한 것이었다.

[표 6-6]과 [표 6-7]은 UPS와 페덱스의 재무정보를 정리한 것이다.

충성도 높은 고객층 구축하기

경쟁우위는 경쟁자를 시장에서 배제하는 것에서 나오기도 하지만, 충성도 높은 고객층을 구축함으로써 고객이 경쟁자에게로 옮겨가는 것을 막는 것에서도 나온다. 다시 말해 신규 경쟁자를 막는 진입장벽이

표 6-6 · UPS의 주요 영업지표

(단위 : 100만 달러, 주당순이익은 달러)

회계연도(종료월)	2001.12	2002.12	2003.12	2004.12	2005.12	2006.12	2007.12	2008.12	2009.12	2010.12
매출액	30,321	31,272	33,485	36,582	42,581	47,547	49,692	51,486	45,297	49,545
영업이익	3,962	4,096	4,473	4,989	6,143	6,635	578	5,382	3,801	5,874
영업이익률	13.1%	13.1%	13.4%	13.6%	14.4%	14.0%	1.2%	10.5%	8.4%	11.9%
정상 주당순이익	2.16	2.26	2.46	2.74	3.44	3.81	0.34	3.29	2.37	3.65
투하자본이익률	20.8%	19.0%	19.9%	21.2%	23.6%	23.0%	2.0%	17.4%	16.0%	31.6%
배송소포 (100만 개/일)	13.5	13.0	13.0	14.1	14.7	15.6	15.8	15.5	15.1	15.6

표 6-7 · 페덱스의 주요 영업지표

(단위 : 100만 달러, 주당순이익은 달러)

회계연도(종료월)	2002.05	2003.05	2004.05	2005.05	2006.05	2007.05	2008.05	2009.05	2010.05	2011.05
매출액	20,607	22,478	24,710	29,363	32,294	35,214	37,953	35,497	23,734	39,304
영업이익	1,321	1,471	1,440	2,471	3,014	3,276	2,075	747	1,998	2,378
영업이익률	6.4%	6.5%	5.8%	8.4%	9.3%	9.3%	5.5%	2.1%	5.8%	6.1%
정상 주당순이익	2.72	3.03	2.96	5.03	6.08	6.58	4.16	1.50	3.98	4.69
투하자본이익률	10.2%	10.9%	9.4%	14.0%	15.8%	15.3%	8.9%	3.1%	8.8%	10.2%
배송소포 (100만 개/일)	4.8	5.3	5.5	5.9	6.1	6.5	6.9	6.8	7.0	7.0

낮다고 해도 고객을 붙들어 둘 수 있는 기반이 있다면 기업은 경쟁우위를 구축할 수 있다.

고객을 붙들어 두는 이런 '고객 억류'의 정도는 고객이 경쟁제품이나 대체품으로 전환할 경우 발생하는 비용에 따라 달라진다. 즉, 이런 전환비용$^{switching\ costs}$이 새로운 제품이나 서비스에서 얻을 것으로 기대되는 가치에 비해 크면, 고객들은 공급자를 바꾸는 데 주저하게 될 것이다.

또한 경쟁자가 명백히 우수한 가치를 제공할 수 있다 해도, 기존 업체에 대한 고객들의 충성심을 무너뜨리기 위해서는 막대한 마케팅 비용을 지출해야 할 것이다.

한 기업의 고객 억류 수준이 높다는 것을 보여주는 일반적인 신호로는 낮은 고객회전율과 높은 고객유지율, 지속적인 가격결정력, 브랜드 충성심, 성공적인 브랜드 확장, 그리고 강한 소비자 관행 혹은 습관 등이 있다. 그리고 이 각각은 해당 기업의 수익 규모와 그 확실성을 증대시키는 좋은 영향을 미친다.

모든 형태의 고객 억류는 어떤 형태로든 전환비용에 기초하고 있기 때문에, 우리는 고객 억류와 전환비용, 이 두 용어를 호환적으로 사용할 것이다.

고객 억류를 유지하는 전환비용은 여러 형태가 있을 수 있지만, 대체로 '유형 혹은 경성 전환비용$^{hard\ switching\ costs}$'과 '무형 혹은 연성 전환비용$^{soft\ switching\ costs}$'의 두 범주로 나눌 수 있다.

경성 전환비용

경성 전환비용은 장비비용, 설치비용, 착수비용 start-up costs(신규 사업을 개시하는 과정에 발생하는 비용), 유지비용처럼 쉽게 계량화할 수 있는 전환비용을 말한다.

경성 전환비용이 고객 억류에 미치는 영향을 측정하는 것은 상대적으로 간단하다. 경쟁 제품으로 전환하는 데 드는 비용이 클수록 고객이 억류돼 남아 있을 가능성은 더 높아진다.

예를 들어 한 기업이 오라클 데이터베이스를 없애고 대신 경쟁자의 제품을 설치하는 데 얼마의 비용이 들까? 이 경우 경성 전환비용은 막대하며, 여기에는 새로운 소프트웨어 비용, 하드웨어 업그레이드 비용, 정보를 재포맷하는 비용, 구 데이터베이스를 새 데이터베이스로 복사하는 비용, 그리고 새 데이터베이스에 맞는 노동력 유지비용 등이 포함된다. 대기업의 경우 경성 전환비용이 수억 달러에 달할 가능성이 매우 높다.

데이터베이스 공급자 반대쪽 끝에는 종이클립 같은 범용 상품 공급자가 있다. 대부분의 고객 입장에서 종이클립 공급자를 바꾸는 경성 전환비용은 매우 낮을 것이다. 인프라를 바꿀 필요도 없고, 새로운 소프트웨어나 하드웨어도 전혀 필요 없으며, 어떤 유지비용도 들지 않는다.

그러나 고객 억류에는 경성 전환비용 외에 또 다른 요인이 있다.

합리적인 고객이라면 경쟁 제품이나 서비스 혹은 대체 제품이나 서비스로 전환할 때 소요되는 경성 전환비용을 항상 신중하게 추산하겠지만, 결국 고객 억류의 실질적인 수준을 결정하는 것은 연성 전환비용인 경우가 많다.

예를 들어 앞의 데이터베이스의 사례에서, 경성 전환비용이 높은 것은 확실하지만 시간이 감에 따라 그런 높은 경성 전환비용을 상쇄하고도 남을 비용 절감 혹은 잠재적인 생산성 향상 같은 혜택이 있을 수도 있다.

그러나 이런 혜택이 예상된다 해도 고객은 상당한 연성 전환비용도 고려해야 한다. 이런 연성 전환비용에는 사용자가 새로운 데이터베이스에 충분히 숙달되기 전까지 발생할 생산성 하락 비용이나 데이터 복사 과정 중 정보 훼손 및 손실에 따른 사업 피해 가능성 등이 포함된다. 이런 비용들은 실제 발생할 수 있는 것들이지만, 계량화하기가 훨씬 어렵다.

연성 전환비용

연성 전환비용은 계량화하기 어려운 무형적인 전환비용을 말한다. 이런 비용에는 새로운 제품이나 서비스가 제공하는 가치를 파악하고 재정적, 사업적, 혹은 심리적 리스크의 가능성을 파악하는데 소요되는 인지적 노력과 시간이 포함된다.

연성 전환비용은 각 매수자들이 가지고 있는 특정 기준에 큰 영향을 받기도 한다. 매일 수백만 달러를 취급하는 은행은 (현금은 거의 취급하지 않고 쉽게 훔칠 수 있는 재고제품도 전혀 갖고 있지 않은) 매트리스 판매 회사보다 새로운 보안시스템의 신뢰성과 철저함에 더 큰 가치를 두는 경향이 있다.

경성 전환비용이 낮아도 연성 전환비용이 높으면 고객이 다른 경쟁자로 옮겨가는 것을 막아주는 충분한 장벽이 될 수 있다.

여러분의 당좌계좌가 있는 은행이나 신용조합을 생각해 보자. 그 계좌를 다른 금융기관으로 옮기는데 얼마나 비용이 들겠는가? 이 경우 전환의 금전적(경성) 비용은 매우 적다. 새 금융기관의 수표를 사는 비용, 이전 금융기관이 요구할 수도 있는 소액의 계좌 폐쇄비용, 신규 계좌 개설을 위한 서류작업과 여러분의 전자고지서 결제정보를 재입력하는 데 필요한 한두 시간 정도가 경성 전환비용이 될 것이다.

사실 여러분이 옮겨 갈 새 금융기관은 전환의 대가로 약간의 금전적인 인센티브를 제공할 것이고, 이는 전환에 들어가는 경성비용을 상쇄해 줄 것이다. 그러나 경성 전환비용이 이처럼 상대적으로 적음에도 불구하고 당좌계좌 고객들은 그들의 당좌계좌 금융기관을 거의 바꾸지 않는다.

이 경우 일반적인 계좌 개설자 입장에서 볼 때 연성 전환비용(새 금융기관을 평가하고 필요한 서류작업을 하는 불편함, 온라인고지서 결제정보를 재입력하는 번거로움, 그리고 여타 그러한 문제들)은 전환으로 얻을 것으로 보이는 혜택보다 훨씬 큰 경향이 있다. 이 때문에 금융기관의 핵심 당좌계좌 고객들의 이탈율이 그리 높지 않은 것이다.

고객을 억류하는 연성 전환비용의 힘을 보여주는 또 다른 대표적인 사례는 브랜드 충성심이다.

■ **소프트웨어 공급자 '인튜이트'의 사례:** 인튜이트$^{\text{Intuit Inc}}$의 경우 고객 억류 수준이 높다.

인튜이트는 기본적으로 퀵큰^{Quicken}, 터보 택스$^{\text{Turbo Tax}}$, 퀵북스 ^{QuickBooks} 브랜드로 일반 고객과 소규모 사업체에 판매되는 일련의 유명한 소프트웨어 제품과 서비스를 보유하고 있다. 인튜이트의 소프트웨어 솔루션들이 기능적으로 탄탄하고, 신뢰할만하며, 사용하기 편하지만, 경쟁자들도 그런 여러 특성을 가진 솔루션을 제공하고 있다.

그러나 고객 입장에서 소프트웨어 공급자를 바꾸는 전환비용이 매우 높기 때문에 인튜이트는 그 핵심 사업인 소규모 업체의 회계, 고객 재정, 그리고 세무신고 소프트웨어 같은 시장에서 지배적인 시장점유율을 유지하고 있다.

인튜이트의 대표 제품은 소기업과 그 회계담당자들이 가장 많이 사용하고 있는 회계 소프트웨어 퀵북스다. 퀵북스를 다른 회계 소프트웨어로 바꾸는 데 드는 경성 전환비용은 상대적으로 낮다. 다른 한 주요 경쟁자가 제공하는 기본형 회계 패키지가 현재 199.99달러에 나와 있고, 5인 사용자 라이선스의 보다 강력한 회계 패키지 옵션은 2,995달러에 나와 있다. 대다수 소기업 입장에서 볼 때 이 정도 비용은 큰 부담이 아니다.

그러나 재무회계는 모든 기업에 매우 중요한 업무이고, 소기업에는 더욱 그렇다. 많은 소기업 소유주들 입장에서는 정확한 일간 현금흐름 및 비용 관리가 중요하다. 소기업의 경우 한 번의 회계 실수가 상당한 재정적 리스크를 유발할 수 있고, 심지어는 사업의 존립마저 위협할 수 있다. 따라서 인튜이트 고객들은 익숙하지 않은 새 제품으로 쉽게 전환할 수 없다. 마이크로소프트 같은 거대기업도 인튜이트의 고객을 빼앗아 올 수 없었다.

마이크로소프트는 인튜이트가 장악한 소기업시장과 개인 재무관리 소프트웨어시장의 주도권을 빼앗아오기 위해 막대한 투자를 단행했다.

표 6-8 · 인튜이트의 주요 영업지표 (단위 : 100만 달러, 주당순이익은 달러)

회계연도(종료월)	2001.07	2002.07	2003.07	2004.07	2005.07
매출액	1,096	1,312	1,597	1,802	1,993
영업이익	(81)	51	339	419	529
영업이익률	-7.4%	3.8%	21.2%	23.3%	26.5%
정상 주당순이익	(0.12)	0.07	0.50	0.66	0.88
투하자본이익률	-9.1%	4.6%	23.6%	31.3%	43.5%

회계연도(종료월)	2006.07	2007.07	2008.07	2009.07	2010.07
매출액	2,293	2,673	2,993	3,109	3,455
영업이익	566	669	696	683	863
영업이익률	24.7%	25.0%	23.3%	22.0%	25.0%
정상 주당순이익	0.98	1.18	1.28	1.29	1.66
투하자본이익률	56.0%	39.6%	21.7%	18.5%	24.6%

마이크로소프트가 인튜이트의 거점을 공격하는 데 필요한 자금이나 유능한 엔지니어를 충분히 보유하고 있다는 사실은 분명했다. 그러나 인튜이트의 추산에 의하면, 인튜이트의 퀵북스 회계 소프트웨어는 지금도 85% 이상의 높은 시장점유율을 유지하고 있으며, 퀵큰 개인 재무관리 소프트웨어는 이보다 훨씬 높은 95%의 시장점유율을 유지하고 있다.

이렇게 높은 수준의 고객 억류를 통해 인튜이트는 유의미한 시장점유율을 빼앗아오려는 마이크로소프트의 수년에 걸친 노력을 물리쳤다. 인튜이트의 장기 재무실적에서 지속적인 경쟁우위를 보여주는 강력한 증거를 확인할 수 있다. [표 6-8]은 인튜이트의 재무정보를 정리한 것이다.

네트워크 경제성

추가되는 각각의 고객이 네트워크의 전체 가치를 증대시키는 네트워크 경제성은 드물지만 강력한 형태의 전환비용이다. 이렇게 해서 증대된 네트워크의 가치는 다시 새로운 고객을 유인할 뿐만 아니라 네트워크의 기존 참여자들의 전환비용도 높인다.

네트워크 경제성을 네트워크 효과와 혼동해서는 안 된다. 네트워크 효과는 네트워크 규모의 증대에 관한 것이며, 네트워크 참여자에 제공되는 '경제적 가치'에 관한 것은 아니다.

소셜 네트워킹 서비스인 마이스페이스^{MySpace}는 2005년 200만 개에 불과하던 계정이 3년 만에 2억 개 이상으로 급증하면서 놀라운 네트워크 효과를 보여주었다. 그러나 현재 마이스페이스의 매출액과 이익은 감소하고 있으며, 직원들을 해고해야 할지도 모를 상황이다. 이런 사업 하락은 마이스페이스의 사업모델이 고객 억류를 유지하는데 필요한 네트워크 경제성이 부족했다는 것을 말해준다.

소셜 네트워킹 서비스의 선택에서 마이스페이스는 페이스북으로 대체되었으며, 페이스북 이용자는 전 세계적으로 5억 명이 넘는다. 페이스북의 사업모델이 진정한 네트워크 경제성을 구축하는 데 필요한 높은 수준의 고객 억류를 유지할 수 있을 정도로 충분히 다른 사업모델일까? 시간만이 답을 해줄 것이다.

■ **독점적인 지적재산권을 가진 '암 홀딩스'의 사례:** 많이 알려지지 않

은 기술기업 암 홀딩스Arm Holdings는 네트워크 경제성의 작동 방식을 보여주는 매우 좋은 사례다.

낯선 이름이겠지만, 암 홀딩스의 지적재산권이 포함된 제품들을 여러분도 매일 사용하고 있을지 모른다. 암 홀딩스의 독점 기술에 기초한 반도체칩이 내장된 제품들이 2010년 한 해만 약 61억 개가 출하되었다. 그런 제품들 중에는 핸드폰, 태블릿, 넷북, 전자책 단말기e-reader, 하드디스크 드라이버, 프린터, 자동차 등이 있다.

그러나 암 홀딩스는 반도체칩을 직접 제조하지는 않는다. 그보다는 자신의 독점적인 지적재산권을 수백 개의 반도체 제조사들에게 라이선스로 제공하고 있으며, 반도체 제조사들은 반도체칩 설계(혹은 핵심 내용)를 이용하는 대가로 라이선스 수수료와 제조한 각각의 반도체칩에 대한 로열티를 암 홀딩스에 지불하고 있다.

암 홀딩스는 자신의 독점적인 지적재산권을 중심으로 방대한 생태계를 창조했다. 이 생태계 안에는 반도체 설계자뿐 아니라 마이크로소프트(윈도우), 구글(안드로이드), 애플(애플 OS), 노키아(심비안)처럼 반도체가 들어가는 각종 기기를 생산하는 회사, 반도체 제조사, 그리고 소프트웨어 개발자들이 있다.

암 홀딩스의 생태계에 추가로 들어오는 각각의 신규 진입자들은 암 홀딩스 기반의 솔루션을 이용하면서 고객의 선택권과 기능성을 확대함으로써 이 네트워크의 전체적인 가치를 증대시킨다. 또한 제3자 개발자들도 암 홀딩스의 경쟁자가 아니라 암 홀딩스의 생태계에 묶여있다.

이런 경쟁우위 덕분에 암 홀딩스의 독점 기술이 사용된 제품 수와 라이선스 수는 지속적으로 증가했다. [표 6-9]는 네트워크 경제성의 경쟁

표 6-9 · 암 홀딩스의 주요 영업지표   (단위 : 100만 달러, 주당순이익은 달러)

회계연도(종료월)	2001.12	2002.12	2003.12	2004.12	2005.12
매출액	213	243	229	294	399
영업이익	67	66	31	60	82
영업이익률	31.5%	27.4%	13.5%	20.6%	20.6%
정상 주당순이익	0.12	0.12	0.06	0.11	0.11
투하자본이익률	156.6%	97.5%	48.5%	34.6%	14.3%
암 홀딩스의 지적재산권이 사용된 제품의 수(100만 개)	420	455	782	1,272	1,662

회계연도(종료월)	2006.12	2007.12	2008.12	2009.12	2010.12
매출액	515	516	430	493	637
영업이익	96	79	86	74	167
영업이익률	18.7%	15.3%	20.1%	15.0%	26.3%
정상 주당순이익	0.13	0.11	0.13	0.11	0.23
투하자본이익률	12.9%	11.3%	11.0%	7.4%	16.9%
암 홀딩스의 지적재산권이 사용된 제품의 수(100만 개)	2,390	2,894	3,981	3,866	6,100

우위를 보유한 암 홀딩스의 재무정보를 정리한 것이다.

경쟁우위가 있다는 것을 보여주는 신호와 지표들

다음은 그 기업에 구조적인 경쟁우위가 있다는 것을 보여주는 핵심 지표들과 그 외 일부 지표들을 정리한 것이다. 이 지표들은 하나의 지침으로만 제공되는 것이며, 개별 기업과 산업 구조에 대한 엄격한 분석을 대체하는 것은 아니다.

또한 요기 베라$^{\text{Yogi Berra}}$가 경고한 것처럼 "오늘날 우리가 생각하는 미래는 과거에 생각했던 그런 미래가 아니다$^{\text{The future ain't what it used to be.}}$" 따라서 여러 지표들이 경쟁우위가 있다는 것을 시사하고 있다 해도, 투자자들은 그런 경쟁우위의 지속 가능성에 대해 적절한 평가를 해야 한다.

● **경쟁우위가 있다는 것을 보여주는 신호와 지표들**
- 높고 안정적인 시장점유율
- 시장점유율의 지속적인 상승
- 경쟁자들의 진입 및 퇴출 빈도가 낮을 것
- 지속적인 가격결정력
- 직접 경쟁하고 있는 경쟁자들보다 상당히 높은 영업이익률
- 충성심 있는 고객들과 낮은 고객 변동(낮은 고객 이탈률)
- 고객들의 높은 반복 구매율
- 새로운 분야로의 브랜드 확장가능성
- 강력한 고객 관행 혹은 습관
- 장기적인 제품주기
- 해당 분야에서의 강력한 전문성
- 독점적인 제조 혹은 사업 공정

우리가 아직 살펴보지 않은 마지막 핵심 지표가 하나 있는데, 바로 투하자본이익률이다. 한 기업의 투하자본이익률을 분석하면 그 기업이 진정으로 지속 가능한 경쟁우위를 가지고 있는지를 확인하는 데 도움이 된다.

투하자본이익률과 주식 투자수익 간의 관계

투하자본이익률(ROIC)$^{\text{Return on Invested Capital}}$은 주주들이 기업에 맡긴 자금을 가지고 기업이 얼마나 효과적으로 수익을 내는지 판단하는 핵심 지표다. 투하자본이익률은 경쟁우위의 힘과 지속 가능성에 직접적으로 관련된 지표다.

투하자본이익률은 해당 기업의 세후 정상 영업이익을 영업활동에 투자된 투하자본으로 나눠 계산한다. 여기서 정상 영업이익이란 '정상적인' 영업환경 속에서 그 기업이 벌어들이는 영업이익을 말하는 것이다. 이자비용, 이자수입, 혹은 다른 기업들에 갖고 있는 비지배지분에서 발생한 이익 기여분 같은 비영업 항목은 제외한다. 그리고 영업활동에 투자된 투하자본은 모든 재무적 관계자, 즉 주주와 채권보유자가 투입한 자본(자기자본 + 타인자본)을 말한다.

투하자본이익률
= 정상 영업이익(세후) ÷ 회사 영업에 투자된 투하자본

한 기업이 1년 동안 1억 달러의 투하자본으로 1,000만 달러의 정상 영업이익을 올렸다면, 그해 투하자본이익률은 10%가 될 것이다.

투하자본이익률 = 1,000만 달러 ÷ 1억 달러 = 10%

우수한 투하자본이익률을 유지할 수 있는 기업은 빠른 속도로 내재가치를 증대시킬 수 있다. 이를 확인하기 위해 사업에 1억 달러의 자본을 투자한 세 기업의 사례를 살펴보자.

기업 A는 평범한 수준인 7%의 투하자본이익률을 기록했고, 기업 B는 매력적인 수준의 15%의 투하자본이익률을 기록했다. 그리고 기업 C는 매우 방어 가능한 사업모델을 가지고 아주 우수한 25%의 투하자본이익률을 올렸다.

논의를 단순화하기 위해 우리는 각 기업이 사업으로 창출한 수익을 동일한 투하자본이익률로 재투자할 충분한 기회를 가지고 있다고 가정했다.

[그림 6-2]에서 볼 수 있는 것처럼, 15년 동안 기업 A는 그럭저럭 괜찮은, 그러나 아주 대단하지는 않은 1억 7,600만 달러의 누적 영업이익(최초 투하자본 1억 달러의 약 1.8배)을 창출했다. 이보다 투하자본이익률이 높은 기업들의 이익은 어떻게 될까?

기업 B의 누적 영업이익은 7억 1,400만 달러(최초 투하자본의 7배 이상)가 되고, 기업 C의 누적 영업이익은 무려 27억 4,200만 달러(최초 투하자본의 27배 이상!)가 되었다.

그림 6-2 · 투하자본이익률(ROIC)과 복리의 힘

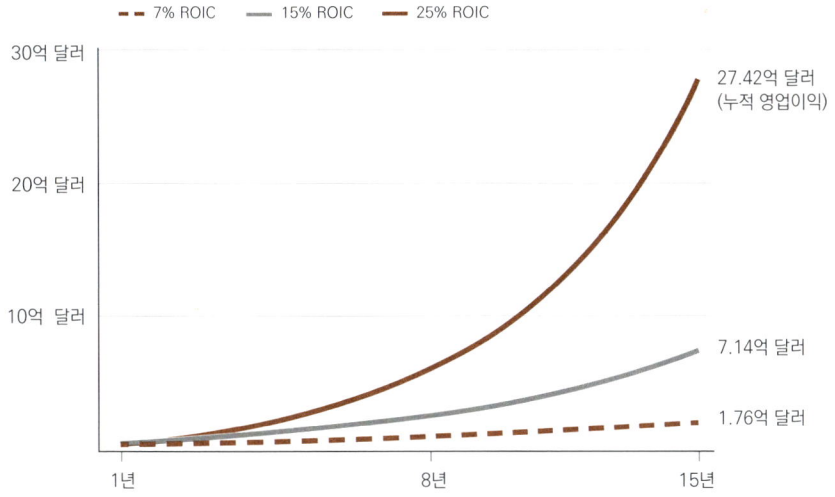

사업모델이 보다 방어 가능한 것일수록 그 기업이 우수한 투하자본이익률을 올리고 이를 유지할 가능성은 더 높아진다.

이런 수익은 주주들의 것이기 때문에, 수익은 결국 주가에 반영된다. 그렇다면 투하자본이익률과 장기적인 투자수익 간에는 강력한 상관관계가 있다고 할 수 있다.

이런 관계를 보여주는 증거는 2010년 9월 30일을 기준으로 그 이전 15년 동안의 투하자본이익률과 총수익률을 비교한 [그림 6-3]에서 확인할 수 있다.

이 자료는 투하자본이익률에 따라 분류한 5분위 수 각각의 투하자본이익률 중간값과 주주들의 총수익률 중간값을 나타낸 것이다.

물론 이런 경험적 자료는 그 시점의 스냅샷에 불과하다. 그러나 다른 장기 투자기간을 조사해도 비슷한 결과가 나온다. 요컨대 투하자본이

그림 6-3 · 총수익률과 투하자본이익률의 관계

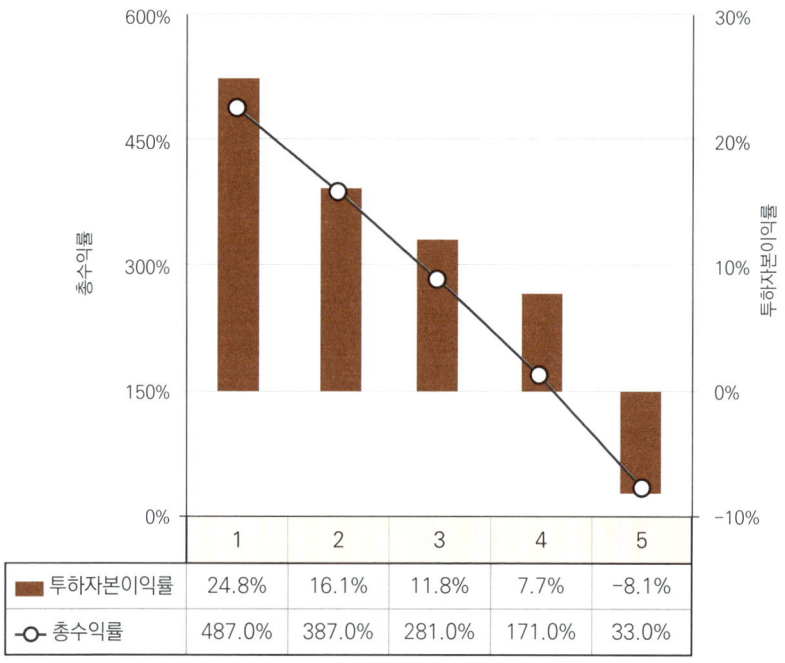

* 2010년 9월 30일을 기준으로 그 이전 15년 동안의 5분위 수 중간값

익률과 주식 투자수익 간에는 의미 있고 지속적인 상관관계가 있다.

위험한 경쟁우위 신화들

지속 가능한 경쟁우위와 관련해 숨기고 싶은 비밀은 실제로 그런 경쟁우위를 보유한 기업이 매우 적다는 것이다. 진정한 경쟁우위를 가진 진입장벽이나 높은 수준의 고객 억류는 드문 현상이다.

많은 기업들이 말은 그럴듯하게 하지만, 사실 그런 번지르르한 말만으로는 무자비한 경쟁압력을 견디지 못한다. 설상가상으로, 경쟁우위가 있다는 주장은 (인기를 끄는 신제품이나 일시적인 전술적 우위가 핵심 재무지표의 일시적인 개선을 가져올 때처럼) 긍정적인 단기 실적이 그런 주장의 가장 좋은 근거가 될 때 가장 강해지는 경향이 있다(이럴 때 그 기업의 경영진은 경쟁우위가 있다는 자신들의 말을 그냥 믿으라고 하거나 애널리스트들의 분석보고서를 읽어보라고 한다).

투자자들에게는 다행스럽게도, 경쟁우위를 평가할 때의 오류는 (인기를 끄는 신제품, '유명한' CEO, 그리고 효율적인 업무 실행과 같은) 일련의 동일한 잘못된 지표들을 중심으로 발생한다는 것이다.

고백컨대, 과거에는 우리도 이런 매력적인 신화들의 희생양이 되어서 우리의 자부심과 재정에 타격을 입은 적이 있다. 우리가 저질렀던 그런 실수를 투자자 여러분이 피할 수 있도록 도울 수만 있다면, 우리가 겪었던 고통은 여러분에게는 약이 될 수 있을 것이다. 우리가 경쟁우위의 신화에 현혹되어 실수를 범했던 몇 가지 사례는 다음과 같다.

인기 있는 신제품이 곧 지속 가능한 경쟁우위는 아니다

2003년 콜로라도 주에 있는 소규모 신발제조회사 크록스$^{Crocs, Inc.}$는 유연하고 내구성이 좋은 수지로 만든 크로스라이트^{Crosslite}라는 혁신적인 샌들을 판매하기 시작했다. 이 샌들에 대한 수요는 폭발적이었고, 크록스는 출시 후 처음 몇 년 동안 수백만 개의 샌들을 판매할 수 있었다. 그 결과 2007년에 기록한 매출 정점에서 8억 4,700만 달러의 매출액을 기록했다. 크록스라는 브랜드는 초현대적인 독특한 신발을 일컫는 말이 되었다.

그런데 그 후 뭔가 일이 벌어지기 시작했다. 다른 신발제조회사들도 크록스와 매우 비슷한 제품들을 일부는 보다 싼 가격에 판매하기 시작했다. 그러자 크록스의 매출액은 그 후 2년 만에 6억 4,600만 달러로 감소했다. 매출 정점을 찍었던 2007년에 창출한 1억 6,800만 달러의 순영업이익은 단 1년 만인 2008년부터 2009년까지는 오히려 합계 2억 2,700만 달러 손실로 뒤바뀌었다.

크록스는 인기 있는 신제품(그리고 그와 함께 한동안 인기 있던 주식)을 갖고 있었지만, 이 브랜드는 격화된 모방 경쟁 속에서 고객을 계속 장악할 수 있을 정도로 충분히 강하지는 않았다. 요컨대 신제품의 최초 매출은 대단했지만, 고객 억류 수준은 낮았다.

카리스마 넘치는 CEO가 곧 지속 가능한 경쟁우위는 아니다

1990년대 중반 가정용품제조사 선빔$^{Sunbeam\ Corp}$은 어려운 시기를 겪고 있었다. 이에 선빔은 1996년 7월 기업 턴어라운드 전문가로 유명한 알 던랩$^{Albert\ Dunlap}$을 CEO로 임명했다. 시장은 이를 반겼으며, 그가 CEO로 임명된 후 선빔의 주가는 상승하기 시작했다. 그리고 CEO로 취임한 던랩이 단호한 비용 삭감을 추진했기 때문에 그의 취임 초기에 선빔의 재무실적도 개선되었다.

그러나 이런 고무적인 초기 실적을 기록한 지 얼마 지나지 않아 곧 대규모 손실이 발생했다. 1998년 6월 〈비즈니스위크^{BusinessWeek}〉의 한 기사에 따르면, 던랩은 그 효과가 의문시되는 일련의 판매업무를 통해 매출액과 이익을 높이려는 적극적인 캠페인을 벌이기 시작했다. 그러나 판매채널에 상품을 마구 밀어 넣는 그의 시도는 결국 그의 발목을 잡았다. 선빔의 사업실적은 주가와 함께 급락했다. 선빔을 구하기 위해 CEO로 취임한 지 1년도 채 되지 않아 던랩은 이사회에 의해 전격 해임되었다. 그 후에도 선빔은 결코 회복하지 못했다.

알 던랩 같은 유명 CEO에 대한 금융 미디어의 열광은 성공의 명성을 가진 CEO가 취임하면 어떤 기업이든 경쟁우위를 발전시킬 수 있을 것이라는 광범위한 믿음을 낳았다. 그러나 우리는 유명 CEO가 자신이 이끄는 기업의 장기적인 전망에는 거의 아무런 영향도 미치지 못한 채 그저 왔다가는 경우를 여러 번 목격했다.

효율적인 업무 수행이 곧 지속 가능한 경쟁우위는 아니다

여러분이 자주 가는 지역 식료품점을 생각해보자. 그곳이 다른 대부분의 식료품점과 비슷하다면, 매장은 깨끗하고 제품은 신선하며 거의 항상 적절한 가격에 여러분이 필요한 것을 공급하고 있을 것이다. 경영진과 직원들은 여러분과 다른 고객들에게 가치를 전해주는 일을 아주 잘 수행하고 있을 것이다.

그런데 사실 여러분이 자주 찾는 식료품점의 수준이 지역 내 다른 경쟁자보다 조금 더 나은 수준일 수도 있다. 그렇다면 그 수준이 고객들이 지역 저편의 경쟁 상점으로 가는 것을 막을 정도로 충분한 것일까?

이는 지난 10년 동안 월마트의 식료품사업 확장에 희생된 모든 식료품 유통회사들을 보면 알 수 있는 일이다. 많은 식료품 유통회사들이 효율적으로 업무를 잘 수행하고 있었지만 결국엔 고객을 빼앗겼던 것이다.

대부분의 신화들처럼 이런 경쟁우위 신화들은 모두 어느 정도 진실에 기초한 것이다. 인기 있는 신제품은 경쟁우위가 아닐 수 있지만, 애플처럼 지속적인 혁신을 촉진하는 기업 구조와 문화는 강력한 경쟁우위가 될 수 있다.

마찬가지로 기업이 효율적인 업무 수행이나 똑똑하고 카리스마 있는 CEO만 가지고 경쟁우위를 유지할 수 없을지는 몰라도, 우수한 업무 효율성과 좋은 리더십은 경쟁우위를 구축하고 제고하는 데 매우 중요한 요인이 될 수 있다.

'경쟁우위 지키기'

경쟁우위와 관련해 투자자들이 고려해야 할 마지막 사항은 경쟁우위는 영원하지 않다는 것이다.

그렇기 때문에 투자자들은 경쟁우위가 약해지고 있다는 것을 보여주는 변화에 관심을 가져야 한다. 어떤 경우 이는 기존의 경쟁우위를 빠르게 약화시키는 산업의 거대한 구조적 변화, 규제나 정치적 제도의 변화, 혹은 혁신적 기술처럼 분명하기도 하다.

이와 관련된 대표적인 사례는 적절한 가격에 구입할 수 있는 디지털카메라가 이스트먼 코닥 같은 전통적인 필름 제조회사들이 누렸던 경쟁우위에 치명적인 타격을 가한 경우일 것이다.

그러나 경쟁우위의 상실은 코닥의 사례보다는 덜 극적으로 이루어질 가능성이 많다. 우리 경험에 따르면, 지속 가능한 경쟁우위의 가장 위험한 적은 역설적으로 경쟁이 아니라 경영진의 태만 혹은 전략적 혼선이었다. 우리가 목격한 기업들이 경쟁우위를 상실한 대부분의 사례를 보면, 이들은 상당한 기간에 걸쳐 서서히 경쟁우위를 상실했다.

장기 투자자의 입장에서 볼 때 바로 이런 이유로 경쟁우위를 보호하고 잘 육성하려는 기업과 경영진의 노력(또한 업무 효율성을 유지하기 위한 각고의 노력)이 매우 중요하며, 이것이 바로 훌륭한 성장기업의 필수적인 특징이 된다.

'우수한 업무 효율성'을 가늠하는 잣대

훌륭한 성장기업들의 아이러니는 이들이 가장 큰 기업이 되려고 고민하지는 않는다는 것이다. 대신 이들은 정말 최고가 되기 위해 고민한다. 따라서 이들은 지속적이고 수준 높은 업무 수행에 분명한 초점을 맞춘다.

이런 우수한 업무 수행을 위한 노력은 그 기업의 기본적인 모든 구조적인 경쟁우위를 더욱 강화해줄 뿐 아니라, 대개의 경우 그 수준을 더욱 높여준다. 사실 우리는 사업 전략을 매일매일 높은 수준으로 실행할 능력이 없는 기업은 방어 가능한 사업모델을 (그것이 구조적인 경쟁우위라 하더라도) 장기간 유지하기가 매우 어렵다고 보고 있다.

훌륭한 인력과 건전한 사업 과정이 지속적인 업무 효율성의 기본적인 구성 요소이긴 하지만, 기업 문화는 그런 구성 요소들이 자리를 잡는 토대가 된다.

경쟁우위와 아주 흡사하게, 지속적으로 우수한 업무 효율성은 우수한 기업문화 속에 내재되어 있다. 결과적으로 우수한 기업문화는 어느 한 경영자 혹은 그보다 넓은 범주의 경영진보다 중요한 것이다. 우수한 기업문화는 CEO부터 최일선의 일반 직원들에게까지 퍼져 있는 훌륭한 기업의 하나의 DNA다.

우수한 업무 효율성과 관련된 기업문화의 강점을 평가하는 것은 경험 많은 투자자들에게도 어려운 일이다. 문제는 기업문화라는 것이 보이지 않는 공기와 같아서 전통적인 재무적 혹은 산업적 분석을 하기가 어렵다는 것이다. 그럼에도 기업문화는 장기적인 사업 성공에 매우 중요한 것이다.

그러면 투자자는 이런 기업문화와 훌륭한 업무를 유지할 수 있는 능력을 어떻게 판단해야 할까?

과거의 업무 실적이 좋은 지침이 될 수 있지만, 해당 기업이 높은 수준의 현재의 업무 효율성을 앞으로도 계속 유지할 수 있을지 평가할 수 있는 아주 확실한 방법은 전혀 없다. 그러나 다음 기준들을 중심으로 살펴봄으로써 우수한 업무 효율성을 지속적으로 유지할 수 있는 기업을 찾을 가능성은 높일 수 있다.

기업의 좌표가 명확해야 한다

수년 동안 지속적으로 우수한 업무 효율성을 유지해 온 훌륭한 성장 기업들은 그들의 임무도 아주 명확하게 보여 주고 있다.

이들은 자신의 능력을 분명히 이해하고 있으며, 시장 기회가 상당할 때도 자신의 핵심 능력을 넘어서는 불가능한 성장을 추구하지는 않는다. 또한 이들은 단기적인 재무실적에 고통이 있다 해도 매력적인 장기투자를 한 것에 후회하지 않는다.

훌륭한 성장기업들은 전략적 언명과 기업활동에 높은 수준의 언행일치를 보인다. 한마디로 이런 기업들은 '좌표'가 명확하다.

따라서 투자자들은 확고한 사업적 초점을 갖고 있다고 주장하면서도 기업의 임무 및 핵심 능력과는 일치하지 않는 부문들로 부주의하게 '사업을 다각화'해 나가는 기업은 극히 조심해야 한다.

'지속적인 자기 개선 과정'이 있어야 한다

우수한 업무 수행이 그 자체로 최종 목표는 아니다. 이는 계속되는 과정, 지속적인 자기 개선 과정이다. 높은 수준의 업무 효율성을 가진 기업들은 '어떻게 해야 더 효율적이 될 수 있을지', '어떻게 해야 비용이나 가격을 올리지 않고 고객들에게 더 많은 가치를 전해줄 수 있을지'를 끊임없이 묻는다.

이런 질문에 대한 답은 업무 수행 과정에 대한 작은 개선들인 경우가 많은데, 시간이 감에 따라 이런 작은 개선들이 쌓이면서 업무 수행능력이 크게 제고될 수 있다. 이 때문에 훌륭한 업무 수행자들은 결과보다 과정을 강조하는 반(反)직관적인 입장을 취한다.

이들은 어떤 부분에서 개선이 가능한지 보기 위해 과정을 쪼개볼 필요가 있다는 것을 알고 있다. 또한 훌륭한 업무 수행자들은 과정이 건전하면 대개는 결과도 좋다는 것을 알고 있다.

이런 생각들은 경영진이 투자자들과 대화를 하는 중에 외견상 사소해 보이는 과정의 개선이 중요하다고 강조할 때 확인되는 경우가 많다.

'자유'와 '책임'이 유능한 직원을 키운다

업무 수행능력이 훌륭한 기업들은 실적이 일정한 한도 밑으로 떨어지지 않도록 하기 위해 엄격한 업무 절차를 갖고 있을 것으로 생각할 수도 있다. 그러나 사실은 정반대다. 업무 수행능력이 훌륭한 기업들은 직원들에게 상당한 수준의 자유 재량권을 부여하고 있다.

그러나 이런 내부적인 신뢰와 개인적인 업무 유연성은 고객에게 제공하는 가치를 극대화하도록 마련된 분명한 업무 체계 안에서 이루어지고 있다.

따라서 이런 자유에는 높은 수준의 개인적인 책임이 동반된다. 자유와 책임의 이런 조합은 재능 있고 스스로 동기를 부여하는 사람들에게는 매력적인 것이어서, 이런 기업은 가장 유능한 직원들을 끌어들이는 일종의 자석이 된다.

경영진이나 직원들과 깊이 있는 대화를 해 보면 회사와 경영진이 직원들을 어느 정도 신뢰하는지 알 수 있지만, 이는 일반 투자자들이 사용할 수 있는 실행가능한 방법은 아닐 것이다. 따라서 우리는 대안적인 평가 방법으로 직원 이직률을 살펴볼 것을 제안한다.

넓은 재량권을 부여받아 업무를 수행하고 성장하는 직원들은 회사를 떠나지 않을 가능성이 높기 때문이다.

'평균'보다 '최고'를 추구한다

우수한 업무 효율성을 추구하는 기업들은 절대적인 기준에서 업무 실적을 평가한다.

이런 업무 철학은 '승패에 연연하지 않는 지도 coaching against the game'

라고 하는 팀 스포츠 개념과 유사한 것이다. UCLA의 전설적인 농구 코치였던 존 우든John Wooden은 이런 철학을 대변하는 대표적인 인물이다.

우든 코치는 상대팀의 상태에는 관심이 없었고, 따라서 상대팀을 염탐하는 경우도 거의 없었다. 그 대신 그는 일상적으로 패스, 드리블, 리바운드, 방어 위치 같은 기본기를 중심으로 선수들을 훈련시켰다. 그의 목적은 팀의 잠재력을 극대화하는 것이었고, 잠재력의 극대화가 가치 있는 절대적인 우수함의 기준이었다.

이런 기준은 어떤 한 산업의 기준보다 높은 것인데, 그것은 훌륭한 기업(팀)의 목적이 단순히 평균보다 나은 정도가 아니라 압도적인 차이로 최고가 되는 것이기 때문이다.

이런 측면에서 발전 정도나 진행 상황을 측정하기 위해 업무적으로 훌륭한 기업들은 일반적으로 소수의 핵심적인 기본 지표들에 초점을 맞춘다. 그리고 경영진은 투자업계와 대화하는 가운데 일상적으로 이런 핵심 지표들을 보고한다.

모든 것에 정직해야 한다

존 애덤스John Adams는 "사실facts은 없애기 힘든 것이다"라고 말한 바 있다. 이는 달리 말해, '사실'은 그것을 무시했다고 해서 변하는 것은 아니란 것이다.

훌륭한 기업은 이런 지혜를 받아들인다. 따라서 이들은 관련된 사실을 명확하게 밝히고, 자신의 상황과 관련된 사실들을 피하지 않고 정면으로 대한다. 기업이 조직 전반에 열린 의사소통 구조를 마련하고 직원들이 솔직하게 말할 수 있는 문화를 조성하려고 노력하는 것도 이런 맥락이다.

일반적으로 투자자들은 기업의 성공과 실패를 말할 때 경영진이 얼마나 솔직한지 살펴봄으로써 이들이 지적으로 얼마나 정직한지를 알 수 있다.

열정은 전염성이 강하다

훌륭한 성장기업 임직원들의 두드러진 특징 중 하나는 이들이 거의 하나 같이 회사의 사업과 임무에 대해 '전염성 열정'을 갖고 있다는 것이다.

인간 본성 상 개인적인 경제적 성공이 거의 늘 열정의 동인이 된다. 하지만 훌륭한 기업에서는 지속적으로 우수한 가치명제를 고객에게 전달한다는 개념이 개인적인 경제적 성공보다 우선하는 경우가 많다.

훌륭한 경영자는 '충실한 하인'인 경우가 많다

평균적인 기업은 (혹은 좋은 기업이라 해도) 훌륭한 기업문화를 만드는 훌륭한 경영진이 없으면 훌륭한 기업으로 발전하기 쉽지 않다.

오랫동안 코카콜라 CEO를 역임했던 밥 우드러프Robert Woodruff가 한 것으로 여겨지는 말이 하나 있다. 훌륭한 기업 경영자들의 기본적인 태도를 아주 잘 보여주는 말이다. "누구의 업적으로 인정받든지 개의치 않는다면, 그(경영자)가 성취할 수 있는 것에는 한계가 없다."

훌륭한 지도자는 개인적인 찬사를 받는 것에는 거의 관심이 없다. 우리 경험 상 기업의 지속 가능한 경쟁우위를 성공적으로 개발하고 발전시킨 경영자들은 일반적으로 자신의 회사와 그 직원들에게 진정성 있고, 겸손하며, 매우 충실한 하인과 같았다. 훌륭한 경영자들은 직원들을 발전시키고 회사의 기업 정체성을 확립하는 기수가 되기 위해 많은 노력을 기울인다.

투자자로서 아쉬운 대목은, 훌륭한 기업문화와 마찬가지로 훌륭한 경영자들은 그들의 우수한 리더십을 보여주는 표시는 거의 하고 다니지 않는다는 점이다. 그러니 여러 경영자들 가운데 훌륭한 경영자를 구분해내기가 쉽지 않다.

투자자들이 오랜 시간에 걸쳐 그들의 경영 능력을 평가해야 하는 이유가 바로 여기에 있다.

이제까지 우수한 업무 효율성과 관련된 기업문화에 대해 살펴봤다. 다시 강조하지만 이런 기업문화를 평가하는 것은 투자자들에게 매우 중요한 일이다. 물론 이런 것을 보여주는 지표들을 찾는 것은 간단한 일이 아니다.

그럼에도 투자자들이 이런 부분을 신중하게 평가할 수 있어야 한다. 우수한 업무 수행능력과 지속적인 경쟁우위가 결합되면 정말 훌륭한 방어 가능한 사업모델을 구축할 수 있기 때문이다.

'파이'를 키우는 5가지 요인

뛰어난 내재가치 성장과 우수한 투자수익을 창출하는 데 필수적인 훌륭한 기업의 또 다른 측면이 있는데, 그것은 해당 기업이 종사하는 시장이 대형시장으로 성장할 가능성, 즉 '대형시장 기회'가 있다는 것이다.

해당 시장이 대형시장으로 성장할 기회가 있느냐 하는 것이 훌륭한 기업과 평범한 기업을 구분해 주는 가장 중요한 요인은 아닐 수 있지만, 장기 투자수익을 결정하는 중요한 요인 중 하나인 것은 분명하다.

성장세에 있는 어떤 한 매력적인 시장이 제공하는 수요의 증가는 관련 기업의 상당한 성장을 촉진할 수 있다. 이런 수요 증가와 방어 가능한 사업모델이 결합해 성장을 창출하면, 이는 투자자들에게 유리한 상당한 수준의 내재가치 상승으로 전환된다. 따라서 투자할 기업을 선정할 때는 그 기업의 제품과 서비스의 궁극적인 시장 잠재력을 신중하게 평가해야 한다.

대형시장이 제공하는 수학적 이점은 아주 명백하다. 다른 모든 것이 동일하다고 하면, 100억 달러 시장이 1억 달러 시장보다 더 많은 성장 가능성을 제공한다.

대부분의 투자자들은 적은 부분이라도 거대한 시장의 일부를 차지하는 것이 아주 작은 시장의 지배자가 되는 것보다 성장에 훨씬 유리하다는 것을 직관적으로 이해한다. 따라서 당연히, 대형시장의 '큰 부분'을 차지한다는 것은 투자에 훨씬 좋은 조건이 된다. 파이가 커지면 그만큼 가능성도 높아지기 때문이다. 바로 이것이 투자자로서 우리가 찾는 조건이다.

각각의 산업이나 시장은 발전과 성장을 이끄는 그만의 독특한 일련의 수요 요인들을 갖고 있지만, 대부분의 대형시장으로의 전환 기회는 다음 5가지 거시적인 요인으로 발생한다.

라이프스타일과 사회적 추세의 광범위한 변화

라이프스타일과 사회적 추세의 광범위한 변화란 그런 변화로 생성되는 새로운 시장의 발전을 투자자들이 충분한 시간을 갖고 예견할 수 있는 구조적인 변화를 말한다.

수십 년 동안 진행된 하나의 라이프스타일 변화 추세는 비디오게임의 인기가 높아졌다는 것이다. 오랫동안 비디오게임은 주로 10대 소년 중심의 인구학적으로 협소한 계층에 속한 게임광들의 영역이었다. 그러나 오늘날 비디오게임은 그런 인구학적 경계를 넘어섰다.

현재 비디오게임시장의 많은 부분은 스마트폰으로 스크래블Scrabble을 하거나 온라인 게임 시티빌Cityville에서 가상건물을 짓는 것처럼 간단한 캐주얼게임을 즐기는 여러 연령층의 사람들로 구성되어 있다. 앱데이터닷컴AppData.com에 따르면, 주기적으로 시티빌 게임을 하는 활동적인 게이머 수는 현재 9,500만 명을 넘어서고 있다. 여러 인구집단에 걸쳐 비디오게임에 대한 사회적 수용과 수요가 증가한 것은 비디오게임 산업에는 시장 확장의 기회가 되었다.

거대한 신규 시장의 성장으로 이어진 라이프스타일과 사회적 추세의 광범위한 변화의 또 다른 예로는 1990대의 셀프(DIY) 주거개선 붐, 지난 10년 동안 진행된 온라인 소셜네트워킹의 성장, 그리고 최근의 환경친화적 소비자제품의 확산 등이 있다.

인구통계학적 요인

베이비붐세대는 인구통계학적 요인의 힘을 보여주는 대표적인 사례다. 베이비붐세대는 수익성 있는 여러 대규모 시장의 발생과 성장에 중요한 역할을 했다.

그 중 한 예가 뮤추얼펀드산업의 성장이다. 1985년부터 2009년까지 베이비붐세대가 은퇴를 대비해 본격적으로 움직이기 시작하자, 뮤추얼펀드 자산이 4,950억 달러에서 11조 1,000억 달러로 급증했다 (『2010 투자회사 팩트북 2010 Investment Company Fact Book』 124쪽).

뮤추얼펀드가 급성장한 가장 주요한 동인은 베이비붐세대의 인구가 많다는 것, 그리고 이들의 은퇴가 다가오고 있다는 현실에 있었다.

베이비붐세대의 노령화는 광범위한 범위의 다른 소비재, 금융상품, 의료제품, 그리고 관련 서비스의 수요에도 영향을 미쳤다.

베이비붐세대가 본격적으로 은퇴하기 시작한 지금, 과연 어떤 새로운 시장이 생겨날까? 그리고 인구에서 베이비붐세대에 필적하는 밀레니얼세대에서는 또 어떤 기회가 부상할까?

정부의 개입

경제에 대한 정부의 개입이 대형시장 기회를 창출할 수 있다. 물론 정부 개입에 의존하는 시장에 대해서는 회의적인 시각이 있기 마련이다. 이런 시장은 정치인, 규제당국, 그리고 강력한 이익집단들에 의해 조작될 수 있는데, 이 경우 시장 왜곡이 발생할 수 있다.

그렇다 해도 정부의 조치가 지금까지 개발되지 않았던 거대한 시장을 창출할 가능성은 현실적인 것이다. 그 기반이 되는 수요가 해당 시장을 창출한 규제와 더불어 인위적으로 만들어진 것이 아니라면, 투자자에게 주어질 기회 역시 마찬가지로 현실적인 것이 될 수 있다.

예를 들어 영리를 목적으로 한 대학 이상의 고등교육산업은 (대부분의 주립대학과 사립대학들이 그런 것처럼) 미 연방정부의 교육재정에 주로 의존하고 있다. 그러나 정부 주도의 재정체계와 관계없이 대학 이상의 고등교육 분야에는 강력한 유기적 수요가 존재한다.

따라서 2009년 매출액이 154억 달러까지 성장한 이런 학교들의 교육시장은 지난 20여 년 동안 투자자들에게 좋은 시장이었다.

에탄올산업 역시 마찬가지다. 정부 개입이 대규모 시장을 창출한 또 다른 좋은 예다.

재생연료협회에 따르면, 현재 연간 소비량이 106억 갤런에 달하는 에탄올산업은 지난 10년 동안 7배나 성장했다. 그러나 고등교육산업에 대한 수요와 달리, 에탄올에 대한 수요는 주로 연방 및 주 정부 명령에 따른 결과이다. 대부분의 독립 조사보고서들은 에탄올산업이 정부의 지원이 아니라 자체적인 가치로만 시장에 나선다면 경제적으로 성공하지 못할 것이라고 보고하고 있다.

투자자들은 어떤 시장이든 그 수요의 원천을 이해해야 하지만, 정부 개입으로 창출된 시장의 경우에는 특히 신중하게 그 수요의 원천을 살펴볼 필요가 있다.

시장 기회를 창출한 또 다른 규제 사례로는 당국이 지정한 금융상품 평가기관들, 모기지대출기관들(페니메이, 프레디 맥, 미국 연방주택청[FHA]), 유해폐기물 처리업체들이 있다.

제품 혁신

장기적으로 성장을 지속해 온 대부분의 산업은 제품 혁신을 이루고 그 수혜를 누린 산업들이다.

제품 혁신은 점진적으로도 혁명적으로도 이루어질 수 있지만, 대부분의 제품 혁신은 점진적인 진화의 형태를 띤다. 거대한 도약이 아니라 기존의 제품이 단계적으로 개선되는 형태로 이루어진다는 것이다.

이런 형태의 혁신은 많은 산업과 시장에서 점진적으로 수요를 증가시키고 성장을 지속시키는 중요한 요인이 된다. 특히 성숙한 시장에서 더 그렇다.

예를 들어 운동화 및 스포츠의류 부문에서 지속적으로 진행된 나이키의 기술 혁신은 운동화 및 스포츠의류 시장을 확대했고, 나이키뿐 아니라 해당 부문 전체의 성장을 지속시키는 데 많은 기여를 했다.

점진적으로 진행되는 진화적인 제품 혁신이 일반적인 반면, 혁명적인 제품 혁신은 드물다. 그러나 혁명적인 제품 혁신이 미치는 영향은 강력하다.

혁명적인 제품 혁신은 시장을 완전히 바꾸고, 전체 수요곡선도 변화시키는 급격한 개선 과정이다. 그렇기 때문에 투자자들에게 더 좋은 기회가 된다.

대개의 경우 수요의 증가는 고객 침투(기존 고객에게 제품이나 서비스 판매량을 늘리는 것)의 현저한 증가 혹은 프리미엄 가격을 책정할 수 있는 새로운 능력으로 확인된다.

우리는 디지털음원 판매시장에서 이를 확인할 수 있다. 멋진 기기(아이포드)와 광범위한 콘텐츠에 대한 접근(아이튠즈)의 결합으로 대변되는 애플의 제품 혁신은 디지털음원 구매 고객에 대한 고객 침투율을 크게 높였다.

아이포드 출시(2001년) 1년 전까지만 해도 디지털음원 매출액은 음반산업 전체 매출액의 극히 일부분에 불과했다. 그러나 국제음반산업협회에 따르면, 2010년 전 세계 디지털음원 매출액은 46억 달러로 레코드회사 전체 매출액의 29%를 차지하게 되었다.

혁신적인 기술

혁신적인 기술은 완전히 새로운 시장을 발전시키고, 그 과정에서 기존 사업모델들을 전복시키는 요인이 된다.

혁신적인 기술은 제품 혁신 중에서도 특히 강렬한 형태의 혁신으로 기존 사업모델의 고객들을 이탈시켜 이제 이들을 누구나 차지할 수 있는 새로운 잠재 고객군群으로 만드는 효과가 있다.

새로운 시장 기회를 낳은 혁신적인 기술의 대표적인 사례는 인터넷이다. 상업화된 지 약 15년 만에 인터넷은 (신문 및 음악유통 시장 같은) 기존의 많은 시장들의 근간을 허물어뜨렸다. 그리고 이제 온라인 광고, 전자상거래, 서비스형 소프트웨어software as a service 시장 같은 여러 새로운 시장들을 만들어냈다.

웹이 창출한 인터넷 수요 증가라는 조류를 잘 탄 대표적인 회사는 구글이다. 1990년대 중반만 해도 구글은 존재하지 않는 회사였다(구글은 1998년 설립되었다). 하지만 설립된 지 12년 만에 구글은 누적 매출액 1,130억 달러에 누적 영업이익 370억 달러를 창출하고 약 350억 달러의 현금을 축적한 회사가 되었다. 2004년 기업공개 당시 구글 주식을 매수한 투자자가 2010년 1월 31일까지 보유했다면, 그 수익률은 606%에 이른다.

구글이 지배하게 된 인터넷 검색엔진시장은 웹이라는 혁신적인 힘

표 6-10 · 혁신적인 기술의 힘 : 인터넷 관련 주요 시장 및 대표 기업

시장	추정 시장 규모	대표 기업
인터넷 광고 (검색 및 디스플레이 광고)	260~390억 달러	구글, 야후, AOL
온라인 결제망	50억 달러	페이팔, 구글 체크아웃 아마존
소셜네트워킹	30억 달러	페이스북, 마이스페이스 트위터, 링크드인
전자상거래	1,760억 달러	아마존, 이베이 온라인으로 이동 중인 전통적인 유통업체들
전자증권거래	40억 달러	E*TRADE, 슈왑, TD 아메리트레이드 스코트레이드
분산 컴퓨팅 및 콘텐츠 전송 네트워크(CDNs)	50억 달러	아카마이 라임라이트 네트웍스 레벨 3 커뮤니케이션
디지털음원 및 비디오 유통	70억 달러	아이튠즈/애플 넷플릭스 로비(현재 티보)
서비스형 인프라(IaaS) /데이터 센터	20억 달러	에퀴닉스, 사비스 랙스페이스, AT&T 버라이즌, 테레마크
데이터 네트워크 인프라	10억 달러	뉴트럴 탠덤, 에퀴닉스 CENX
서비스형 소브프웨어 (SaaS)	100억 달러	세일즈포스닷컴 얼티메이트 소프트웨어

이 창출한 수많은 시장 기회 중 하나에 불과하다. [표 6-10]은 인터넷의 급성장으로 창출된 몇 개의 주요 시장과 그런 새로운 수요 기회를 이용하기 위해 출현한 대표적인 기업들을 정리한 것이다. 이 표에 소개된 상당한 규모의 시장들은 20여년 전만해도 사실상 존재하지 않던 시

장들이었다.

　여기서 우리는 새로운 시장을 창출한 인터넷의 힘을 장황하게 설명하려는 것은 아니다. 그보다는 경영이 우수한 기업에게는 혁신적인 기술이 어마어마한 새로운 성장 기회를 제공해 줄 수 있다는 점에 주목하려는 것이다.

　우리는 이런 혁신의 패턴이 되풀이해서 반복된다는 것을 알고 있다. 오늘날 인터넷은 20세기 초반의 자동차, 1930년대와 1940년대의 플라스틱, 1950년대와 1960년대의 항공사, 그리고 1980년대와 1990년대의 개인용 컴퓨터와 같다.

　이제 혁신은 끝나가고 있는 것 아닌가 하는 생각이 든다면, 전 미국 특허청장 찰스 H. 듀얼Charles H. Duell이 했던 말을 떠올려볼 필요가 있다. "발명될 수 있는 것은 이미 모두 발명되었다." 그가 이 말을 한 것은 100년도 더 전인 1899년이었다. 분명한 사실은 권위자들이 인간의 창의력은 이제 한계에 도달했다고 주장할 때마다 또 다른 혁신적인 신기술이 태동했고, 도전적인 수많은 성장기업들이 그 신기술을 이용할 준비를 하고 있었다는 것이다.

　훌륭한 성장기업에게는 혁명적인 제품 혁신으로 창출되는 매력적인 신규 시장만 유일한 기회의 원천이 되는 것은 아니다. 능력 있는 기업에게는 기존의 대규모 시장도 좋은 기회를 제공해준다. 이는 시장의 성장이 느리고 혁신보다는 평범한 관행을 중심으로 작동되는 시장에도 해당된다.

　예를 들어 의료폐기물 수집 및 처리 시장에는 지난 20년 동안 시장을 변화시킨 어떤 기술 혁신도 없었다. 그러나 스테리사이클Stericycle 같은 회사는 지난 15년 동안 한 자그마한 지역 업체에서 미국 최대의 지배적인 업체로까지 성장했다. 그 과정에서 스테리사이클 주식 투자자들은 상당한 수익을 올리게 되었는데, 이 기간 주가 총수익률은 무려 3,399%에 달한다.

'나쁜 성장' 피하기

기업의 모든 성장이 같은 것이라면 성장기업에 대한 투자는 훨씬 쉬울 것이다. 그러나 불행히도 기업의 모든 성장이 같은 것은 아니다. 투자자들은 '나쁜 성장'을 조심해야 한다.

나쁜 성장이란 성장은 하고 있지만 투하자본이익률이 그리 매력적이지 않은 경우를 말한다. 예를 들어 모든 주요 항공사들이 사업적으로 상당한 성장을 했지만, 사업에 대한 신속한 재투자를 정당화해주는 그런 높은 투하자본이익률을 기록한 것은 사우스웨스트 에어라인스가 유일했다.

나쁜 성장은 고비용의 기업인수를 통한 성장이나 잘못된 사업 다각화 시도를 유발하는 '성장 그 자체를 위한 성장' 식의 사고방식에서 비롯되는 경우가 많다.

투자자들은 많은 비용이 투입되는 상당한 규모의 기업인수를 통한 성장이나 그 기업의 핵심 사업에서 벗어난 성장 노력은 경계해야 한다.

'선형 성장'의 함정

투자자들은 이른바 '선형 성장'의 함정에 빠질 수 있다. 성장은 이론적인 금융모델에서만 선형으로, 즉 일직선으로 이루어진다. 그러나 현실세계에서 성장은 일반적으로 상승과 하강의 부침을 겪기 마련이다.

예를 들어 기업의 생산이 기존 설비의 생산능력 상한치에 도달하면 성장은 둔화될 수 있다. 이 경우 신규 설비를 생산라인에 추가하고, 새로운 인력을 고용, 훈련시켜야 한다. 이와 비슷하게 소프트웨어회사도 한 분기에 여러 새로운 사업이 성공했지만, 다음 분기에는 고객의 구매 결정이 소강상태에 들어갈 수도 있다. 그러나 그 과정에서도 기본적인 장기 성장 추세는 여전히 유지될 수 있다.

투자자들은 기업의 장기적인 시장 잠재력을 평가할 때 경기주기적인 성장과 장기적인 성장을 혼동하지 말아야 한다. 많은 성장투자자들은 시장 수요의 경기주기적인 상승을 장기적인 성장 추세라고 믿다가 상처를 입기도 한다.

여기서 우리가 주목하는 것은, 개별 기업 차원에서 장기적인 성장이 경기주기적인 성장으로 보이는 경우가 종종 있다는 것이다. 그리고 반대로 경기주기적인 성장이 장기적인 성장으로 보이는 경우도 종종 있다는 것이다.

투자자들은 그 성장의 기본 동인들을 심도 있게 평가해 이 둘을 구분할 수 있어야 한다.

'정밀한 예측'이 필요 없는 경우

성장기업의 시장 잠재력을 예상하는 것은 일반 투자자들에게는 벅찬 일이 될 수 있다. 특히 해당 시장이 여전히 발전 중이라면 더 그렇다. 계속 변하고 있으니 말이다.

발전하는 혹은 급속하게 확장되고 있는 시장은 장기 전망의 불확실성을 더 높일 수 있다. 그러나 이 경우 기본적인 예측이 어려운 것은 대개 시장이 불확실해서가 아니라 예측의 정밀성을 추구하기 때문이다.

투자자들은 시장 기회가 증가함에 따라 기업들이 수혜를 누릴 수 있게 되었을 때는 정밀성을 추구할 필요가 없다는 것을 인식해야 한다. 이때는 정확하게 맞추기가 불가능하다.

이런 주장이 특히 정교한 퀀트모델 시대에는 이단적으로 들릴 수도 있겠지만, 사실이다. 워런 버핏이 한마디로 정리했듯이 "비슷하게라도 맞추는 것이 정확하게 틀리는 것보다는 낫다."

달리 말해 투자자들은 시장 기회와 매수할 목표 기업의 잠재력에 대해 (아주 정밀한 분석이 아니라) 적절한 평가만 하면 된다.

지나치게 정밀성을 요구하다보면 (투자자들이 정밀하게 분석하기 어려운) 매력적인 성장기업에 대한 투자는 피하는 상황이 생길 수 있다. 대신 내재가치 상승 전망이 거의 없는 (따라서 상대적으로 정밀한 분석이 가능한) 성숙한 산업의 기업에만 관심을 갖게 될 수도 있다. 때에 따라서는 분석의 정밀성이 오히려 상황을 왜곡시킬 수도 있다는 점에 주의해야 한다.

"주주들의 최선의 이익을 위해 봉사하고 있는가?"

훌륭한 기업의 핵심 특징(지속 가능한 경쟁우위, 우수한 업무 효율성, 활용할 수 있는 대형시장 기회)을 모두 보유한 기업을 발견했다면, 투자자로서는 행복한 일이다. 다만, 그 주식에 대한 투자를 진지하게 고려하기 전에 추가로 한 가지 더 확인할 사항이 있다는 것을 잊어서는 안 된다.

그것은 "어떤 경영진이 그 기업의 가치 창출을 책임지고 있느냐?"하는 것이다. 투자자라면 이 질문에 답을 할 수 있어야 한다.

기업은 주주들이 자산을 소유하는 하나의 통로다. 하지만 그렇다고 해서 기업 구조 자체가 주주들의 최선의 이익을 보장해 주는 것은 아니다. 벌어들이는 수익이 주주들에게 공평하게 돌아가도록 하는 것은 기업 경영진의 몫이다.

경영자가 아주 훌륭하게 사업을 해서 이익과 현금흐름을 상당히 증가시켰다 해도, 기업 스튜어드십이 열악하면 주주들의 부의 상당 부분이 소실될 수 있다. 기업 자산이 경영진과 이사회에 의해 전용되거나 여러 가치파괴적인 계획으로 낭비되는 경우도 많다. 바로 이 때문에 투자자들은 주주 자산을 충실히 관리하는 좋은 집사(스튜어드)가 되겠다는 기업 경영진과 이사회의 약속을 주의 깊게 살펴봐야 한다.

좋은 관리자는 기업 자산이 자신들의 것이 아니라는 것을 알고 있다. 좋은 관리자는 자신이 그 기업의 실제 소유자인 주주들을 위해 그 자산을 임시로 관리하는 사람이라는 것을 잘 알고 있다.

워런 버핏이 좋은 기업 관리자의 본질을 간단명료하게 요약한 적이 있다. 버크셔 해서웨이의 여러 자회사 경영자들에 대한 그의 기대를 밝힐 때 한 말이다.

"회사를 (1) 여러분이 그 지분을 100% 소유한 사람처럼, (2) 그것이 여러분과 여러분 가족의 평생 유일한 자산인 것처럼, 그리고 (3) 최소한 100년 동안은 팔거나 합병할 수 없는 것처럼 경영하십시오."

불행히도, 대부분의 경영자들은 버크셔 해서웨이의 경우보다 덜 이상적인 가정 하에 자신의 일을 하고 있다. 이 때문에 투자자의 일이 더 복잡해질 수 있지만, 투자자라면 한 기업의 경영진과 이사회가 주주들의 최선의 이익에 봉사하기 위해 노력하고 있는지 제대로 파악할 수 있어야 한다. 그리고 그것을 파악하는 방법은 의사결정의 방향, 인센티브 체계, 자금정책, 그리고 투명성의 수준을 조사하는 것이다.

의사결정 방향: 회사의 가치를 극대화하는 것인가?

좋은 기업 관리자들은 그 기업의 오랜 소유자처럼 생각하고 행동한다. 이들은 기업의 장기적인 내재가치를 극대화하는 방향으로 전략적, 전술적 결정을 내린다. 이들은 이런 결정과정에서 단기적으로 수익성이 좋은 경제적 보상을 포기하기도 한다. 간혹 월스트리트 애널리스트들의 기분을 불쾌하게 만들기도 한다.

기업에 장기적으로 투자하는 주주들은 이런 경영진을 원한다. 기업의 장기적인 경쟁력을 높이는 현명한 결정을 위해 단기적인 이익은 기꺼이 희생할 수 있어야 한다.

건전한 장기적인 시각을 가진 경영자들은 제품 혁신을 촉진하는 연구개발에 대한 투자, 경쟁우위를 유지하는 제조설비의 개편, 혹은 시장 침투력을 높이기 위한 유통 인프라 확대에 대한 투자처럼 현명한 장기적인 투자에 적극적으로 나선다.

반면 분기 이익이나 여타 단기 재무실적에 사로잡힌 경영진은 장기적인 주주가치 극대화가 아니라 다른 동기를 가진 것일 수 있다.

장기적인 내재가치를 극대화하기 위해 대담하고도 현명한 투자를 한 대표적인 사례는 팩트셋^{FactSet}이다.

주택시장과 금융시장의 과잉으로 인해 세계금융시스템이 단기적으로 급락했을 때, 팩트셋의 금융 부문 고객사들이 특히 큰 타격을 받았다. 이들 중 일부는 (리먼 브라더스와 베어스턴스처럼) 파산했으며, 또 다른 많은 고객사는 파산을 면하기 위해 상당히 많은 직원들을 정리해고 해야 했다.

그러나 팩트셋은 그런 경제적 위기를 극복하기 위해 비용을 줄이는 대신 계속 인력과 IT 인프라에 투자하는 쪽을 택했다. 유망한 신규 펀더멘털 분석 제품들을 출시하고 고객에 제공하는 기존의 가치를 제고했다. 팩트셋 경영진은 이런 개선 노력을 통해 기존 고객을 대상으로 한 사업들을 더욱 확대하고 경쟁자로부터 새로운 고객을 유인해 낼 수 있을 것으로 믿었다.

이런 조치는 특히 고객들이 경기주기적인 압박을 받고 있다는 측면에서 팩트셋의 단기적인 이익을 위협했지만 팩트셋 경영진은 장기적인 수익 잠재력에 확신을 갖고 있었다. 결과적으로 최종 사용자 고객시장이 회복되면서 팩트셋은 새롭고 혁신적인 제품과 고객 지원에 대한 선제 투자로 훨씬 더 강력한 경쟁력을 갖게 됐다.

회사의 장기적인 가치를 극대화하는 데 초점을 맞춘 이런 조치들로 인해 주주들은 그 수혜를 누릴 수 있었고, 앞으로도 계속 수혜를 누리게 될 것이다.

인센티브체계: 주주들과 이해관계를 같이 하는 것인가?

좋은 관리자는 자신의 경제적 이해와 장기 주주들의 경제적 이해를 구조적으로 일치시키는 인센티브 보상체계를 수용한다. 반면 열악한 관리자는 자신의 개인적인 경제적 이해에 도움이 되는 단기적인 인센티브를 선호하는 경향이 있다.

물론 어떤 인센티브체계도 관리자와 장기 주주들 간의 이해관계의 일치를 보장할 수는 없다. 완벽한 인센티브제도는 없으며, 인센티브제도마다 장기 주주들의 이해와 일치하는 정도가 다 다르다. 그래서 더더욱 경영진의 이해와 장기 주주들의 이해를 일치시키는 방향으로 적절히 잘 고안된 인센티브체계가 중요하다.

적절히 잘 고안된 인센티브체계는 회사의 장기적인 가치 극대화와 경영진의 단기적인 경제적 보상 추구 사이에 내재된 갈등을 줄임으로써 경영자들을 올바른 방향으로 가게 할 수 있다. 또 이런 인센티브체계는 경영자가 장기 주주들을 위해 업무를 보다 잘 수행할 경우 정당한 보상을 받을 수 있다는 것을 보장해 주기도 한다.

투자자들은 미국 전역에서 이용되고 있는 수많은 인센티브제도를 평가할 때 적절한 판단력을 발휘해야 한다. 주주친화적인 인센티브제도는 기업의 장기적인 내재가치를 극대화하는 경영진의 행동을 더욱 촉진할 것이다.

적절히 잘 고안된 인센티브체계라면 장기적인 펀더멘털 실적을 중시하고, 과도한 단기적인 보상 기준들은 없는 것이어야 한다. 또한 경영진은 자신들의 평가지표로 선택한 펀더멘털 지표들이 왜 그들의 장기적인 목표 달성 여부를 알려주는 핵심 지표인지를 명확히 밝힐 수 있어야 한다. 기업의 인센티브 및 보상 구조는 미국 증권거래위원회에 제출하는 주주총회 안내장에서 잘 확인할 수 있다.

기업의 인센티브제도에서 확인해야 할 주요 특징은 다음과 같다.

1. 합리적인 기본 연봉이 책정돼야 한다: 합리적인 기본 연봉과 비합리적인 기본 연봉을 구분하는 절대적인 기준은 없다. 그러나 주총 안내장을 자세히 살펴보면, 그 기업이 경영진에게 지급하는 기본 연봉이 과도한지 아닌지를 쉽게 확인할 수 있다.

일부 기업의 경우에는 다른 기업들보다 경영자의 결정이 사업에 더 큰 영향을 미친다. 예를 들어 빠르게 성장하고 있는 소규모 전문서비스 업체의 CEO는 다국적 석유회사의 CEO보다 회사의 장기적인 실적에 더 큰 영향을 미칠 수 있다. 그런데 아이러니하게도 연봉은 그 반대인 경우가 많다.

2. 보수는 장기적인 실적 지표와 연계돼야 한다: 경영자에게 지급하는 보수의 대부분은 펀더멘털 실적 목표의 달성과 연계되어야 한다.

실적 목표 달성 여부를 평가할 때 사용할 정확한 지표들은 기업마다 그리고 경영자마다 다르겠지만, 그 지표들은 개별 경영자가 실적 달성에 어느 정도 영향을 미쳤는지 직접 보여줄 수 있는 것이어야 한다. 또한 좋은 관리자는 자신의 역할과 장기적인 내재가치 성장 간의 관계를 입증할 수 있을 것이다.

일반적으로 좋은 관리자는 수익성 지표와 성장성 지표가 모두 포함된 실적 지표를 수용한다.

3. 경영자만을 위한 특전은 없어야 한다: 여기서 말하는 '없어야 할 경영자만을 위한 특전'이란 좋은 스튜어드십과 일치하지 않는, 경영진에게만 제공되는 권한이나 혜택을 말한다.

최고 경영진이 어떤 특전을 제공받는다면 그 특전은 다른 모든 직원들에게도 함께 제공되는 것이어야 한다. 경영자를 위한 특전으로 많이 남용되는 것들로는 임원에게만 제공되는 퇴직연금기여금, 옵션 및 제한부 주식 지급에 대한 세금정산 지원, 유료 재정자문 서비스 지원, 배우자 동반 여행비 환급, 차량유지비, 클럽 회원권 회비 등이 있다.

4. 주식 소유를 장려하는 인센티브가 바람직하다: 경영진이 기업의 실질적인 주식 지분을 갖는 것은 경영진과 주주들의 이해를 일치시키는 데 상징적인 면에서도, 또한 실제적 면에서도 모두 도움이 된다.

그러나 투자자들은 경영진의 지분 참여를 장려하는 인센티브의 성격을 신중하게 살펴봐야 한다. 모든 지분 참여 인센티브가 같은 것은 아니기 때문이다.

경영자들이 외부 주주들과 마찬가지로 자신이 노력해 번 돈을 투자해야 하는 자사주 할인매입 프로그램, 혹은 장기적인 펀더멘털 실적 기준을 달성했을 때 제공되는 제한부 주식과 옵션 같은 것은 좋은 인센티브다.

반면 근무기간 같은 시간에 기초한 주식옵션을 과도하게 사용하는 경우는 피해야 한다. 이는 최고가 아닌 그저 그런 (혹은 열악한) 실적을 달성한 경영진에게도 보상을 제공할 수 있는 구조적으로 문제 있는 인센티브 수단이다. 워런 버핏은 이런 시간 기준 옵션을 "그저 시간만 가면 지불되는 로열티"라고 비꼰 바 있다.

투자자들은 인센티브 관련 사항뿐 아니라 그보다 광범위한 의미에서 경영자와 주주의 이해관계의 일치를 생각해야 한다. 보다 구체적으로 말하면, 이사회가 채택하고 기업 내규로 규정된 기업지배구조 정책이 실제로 주주들의 이해를 보호하고 있는지, 아니면 경영진과 이사회의 견고한 기득권을 보호하기 위한 것은 아닌지 확인해야 한다.

기업 정책과 내규 목록은 너무 많고 다양해서 그 전체를 확인할 수 없지만, 주주들은 주주들의 권리를 축소하는 성격을 가진 정책은 어떤 정책이든 문제를 제기해야 한다.

이런 정책들로는 이사 시차임기제, 포이즌 필$^{poison\ pill}$, 특별회의를 소집할 주주들의 권리에 대한 비합리적인 제한, 일부 주주들에게 우선 의결권을 부여하는 의결권 차등 자본구조 등이 있을 수 있다.

자본 규율: 현명하고 합리적인 자본의 사용

좋은 기업 관리자는 규율 있게 자본을 사용하는 '자본 규율'을 보여준다.

자본 규율이란 경영진과 이사회가 주주들의 자본을 투자할 때 발휘하는 현명함과 절제를 의미한다. 수년 동안 우리는 이익과 현금흐름이 상당히 증가한 성장기업들을 많이 보유했지만, 이들 중 적잖은 기업이 자본 규율에 심각한 실수를 저지르는 바람에 쇠락하고 말았다.

좋은 관리자는 기업의 자산이 주주들의 것이며, 자신은 그런 자산을 현명하게 관리할 묵시적인 책임이 있다는 것을 잘 알고 있다. 따라서 좋은 관리자는 자본을 규율 있게 배분한다.

좋은 관리자는 일련의 합리적인 가정 하에 적절한 리스크 조정 후 수익률을 올릴 것으로 예상되는 그런 사업에 투자를 해야 한다. 많은 성장기업들(과 그 경영진)에게 우리가 기대해야 할 그 적절한 수익률은 15% 내외다.

이런 경영진의 기준수익률과 마찬가지로 중요한 것은 회사의 자본 배분 과정을 공개적으로 논의하려는 경영진의 의지다. 경영진은 추진 중인 자본 프로젝트의 근거가 되는 전략적 이유와 핵심 가정들을 분명히 밝힐 수 있어야 한다.

투자자가 한 기업의 자본 규율을 살펴볼 때는 경영진이 주주들의 자본을 (1) 핵심 사업에 대한 재투자, (2) 다른 사업에 대한 투자, (3) 자사주 매입이라는 3가지 방법을 놓고 선택할 수 있다는 것을 알아야 한다.

이 3가지 방법 중에서 수익성 있게 투자할 수 있는 방법이 없다면 자본은 그 정당한 소유자, 즉 주주들에게 배당금 등으로 돌려줘야 한다.

그렇다면 이제 좋은 관리자는 주주 자본을 투자하는 이 각각의 방법에 어떻게 접근하는지 살펴보도록 하자.

핵심 사업에 대한 재투자

다른 모든 것이 동일하다고 할 경우, 우리는 핵심 사업에 재투자하는 기업을 선호한다. 핵심 사업은 리스크 조정 후 가장 높은 수익률을 제공하고 장기적인 내재가치를 제고할 가능성도 가장 높은 부분이기 때문이다.

그러나 핵심 사업에 재투자할 때도 좋은 관리자는 추가되는 각각의 투자금액 당 수익률을 신중하게 고려한다. 당연시 되는 것은 아무 것도 없다. 장기적으로 가능한 자본이익률 기준 이하로 판단되는 투자는 하지 않는다.

핵심 사업에 대한 재투자는 여러 형태가 있을 수 있다. 제품 개발에 더 많은 개발자를 투입하거나, 신규 브랜드 구축 프로모션을 하거나, 고객지원 인력에 대한 교육을 강화하거나, 새로운 사업정보 플랫폼을 설치하는 것 등이 될 수 있다.

이런 각각의 노력의 수익 잠재력을 측정하는 것은 어려운 일이겠지만, 경영진은 그 각각의 투자 이유 그리고 그런 노력이 장기적인 내재가치 상승에 미칠 수 있는 영향을 분명히 밝힐 수 있어야 한다.

다른 사업에 대한 투자

기업인수, 합작, 소수지분 투자, 또는 그 외의 수단을 통한 다른 사업에 대한 투자가 기업의 내재가치를 증대시키기도 한다. 그러나 기업 경영자들이 피인수기업에 과도한 비용을 지불하고 피인수기업에서 기대되는 재정적 효과를 부풀리는 경향이 그동안 꾸준히 있었다.

계속 축적되고 있는 경험적 증거와 경험을 통해 보면, 대부분의 기업인수는 자만, 맹목적인 제국 건설 성향, 주주 이해와 일치되지 않은 재정적 인센티브, 엉성한 분석, 혹은 열악한 판단 등 수많은 이유로 주주가치를 파괴한다.

외부 사업에 대한 성공적인 투자는 그 규모가 적절하고, 기존의 핵심 능력을 이용하며, 불확실성을 고려해 매수가에 상당한 안전마진을 두는 투자인 경우가 많다.

자사주 매입

주주들의 자본을 투자하는 세 번째 방법은 공개시장에서 자사주를 매수하는 것이다. 이런 자사주 매입은 주주들의 자본을 투자하는 앞의 두 방법과 마찬가지로 주주 자본을 투자하는 것으로 간주되어야 한다. 불행히도, 최근에는 자사주 매입을 별도의 범주로 보려는 경향이 있다.

경영진은 이용하는 자본의 장기적인 기대수익률을 고려할 필요가 있다. 많은 기업이 자사주 매입의 장기적인 수익률은 고려하지 않은 채 자사주 매입에 나서고 있다. 많은 경우에 이들은 자사주 매입을 스톡옵션 제공에 따른 지분 희석 효과를 흡수하는(상쇄하는) 수단으로 정당화한다.

그러나 이런 식의 자사주 매입은 외부 주주들에게서 내부자들로 부富를 교묘히 이전하는 것에 불과하며, 따라서 열악한 기업 스튜어드십을 보여주는 하나의 사례가 되기도 한다. 좀 더 분명히 말하면, 자기 회사 주식에 자본을 투자했다고 해서, 경영진이 그 투자의 수익 잠재력 평가 책임에서 자유로운 것은 아니다.

어떤 경우 기업들은 자사주 매입에 적극적이고 실질적으로 유통주식 수를 줄이려고 한다. 물론 주식 수 감소는 주식 희석보다 좋은 것이다. 그러나 주식 수의 감소는 자사주 매입에 투자된 자본이 창출하는 수익에 대해서는 투자자들에게 아무것도 말해주는 것이 없다.

투자자들이 자사주 매입으로 혜택을 보는 것은 자사주 매입으로 인한 기대수익이 적절할 때뿐이다. 자사주 매입에 사용된 자본의 기대수익률이 열악할 경우 주식 수 감소라는 명분은 완전히 허울에 불과하다.

좋은 관리자라면 이것을 잘 이해하고 있으며, 따라서 자사주 매입을 포함한 모든 자본 투자의 수익률 전망을 분명히 밝힐 수 있어야 한다.

자본을 주주들에게 돌려주는 문제

모든 훌륭한 성장기업들의 경우 사업에 현명하게 재투자하는 데 필요한 것 훨씬 이상의 현금(잉여자금 excess capital)을 창출하게 되는 날이 온다. 좋은 관리자는 사업에 필요한 것 이상으로 창출된 이런 현금흐름은 주주들에게 돌려줘야 한다는 것을 잘 알고 있다.

또한 좋은 관리자라면 잉여자금을 주주들에게 돌려주는 명확한 정책을 분명히 밝힐 것이다.

자사주 매입은 주주들에게 자본을 돌려주는 것이 아니다

자본을 주주들에게 돌려주는 문제에 대해 생각할 때, 선의를 가진 경영자와 현명한 투자자마저 빠질 수 있는 한 가지 함정이 있다. 그것은 자사주 매입을 주주들에게 자본을 돌려주는 것으로 생각하는 것이다.

일반적인 인식과 달리 자사주 매입은 주주들에게 자본을 돌려주는 것이 아니다. 매력적인 가격에 자사주를 매입한다고 해도, 주주들은 자신의 주식을 팔기로 했을 때만 자본 수익을 올리게 된다. 그런데 주식을 파는 것은, 처음 그 기업에 투자한 목적을 버리는 것이다.

배당금 지급은 좋은 스튜어드십을 보여주는 징표다

자본을 주주들에게 실제로 돌려주는 유일한 방법은 배당이다.

배당은 모든 주주들을 평등하게 대한다. 또한 배당은 회사의 지속적인 현금흐름 창출에 적극적으로 참여하고 있는 경영자들이 많은 주식을 보유하게 만들기도 한다.

따라서 배당은 경영자와 주주들의 이해관계를 더욱 일치시킬 수 있는, 그러나 이 목적으로는 아직 활용도가 낮은 수단이다.

그런데 배당금 지급을 지지하는 주장에도 불구하고, 많은 훌륭한 성장기업들은 여러 이유로 배당금 지급을 거절해왔다. 그 중 가장 일반적인 이유는 아마도 배당금 지급을 회사의 성장 기회가 고갈되었다는 것을 암묵적으로 인정하는 것이라고 믿기 때문일 것이다.

그런데 (좋은 경영자는 월스트리트의 기대에 맞춰 사업전략이나 자본배분을 추진하지는 않는다는 사실을 잠시 무시하면) 이런 믿음은 경험적으로 타당하지 않다.

2003년 1월 〈파이낸셜 애널리스트 저널〉에 실린 로버트 아노트Robert Arnott와 클리프 애스니스Cliff Asness의 연구에 따르면, 배당금을 지급하는 회사들의 미래이익은 배당금을 지급하지 않는 회사들보다 높은 비율로 증가했다.

아노트와 애스니스는 기업들의 배당금 지급 거절에 대해 이렇게 비판했다.

"역대 증거는 미래이익의 예상 증가율은 현행 배당성향이 높을 때 가장 높고, 현행 배당성향이 낮을 때 가장 낮다는 점을 강력히 보여주고 있다. 따라서 우리의 증거는 이익잉여금의 재투자가 미래이익을 보다 높은 비율로 증가시킬 것이라고 믿는 많은 사람들의 견해를 반박하는 것이다. 우리의 증거는 배당금을 통해 자신들의 이익 전망을 보여주는 경영자들, 혹은 이따금 비효율적인 제국 건설에 나서는 경영자들에 관한 일화와 일치한다."

잉여자금이 있는 성장기업의 경우, 넉넉한 배당금을 지급하는 것이야말로 주주들을 존경하고 있으며 좋은 스튜어드십을 위해 노력하고 있다는 것을 가장 잘 보여주는 징표가 된다.

'이익 첨가'라는 허울

기업인수나 자사주 매입에 대한 자본 투자를 정당화할 때 경영진은 일반적으로 '이익 첨가^{accretion}'라는 금융공학적 개념을 종종 언급한다.

이익 첨가란 지금 현재 수익률이 낮은 자본(예컨대 재무상태표의 현금)을 보다 수익률이 높은 자산(예컨대 인수한 사업)에 투자함으로써 발생하는 주당순이익의 증가를 말한다. 외견상 이는 금융학적으로 타당한 것 같다. 보다 높은 수익을 올리고 주당순이익을 증가시키는 것을 싫어할 이유가 있을까?

그런데 이익 첨가라는 주장은 이런 투자를 정당화하기 위한 눈가림에 불과하다. 얼핏 들으면 이익 첨가는 좋은 말처럼 들리지만, 해당 투자가 주주 자본을 실제로 신중하고 현명하게 사용한 것인지에 대해서는 아무것도 말해주는 것이 없다. 이익을 꽤 증가시키면서도 주주들에게는 오히려 평균 이하의 수익을 제공하는 투자도 있다.

예를 들어 기업 A가 단기금융상품$^{money\ market\ fund}$ 형태로 연 1%의 이자 수익을 올리고 있는 1억 달러의 현금을 갖고 있다고 해보자. 1억 달러의 현금으로 연 100만 달러의 이익을 올리고 있는 것이다.

그런데 경영진이 그 1억 달러를 가지고 연간 세후 300만 달러의 이익이 예상되는 기업 Z의 인수를 결정했다. 이 기업인수는 이익 첨가 효과를 낸다. 인수한 기업에서 올리는 300만 달러의 이익이 현금으로 올리는 이자 수익 100만 달러보다 많기 때문이다.

그러나 투하자본수익률의 측면에서 이 기업인수를 보면, 그 수익률은 보잘것없는 3%에 불과하다. 주주들 입장에서는 차라리 회사가 그 1억 달러를 그냥 배당금으로 주는 편이 더 나을 것이다. 결국 그 돈은 주주들의 돈이다. 그리고 또 투자자라면 그 돈을 갖고 3%보다는 높은 수익을 올릴 수 있는 다른 대안적인 투자자산을 찾을 수 있을 것이다.

그럼에도 불구하고 수익률이 형편없는 프로젝트에 주주들의 자본을 투자하는 것을 정당화하는 구실로 이익 첨가라는 개념이 너무 자주 사용되고 있다.

'열악한 스튜어드십'의 사례: 어도비

여러분이 성장산업에서의 지배적인 지위를 누리고 있고, 두 자릿수 이익 및 매출 증가율이라는 훌륭한 요소를 모두 갖춘 성장기업에 투자하고 있다면, 탄탄한 투자수익률을 기대할 수 있을 것이다.

그러나 좋은 스튜어드십의 기본 원칙에 대한 경영진의 노력과 헌신이 부족하다면, 주주들이 마땅한 보상을 받지 못하는 경우가 생길 수도 있다. 어도비Adobe Systems가 그 대표적인 사례다.

어도비는 전자문서의 표준이 된 유비쿼터스 PDF파일로 가장 잘 알려져 있지만, 다른 훨씬 많은 부문에서도 사업 경쟁력을 보유하고 있다. 어도비는 고객들이 여러 운영체제, 미디어, 그리고 모바일 기기들에서 콘텐츠를 창조하고, 전달하고, 최적화하는 것을 돕는 소프트웨어를 설계하고 있다. 어도비 크리에이티브 스윗Creative Suite 소프트웨어 제품은 수십 년 동안 산업 표준으로 군림하면서 어도비에 방어 가능한 사업모델과 강하게 억류된 고객 기반을 제공해 주었다.

2004년부터 2010년 사이 어도비의 매출은 128%, 정상 주당순이익은 62% 증가했다. 하지만 주가는 오히려 8% 하락했다. 주주들에게는 배당금도 전혀 지급하지 않았다. 이게 도대체 무슨 일일까? 어도비의 장기 주주들은 자신들의 몫에 도대체 무슨 일이 생긴 것인지 지금도 여전히 의아해 하고 있을 것이다.

어도비 경영진이 핵심 사업을 방어하고 성장시키는 일은 훌륭히 해냈지만, 그 6년 동안 경영진과 이사회는 주주들의 자본을 가지고 여러 의문시되는 투자를 했다. 여기에는 52억 달러를 투입한 두 기업에 대한 인수와 68억 달러를 지출한 자사주 매입 등 총 120억 달러의 '투자'가 있었다.

어도비 경영진 입장에서 말하면, 인수한 두 기업은 역동적인 성장 전망을 가진 훌륭한 기업이었다. 그러나 이 두 기업을 인수하는데 지불한 가격은 적절한 자본수익률을 올릴 수 없을 정도로 너무 높은 가격으로 보였다.

또한 자사주 매입으로 최근 몇 년간 어도비의 주식 수가 감소했지만, 전체적으로 자사주 매입에 사용된 많은 자본은 (그 자본의 수익률은 거의 고려하지 않고) 기업을 인수하고 스톡옵션을 제공하기 위해 발행된 주식들로 발생한 희석 효과를 줄이는데 소모되고 말았다.

팩트셋에 따르면, 이런 투자의 결과는 2005년 36%로 견고했던 어도비의 투하자본이익률이 2010년 12%로 하락하는 것으로 나타났다. 열악한 '자본 규율'에 따른 결과였다.

전체적으로 여러 증거에 따르면, 좋은 스튜어드십에 대한 헌신과 노력이 근본적으로 부족하면 기업의 이익 배수(PER)를 잠식하게 된다. 어도비 경영진이 기업인수와 자사주 매입에 사용한 자본을 주주들에게 그냥 배당금으로 돌려줬다면, 주주들은 5년 동안 주당 총 21달러 정도의 배당금을 받았을 것이다. 5년 전인 2005년 주당 30달러 수준에서 어도비 주식을 매수했다면, 꽤 높은 수익률이 되는 금액이다.

투명하게 밝히면 경쟁에 불리하다?

좋은 관리자는 숨길 게 전혀 없다. 이들은 사업전략과 인센티브제도를 포함한 경쟁과 직접 관련이 없는 회사의 모든 측면에서 투명하다.

이 덕분에 주주들은 회사의 사업 수행과 그것이 주주들의 이해와 일치하는지 여부를 적절히 평가할 수 있다.

그런데 많은 경영자들은 투명하게 밝히면 경쟁에 불리하다는 이유로 많은 것을 숨기고 있다. 이런 주장 대부분은 주주 친화적이지 않은 회사와 경영진의 관행을 숨기기 위한 얄팍한 변명에 불과하다.

시간은 소수의 좋은 주식을 찾는 데 써야 한다

능력이 뛰어난 마케팅팀이라면, 어떤 기업이든 해당 기업을 미래의 훌륭한 성장주로 포장할 수 있다. 그러나 지속 가능한 경쟁우위, 방어 가능한 사업모델, 그리고 좋은 스튜어드십에 헌신하는 경영진을 가진 정말 훌륭한 기업은 매우 드물다.

우리 경험상 적어도 20개 기업을 분석해야 이런 특징들이 강하게 결합된 한 개의 기업을 찾을 수 있었다. 그러나 이런 특별한 보석을 발견한데 따른 보상은 매우 크다.

이와 관련해 피터 린치$^{Peter\ Lynch}$는 이런 말을 남겼다. "평생 몇 개의 좋은 주식만 있으면 된다. 한 주식이 도대체 몇 번이나 10배로 뛰어야 큰돈을 벌 수 있을까? 그렇게 여러 번 뛰지 않아도 된다."

벤자민 그레이엄의
성장주 투자법

> # 7

투자 사례:
그레이엄의 가르침을
제대로 활용하라

> 인내하면서 포기하지 않고 꾸준히 목적을 추구하는 것은
> 명석한 것보다 두 배 이상의 가치가 있다.
> - 토머스 헨리 헉슬리

투자 경험을 소개하는 목적

악천후로 조종사가 지상에 머물러야 할 때가 가끔 있는데, 이때는 비행 관련 공부를 하기에 좋은 때다. 이런 경우를 일컫는 말이 '격납고 비행hangar flying'인데, 조종사들이 모여 앉아 자신의 비행 경험을 서로 나누는 것이다.

이때 아주 경험이 풍부한 조종사가 몇 명 있고 그들이 기꺼이 자신의 경험을 나눈다면, 그날은 운이 좋은 날이다. 경험이 부족한 조종사들이 선배들로부터 배울 수 있는 중요한 기회가 되기 때문이다.

항공업계는 이런 격납고 비행을 일주일짜리 특별행사로 확대 개최해서 정말 훌륭한 몇몇 조종사들을 초청한다. 위스콘신 주 오시코시에서 매년 개최되는 실험항공기협회(EAA)Experimental Aircraft Association의 오시코시 에어쇼가 그런 것이다.

7일간 개최되는 이 에어쇼와 연중 개장되는 오시코시 EAA 항공박물관EAA Aviation Museum에는 연간 100만 명 이상이 찾아와 며칠 동안 머물면서 최신 항공장비와 개인이 제작한 항공기들을 살펴보고 자신의 비행 경험담을 나눈다.

EAA 에어쇼의 역동적인 분위기를 제대로 전달하는 것은 불가능하지만 대략이나마 그 분위기를 전하면, 내가 처음 이 행사장에 갔을 때는 인류 최초로 달 궤도를 비행했던 아폴로 8호의 선장 프랭크 보먼 Frank Borman을 포함한 3명의 전직 우주비행사들이 참석했었다.

J-3 컵J-3 Cub 경비행기를 몰던 풋내기 조종사 시절에 대해 이야기 하던 이들은 행사에 참석한 훌륭한 여러 세미나 연사 중 일부였다. 노련한 조종사이자 위스콘신대학 교수인 내 동생 제이를 포함한 다른 여러 연사들도 비행과 항공기 제작에 관련된 그들의 지혜와 경험을 참석자들과 공유했다.

그러나 세미나는 이 행사에서 우리가 즐길 수 있는 여러 신나는 경험의 일부에 불과했다. 계속 윙윙거리는 항공기 소리와 행사 기간 중 매일 열리는 에어쇼까지 고려하면, 내가 왜 EAA 에어쇼를 '최고의 격납고 비행'이라고 하는지 알 수 있을 것이다.

나는 EAA 에어쇼 분위기를 전함으로써 우리의 격납고 비행 경험을 여러분에게 전하려고 했다. 이와 유사하게 우리는 이번 장에서 지난 몇 년 동안 우리가 투자했던 일부 주식을 중심으로 우리의 (좋았던, 그리고 나빴던) 실제 투자 사례를 소개하고자 한다.

전혀 꾸미지 않고 있는 그대로 우리의 투자 사례를 소개하는 목적은 우리가 어떤 분석과정을 거쳐 이 주식들을 매수하기로 했는지 그 과정을 순서대로 보여주기 위해서다.

이런 우리의 실제 사례를 살펴봄으로써, 투자에 유익한 지식을 쌓는 것은 물론 이 책에서 소개한 전략을 활용해 성공적인 투자를 하는데 도움이 되기를 바란다.

'한물 간 컴퓨터 제조회사' 애플

오늘날 애플은 지구상에서 가장 혁신적이고 성공적인 기술기업 중 하나로 평가되고 있다. 연 매출액이 750억 달러를 넘을 뿐 아니라 시가총액이 3,000억 달러를 돌파하면서 세계에서 두 번째로 큰 상장기업이 되었다(2011년 기준).

그러나 1990년대 말 우리가 처음 애플을 분석할 때, 애플은 시장점유율이 하락하고 미래가 불확실한 한물 간 컴퓨터 제조회사였다.

1998년 5월 우리가 처음 애플 주식을 매수했을 때, 애플의 연 매출액은 1995년에 기록한 111억 달러 고점에서 크게 하락한 59억 달러에 불과했다. 애플의 컴퓨터 판매 대수는 270만 대에 불과했고, 개인용 컴퓨터 시장점유율은 4% 밑으로 하락했다. 때문에 당시 새로 출시된 윈도우 98과 윈도우 NT를 통해 마이크로소프트가 컴퓨터시장을 영원히 지배할 것처럼 보였다.

그러나 1997년 애플에는 우리의 관심을 끈 흥미로운 상황이 전개되고 있었다. 당시 애플은 넥스트^{NeXT}라는 소프트웨어회사를 인수했고, 이 인수를 통해 애플의 공동창업자였던 스티브 잡스가 임시 CEO로 복귀했다.

당시 월스트리트와 많은 투자자들의 공통된 견해는 이러했다. "델

Dell, 컴팩^{Compaq}, 혹은 휴랫팩커드$^{Hewlett-Packard}$같은 시장 주도업체에 투자할 수 있는데, 누가 왜 시장점유율 4%에 불과한 한물 간 개인용 컴퓨터 제조회사에 투자하겠는가?"

그러나 우리는 잡스가 실행에 나선 최초의 턴어라운드 노력과 애플이 여전히 보유하고 있던 애플만의 일부 경쟁우위에 흥미를 느꼈다. 우리는 1998년 처음 애플 주식을 매수했고, 그 후 4년에 걸쳐 포지션을 구축하게 됐다. 우리의 이런 결정에 많은 고객들은 회의적이었다. 게다가 우리가 포지션 구축에 나선 후 처음 몇 년 동안 애플이 기록한 그저 그런 실적은 그런 회의를 더욱 증폭시켰다.

그러나 애플에 대한 우리의 확신, 그리고 비판을 무릅쓰고 인내하면서 애플에 대한 투자를 유지하기로 한 우리는 결과적으로 우리의 가장 낙관적인 전망마저 훨씬 뛰어넘는 엄청난 보상을 받게 됐다.

애플에 투자한 이유

월스트리트 대부분이 비틀거리는 이 컴퓨터 제조회사를 회피할 때 우리가 애플에 투자하게 된 이유는 무엇일까? 애플을 다시 훌륭한 성장기업으로 만들어 줄 것으로 우리가 주목한 요인들은 다음과 같다.

독창적 비전을 겸비한 리더

스티브 잡스는 항상 독창적인 비전을 가진 사람으로 유명하다. 그리고 애플의 경영권을 다시 장악했을 때, 그는 '단순한 컴퓨터 제조사가 아니라 누구나 쉽게 사용할 수 있는 인터넷 접속 소비자 전자기기 부문의 선도자로서의 애플'에 대한 그의 비전을 분명히 밝혔다.

잡스는 웹의 혁명적인 힘과 막 시작된 패러다임의 전환을 잘 이해했다. 그는 개인용 컴퓨터를 계산용 컴퓨터나 워드프로세서 기기로만 보지 않고 웹에 연결해 여러 형태의 미디어를 가공, 처리할 수 있는 커뮤니케이션 기기 혹은 가정의 '디지털 허브'로 봤다.

인터넷의 출현: 컴퓨터산업의 거대한 물결

당시 컴퓨터산업의 거대한 구조적인 변화로 인터넷이 출현하고 있었다.

역설적이게도 이런 거대한 변화는 시장점유율이 '낮은' 회사들에 유리하게 작용하는 경향이 있었다. 시장점유율이 낮은 회사는 보다 확고한 시장점유율을 가진 경쟁자들보다 더욱 기민하게 이런 변화에 대응할 수 있었다.

특히 인터넷은 그동안 애플을 괴롭혀왔던 거대한 진입장벽을 획기적으로 낮추는 효과를 제공했다.

기존 개인용 컴퓨터의 94%가 윈도우 운영시스템을 사용하고 있었고, 애플의 매킨토시 컴퓨터는 윈도우 기반의 개인용 컴퓨터와 잘 맞지 않았다. 윈도우용으로 설계된 애플리케이션들은 매킨토시 컴퓨터에서 구동되지 않았고, 그 반대의 경우도 마찬가지였다.

그런데 인터넷은 경기장을 평탄하게 만들어 주었다. 이용자들이 점점 웹으로 이동하면서 이들이 사용했던 운영시스템의 형태는 (그들이 웹 브라우저를 가지고 있는 한) 그 중요성이 감소했다.

강력한 브랜드와 충성도 높은 고객 기반

애플 브랜드는 세계에서 가장 유명한 브랜드 중 하나다. 당시 얼마 전까지 겪었던 많은 문제에도 불구하고 애플은 여전히 매우 충성심 있고 열광적인 2,200만 명의 확고한 매킨토시 사용자 기반을 보유하고 있었다.

'지적재산권'이라는 경쟁력

애플은 하드웨어와 소프트웨어에서 지적재산권을 보유한 극소수 컴퓨터회사 중 하나였다. 이는 상품commodity화 된 개인용 컴퓨터 부문에서 혁신과 차별화의 기반이 되었다.

또한 이런 지적재산권을 통해 애플은 자사 컴퓨터 가격을 온전히 확보하고 매출총이익률을 경쟁자들보다 현저히 높일 수 있었다.

선택과 집중: 제품라인의 단순화

잡스가 착수한 첫 번째 주요 노력 중 하나는 회사의 제품라인을 단순화하는 것이었다. 그는 애플이 공급하던 19개 제품 중 프린터와 뉴턴 PDA폰을 포함해 15개 제품을 없애고, 4개의 핵심 제품(콘텐츠 창작자 및 여타 전문가용 개인용 데스크톱과 노트북 컴퓨터 제품, 그리고 일반 소비자 및 교육 시장용 데스크톱과 노트북 컴퓨터 제품)에 집중했다.

전문가용인 강력한 G3 시리즈 데스크톱 컴퓨터는 경쟁제품들보다 2배나 빠른 속도를 자랑했다. 1997년 가을에 출시된 G3 시리즈는 애플의 수익성 회복에 기여했다. G3에 이어 1998년 5월에는 전문가용 휴대형 파워북 G3를 출시했는데, 이 또한 시장의 환영을 받았다.

사업모델 자체를 바꾸다

잡스 복귀 전 애플이 중점을 둔 사업모델은 선 제작-후 판매 모델로, 판매를 목적으로 먼저 컴퓨터를 만드는 것이었다. 그러나 잡스가 선호했던 사업모델은 델의 사업모델(먼저 컴퓨터를 팔고 그 다음 컴퓨터를 만드는 선 판매-후 제작)과 유사한 것이었다.

애플이 제품라인을 단순화한 후 그 다음 추진한 과제는 사업모델을 바꿔서 그동안 회사를 괴롭혀왔고 1996년에는 거의 파산지경까지 몰고 갔던 열악한 재고관리 관행을 없애는 것이었다. 이를 위해 잡스는 컴팩의 팀 쿡$^{Tim\ Cook}$을 영입해 사업모델의 전환에 가속도를 붙였다.

쿡이 합류하기 전 애플은 5주치 재고를 보유하고 있었으며, 연간 재고자산 회전율은 델의 40배에 비해 현저히 낮은 10배에 불과했다.

재고관리가 이렇게 열악했던 것은 상당 부분 공급망 관리에 문제가 있었기 때문이었다. 관리자들은 아예 엉뚱한 매출 전망에 의존하고 있었기 때문에 생산과 수요를 제대로 맞출 수가 없었다. 애플은 수요에 맞출 수 없어 잠재적 매출을 놓치거나, 아니면 엄청난 비용을 들여 상각 처리해야 할 막대한 잉여 재고에 발목이 잡혀있었다.

컴팩에서의 경험을 통해 팀 쿡은 개인용 컴퓨터 제조업에서 가장 중요한 지표 중 하나는 재고자산 회전율이라는 것을 알고 있었다. 그는 회사를 약화시키는 재고 회전 주기를 바꾸기 위해 노력했다. 애플의 비효율적인 생산과정을 정비하면서 공급망 역시 과감히 개편해 나갔다.

이런 목표를 달성하기 위해 애플은 직접 제품을 제조하는 일은 중단하기로 했다. 이에 따라 여러 공장 문을 닫고 수천 명의 직원을 정리해고 했다. 그리고 제조와 조립 부문 대부분은 규모의 경제를 갖추고 공급망 관리에 전문성을 입증한 하청 제조업체에 아웃소싱 했다.

그 결과는 게임 자체를 바꾸는 수준이었다. 의심스러운 매출 전망에 기초해 수천 대의 컴퓨터를 미리 만드는 대신 애플은 주간 단위로 매출을 전망하고 일간 기준으로 생산을 조정했다. 이에 따라 총재고는 82%로 줄였으며, 재고관리에 소요되던 3억 5,000만 달러 이상의 운전자본 부담도 해소되었다.

재고자산 회전율도 델 수준 정도가 아니라 그를 초월하는 60배 이상으로 끌어올림에 따라 이제 애플은 세계에서 가장 효율적인 개인용 컴퓨터 제조사 중 하나가 되었다.

애플의 사업모델에서 또 하나 중요한 변화는 1997년 11월 스티브 잡스의 발표에서 나왔다. 그것은 애플이 새로운 온라인 애플 스토어를 통해 인터넷과 전화로 직접 컴퓨터를 판매하겠다는 것이었다.

온라인 애플 스토어는 즉각 성공해서, 일주일도 안 돼 웹에서 세 번째로 큰 전자상거래 사이트가 되었다.

스티브 잡스가 그린 '새로운 애플'

1998년 초 우리가 애플에 대한 분석을 시작할 당시, 앞에서 정리한 이런 여러 요인들로 인해 애플의 재무상황이 현저히 개선되었다. G3 제품라인은 나오자마자 팔려나갔다.

1998년 1월 맥월드Macworld에서 스티브 잡스는 1년 만에 처음으로 애플이 분기 흑자를 기록했다고 발표했다. 그리고 같은 해 4월, 이번에도 분기 흑자를 기록했다고 발표했다. 월스트리트 전망치보다 2배 이상 높은 실적이었다.

이런 흑자 전환은 개선된 재고관리로 확보한 자금과 함께 애플의 재무상태를 훨씬 더 강하게 만들었다. 그해 3월 말 기준으로 애플은 9억 5,000만 달러의 장기부채에 18억 달러 이상의 현금을 보유하고 있었고, 시가총액은 약 35억 달러였다.

우리가 보기에 애플의 사업 모멘텀이 변하고 있는 게 분명했다. 월스트리트의 컨센서스는 애플의 장기 전망에 여전히 매우 부정적이었지만, 우리는 빨리 매수에 나서고 싶었다.

애플의 내재가치와 최초 매수가 7.6달러

우리의 펀더멘털 분석의 마지막 부분은 그레이엄의 가치평가 공식을 사용해 애플의 내재가치를 추산하는 것이었다.

진행 중에 있는 대대적인 변화와 애플의 흑자 전환 때문에 '정상화'한 재무적 가정을 이용하는 것이 특히 중요했다.

우리는 제품라인의 정리를 감안해 애플의 연간 정상 매출액을 58억 달러로 추산했다. 애플의 턴어라운드가 급속한 이익 증가로 이어졌지만, 7년 정상 이익증가율로 10%를 사용하는 것이 현명하고 신중하다고 느꼈다. 당시 적절한 정상 영업이익률 추산치는 10%였고, 이를 적용하면 주식분할 조정 기준으로 정상 주당순이익은 0.52달러였다.

따라서 그레이엄의 가치평가 공식 '[8.5 + (2 × 이익증가율)] × 주당순이익'을 적용할 때, 우리는 이익증가율은 10%, 정상 주당순이익은 0.52달러를 사용했다. 그 결과, 애플의 현재 내재가치는 다음과 계산됐다.

애플의 현재 내재가치 = [8.5+(2 × 10)] × 0.52 = 14.82달러

우리가 계산한 애플의 현재 내재가치(현재가치) 14.82달러는 당시 약 7달러였던 (주식분할 조정 후) 애플 주가보다 2배나 높은 금액이었다. 여기까지는 아주 좋았다.

그 다음 단계는 애플의 7년 후 내재가치(미래가치)를 계산하는 것이었다. 미래의 내재가치를 판단하기 위해 우리는 정상 주당순이익의 예상 증가율을 향후 7년 동안은 10%로 예상했고, 그 후의 이익증가율(영구성장률)은 7%로 낮췄다. 이런 가정을 적용하면 애플의 7년차 주당순이익은 1.01달러가 된다. 여기에 7년 후 이익증가율 7%를 적용하면, 7년 후 애플의 내재가치는 다음과 같이 계산됐다.

애플의 미래 내재가치 = [8.5+(2 × 7)] × 1.01 = 22.73달러

이 22.73달러의 미래 내재가치를 당시 애플의 주식분할 조정 후 주가 7달러와 비교하면 7년간 연평균 기대수익률은 18.3%가 되고, 이는 우리의 기준수익률 12%를 충분히 초과했다.

애플의 주요 발표들과 함께 이런 매력적인 기대수익률에 주목한 우리는 1998년 5월 6일 애플 주식을 매수하기 시작했다.

애플의 일반 소비자 및 전문가용 신제품 전략이 회사의 발표로 공개되었다. 2개의 휴대용 제품라인, 2개의 데스크톱 제품라인 그리고 완전

그림 7-1 · 애플 투자 사례 : 1998년 5월 6일 최초 매수

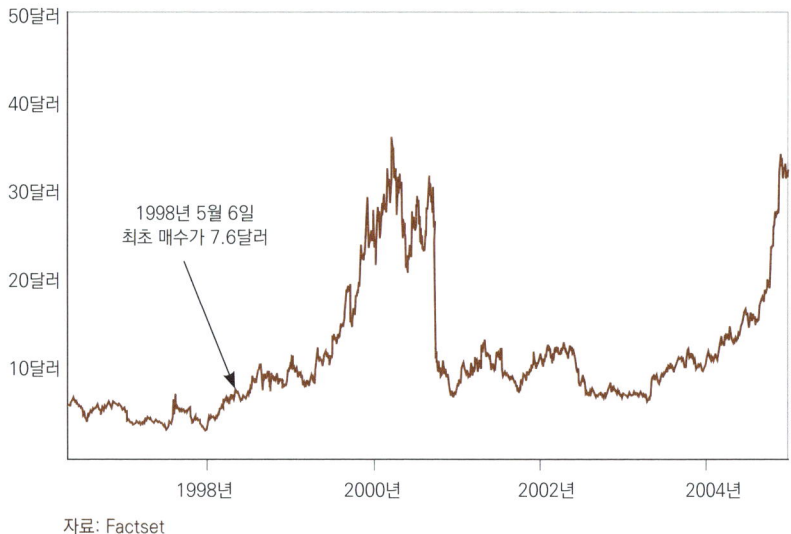

자료: Factset

히 새로운 맥 컴퓨터 모델이 그런 신제품들의 주력이었다. 급진적인 새로운 디자인을 특징으로 한 이 신제품 모델은 ('일반인을 위한 인터넷 시대의 컴퓨터'라고 하는) 아이맥iMac이었다.

애플 주식에 대한 우리의 최초 매수가는 주당 평균 7.6달러였다.

베스트셀러 '아이맥': 1차 추가 매수가 8.7달러

강렬한 푸른색에 반투명 삼각형 모양의 본체를 가진 아이맥은 1998년 대부분의 디자인상을 휩쓸었다. 아이맥은 간편한 인터넷 접속 기능과 펜티엄이 탑재된 파워PC G3의 성능을 갖췄다. 잡스는 아이맥을 이렇게 소개했다.

"우리는 소비자들이 가장 관심을 갖는 것(인터넷의 즐거움과 맥의 단순

함)에 부응하기 위해 아이맥을 설계했다. 오늘 우리는 컴퓨터산업에 다시 낭만과 혁신을 불어넣었다. 아이맥은 모든 사람에게 애플의 의미를 상기시켜주고 있다. 아이맥은 복잡한 설치 과정 없이 뜯자마자 바로 사용할 수 있는 완전한 인터넷 시대의 컴퓨터다."

아이맥은 일반 소비자와 교육 시장을 목표로 했고, 일반 가정을 목표로 출시된 최고 속도의 윈텔^{Wintel} 컴퓨터보다 2배나 빠른 속도를 자랑하는 본체-모니터 일체형 디자인이었다. 어떤 경우 가격은 반값에 불과했다.

5월 말 맥월드 개발자 컨퍼런스에서 잡스는 반려견을 데리고 등장했다. 그리고 비디오 영상 하나를 틀어 아이맥이 얼마나 다루기 쉽고 단순한 컴퓨터인지를 보여주었다.

그 영상에는 아이맥 컴퓨터를 설치하고 인터넷에 접속하는 과제를 수행하는 8살짜리 소년이 나오고, 또 휴렛팩커드 개인용 컴퓨터로 같은 과제를 수행하는 중년 남성도 나왔다. 8살짜리 소년이 아이맥을 설치하고 웹서핑을 시작하는 데 불과 8분이 걸린 반면, 중년 남성이 휴렛팩커드 개인용 컴퓨터를 설치하고 웹서핑을 시작하는 데는 무려 28분이나 걸렸다!

아이맥은 소프트웨어 개발 업계에도 큰 반향을 불러일으켰다. 아이맥 공개 후 2개월 동안 소프트웨어 개발자들은 200개에 달하는 새로운 혹은 업그레이드된 맥 응용 프로그램들을 발표했다.

그리고 7월 애플은 또 다시 월스트리트의 예상을 깨고 1억 100만 달러의 분기 순이익을 내면서 3분기 연속 흑자를 발표했다. 애플의 주가는 이런 실적에 긍정적으로 반응했다. 하지만 회의론자들이 목소리를

그림 7-2 · 애플 투자 사례 : 1998년 8월 5일 1차 추가 매수

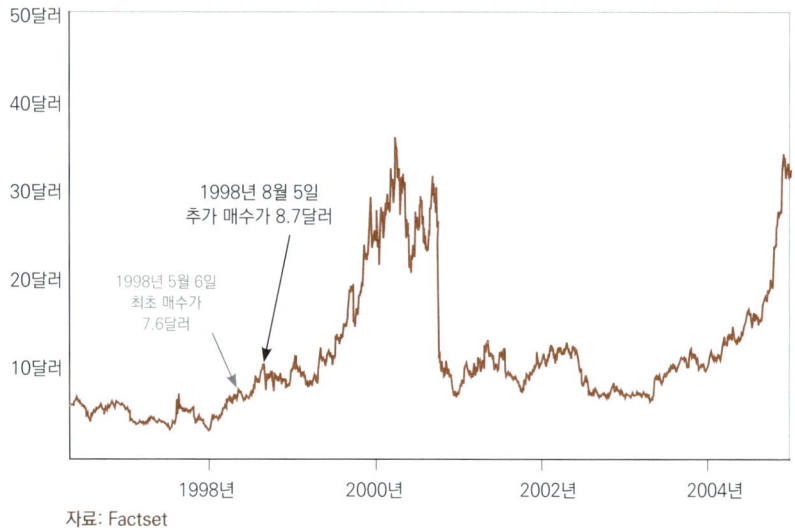

내면서 다시 변동성을 보였다.

우리는 '미스터 마켓'이 제공한 회의론과 주가 변동성을 이용해 8월 5일 평균 매수가 8.7달러에 애플 주식을 추가 매수했다. [그림 7-2]의 주가 추이에서 볼 수 있듯이 애플의 주가는 회사의 펀더멘털 개선이 가속화되면서 계속 상승했다.

아이맥은 그해 가을 시즌 거의 내내 미국에서 가장 잘 팔리는 베스트셀러 컴퓨터가 되었고, 이는 애플의 전체 매출액을 월스트리트 대부분의 전망치보다 훨씬 높은 수준까지 끌어올렸다.

10월 애플은 계속해서 월스트리트의 전망치를 뛰어넘는 패턴을 보이면서 다시 분기 흑자를 발표했고, 결과적으로 1년 연간 흑자를 달성했다.

이런 추세는 1999년에도 지속되었다. 애플은 PC산업의 평균 판매 제품 증가량$^{unit\ growth}$(전기 대비 증가한 판매 제품량)을 2~4배 초과하는 실적을 내기도 했다. 매출총이익률은 4년 최고점에 도달해 30%에 육박했으며, 전년 대비 이익증가율도 상승하고 있었다. 이는 세계적인 수준의 자산관리(한 자릿수 초반대의 재고자산 보유일$^{inventory\ days}$)와 결합되어 상당한 영업활동현금흐름을 창출했고, 이는 다시 애플의 재무상태를 더욱 강화시켰다.

1999년 7월 애플은 아이맥의 계속된 성공에 힘입어 2억 달러 이상의 분기 순이익을 기록했다. 같은 분기 애플의 주요 재무 상황은 31억 달러의 분기 말 현금 잔고, 부채 6억 6,100만 달러의 성공적인 주식 전환, 그리고 하루치(!)에 불과한 분기 말 재고자산 등으로 특징 지워진다. 당시 애플의 시가총액은 약 85억 달러였다.

그해 7월에 개최된 맥월드 뉴욕에서 애플은 애플 제품군의 마지막 주요 제품인 휴대용 노트북 컴퓨터 아이북^{iBook}을 선보였다. 평범했던 윈텔 경쟁제품과는 전혀 모양이 달랐던 아이북은 다양한 투톤 컬러 옵션을 가진 조개껍질 형태의 디자인을 자랑했다. 아이맥처럼 아이북도 1999년 거의 모든 디자인상을 휩쓸었다.

그 다음 12개월 동안, 애플의 매출액과 이익은 계속 신고점을 돌파했다. 애플 주가와 시가총액도 따라서 신고점을 돌파해 주가는 주식분할 조정 후 가격으로 주당 35달러, 시가총액은 230억 달러에 이르렀다.

이 기간 2000년 7월 파워 맥 G4 큐브$^{Power\ Mac\ G4\ Cube}$를 포함해 많은 신제품이 발표되었다. 파워 맥 G4 큐브 시스템은 8인치 큐브형 본체로 파워 맥 G4의 성능을 전달했다. G4 큐브는 소형 디자인에 보다 강력한 파워를 원하는 전문가와 고급 소비자들을 대상으로 설계된 것이었다. G4 큐브는 아이맥과 비견할만한 혁신적인 신제품으로 출시되었지만, 결국엔 기대에 못 미친 실패작으로 끝나고 말았다.

7분기 연속 이익을 내고 영업활동현금흐름을 창출한 애플은 단 3억 달러의 장기 부채와 38억 달러에 달하는 현금 및 단기 투자자산을 보유한 채 2000년 하반기로 들어갔다. 조류가 바뀌는 찰나였기 때문에 이 현금 자금은 곧 유용하게 사용될 터였다.

'기술주'의 하락: 2차 추가 매수가 13.9달러

2000년 가을, 세계적인 경기둔화가 전체 PC산업의 매출뿐만 아니라 애플의 컴퓨터 제품 출시에도 영향을 미치기 시작했다.

이와 함께 교육시장 부문의 매출이 실망스러웠고, G4 큐브의 매출도 둔화되어 애플은 9월 말 분기 예상 매출액과 이익이 기대에 크게 미치지 못할 것이라고 사전 발표했다.

이 발표는 9월 28일 목요일 장 마감 후 나왔다. 그리고 그 다음날인 29일 금요일, 애플의 주가는 무려 52%나 하락했다!

미스터 마켓이 그 전날 주가의 50% 가격에 애플 주식을 토해내는 것을 보면서 우리는 심장이 떨렸다. 놀라고 실망했지만, 우리는 이런 주가 반응이 너무 극단적인 것이라고 생각하고 미스터 마켓의 하락이 과도했다는 결론을 내렸다.

애플의 사업 둔화는 일시적인 것이고, 우리의 안전마진이 크게 축소된 것은 아니라고 생각했다. 따라서 우리는 이런 주가 하락을 이용해

그림 7-3 · 애플 투자 사례 : 2000년 9월 29일 2차 추가 매수

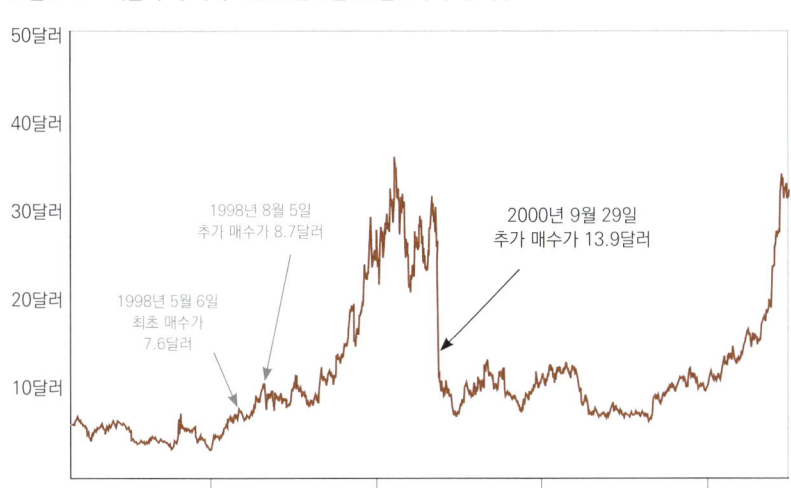

자료: Factset

다시 추가 매수에 나서기로 했다. 평균 매수가는 주당 13.9달러였는데, 이 가격은 애플의 주당순현금의 2배가 안 되는 가격이었다.

애플의 주가 급락을 고려해 우리는 고객들에게 정식 서한으로 상황을 알려주는 것이 좋겠다고 생각했다. 그래서 10월 3일 우리는 애플의 주가 급락과 관련된 최근의 사건들, 그런 일들이 벌어진 이유, 그리고 그런 상황에 대한 우리의 평가를 정리한 서한을 고객들에게 보냈다.

다음은 우리가 실제로 고객들에게 보낸 서한의 내용이다.

애플 컴퓨터 주가에 영향을 미친 최근의 사건들을 고려해, 우리는 무슨 일이 벌어졌으며, 그 이유는 무엇이고, 그리고 가장 중요하게는, 우리가 상황을 어떻게 평가하고 있는지 여러분께 알려드리고자 합니다.

■ 무슨 일이 벌어졌는가?

2000년 9월 28일, 애플 컴퓨터는 예상보다 부진한 9월 매출로 인해 9월 30일에 종료되는 분기 실적이 월스트리트 애널리스트들의 예상치를 상당히 밑돌 것이라고 발표했습니다. 애플 컴퓨터는 동 분기 매출액은 18억 5,000만 달러에서 19억 달러 사이가 될 것이고 투자 수익 합산 전 희석 주당순이익은 0.30달러에서 0.33달러 사이가 될 것이라고 했습니다.

월스트리트 전망치는 매출액은 약 20억 달러, 투자 수익 합산 전 희석 주당순이익은 0.45달러였습니다.

■ 왜 이런 일이 벌어졌는가?

애플 경영진은 전망치를 하회하는 이런 실적에 대해 다음 3가지를 그 이유로 밝히고 있습니다. (1) 모든 지역의 경기둔화로 인해 예상보다 부진했던 9월 매출, (2) 특히 통상적으로 매출 절정기인 9월에 발생한 교육시장 부문의 매출 감소, 그리고 (3) 회사의 파워 맥 G4 큐브의 부진한 출발. 여기에 더해 애플은 다음 분기(2000년 12월 종료)와 다음 회계연도(2001년 9월 종료)의 이익증가율 목표도 낮출 것이라고 밝혔습니다.

■ 주가는 어떻게 반응했는가?

2000년 9월 29일 금요일, 애플 주가는 53.50달러에서 25.75달러로 (52%) 하락했습니다.

■ 이런 상황에 대한 우리의 평가는?

애플 관련 뉴스에 놀라고 실망하긴 했지만, 우리는 그로 인한 애플 주가의 하락은 극단적인 과잉반응이라고 느꼈습니다.

그 이유는, 애플 컴퓨터는 세계에서 가장 강력한 브랜드를 가진 기업 중 하나로 업계를 주도하는 개인용 컴퓨터 회사이기 때문입니다. 애플은 하드웨어와 소프트웨어 디자인 부문 모두에서 지적재산권을 보유하고 있는 세계 유일의 컴퓨터 제조사 중 하나입니다. 애플의 제품은 고객의 사용 편리성을 강조하는 혁신적인 디자인을 제공하고 있습니다.

최근 애플은 5개 제품 중 4개 제품을 재디자인했으며, 2001년과 그 후 회사 이익을 견인할 역동적인 신규 제품라인을 갖고 있습니다.

우리는 현재의 사업 둔화는 성격상 단기적이며, 애플 주식의 하방 리스크는 매우 적다고 느끼고 있습니다. 재무적으로 애플은 주당 약 14달러의 순현금 및 시장성 유가증권을 보유하고 있으며, 부채는 적고, 강력한 영업활동현금흐름을 창출하고 있습니다. 사업적으로도 컴퓨터산업에서 가장 잘 경영되는 회사 중 하나입니다.

이렇게 낮은 밸류에이션에 이런 규모의 기술기업을 매수할 기회는 흔치 않습니다.

'다음 10년을 위한 혁신': 3차 추가 매수가 8.81달러

월스트리트가 애플에서 탈출하고 투자자들이 계속 애플 주식을 팔았기 때문에 그 후에도 애플 주가는 훨씬 더 하락했다.

9월 말 분기 실적을 공식 발표하면서 잡스는 유통채널 상의 재고자산이 아주 많이 쌓였으며, 이 문제를 해결하기 위해 가격을 크게 내릴 것이라고 발표했다. 이런 조치는 애플의 재무실적을 약화시킬 것이 자명했지만, 그 다음해를 대비하기 위한 조치였다. 2001년 1월 애플은 3

년 만에 처음으로 분기 적자를 보고했다.

결과적으로 볼 때, 2001년은 애플에게 중요한 해였다. 기술산업의 침체, 9.11 사태, 그리고 그에 뒤이은 경기침체에도 불구하고 잡스는 애플의 다음 10년을 위한 정력적인 혁신의 발길을 멈추지 않았다. 그는 개인용 컴퓨터를 사진, 오디오, 비디오 같은 디지털 콘텐츠를 확보, 저장, 편집, 공유하는 '디지털 허브'로 만들려는 자신의 비전을 끊임없이 추구했다.

그런 노력의 일환으로 애플은 맥 운영시스템의 가장 중요한 혁신이라고 할 맥 오에스 텐$^{Mac\ OS\ X}$을 출시했다. 그리고 맥 오에스 텐에 이어 일종의 '디지털 주크박스'인 아이튠즈^{iTunes}라는 핵심 소프트웨어 애플리케이션도 출시했다. 애플은 버지니아 주와 캘리포니아 주에 각각 한

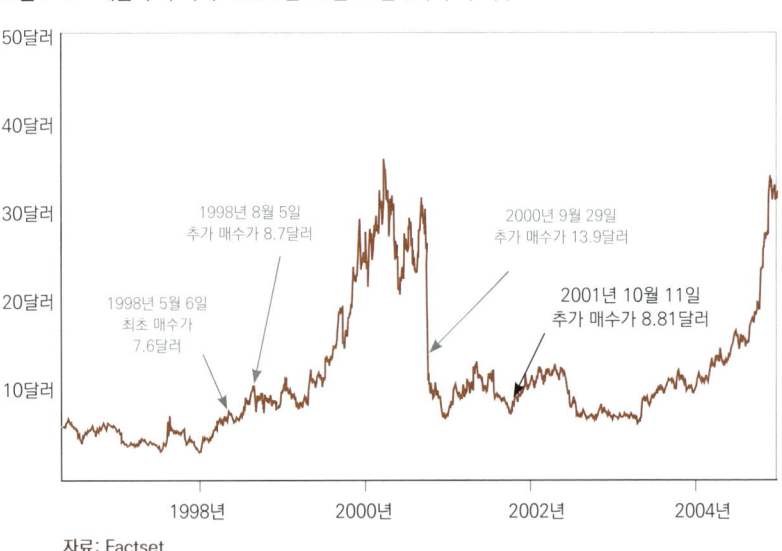

그림 7-5 · 애플 투자 사례 : 2001년 10월 11일 3차 추가 매수

자료: Factset

개씩 2개의 오프라인 애플 스토어를 처음 개장했다. 그 다음 몇 달 동안 아이맥, 아이북, 파워북, 파워맥을 상당 부분 재디자인했고, 실망스러웠던 G4 큐브 사업은 철수했다.

그러나 이런 잡스의 노력에도 불구하고 주가는 계속 약세를 면치 못했다. 월스트리트는 여전히 관망하는 자세를 보이고 있었지만, 우리는 계산을 했다. 그리고 마침내 10월 11일 애플 주식에 대한 마지막 매수에 나섰다. 이때의 평균 매수가는 주식분할 조정 후 가격으로 8.81달러였다.

'우수한 재무상태', '할인된 주가', '혁신적인 신제품'

월스트리트 대부분은 보지 못했지만 우리가 애플에서 본 것은 무엇일까?

일련의 혁신적인 신제품들이 우리의 관심을 끈 것은 분명하다. 그러나 우리가 애플 주식을 추가 매수한 것은 우수한 재무상태와 그레이엄의 공식에 기초해 볼 때 할인된 주가였다.

10월 11일 당시 애플의 시가총액은 62억 달러였다. 여기에서 애플의 순현금 42억 달러를 차감하면, 우리가 당시 애플 주식에 지불한 '순' 시장가는 주당 2.85달러였다. 당시 정상 주당순이익은 0.78달러였으므로, 실질적으로 우리는 PER 4 미만(주가 2.85달러 ÷ 주당순이익 0.78달러 = PER 3.65)의 가격에 애플 주식을 매수했던 것이다!

그레이엄의 공식에 기초해 볼 때, 8.81달러의 우리의 매수가는 7년 연평균 24.2%라는 놀라운 기대수익률을 제공해 주는 가격이었다.

그레이엄의 공식을 적용할 때 우리는 애플의 정상 주당순이익 0.78달러의 이익증가율을 향후 7년간은 10%로, 그리고 그 이후는 7%로 가정했다. 이에 기초할 때 7년차 애플의 예상 주당순이익은 1.52달러가 된다. 그리고 애플 주식의 내재가치는 34.2달러가 된다. 여기에 우리는 재무상태표 상 애플의 주당현금 6달러를 더해서 40.2달러의 최종 내재가치를 구했다.

이 최종 내재가치는 우리의 매수가 8.81달러의 거의 5배에 달하며, 7년 연평균 예상 수익률로는 24.2%가 된다. 7년 후 애플의 최종 내재가치를 계산한 공식은 다음과 같다.

7년 후 애플의 최종 내재가치
= {[8.5 + (2 × 7)] × 1.52} + 애플의 주당현금 6달러
= 34.2 + 6 = 40.2달러

애플은 계속해서 적극적인 행보를 이어갔다. 10월 23일에는 아이팟iPod을 출시하면서 여러 성공의 씨앗 중 하나를 뿌렸다. 우리가 애플 주식을 마지막으로 매수하고 12일 뒤의 일이다.

아이팟은 애플의 주력 사업이 기존의 맥 컴퓨터에서 새로운 혁신 제품으로 옮겨가고 있다는 것을 알려주는 중요한 신호였다. 처음엔 아이팟의 매출이 견실하긴 했어도 그리 인상적인 것은 아니었다.

애플의 노력에도 불구하고 경기침체와 위축된 산업으로 인해 애플

의 매출은 정체되었다. '그 다음 2년 동안' 그나마 좀 나았던 것은 애플의 각 분기 매출액이 15억 달러를 넘어서면서 최소한의 이익은 내고 있었다는 것이다. 당연히 애플의 주가도 박스권에 갇혀서 같은 기간 7달러에서 12달러 사이를 오갔다.

그러나 2003년 초 아이튠즈 뮤직 스토어iTunes Music Store가 출시되자 아이팟의 매출이 오르기 시작했다. 그해 말 아이튠즈의 윈도우 버전이 공개되었고, 아이팟은 곧 역사상 가장 빨리 팔리는 뮤직 플레이어가 되었다.

4월 17일, 우리가 애플 주식을 최종 매수한 지 '만 18개월 후' 애플의 주가는 6.36달러의 저점을 기록했다. 4년에 걸쳐 신중하게 그리고 적절한 기회를 포착해 포지션을 구축했음에도 불구하고 애플의 주가는 우리의 평균 매수가보다 낮았고, 2000년 9월의 최고 매수가 13.9달러보다는 50% 이상 낮은 상태였다.

당연히 일부 고객은 점점 불안을 느꼈고 우리의 애플 투자에 노골적으로 불쾌감을 표하기도 했다. "왜 시장점유율이 4%밖에 안 되는 이런 낡아빠진 컴퓨터회사를 보유하고 있는 거요?" 하는 말을 수없이 듣고 또 들었다. 이에 우리는 애플이 '인터넷이 구동되는 스마트 기기들을 만드는 소비자 전자회사'로 전환 중이라는 우리의 믿음을 전하면서, 우리의 애플 투자를 계속 참고 지켜봐줄 것을 요청했다.

그러다 마침내 2003년 애플의 상황이 개선되기 시작했다.

아이팟과 아이튠즈 혁명이 '후광 효과'를 낳아서 새로 디자인한 맥 컴퓨터들의 매출을 자극했다. 이로써 애플의 매출액은 다시 빠르게 증가해 2004년 83억 달러를 기록하면서 2000년에 기록한 고점 80억 달러를 뛰어넘었다.

이런 애플의 부활은 주가에도 반영되기 시작했다. 2003년 초 6달러를 조금 넘기던 주가는 2006년까지 80달러로 12배 이상 상승했다.

그리고 애플에 대한 우리의 7년 예상도 너무 보수적이었던 것으로 드러나기 시작했다.

애플의 2005년 매출액은 우리가 예상한 2008년 매출액 155억 달러를 일찌감치 초과했다. 이런 매출 증가와 (컴퓨터에서 이익률이 더 높은 소비자 전자제품으로의) 제품구성 전환이 결합되면서 영업이익률도 2004년 4%에서 2006년 13%까지 상승했다. 같은 기간 주당순이익도 0.36달러에서 2.36달러로 치솟았다.

이런 놀라운 실적 개선을 계기로 우리는 애플의 보다 장기적인 매출 성장 가능성에 대해 많은 토론을 했다.

2006년 우리는 애플에 대한 우리의 7년 매출 전망이 얼마나 현실성이 있는지 확인하기 위해 비교할 만한 소비자 전자회사를 찾았다. 당시 우리는 애플의 정상 매출액으로 190억 달러를 사용하고 있었다. 여기에 우리의 연간 12%의 매출액 증가율 가정치를 적용하면 7년차(2013년) 매출액은 420억 달러가 되었다.

비교대상으로 우리가 택한 소비자 전자회사는 소니였다. 우리는 비교 목적에 적절한 기간을 정하기 위해 소니의 역대 매출액을 살펴보았다. 우리는 소니가 (애플의 2006년 정상 매출액 190억 달러와 비슷한 수준인) 182억 달러의 매출액을 기록했던 1990년을 비교 개시연도로 택했다. 소니의 매출액은 1995년 459억 달러까지 증가했다. 이는 우리의 2013년 애플의 예상 매출액 420억 달러가 적절하다는 것을 확인시켜

주었다.

그런데 이런 우리의 가정도 역시 보수적인 것으로 밝혀졌다. 2010년 애플이 762억 달러의 매출액을 기록했던 것이다!

'아이폰 시대'를 연 애플의 혁신

2006년부터 애플은 추가 신제품 기기들을 출시함으로써 계속 소비자의 마음과 시장점유율을 확보해나갔다. 이제 애플은 '애플 컴퓨터 Apple Computer Inc.'로 불리지 않았다. 컴퓨터가 애플이 집중하는 단일 상품이 더 이상 아니었기 때문이다.

2007년 1월 애플은 아이폰 iPhone을 출시하면서 핸드폰시장에 혁명을 일으켰다. 아이폰이 공식 공개된 지 15개월도 안 돼서 잡스는 애플이 세계 3대 핸드폰 공급자가 되었다고 발표했다! 그 후 3년 동안 아이폰의 3가지 신규 버전이 출시되었고, 2011년 3월 전 세계적으로 1억 개 이상의 아이폰이 팔려나갔다.

아이폰이 성공적으로 출시된 후 2010년 4월 애플의 신형 태블릿 기기 아이패드 iPad가 공개되었다. 아이패드는 출시된 지 처음 80일 만에 300만개 이상이 판매되었으며, 그해 12월까지 총 1,480만개가 판매되었다. 이는 다른 모든 태블릿 PC의 합계 판매량보다 많은 수였다.

[그림 7-6]에서 볼 수 있듯이, 애플의 주가는 2011년 2월 360달러를 넘었다. 시가총액 3,000억 달러의 애플은 이제 세계에서 두 번째로 큰 회사가 되었다. 1998년 5월 우리가 처음 애플을 매수한 이후 주가

그림 7-6 · 애플 투자 사례 및 애플의 주가

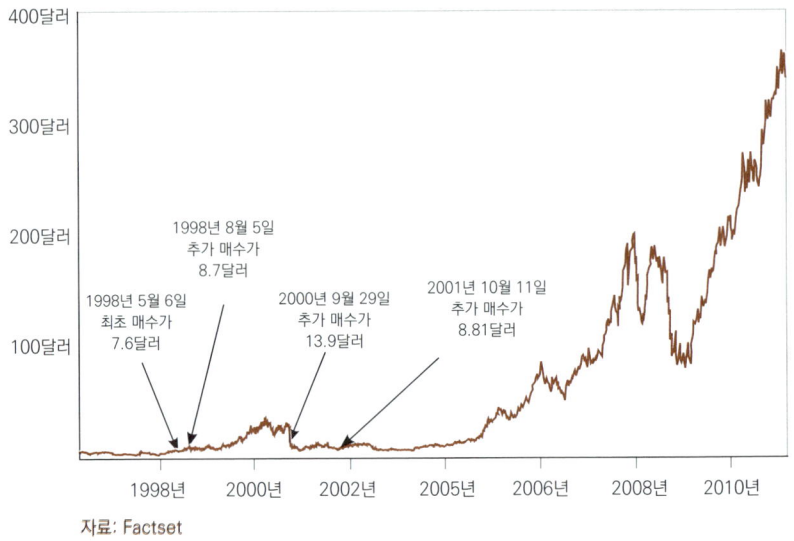

자료: Factset

는 45배 이상 상승했다!

이런 수익을 올리기까지의 여정은 길고 험난했다. 실적이 저조했던 시기와 고객들의 계속되는 의심을 견뎌내기 위해서는 극단적인 인내와 결의가 필요했다. 그러나 애플의 재무상태, 내재가치, 그리고 애플이 계속 출시하고 있던 멋진 신제품들을 볼 때, 애플을 보유하기로 한 결정은 우리로서는 그리 복잡하지 않은 단순한 결정이었다.

그리고 당시에는 우리가 얼마나 틀렸는지는 거의 몰랐다. 사실 애플의 성장과 주가의 상승은 우리의 가장 무모한 예상마저 훨씬 뛰어넘는 수준이었다.

스타일을 만들어 낸 '폴로'

'폴로' 브랜드의 창시자인 랄프 로렌은 1967년 폴로 랄프로렌Polo Ralph Lauren을 설립하고 당시 스타일과는 매우 다른 일련의 남성 넥타이들을 출시했다. 그는 그 후 45년 동안 완전히 차별화되는 의류 제품라인 확장과 경영 스타일로 회사를 세계에서 가장 성공한 패션기업 중 하나로 성장시켰다.

로렌에게 성공은 일찍 찾아왔다. 회사 설립 2년 후 그는 맨해튼의 블루밍데일스 백화점Bloomingdale's에 자신의 첫 남성용 디자이너 부티크를 개장하고 남성 패션 관련 각종 상들을 휩쓸기 시작했다. 1971년에는 그 후 대중들에게 잘 알려지게 된 폴로 포니Polo pony 제품라인과 최초의 여성 제품라인을 출시했다. 그리고 1974년 파라마운트 영화사Paramount Studios가 '위대한 개츠비The Great Gatsby' 출연배우들의 의상 디자인을 요청했을 때 폴로랄프로렌은 그야말로 대히트를 쳤다.

1991년에 와서 8억 달러의 매출액에 5,000만 달러가 넘는 이익을 올리는 회사가 되었다. 이제 핵심 사업은 남성 및 여성 의류사업뿐만이 아니었다. 의류 패션을 가구 및 주택용품 쪽으로 확장한다는 개척자 정신으로 시작한 홈 컬렉션Home Collection도 새로운 강력한 성장엔진으로 부상하고 있었다.

랄프로렌의 유통 및 매출 전략은 백화점, 고급 의류점, 숍 인 숍shops-within-shops, 랄프로렌 매장, 판매허가(라이센싱), 아울렛 매장 등을 총망라하는 것이었다.

1997년 6월 17일 기업공개를 통해 1,117만 주의 주식을 주당 26달러에 상장했다. 당시 최초의 시가총액은 26억 달러였다. 1998년 3월 28일 종료되는 회계연도의 매출액은 약 15억 달러였다. 순이익은 1억 2,000만 달러, 주당순이익으로는 1.20달러였다.

그 다음 7년 동안 매출증가율은 연평균 12%가 넘었다. 그런데 주가는 실적을 내지 못했다. 회사가 장기적인 지속 가능성에 중점을 둔 까닭에 이익증가율이 매출증가율에 미치지 못했기 때문이었다.

의류 제품라인에 대한 로렌의 철학은 그의 사업철학에도 고스란히 적용되었다. 1970년 로렌은 이렇게 말한 바 있다.

"나는 유행을 중시하는 패션 피플이 아닙니다. 내 입장은 반^{反}유행 anti-fashion입니다. 주류 패션계에 속하고 싶지는 않습니다. 그리고 유행 패션에 영향을 받은 적은 결코 없습니다. 내가 관심이 있는 것은 오랜 지속성, 영원함, 스타일이지 유행은 아닙니다."

랄프로렌은 전 세계적으로 유명한 브랜드다. 미국에서 랄프로렌이 누리고 있는 지배적인 지위는 점차 해외시장으로도 확대되었다. 10년 전에는 전무했던 유럽지역 사업 매출액이 2011년 현재 10억 달러를 넘어선 것이 그 한 예다.

랄프로렌은 사업을 3개의 핵심 부문, 즉 도매, 소매, 라이센싱으로 나누었다.

도매 부문은 미국, 캐나다, 유럽, 아시아 전역에 위치한 주요 백화점과 고급 전문매장들에 회사 브랜드 제품을 공급한다.

소매 부문은 미국, 캐나다, 유럽, 남아메리카, 아시아 전역에 위치한 정가 매장 및 전자상거래를 포함한 여타 유통채널을 통해 소비자들에게 직접 제품을 판매한다.

라이센싱 부문은 특정 지역에서 특정 기간 동안 의류, 안경류, 향수류 같은 특정 제품을 제조, 판매할 수 있도록 외부의 제3자에게 상표권을 판매한다.

　주요 브랜드로는 폴로 랄프로렌Polo by Ralph Lauren, 랄프로렌 퍼플 라벨Ralph Lauren Purple Label, 랄프로렌 여성복 컬렉션Ralph Lauren Women's Collection, 랄프로렌 블랙 라벨Black Label, 랄프로렌 블루 라벨Blue Label, 로렌 바이 랄프로렌Lauren by Ralph Lauren, RRL, RLX, 랄프로렌 럭비Rugby, 랄프로렌 아동복Raplh Lauren Childrenswear, 아메리칸 리빙American Living, 랄프로렌 챕스Chaps, 클럽 모나코Club Monaco 등이 있다.

좋은 기업을 매수하려면 '미스터 마켓'을 이용하라

　잠재적 투자대상으로서 랄프로렌에 대한 우리의 토론은 2006년 말 몬태나 주에서 있었던 회사 전략 워크숍에서 처음 시작되었다. 당시 우리는 세계 정상급 브랜드 목록을 작성하고 있었는데, 당연히 랄프로렌도 그 목록에 포함되어 있었다. 그 워크숍에서 우리는 랄프로렌이 훌륭한 사업체이며, 언젠가는 보유해야 할 기업이라는 데 모두 동의했다.

　그러나 당시 랄프로렌은 인기 있던 좋은 주식이었고, 주가는 2006년 초 40달러 중반에서 바닥을 친 후 100달러까지 상승한 상태였다. 따라서 우리는 추후 시장이 우리에게 보다 좋은 매수 기회를 제공해주기를 바라면서 우리의 '매수 희망 목록wish list'에만 넣어두기로 했다.

　2007년 8월 초 랄프로렌은 14분기 만에 처음으로 회사의 매출 전망치를 충족시키지 못했다. 매출증가율이 '고작' 12.5%에 그쳤던 것이다. 그리고 그날 주가는 12% 이상 하락했다.

다시 관심이 증대된 우리는 그 다음 5개월 동안 모니터링하면서 보다 세밀한 분석에 돌입했다. 투자자들은 소비자 지출이 큰 폭으로 하락할 것으로 보고 두려워했고, 주가는 계속 하락했다.

2008년 1월, 우리는 랄프로렌에 대한 최초 포지션을 매수했다. 평균 매수가는 55.77달러였다. 주가는 2007년 7월 6일에 기록했던 102달러의 고점에서 급락한 상태였다.

당시 매출액은 43억 달러였고, 매출총이익률은 50%대 중반, 영업이익률은 15%, 그리고 투하자본이익률은 10%대 중반이었다. 해당 산업에서 가장 우수한 재무실적에 해당했다. 더욱이 이때 랄프로렌은 오랫

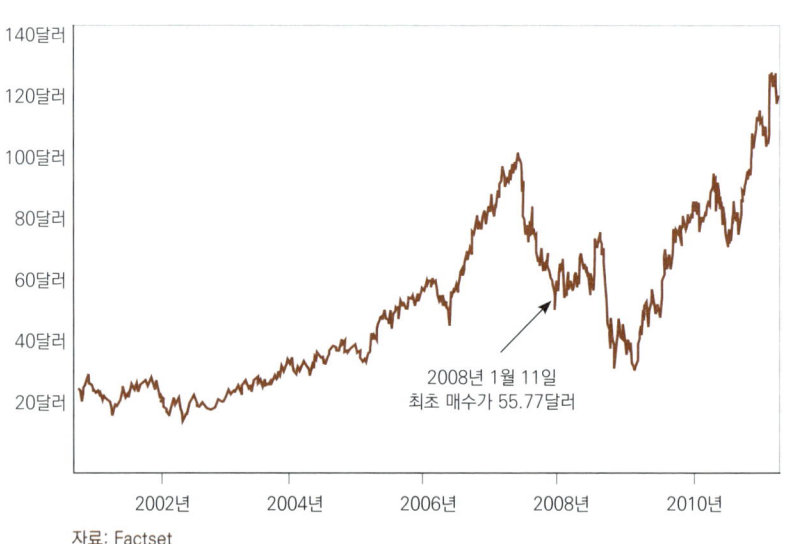

그림 7-7 · 랄프로렌 투자 사례 : 2008년 1월 11일 최초 매수

동안 천명했던 그리고 상당한 자본투자가 포함된 해외진출 전략을 추진하고 있던 중이었다.

장기적인 성장에 투자하면서 그것이 단기적인 이익 모멘텀에 미치는 영향을 무시하는 것은 현대의 CEO들은 거의 하지 않는 결정이다. 사실 많은 CEO들은 주가 관리 노력을 통해 단기 지향적인 주주들의 요구를 충족시켜야 한다는 강한 압력을 받고 있다. 그러나 랄프로렌은 전략적인 비전을 갖고 회사를 이끌어나가는 것으로 보였다.

랄프로렌에 대한 우리의 최초 매수로 예상되는 기대수익률은 향후 7년간 연평균 16.2%로 우리의 기준수익률 12%를 충분히 넘었다. 이 기대수익률은 그레이엄의 가치평가 공식을 사용해 현재 및 미래의 내재가치를 추산해 얻은 수치였다.

랄프로렌의 내재가치를 계산할 때 우리는 다음과 같은 가정을 했다. 정상 영업이익률은 15%, 현재 정상 주당순이익은 3.66달러, 향후 7년 동안의 이익증가율은 연평균 10%, 그리고 7년 후 이익증가율은 연평균 7%를 적용했다.

이런 우리의 가정을 적용해 그레이엄의 가치평가 공식으로 랄프로렌의 현재 내재가치를 계산하면 104달러가 되고, 미래 내재가치는 160달러가 된다. 계산한 공식은 다음과 같다.

랄프로렌의 현재 내재가치
= [8.5 + (2 × 10)] × 현재 주당순이익 3.66달러 = 104달러

랄프로렌의 미래 내재가치

= [8.5 + (2 × 7)] × 7년차 주당순이익 7.13달러 = 160달러

당시 주가 56달러를 미래 내재가치 160달러와 비교하면, 7년간 연평균 기대수익률은 16.2%가 된다.

2008년 세계경제가 급락하면서 지출 감소에 대한 두려움은 현실화되었다. 세계금융위기는 월스트리트뿐 아니라 미국 중산층에도 타격을 가했다. 2008년 말에 와서 소비자들의 구매력에 대한 우려가 분명해졌다. 월스트리트는 랄프로렌을 포기했다. 비관론자들은 "랄프로렌이 옷을 더 팔수나 있을까?"하고 생각했다. 그러나 랄프로렌 경영진은 위축되지 않고 자신들이 밝혔던 장기 성장전략을 계속 추진했다.

우리는 마치 우울증에 걸린 것 같은 미스터 마켓을 이용해 10월 31일 평균 매수가 47.9달러에 랄프로렌을 추가 매수했다.

우리의 원래 가정과 업데이트한 재무지표들을 사용했을 때, 랄프로렌 투자에 따른 기대수익률은 20% 이상이 되었다. 그러나 주가는 30% 이상 하락해 32달러까지 떨어졌다!

랄프로렌은 다른 브랜드 의류회사들에 비해 훨씬 강력한 경쟁력을 보유한 기업이다. 그리고 우리를 실망시키지도 않았다.

세계금융위기와 그에 따른 경기침체로 매출과 이익이 일시적으로 감소했지만 랄프로렌은 미국 밖 해외시장 진출에 계속 상당한 투자를 했다. 보다 장기적인 전략과 함께 이런 투자를 통해 마침내 경기침체 국면을 벗어나게 되었다.

그림 7-8 · 랄프로렌 투자 사례 : 2008년 10월 31일 추가 매수

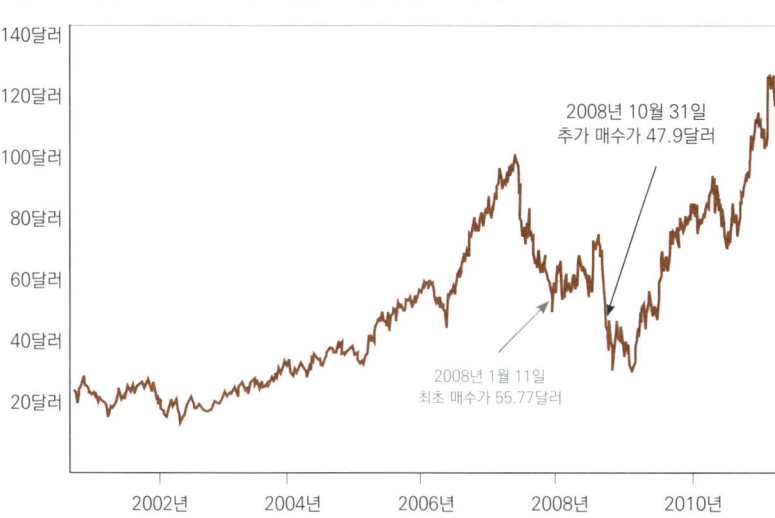

[그림 7-8]에서 볼 수 있듯이, 랄프로렌 주가는 견실한 사업 집행과 강력한 재무실적 개선에 힘입어 크게 반등했다.

랄프로렌은 유럽 진출 계획을 성공적으로 추진했으며, 지금은 아시아에서 같은 전략을 추진하고 있는 중이다. 이런 상당한 자본투자에도 불구하고 계속 견고한 매출 및 이익 증가율을 기록했다. 투하자본이익률도 30%에 육박했다.

2011년 현재 랄프로렌의 주가는 130달러까지 상승했다. 우리의 최초 매수가 대비 132%, 추가 매수가 대비 171% 상승한 가격이다.

하지만 그레이엄의 가치평가 공식에 기초해 볼 때, 현재 주가 수준에서도 랄프로렌 주식이 제공하는 기대수익률은 여전히 우리의 12% 기준수익률을 초과하고 있다. 랄프로렌은 우리의 성공투자 사례 가운데 하나다.

높은 시장점유율이 매력인 '맥러드USA'

1991년 설립된 통신업체 맥러드USA^{McLeodUSA}는 1994년 아이오와 주와 일리노이 주에서 지역 및 장거리 전화서비스를 제공하기 시작했다. 그 후 5년도 안 돼 맥러드USA는 267개 도시와 마을에서 약 40만 명의 고객을 가진 미국 최대의 지역 전화회사 중 하나로 성장했다.

우리가 2000년 10월 그 주식을 처음 매수했을 때, 맥러드USA는 미국의 대표적인 '경쟁적 지역 전화사업자(CLEC)$^{\text{competitive local exchange carrier}}$'가 되어 중소기업에 전화 및 데이터 서비스를 제공하고 있었다. 핵심 사업 주(州)들에서 상당한 시장점유율(35% 이상)을 획득했으며, 플러스 영업활동현금흐름을 창출하고 있던 유일한 CLEC였다.

따라서 맥러드USA는 사업을 뒷받침할 충분한 자금을 보유하고 있는 것처럼 보였다. 당시 맥러드USA 주식의 현재 내재가치에 대한 우리의 내부적 평가는 약 25달러였다.

맥러드USA의 내재가치를 판단하기 위해 우리는 역시 그레이엄의 공식을 이용했다. 당시 맥러드USA는 플러스 영업활동현금흐름을 창출하고 있었지만, 전국적인 네트워크를 구축하는데 소요된 상당한 자본적 지출에 따른 막대한 감가상각 및 상각 비용 때문에 주당순이익은 아직 플러스가 아니었다.

우리는 네트워크 구축이 완료되고 이를 완전히 사업에 이용할 때 달성할 것으로 예상되는 맥러드USA의 정상 영업이익률을 20%로 가정했다. 이 20%의 영업이익률을 당시 14억 달러의 현행 정상 매출액에 적용하면 정상 주당순이익은 0.57달러가 된다. 또 우리는 맥러드USA

의 정상 이익이 연간 18%씩 증가할 것으로 가정했다(예상 이익증가율 18%).

이런 가정들을 적용해 그레이엄의 가치평가 공식으로 맥러드USA의 현재 내재가치를 계산하면 다음과 같다.

맥러드USA의 현재 내재가치
= [8.5 + (2 × 18)] × 0.57달러 = 25.37달러

시장에서 장악한 강력한 지위 때문에 맥러드USA는 월스트리트의 인기를 한 몸에 받았다. 2000년 3월 맥러드USA의 주가는 (우리가 평가한 내재가치를 훨씬 뛰어넘는) 36달러의 고점에 도달했다. 그러나 맥러드

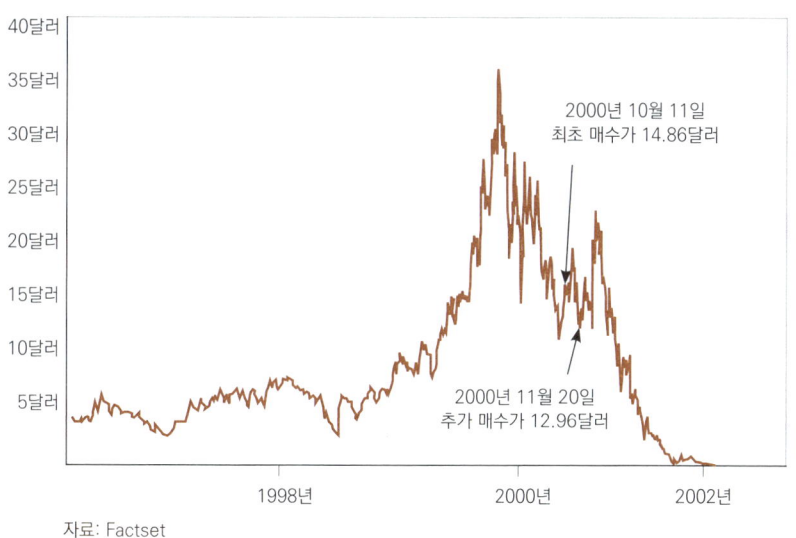

그림 7-9 · 맥러드USA 투자 사례 : 2000년 10월 11일 최초 매수, 11월 20일 추가 매수

USA의 주가는 그 후 6개월 동안 급락해 10달러대 중반까지 떨어졌다.

따라서 우리는 10월 11일 평균 매수가 14.86달러에 맥러드USA를 최초 매수할 수 있었다. 11월 20일에는 평균 매수가 12.96달러에 추가 매수했는데, 이 가격은 우리가 계산한 내재가치의 50% 수준이었다.

2001년 1월 맥러드USA는 추가 자금을 확보했고, 우리가 매수한 후 주가는 다시 23달러로 상승했다.

그런데 그 즈음 두 경쟁회사가 파산을 신청했는데, 이는 통신서비스 산업이 통합되기 시작했다는 우리의 의견을 뒷받침하는 사건이었다. 이때까지만 해도 맥러드USA에 대한 투자는 매우 유망해 보였다.

3가지 경우의 수: 추가 매수, 매도, 현 포지션 유지

그런데 상황이 안 좋은 쪽으로 흘러가기 시작했다. 중소기업 고객들의 전화 및 데이터 서비스 수요가 크게 둔화되었고, 업계 경쟁은 더욱 격화되었다.

우리는 계속 상황을 주시하면서 맥러드USA의 펀더멘털이 좋아지고 있다는 것을 재확인했다. 맥러드USA는 2001년 2월 20일 회사의 실적 전망을 그대로 유지했다.

처음에는 주가도 13~15달러 수준에서 안정적인 모습을 보였는데, 그 후 2개월 동안 10달러로 하락했다. 2001년 5월 맥러드USA는 회사의 실적 전망을 낮췄다. 그러자 주가는 2영업일 만에 6달러로 40%나 하락했다. 주가 6달러에서 맥러드USA는 우리 포트폴리오에서 소액 포지션이 되었다. 이에 우리는 추가 매수할 것인지, 매도할 것인지, 아니면 현 포지션을 그대로 유지할 것인지, 힘든 결정을 해야 했다.

그림 7-10 · 맥러드USA 투자 사례: 2001년 10월 11일 매도

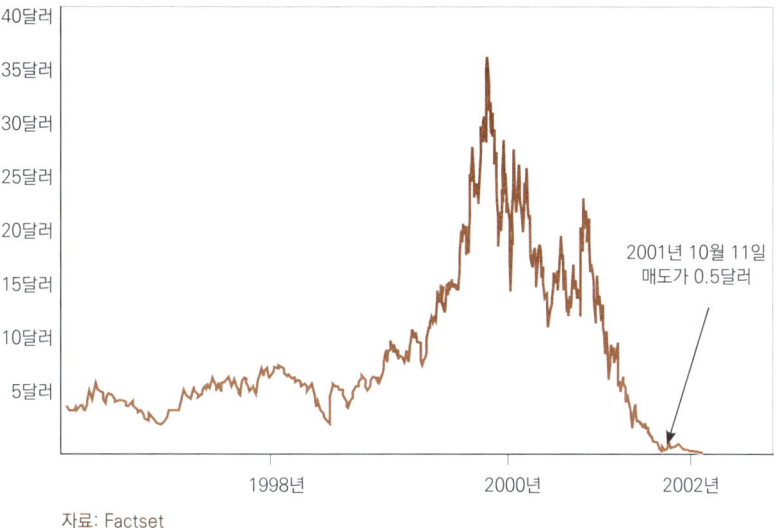

자료: Factset

우리는 맥러드USA가 여전히 상황을 호전시킬 수 있다고 믿었기 때문에 매도는 하지 않기로 했다. 그러나 맥러드USA의 사업적, 재무적 리스크 특성이 증대되었기 때문에 추가 매수도 하지 않기로 했다.

그 다음 4개월 동안 주가는 서서히 하락해 1달러 밑으로까지 떨어졌다. 그리고 마침내 2001년 10월 11일 우리는 맥러드USA에 대한 우리의 전체 포지션을 평균 매도가 50센트 수준에서 청산하고 말았다.

리스크를 제대로 평가하라

맥러드USA에 대한 우리의 투자 실적을 그저 실망스러운 수준이라고 말하는 것은 실상을 너무 축소한 표현이다. 사실은 재앙과도 같았

다. 우리가 어디에서 잘못한 것일까?

맥러드USA의 사업적 리스크 특성에 대한 우리의 평가는 부정확했다. 매출액, 영업활동현금흐름, 이익에 대한 우리의 재무적 전망 역시 우리가 생각했던 것보다 훨씬 낙관적이었고, 변화의 여지도 컸던 것으로 밝혀졌다.

2002년 영업활동현금흐름에 대한 우리의 최초 전망치 4억 9,500만 달러는 실제보다 55%나 높았다. 맥러드USA 경영진은 그 전망치를 2억 2,500만 달러까지 낮췄다.

맥러드USA는 25개 주의 핵심 시장에서 매우 높은 시장점유율을 보유하면서 외견적으로는 안정적인 전화사업을 하고 있는 것처럼 보였다. 그러나 우리는 맥러드USA의 전국적인 데이터 네트워크 구축과 관련된 리스크를 과소평가했다.

이런 전국적인 데이터 네트워크 구축을 실행하기 전 맥러드USA는 고객을 먼저 확보한 후 그 다음 그 고객들을 지원하는데 필요한 인프라를 추가하는 식의 신중한 성장전략을 추구했었다. 그런데 2000년 4월 스플릿록^{Splitrock} 인수를 통해 맥러드USA는 전국적인 데이터 기간망 구축을 완료할 수 있었다. 그러나 이는 기존에 맥러드USA가 추구했던 신중하고 점진적인 검증된 성장전략에 반하는 것이었다.

이제 맥러드USA가 회사의 최첨단 네트워크를 온전히 가동하고 그 네트워크를 유지, 관리하는데 필요한 높은 고정비용을 충당하기 위해서는 기존 및 신규 고객 모두가 DSL$^{Digital\ Subscriber\ Line}$(디지털가입자회선) 같은 데이터 서비스를 신청해야만 했다. 그런데 맥러드USA의 중소기업 고객들은 주로 시골지역에 있었고, 맥러드USA가 전망한 것처럼 그렇게 빨리 데이터 서비스를 신청하지 않았다.

결과적으로 맥러드USA가 원한 데이터 관련 매출은 현실화되지 않았고, 회사의 매출액과 이익은 우리의 전망치에 크게 미달했다. 나아가 네트워크 등의 인프라를 구축하기 위해 맥러드USA가 조달한 높은 수준의 부채는 이런 저조한 매출과 이익으로 인한 충격을 더욱 악화시켰다.

일반적으로 우리는 사업적 리스크 수준이 낮으면 재무적 리스크가 평균 이상이어도 이를 기꺼이 부담하고, 반대로 재무적 리스크가 낮으면 사업적 리스크가 다소 높아도 이를 용인한다. 그런데 우리는 맥러드USA의 사업적 리스크를 정확히 평가하지 못했다. 결과적으로 두 리스크 모두 높은 수준의 리스크 부담으로 작용했고, 우리에게는 고통(손실)만을 남겼다.

최대가 아니라 최고가 되려는 노력, '플렉서스'

1979년 플렉서스Plexus Corporation가 사업에 뛰어든 이후 위탁생산업contract manufacturing industry(계약생산업, 하청생산업이라고도 한다)은 급격한 변화를 겪었다.

위스콘신 주에 본부를 둔 B2B 솔루션업체 플렉서스는 전통적인 '나사와 풀screws and glue' 방식을 버리고 그들이 말하는 이른바 '제품실현회사product realization company'가 되었다. 플렉서스는 단순한 제조를 넘어서, 제품 개발 및 설계 서비스, 원자재 아웃소싱, 조달·공급망 관리, 시제품 제작 및 신제품 도입, 검사장비 개발, 제품 구성 및 물류관리, 검사 및 수리 관련 서비스를 제공했다.

위탁생산에 대한 독특한 접근을 통해 플렉서스는 산업 평균의 2~3배에 이르는 영업이익률을 올렸다. 플렉서스의 성공은 대부분이 경영진, 그리고 그 분야에서 최대가 아니라 최고가 되려는 노력 덕분이었다.

플렉서스의 CEO 딘 포우트$^{Dean\ Foate}$는 공학과 공업경영학을 공부하고 플렉서스에서 18년 동안 일하면서 내부 승진을 거쳐 CEO가 된 인물이다.

플렉서스의 경쟁우위를 위해 그는 고성과^{高成果} 조직 및 문화를 구축하는 데 집중했다. 이를 위해 포우트는 다른 모든 임원과 이사회 구성원들처럼 1년치 연봉에 해당하는 금액의 플렉서스 주식을 보유했다. 이런 철학으로 인해 회사 이사회와 경영진은 장기적인 안목에서 사업결정을 하게 되었다.

과거에는 제품의 최종 조립과 출하는 원청 제조업체가 담당했다. 그러나 이제 플렉서스 같은 위탁생산업자가 설계와 제작부터 최종 조립과 출하까지 신제품 생산의 거의 모든 단계를 관리할 수 있게 되었다.

예를 들어 최근 플렉서스는 코카콜라와 파트너가 되어 100여 가지(현재는 200여 가지—옮긴이) 옵션으로 원하는 음료를 조합해 마실 수 있는 코카콜라의 '게임체인저'급 음료자판기 프리스타일^{Freestyle}을 설계, 개발, 생산했다.

위탁생산업의 한 가지 주요 문제는 전 세계적인 고가의 공장 및 장비망을 유지하는 데 높은 비용이 든다는 것이다. 이런 높은 유지비용은 이익률을 낮추고 자본이익률을 줄이는 경향이 있다.

이런 사업모델을 수행하기 어렵다는 것은 매출액 기준 업계 4대 기업인 산미나$^{Sanmina\ Corporation}$, 셀레스티카^{Celestica}, 자빌 서킷$^{Jabil\ Circuit}$, 플렉스트로닉스 인터내셔널$^{Flextronics\ International}$에서도 확인할 수 있는데, 일반적으로 이들의 영업이익률은 모두 1~2.8% 수준에 불과하다.

그러나 플렉서스의 경우는 달랐다. 업계의 여러 도전적 과제에도 불구하고 플렉서스는 5% 정도의 영업이익률을 유지했으며, 투하자본이익률도 두 자릿수를 기록했다.

이는 직접적으로 2가지 요인에 따른 것인데, 그것은 (1) 보다 높은 이익률 기회를 제공하는 중·소량의 보다 복잡한 제품 위주의 틈새시장을 지배하는 데 집중하고, (2) 용인할 수 있는 투하자본이익률이 확보되지 않는 매출 성장 기회는 단호히 거부하는 것이었다.

결과적으로 플렉서스는 수익성을 희생하더라도 규모를 확보하려는 업계 전반의 유혹을 성공적으로 피할 수 있었다.

우리가 처음 플렉서스를 접하게 된 것은 1998년의 한 투자 컨퍼런스에서였다. 당시 플랙서스의 매출액은 약 4억 달러, 시가총액은 3억 달러 미만이었다. 우리는 일단 플렉서스를 우리의 스몰캡 포트폴리오 후보종목으로 설정했다.

당시 플렉서스는 이윤율이 낮은 산업으로 알려진 위탁생산업에서 자신을 차별화하는 초기 단계에 있었다. 플렉서스는 중·소량의 보다 복잡한 제품 생산 위주의 전략을 성공적으로, 그러나 아직은 훨씬 작은 규모로 추진하고 있었다.

조사와 가치평가 작업을 마친 후 1998년 중반, 우리는 충분한 안전마진이 있다고 판단한 9.5달러의 가격에 플렉서스에 대한 최초 포지션을 구축했다. 그리고 2년 후인 2000년 중반, 닷컴열풍 속에 플렉서스 주가가 60달러대로 상승했다. 이 시점에 우리는 플렉서스에 대한 우리의 포지션 상당 부분을 매도했다.

우리의 계획은 추후 기술주가 폭락하고 먼지가 가라앉으면 다시 매수한다는 것이었다. 결과적으로 플렉서스 주가는 2000년 가을 80달러까지 올랐다가 다른 기술주들과 함께 급락했다.

주식시장이 폭락하는 와중에도 플렉서스의 성장은 멈추지 않았고, 매출액과 이익 모두 계속 증가했다. 그럼에도 주가는 2002년 중반 20달러대 초반까지 하락했다. 우리는 플렉서스를 미드캡 포트폴리오 후보종목으로 다시 고려하기 시작했다.

당시 플렉서스는 매출액이 10억 달러에 육박하고 있었고, 업계의 보다 강력한 경쟁자 중 하나로 부상하고 있었다.

경영진의 일관된 메시지 그리고 실적

2002년 6월 COO에서 CEO로 승진한 딘 포우트는 플렉서스를 매출 10억 달러에서 20억 달러 회사로 만드는 성장전략을 발표했다. 업계 최고의 이익률과 투하자본이익률은 유지하면서 고객들을 위한 소량의 보다 복잡한 제품을 설계하고 제조하는 핵심 역량에 계속 집중하는 것이었다.

인내심 있는 투자자에게 미스터 마켓은 다시 기회를 제공했다. 우리는 그레이엄의 가치평가 공식을 사용해 플렉서스의 내재가치를 추산했다. 당시 산업 경기 하락이라는 경기주기적 요인으로 인해 플렉서스의 이익률과 이익도 억눌린 상태였다.

   당시 우리는 플렉서스의 정상 매출액으로 9억 2,000만 달러, 정상 영업이익률로는 5%를 사용했다. 이를 적용했을 때 2002년 6월 당시 플렉서스의 정상 주당순이익은 1.01달러였다. 여기에 우리는 이익증가율 15%를 가정하고 그레이엄의 공식을 적용해 현재 내재가치를 약 39달러로 계산했다.

   플렉서스의 현재 내재가치

   = [8.5 + (2×15)] × 1.01달러 = 38.89달러

   그리고 플렉서스의 미래 내재가치는 7년차 주당순이익 2.68달러에 7년 후 이익증가율 7%를 적용해 60달러 정도로 계산했다.

   플렉서스의 미래 내재가치

   = [8.5 + (2×7)] × 2.68달러 = 60.30달러

   당시 21달러인 주가를 60달러의 미래 내재가치와 비교하면 7년간 연평균 기대수익률은 16.2%였다. 이는 우리의 기준수익률 12%를 훨씬 초과했다. 이런 기대수익률과 함께 플렉서스가 보유한 경쟁우위를 감안해 2002년 6월 4일 우리는 이 주식을 매수하기 시작했다.

   2002년 7월 초, 플렉서스는 기대에 부합하는 분기 실적을 발표했다. 그러나 통신 및 데이터 네트워킹산업의 지속적인 침체, 기술주 급락의

악영향을 반영해 향후 전망치는 낮춰서 발표했다.

이 대목에서 우리의 주목을 끈 것은 플렉서스가 경영진의 지속적인 비용절감 노력으로 6,600만 달러의 영업활동현금흐름을 창출했다는 것이었다.

신임 CEO 딘 포우트는 여러 비용을 줄였을 뿐만 아니라 비용이 많이 소요되는 지역들의 과잉 생산능력을 축소하면서 회사를 과감히 재정비했다. 최종 목표는 회사의 경쟁우위를 더욱 강화시켜줄 보다 민첩하고 유연한 생산모델을 발전시키는 것이었다.

그러나 플렉서스 주가는 하락했다. 주가가 회사의 긍정적인 장기 발전 방향에는 반응하지 않고, 회사가 발표한 '향후 전망치 하향'에 반응한 것이다. 우리는 미스터 마켓이 제공한 이런 '시간지평 차익거래' 기회를 이용해 2002년 8월 9일 플렉서스 주식을 우리의 최초 매수가보

그림 7-11 · 플렉서스 투자 사례 : 2002년 6월 4일 최초 매수

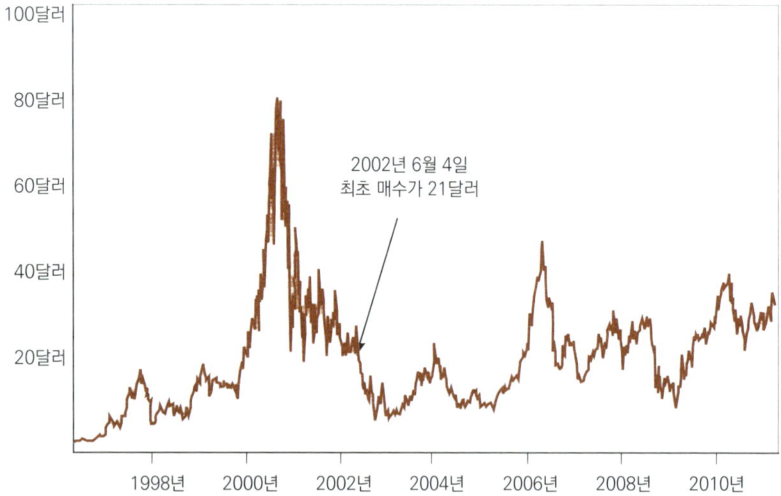

자료: Factset

다 36% 낮은 평균 매수가 13.42달러에 추가 매수했다.

그 후 5년 동안 우리는 플렉서스 경영진을 만나기도 했고, 회사 설비를 둘러보기도 했다. 경영진의 장기적인 사업 및 재무 목표를 이해할 수 있는 여러 번의 기회를 가진 셈이다.

해당 산업이 상당한 어려움을 겪고 있음에도 불구하고 우리는 이들로부터 계속해서 일관된 메시지와 전략을 들을 수 있었다. 플렉서스는 자신들의 계획대로 계속 사업을 추진했으며, 수익성을 담보하면서 매출액을 10억 달러에서 20억 달러까지 늘린다는 목표를 향해 묵묵히 나아갔다.

2007년 중반, 플렉서스는 기존 고객 관계는 유지 발전시키면서도 상당한 신규 고객을 확보함으로써 매출액 15억 달러를 달성했다.

그러나 수익성 있는 성장이란 목표를 향해 나아가는 과정이 항상 원활한 것만은 아니었다. 플렉서스는 가격으로는 대결하고 싶지 않던 다른 '보다 저가'의 경쟁자들에게 상당수 고객을 빼앗겼다.

또한 미 국방성을 고객으로 하는 대규모의, 매우 가변적이고, 매우 예측하기 어려운 생산 프로그램 같은 경우는 플렉서스에게 득과 실을 동시에 안겼다. 하지만 사실상 실이 더 컸다. 매출액은 상당히 증가시켰지만, 그와 동시에 매출액 가변성 또한 높아졌기 때문이다. 이는 플렉서스 실적에 대한 월스트리트의 단기 전망을 어렵게 만들었다.

매우 중요한 한 제약사 고객은 미국 식품의약청^{FDA}의 조사 건을 처리하는 중에 핵심 제품의 생산을 중단해야 했다. 그리고 플렉서스의 해외 진출도 원활하게 진행되지 못했다. 그러나 이런 문제들에도 불구하고 플렉서스는 틈새시장을 지배하는 세계적인 업체가 되려는 목표를

그림 7-12 · 플렉서스 투자 사례 : 2002년 8월 9일 1차 추가 매수

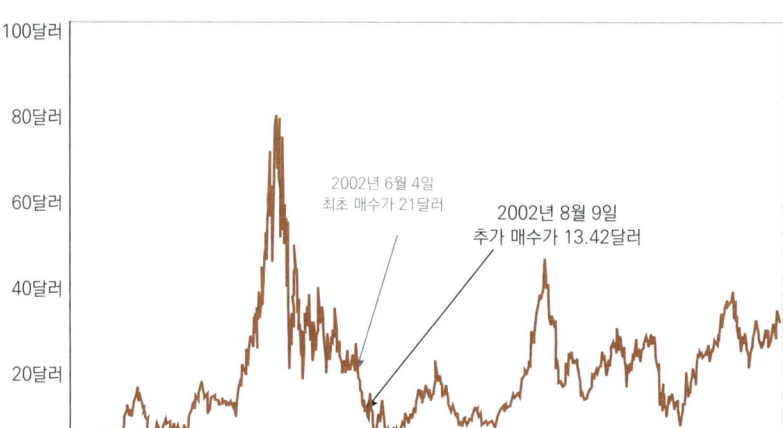

자료: Factset

결코 포기하지 않았다.

이런 어려움과 단기 불확실성의 와중에도 우리는 2007년 7월 15일 평균 매수가 22.34달러에 플렉서스를 추가 매수했다.

그 다음 1년 6개월은 세계금융위기와 경기하락 기사가 언론 헤드라인을 휩쓸었다. 2008년 가을, 리먼 브라더스와 AIG의 파산, 그리고 기업어음시장의 붕괴로 상황은 최악으로 치달았다.

월스트리트 애널리스트들은 플렉서스에 대한 전망치를 낮추고 주식 추천을 중단했다. 이로 인해 한 달도 안 되는 기간 동안 플렉서스 주가는 거의 40%나 하락했다.

우리는 (거시경제적 환경에 따른) 공포가 낳은 주가 약세를 이용해 2008년 10월 7일 플렉서스 주식에 대한 마지막 추가 매수를 단행했다.

그림 7-13 · 플렉서스 투자 사례 : 2007년 7월 15일 2차 추가 매수

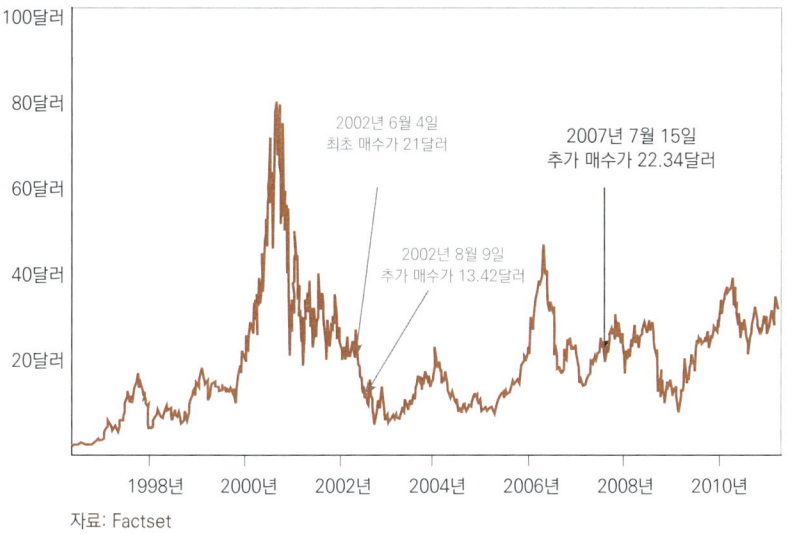

자료: Factset

이때 평균 매수가는 16.99달러였다.

당시 플렉서스의 정상 매출액은 약 19억 달러, 정상 주당순이익은 1.79달러로 상승한 상태였다. 우리는 7년차 주당순이익 4.76달러, 7년 후 이익증가율 7%를 적용해 이날 기준 플렉서스의 미래 내재가치를 107달러로 다시 계산했다.

플렉서스의 미래 내재가치(2008년 10월 7일 기준)
= [8.5 + (2 × 7)] × 4.76달러 = 107.1달러

그리고 이 미래 내재가치 107달러를 당시 주가 17달러와 비교하면 향후 7년간 기대수익률은 연평균 30.1%에 달했다! 이는 우리의 기준수

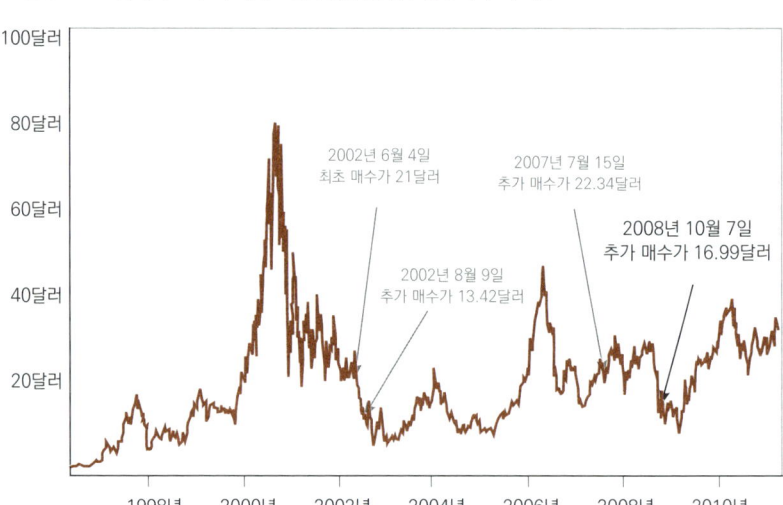

그림 7-14 · 플렉서스 투자 사례 : 2008년 10월 7일 3차 추가 매수

자료: Factset

익률 12%의 2.5배에 해당했다.

그러나 이런 놀라운 기대수익률도 2009년 3월 6일 플렉서스 주가가 최종 저점이자 지난 6년 동안 우리가 매수했던 전체 평균가보다 크게 낮은 11.44달러까지 떨어지는 것을 막지는 못했다.

[그림 7-14]에서 볼 수 있듯이, 플렉서스 주가는 2009년 3월의 저점에서 상당히 반등해 2011년 4월 현재 30달러대 초반까지 상승했다. 이처럼 주가가 우리의 각 매수가보다 상당히 높은 가격까지 상승했음에도 불구하고, 기대수익률은 여전히 높은 21.6%였다.

플렉서스 경영진은 회사의 경쟁우위를 유지하고 강화하는데 계속 초점을 맞추고 있다. 그리고 업계 최고의 재무 실적을 창출한 엄격한 자본 규율 또한 준수하고 있다. 플렉서스 주주 입장에서 볼 때, 이 두 요인의 조합은 아주 좋은 신호다.

혁신적인 신제품에 초점을 맞춘 '미들비'

카리스마 넘치는 CEO 셀림 바소울Selim Bassoul이 이끄는 미들비Middleby Corporation는 성숙한 산업에 새로운 전략을 적용해 빠른 성장을 해왔다.

1888년 설립된 미들비는 다양한 조리, 가열, 요리 도구들을 생산해 상업 레스토랑과 식품가공산업에 공급하는 식품장비업체다. 미들비는 혁신적인 새로운 피자 컨베이어 오븐을 출시한 1980년대에 두각을 나타내기 시작했는데, 이 오븐은 도미노와 파파존스 같은 대형 피자회사들의 인기를 끌었다.

1999년 COO로 임명되자마자 셀림 바소울은 이익률이 더 높고 기술집약적인 제품에 집중하기 위한 새로운 기업전략을 도입했다. 이 과정에서 그는 회사의 1만개 제품 중 거의 절반을 과감하게 폐기했다. 그는 미들비가 세계적인 대표기업으로 발돋움하고 연간 거의 20%까지 매출증가율을 끌어올리는데 기여했던 성공적인 기업인수 프로그램도 추진했다.

결과적으로 미들비는 고객들이 보다 양질의 식품을 보다 빨리 그리고 보다 저렴하게 공급할 수 있는 혁신적인 신제품들을 시장에 잇달아 내놓을 수 있었다. 그리고 이런 여러 가지 시도는 미들비의 시장점유율 확대와 이익 제고로 나타났다.

일리노이 주 엘진의 공장에서는 프라이팬, 대류열 오픈(컨벡션 오븐), 그릴, 콤비 오븐, 스팀 장비, 요리용 철판, 숯불 그릴, 캐터링 장비, 토스터, 커피 및 음료 자판기 등을 생산하고 있다.

대표적인 브랜드로는 미들비 마샬Middleby Marshall, 터보세프Turbo Chef, 사우스벤드Southbend, 토스트마스터Toastmaster, 카터-호프만Carter-Hoffman, 블로젯Blodgett 등이 있다. 미들비는 북아메리카 외에도 유럽, 아시아, 중동에도 판매 및 유통 사업부를 두고 있다.

우리가 미들비를 처음 접한 것은 2007년 2월에 개최된 한 투자 컨퍼런스에서였다. 당시 미들비는 상업요리산업의 지형을 바꾸는 전략을 성공적으로 추진하고 있었고, 따라서 미들비 발표회에는 투자자들이 문전성시를 이뤘다.

당시 미들비 주가는 그 이전 6개월 동안 거의 2배 상승해 역대 최고점을 기록 중이었다. 이 컨퍼런스에서 미들비 CFO는 회사의 경쟁우위와 그것이 지속 가능한 이유를 아주 잘 설명했다.

우리는 미들비의 브랜드 제품 대부분이 최종 소비시장에서 1위나 2위의 시장점유율을 차지하고 있다는 사실에 끌렸다. 혁신적인 신제품 출시에 초점을 맞추는 전략이 지배적인 시장점유율을 가능케 한 핵심적인 경쟁우위임에 분명했다.

경쟁이 심한 레스토랑산업에서 미들비의 고객들(패스트푸드 식당과 정식 식당 모두)은 고정비용이나 가변비용을 줄이는 방법으로 수익성을 유지하거나 개선해야 할 압력을 점점 더 많이 받고 있었다.

미들비는 요리자동화와 자동세척을 통해 보다 효율적이고, 보다 빠른 요리가 가능한, 그리고 노동비용을 줄여주는 일련의 신제품을 공급함으로써 고객들이 이런 목표를 달성할 수 있도록 도왔다.

이런 신제품 구매를 위해 미들비 고객들이 해야 할 투자는 일반적으로 운영예산의 1%도 안 되었고, 투자 회수기간도 2년이 채 안 되었다.

이와 관련된 좋은 사례는 미들비 마샬의 신제품 '와우!WOW! 오븐'이다. 이 오븐은 기존 피자 오븐보다 30~80% 적은 에너지를 사용하면서도 조리시간은 9분에서 5분으로 단축했다. 그러면서도 훌륭한 피자를 만들어냈다.

또한 우리는 미들비가 주요 고객들을 위해 세계적인 생산 및 유통 기반을 구축한 것에 깊은 인상을 받았다. 맥도날드, KFC, 도미노피자, 파파존스, 서브웨이 같은 여러 대형 고객들이 전 세계적으로 사업을 확장하고 있는 것에 발맞춰 미들비도 해외시장에서 이들 고객들에게 판매, 서비스, 제조 설비를 제공함으로써 고객과 함께 성장하고 잠재적으로 시장점유율을 높일 수 있었다.

당연히 미들비의 재무실적도 업계 최고 수준이다. 영업이익률은 10%대 후반, 투하자본이익률은 25%에 달했으며, 6억 달러의 매출액에 8,000만 달러 수준의 영업활동현금흐름을 창출하고 있었다.

우리는 미들비 주식을 매수하고 싶은 강한 욕구를 갖고 컨퍼런스 장을 떠났지만, 최근의 미들비의 주가 상승을 고려해 우선은 '매수 희망 목록'에만 올려놓았다. 그리고 장차 미스터 마켓이 우리에게 보다 좋은 매수 기회를 줄 것을 기대하면서 펀더멘털 분석에 집중했다.

"CEO가 회사 지분을 얼마나 보유하고 있나요?"

2007년 5월 30일 우리는 미니애폴리스 주에 있는 우리 사무실에서 미들비의 CEO 바소울을 만날 기회가 있었다.

우리는 이 만남에서 그의 사업에 대한 뜨거운 열정에 깊은 인상을 받았다. 그는 테드 핀커스Ted Pincus 교수가 말한 '긍정적 열정'의 소유자였다. 〈시카고 선 타임스Chicago Sun-Times〉의 '시카고에서 가장 유능한 CEO'에 그가 선정된 것 또한 이 때문일 것이다.

바소울은 시장점유율을 높이면서 수익성 있는 성장을 지속하기 위한 미들비의 전략을 거침없이 쏟아냈다. 그리고 우리에게 뜻밖의 선물을 하나 안겨줬다. 그것은 우리가 그에게서 얻은 기업지배구조에 대한 아주 핵심적인 통찰이었다. 그는 이렇게 말했다.

"CEO를 인터뷰할 때 물어야 할 가장 중요한 질문은 '회사 지분을 1% 이상 보유하고 있느냐?' 하는 것입니다. 아니라고 한다면, 그 회사에 투자하지 마십시오."

우리와 만날 당시 바소울은 개인적으로 2,460만 달러어치의 미들비 주식 39만 6,856주를 보유하고 있었다. 스톡옵션이 아니라 실제 주식이었으며, 회사 전체 지분의 약 2.3%에 해당했다. 이는 그의 이해가 주주들의 이해와 일치한다는 것을 분명히 보여준다.

또한 그는 경영진과 직원 보수에 대한 그의 철학도 들려줬다. 적절한 고정 급여와 함께, 투명하고 객관적인 실적 지표에 기초한 상당한 수준의 가변적인 상여금을 제공하고 있다는 것이었다. 반가운 소식이었다.

우리는 미들비가 언젠가 꼭 보유해야 할 회사라는 확신을 갖게 되었다. 그 다음 9개월 동안 우리는 미들비의 펀더멘털 동향을 계속 모니터링하고 미스터 마켓이 기회를 제공해주기만 인내하며 기다렸다.

'더 강한 기업'을 추구하는 곳에 투자하라

우리가 기다리던 기회는 2008년 5월 이후 찾아왔다.

미들비가 분기 실적을 발표했는데, 매출액과 이익이 월스트리트 예상치에 미달했다. 미들비는 그 이유를 거시경제적 불확실성에 따른 최종 소비시장의 수요 약화 때문이라고 했다. 8월에 미들비는 기록적인 분기 매출과 이익을 올리면서 주가가 반등했다. 하지만 거시경제적 공포가 심화되는 바람에 주가 반등은 그리 오래가지 못했다.

우리는 이 기회를 이용하기로 했다. 9월 29일 미들비에 대한 최초 매수에 들어갔다. 주당 평균 매수가는 52.09달러였다. 이 매수가의 연평균 기대수익률은 19.6%가 예상되었고, 이는 우리의 기준수익률 12%를 훨씬 초과하는 것이었다.

우리는 그레이엄의 가치평가 공식으로 현재 및 미래 내재가치를 계산해 이 기대수익률을 도출해냈다. 당시 우리는 정상 매출액으로 5억 3,000만 달러, 정상 영업이익률로는 20%를 사용했다. 이를 적용하면 미들비의 정상 주당순이익은 3.67달러였다.

여기서 우리는 미들비의 이익이 다음 7년 동안 연평균 12%씩 증가할 것이라고 가정했으며, 그 결과 미들비의 현재 내재가치는 119달러였다.

그림 7-15 · 미들비 투자 사례 : 2008년 9월 29일 최초 매수

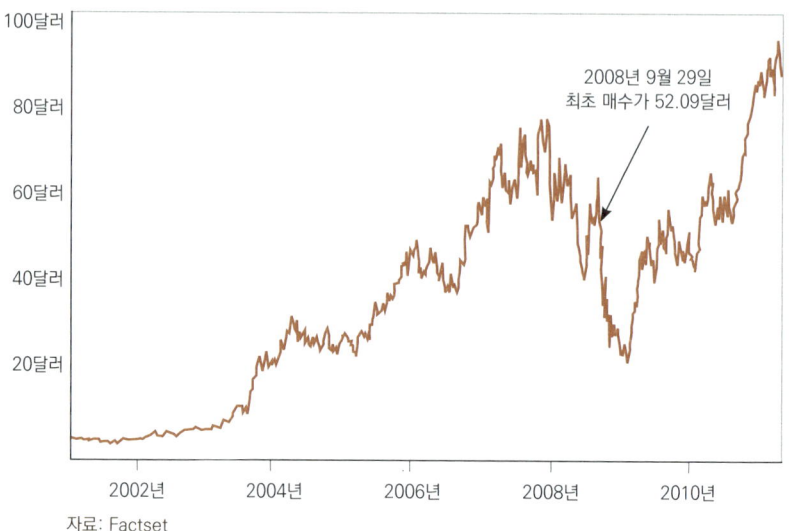

자료: Factset

미들비의 현재 내재가치

= [8.5 + (2×12)] × 3.67달러 = 119.27달러

그리고 미들비의 미래 내재가치 182달러는 그레이엄의 공식에 7년 차 주당순이익 8.11달러, 7년 후 이익증가율 7%를 적용해 구했다.

미들비의 미래 내재가치

= [8.5 + (2×7)] × 8.11달러 = 182.48달러

미들비의 미래 내재가치 182달러를 우리의 최초 매수가 52달러와

비교하면 7년간 연평균 기대수익률은 19.6%가 된다.

그 다음 3개월 동안 거시경제적 상황은 계속 악화되었다. 미들비 고객들의 설비투자도 중단되었다. 레스토랑 같은 최종 고객들이 새로운 요리장비의 구매를 늦추자, 미들비의 매출과 이익 역시 둔화되었다.

그러나 미들비는 신제품 파이프라인을 위한 연구개발에 계속 막대한 자금을 투자했다. 그리고 시장이 약해진 틈을 이용해 상업용 식품서비스 장비시장에서 가장 빠르게 성장하고 있던 신속요리 기술 부문의 대표 기업 터보세프를 인수했다. 2009년 1월 5일 미들비는 주당 5.1달러에 터보세프를 인수했는데, 이 가격은 불과 1년 전 터보세프 주가에서 70%나 할인된 가격이었다.

우리는 어려운 시장 상황에서도 경쟁력을 강화하려는 미들비의 전략적 노력에 깊은 인상을 받았다. 그리고 2009년 1월 7일 평균 매수가 29.02달러에 미들비를 추가 매수했다.

우리가 최초 매수에 사용했던 동일한 가정에 기초할 때, 이 시점에 미들비의 기대수익률은 더욱 상승해 30%를 넘어서게 되었다.

2009년 자금경색이 풀리면서 미들비 고객들도 서서히 지갑을 열기 시작했다. 치폴레^{Chipotle}와 제이슨 델리^{Jason's Deli} 같은 고객들은 매장을 늘리기 시작했고, 칠리스^{Chili's} 같은 대형 고객들은 노후 장비를 업그레이드하거나 교체했다. 그러자 미들비 주가도 21달러의 저점에서 급반등해 50달러까지 상승했다.

2010년에 와서는 지난 경기하강기에 미들비가 추진했던 해외 진출 투자들이 성과를 내기 시작했다. 미들비의 해외 매출액증가율은 25%에 달했는데, 신흥국시장으로 적극적으로 사업을 확장하고 있던 고객

그림 7-16 · 미들비 투자 사례 : 2009년 1월 7일 1차 추가 매수

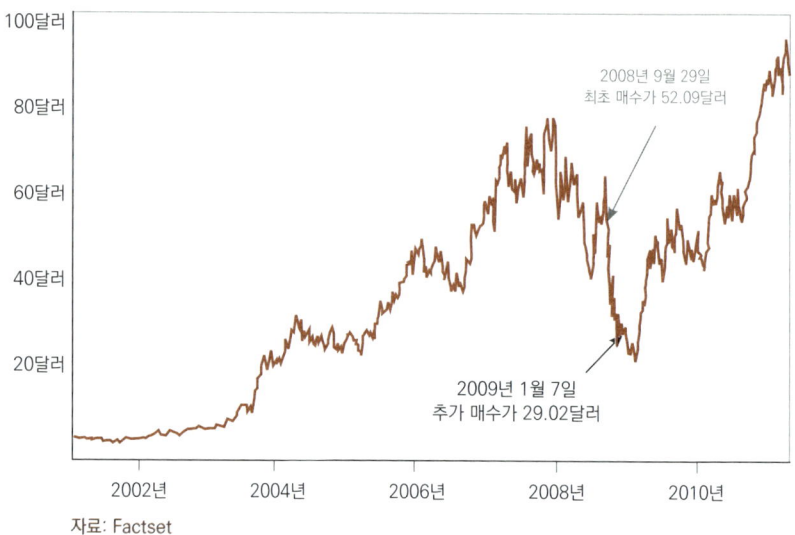

자료: Factset

들이 이런 실적에 큰 기여를 했다. 7억 달러의 매출액에 4달러의 주당 순이익을 기록하게 된 미들비는 경기하강기가 끝나면서 (경기하강기가 시작될 때보다) 더 강한 기업으로 성장했다.

미들비는 다시 공장을 풀가동하게 되었지만, 그럼에도 주가는 우리의 내재가치 계산에 기초해 볼 때 여전히 20%가 넘는 좋은 기대수익률을 제공해 주고 있었다.

이에 우리는 2010년 8월 9일 평균 매수가 59.04달러에 미들비 주식을 추가 매수했다.

2011년 4월 현재, 미들비의 주가는 약 90달러 수준이며, 여전히 우리의 기준수익률 12%를 상당히 초과하는 기대수익률을 제공해 주고 있다.

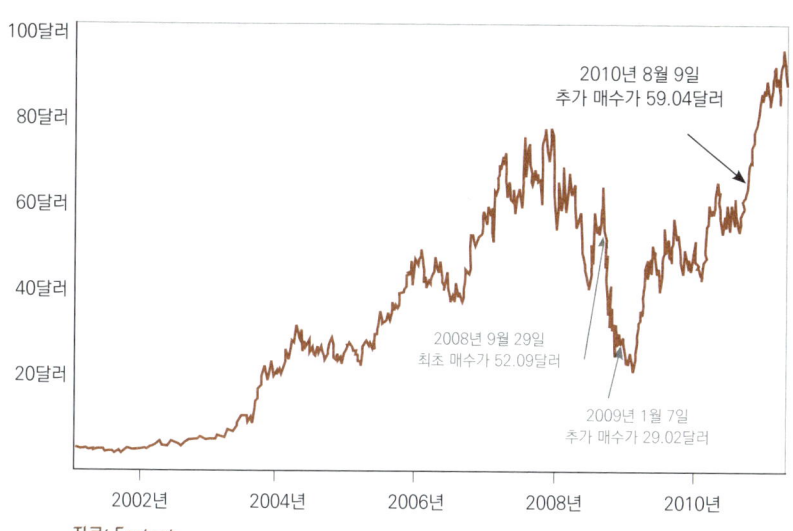

그림 7-17 · 미들비 투자 사례: 2010년 8월 9일 2차 추가 매수

투자 성공 확률을 높이기 위해 기억해야 할 것들

우리의 투자 사례에서 어떤 교훈을 얻을 수 있을까? 기억해야 할 4가지 중요한 교훈이 있는데, 이는 다음과 같다.

1. 투자에 성공하기 위해서는 시간과 인내가 필요하다: 이번 장의 투자 사례들에서 소개한 것처럼, 한 주식에 대해 조사하고 포지션을 구축하는 과정이 몇 년 걸릴 수도 있다. 애플의 경우처럼 그 후로도 또 몇 년이 지나야 투자 성과가 나오기 시작할 수 있다. 성공적인 투자는 빠르게 이루어지는 과정이 결코 아니다.

2. 주식 선정에 틀림이 없는 확실한 방법이란 없다: 월스트리트에서 가장

경험 많은 펀드매니저와 아주 정교한 주식매매 프로그램을 가진 가장 강력한 컴퓨터도 틀릴 때가 있다. 우리도 마찬가지다. 예외는 없다.

3. 투자에서 모든 조건이 다 들어맞아야만 성공하는 것은 아니다: 주식을 매수할 때마다 시간과 노력을 들여 '적절한 안전마진이 있다는 것을 확인하기만 하면', 장기적으로 주식시장에서 성공할 수 있다.

4. 투자 성공 확률을 높일 수 있는 방법은 있다: 완벽한 방법은 없지만, 투자 성공 확률을 높일 수 있는 방법은 있다. 지속 가능한 경쟁우위를 가진 유망한 성장기업들을 찾아서, 그레이엄의 가치평가 공식을 사용해 그 주식들의 가치를 평가하고, 시장이 적절한 매수 기회를 제공할 때까지 참고 기다리면 성공 확률을 높일 수 있다.

이를 위해 이 책에서 소개한 원칙들을 잘 따른다면, 장기적으로 훌륭한 주식들로 수익성 있는 포트폴리오를 구축할 수 있게 될 것이다. 투자자라면 빈스 롬바르디Vince Lombardi의 말을 기억할 필요가 있다. "완전해지는 것은 불가능하다. 그러나 완전함을 좇다보면 우수해질 수는 있다."

부자가 되기 위해 경계해야 할 것들

 Benjamin Graham

모르는 것과 알면서도 하지 않는 것

미 해병대는 미군 중에서도 가장 강한 부대라는 자부심을 갖고 있다. 전쟁 발발 시 대개 최초로 전투에 투입되는 미 해병대원들은 일반적인 병사가 아니다. 이들은 다른 부대보다 더 강해야 하고, 더 힘든 훈련을 받을 것이며, 전투에 투입될 가능성도 더 많다는 것을 알고 해병대에 지원한다. 이들은 최고가 되고 싶은 열망에 고된 해병대의 삶을 받아들인다.

최고의 투자자가 되기 위해 노력하는 사람들이 투자전략의 기초로 그레이엄의 원칙과 방법론을 사용하는 것도 이와 같은 이유에서다.

그레이엄의 원칙을 고수하기 위해서는 다른 전략을 사용하는 것보다 더 많은 분석 노력과 규율이 필요하다. 펀드매니저들의 경우, 그레이엄의 방법론을 사용한다는 것은 그들의 실적이 시장의 실적과 일치하지 않아 이따금 고객들의 회의에 직면할 수도 있다는 것을 의미한다. 그러나 그레이엄의 방법론은 장기적으로 모든 투자자와 그들 고객들에게 최고의 성공 가능성을 제공한다. 그리고 성장주에 투자할 때는 그레이엄의 원칙을 고수하는 것이 더더욱 중요하다.

지금까지 우리는 성공적으로 투자하기 위해 그레이엄의 공식을 어떻게 사용해야 하는지 자세히 살펴보았다. 그럼에도 한 가지 분명한 문제가 남는다. 그레이엄의 방법론이 그렇게 효과적이라면, 왜 지금보다 더 많은 투자자들이 이 방법을 사용하지 않느냐 하는 것이다.

우리는 그 이유를 그레이엄 투자법의 핵심 부분, 즉 그의 성장주 가치평가 공식을 알고 있는 투자자가 매우 적기 때문이라고 보고 있다.

그레이엄의 성장주 가치평가 공식은 『증권분석』 개정판(1962년) 39장 '성장주 가치평가를 위한 보다 새로운 방법'에서 처음 소개되었다. 하지만 이 39장이 수록된 『증권분석』은 이후 다시는 출간되지 않았다. 1988년과 2008년 개정판 작업이 진행됐지만, '성장주 가치평가를 위한 보다 새로운 방법'은 다 빠져버렸다.

다행히 우리는 투자매니저 초창기에 우연히 이 공식을 접하게 되었다. 지금은 이 공식이 투자자들 사이에 다시 소개되고 있기 때문에 그 사용이 더욱 빈번해질 것이라고 본다.

그러나 이 공식이 얼마나 널리 알려지건 혹은 그것이 얼마나 많이 받아들여지건 간에, 많은 투자 전문가들은 여러 이유로 그레이엄의 공식뿐만 아니라 안전마진에 대한 그의 중요한 통찰마저 무시하는 경우가 많다.

이번 장에서는 많은 투자 전문가들이 그런 결정을 하게 되는 이유가 무엇인지 살펴볼 것이다.

모든 것을 알고 난 후에도 계속 배워야 한다
- 존 우든

'웨스트우드의 마법사Wizard of Westwood'로 잘 알려진 존 우든은 가장 성공한 대학 농구 코치다. UCLA에서 역대 그 어느 코치보다 많은 우승을 쟁취했다.

우든은 고등학교와 대학교 시절 스타선수로 활약하면서 농구의 기초를 다졌다. 그 후 오하이오 주와 인디애나 주의 고등학교 농구 코치로 농구 지식을 더욱 갈고 닦았다. UCLA로 옮긴 후에도 우든은 그가 선수로 뛰던 1920년대 이후 더욱 복잡해진 농구 게임에 대한 광범위한 지식과 이해를 계속 쌓아갔다. 평생에 걸쳐 부단히 공부했기 때문에 그는 농구의 여러 복잡한 내용을 가장 간단한 용어로 선수들에게 가르칠 수 있었다.

2000년 〈뉴욕타임스〉의 한 기사에서 카림 압둘 자바Kareem Abdul-Jabbar는 "존 우든은 농구를 여러 기본적인 요소들로 분해했다"고 했다. 우든의 지도 아래 UCLA를 세 번이나 전국 우승으로 이끌었던 압둘 자바는 우든을 이렇게 기억했다. "그는 농구는 단순한 게임이라고 입버릇처럼 말했지만, 그 게임을 단순하게 만든 것은 존 우든의 능력이었다. 그의 능력은 정말 천재적인 것이었다."

어떤 일에서든 최고가 되기 위해서는 계속 공부하고, 배우고, 새로운 것을 다시 시도해 봐야 한다. 절대 안주해서는 안 된다. 우든이 말한 것처럼, "실패는 치명적인 것이 아니다. 그러나 변하지 못하는 것은 치명적일 수 있다."

투자업계에 종사하는 모든 사람이 우든이 요구했던 수준의 노력을 하면서 자기 일을 하는 것은 아니다. 일단 투자 전문가로서 자신의 일을 적절히 해나갈 정도의 능력을 갖추게 되면, 이들은 자신의 지식 기반을 넓히거나 새로운 방법을 시도하는데 그다지 관심이 없을 수도 있다. 또 새로운 전략이나 아이디어가 보다 나은 장기 수익률을 약속한다 해도, 고객들이 전략의 변화와 새로운 아이디어를 항상 잘 받아들이는 것도 아니다.

투자 전문가들은 무엇보다도 자신의 직업과 고객들에게 헌신해야 한다. 고객에 대한 헌신보다 자신과 회사의 이익, 그리고 회사의 영속화를 앞세우면 혁신은 어렵다. 그리고 그런 루비콘 강을 건너면, 더 이상 '고객들의 최선의 이익'에 봉사할 수 없게 된다.

주식중개인은 당신의 돈을 다 없어질 때까지 투자하는 사람이다
- 우디 앨런

투자업계에서 쌓은 우리의 경험으로 말하면, 금융기관은 다음 3가지를 염두에 두고 사업을 한다.

1. 자산을 모을 것
2. 거래를 유도할 것
3. 고객의 순자산을 늘려줄 것

그런데 불행히도 고객의 순자산을 늘린다는 목표는 이 목록에서 가장 낮은 세 번째 목표이며, 앞의 두 목표보다 후순위다.

성공적인 투자 프로그램을 개발하고 운용하려는 사람은, 금융기관들이 그의 상황을 걱정해주지 않는다는 것을 알아야 한다. 주식중개인은 거래에 몰두한다. (뮤추얼펀드를 포함한) 기관들은 가능한 많은 자산을 모으고, 고객들로부터 가능한 많은 수수료를 받는 것에 몰두한다.

고객들의 장기적인 수익을 개선할 수 있는 새로운 전략의 실행을 포함해 고객들의 최선의 이익은 이들(주식중개인과 기관들) 자신의 우선순위보다 뒷전으로 밀리는 경우가 많다.

주식중개인, 펀드매니저, 투자기관들이 고객의 자산 증식을 돕는 일만 하고 있다는 생각은 흔한 오해다. 투자업계에 종사하는 많은 사람들은 업계가 제공하는 높은 임금 때문에 투자업계에 뛰어든다. 이들의 이런 의도를 존중한다 해도, 고객들이 그저 그런 실적을 올리게 되는 것은 대개의 경우 이들이 자기 이익을 더 우선 추구했기 때문이다.

고객의 이익보다 자신의 이익을 우선하는 투자기관의 예를 그리 멀리서 찾을 필요도 없다.

2008년 세계금융위기 발발 직전, 당시 언론보도에 따르면 일부 월스트리트 회사들은 소속 중개인들에게 주택담보대출 유동화증권(모기지 담보증권)의 판매를 늘리라고 지시하고 있었다.

그런데 이들 회사가 고객들에게 최선의 이익이라고 보고 모기지 담보증권의 판매를 독촉하고 있었던 것은 아니었다. 주택담보대출시장(모기지시장)이 붕괴될 상황에 처했고, 이들이 매우 높은 레버리지의 모기지 담보증권을 막대하게 보유하고 있었기 때문에 판매를 독촉했던 것이다.

이들은 시장이 곤두박질치기 전에 아무 것도 모르는 고객들에게 그 증권을 팔아넘김으로써 자신의 손실을 최소화하고 회사를 구하려 했던 것이다.

2000년 첨단 기술주들이 역대 최고점에 근접했을 때에도 메릴 린치는 회사 소속 기술주 애널리스트 헨리 블로젯$^{Henry\ Blodget}$이 자신의 이메일에서 개인적으로 비판하고 있던 일부 첨단 기술주의 매수를 공개적으로 추천하고 있었다.

PBS$^{http://www.pbs.org/now/politics/wallstreet.html}$는 특정 이메일을 포함해 이에 관한 뉴욕 검찰청의 일부 조사결과를 공개했다.

예를 들어, 메릴 린치가 익사이트앳홈(ATHM)$^{Excite@Home}$에 대해 '매수'나 '분할매수'라는 긍정적인 매수 추천을 한 바로 그날 블로젯은 "ATHM은 아주 쓰레기 같다!"는 개인 이메일을 보냈다.

그리고 메릴 린치가 인터넷 캐피털 그룹$^{Internet\ Capital\ Group}$에 '매수'나 '분할매수'를 추천한 다음날 블로젯은 "이 주식은 재앙이다, 이 주식에는 정말 바닥이란 것이 없다"는 개인 이메일을 보냈다.

블로젯이 개인적으로는 무시했던 주식들을 메릴 린치가 공개적으로 추천한 이유는 무엇일까? 그것은 이 회사들이 메릴 린치가 불화를 원치 않았던 투자은행의 고객들이기 때문이었다.

이런 윤리 위반으로 메릴 린치는 벌금 및 여타 법적 추징금으로 2억 달러를 물었으며, 고객들에게는 막대한 투자손실을 안겼다.

그러나 월스트리트 회사들만 고객보다 자신의 이익을 앞세우는 것은 아니다.

1980년대와 1990년대 파이퍼 재프리$^{Piper\ Jaffray}$(현재의 파이퍼 샌들러 $^{Piper\ Sandler}$)라는 회사는 식료품산업, 농업, 의료기술산업 주식을 전문으로 하는 미국 최대의 지역 주식중개회사 중 하나로 성장했다. 미니애폴리스 주에 본부를 둔 파이퍼 재프리는 1992년 미국의 5대 증권인수회사로 선정되기도 했다.

또한 1990년대 초 파이퍼 재프리는 미국시장에서 대표 사업 중 하나가 된 채권매매업도 하고 있었다. 파이퍼 재프리의 성공적인 단기채권 뮤추얼펀드였던 인스티튜셔널 가번먼트 인컴 포트폴리오$^{Institutional\ Government\ Income\ Portfolio}$의 펀드매니저 워스 브런트젠$^{Worth\ Bruntien}$은 복잡한 매매전략을 통해 펀드 수익률을 높임으로써 이 펀드에 수십억 달러의 자산을 끌어들일 수 있었다.

브런트젠의 펀드에 대해 펀딩 유니버스$^{www.fundinguniverse.com}$는 이렇게 설명했다.

"그는 수익률이 통화, 상품^{commodities}, 혹은 채권 같은 다른 금융상품의 실적과 연계되는 (그 실적에서 '파생되는') 파생상품을 이용해 자신의 펀드 수익률을 높이려고 했다. 그런데 이런 서로 얽히고설킨 금융상품들 간의 연계가 매우 강하고 복잡했기 때문에, 파생상품의 어느 한 기초자산이 예기치 않게 폭락하면 손실이 아주 빠르게 거대한 눈덩이처럼 불어날 수 있었다. 그는 자신의 펀드 자산 35억 달러 중 무려 90%를 그런 파생상품(그의 경우엔 주택담보대출 유동화증권)에 투자했고, 자신의 매수자금을 조달하기 위해 부채까지 차입함으로써 리스크를 더욱 악화시켰다."

브런트젠의 투자전략은 지난 2년 동안 그랬던 것처럼 금리가 계속 하락하리라는 예상에 기초한 것이었다. 그러나 1994년 금리가 오르기 시작하면서 브런트젠의 펀드는 7억 달러의 평가손실을 입게 되었다.

파이퍼 재프리의 상황을 훨씬 더 악화시킨 것은 파이퍼 재프리가 이 펀드를 리스크 혐오적인 투자자를 위한 보수적인 전략의 펀드로 판매했다는 것이다.

브런트젠 펀드의 붕괴는 파이퍼 재프리에 재앙적인 영향을 끼쳤다. 이로 인해 파이퍼 제프리는 투자자들에게 펀드 청산금으로 1억 달러 이상을 지불하고 증권거래위원회가 부과한 100만 달러 이상의 벌금도 물어야 했다.

만약 파이퍼 재프리가 브런트젠 채권펀드의 수익률을 시장 평균과 일치시키는 전통적인 전략을 사용했다면, 브런트젠 펀드가 불을 지핀 화마는 피할 수 있었을 것이다.

대표적인 일부 뮤추얼펀드의 관행을 살펴봐도, 투자회사들의 일차적인 목적은 자산을 모으고 수수료 수입을 창출하는 것이며, 고객의 필요에 부응하는 것은 후순위로 밀리고 있음을 바로 확인할 수 있다.

피델리티 인베스트먼트Fidelity Investments는 뮤추얼펀드업계에서 가장 대표적인 회사 중 하나로 거의 500개에 이르는 뮤추얼펀드와 약 1조 달러의 투자자 자산을 보유하고 있는 회사다.

피델리티를 유명하게 만든 펀드는 전설적인 투자자 피터 린치가 운용했던 마젤란펀드Magellan Fund다. 그가 운용하던 동안 마젤란펀드는 1977년 1,800만 달러에서 1990년 140억 달러까지 성장했으며, 이 기간 29.2%의 연평균 수익률을 달성했다. 누가 봐도 경이로운 실적이었다.

『전설로 떠나는 월가의 영웅One Up on Wall Street』의 저자이기도 한 피터 린치는 독특한 방식으로 마젤란펀드를 자신만의 펀드로 만들었다. 그의 사고와 투자 스타일은 매우 단순해서 모두가 그의 성공을 자신의 성공과 동일시할 수 있었다. 그리고 뮤추얼펀드업계의 다른 많은 동료들과 달리, 그는 장기투자의 가치를 인식했다. 그는 "성공한 주식은 팔고 실패한 주식을 보유하는 것은 아름다운 꽃은 자르고 잡초에 물을 주는 것과 같다"고 했다.

피터 린치가 마젤란펀드를 떠날 때, 마젤란펀드는 1,000개 종목이 넘는 포지션을 보유한 자산 140억 달러 이상의 펀드로 성장했다. 피터 린치가 떠난 후 마젤란펀드의 실적이 평범해진 것은 별로 이상할 것도 없다.

피델리티에 따르면, 2011년 2월 28일 폐쇄되기 이전 10년 동안 마젤란펀드의 연평균 수익률은 1.09%에 그쳤다. 같은 기간 S&P 500의 연평균 수익률은 2.62%였다.

그리고 마젤란펀드의 운용보수 수수료율expense ratio은 연 0.75%였는데, 이는 그 기간 마젤란펀드가 올린 수익 중 60% 정도만 펀드 투자자에게로 갔고 나머지 40% 정도는 펀드로 들어갔다는 것을 의미한다. 이는 투자자에게 그리 좋은 수익 분배는 아니다.

최근 피델리티는 자사 콘트라펀드Contrafund의 실적을 홍보하고 있다. 10년간 연평균 수익률이 6.7%인 콘트라펀드는 같은 기간 마젤란펀드보다 훨씬 좋은 실적을 냈다. 그러나 이 펀드의 운용보수 수수료율 또한 0.92%로 높은 수준이다. 콘트라펀드의 운용자산은 (마젤란펀드의 3배인) 600억 달러 이상이다. 과연 규모의 경제는 어디에 있는 것일까?

모든 기관과 개인투자자는 뮤추얼펀드업계와 주식중개업계가 전쟁을 벌이면서 서로 쏘아대는 교차사격에 걸려들지 않도록 조심해야 한다. 뮤추얼펀드는 자산을 모으려 하고, 주식중개기관은 거래를 늘리려 한다.

오늘날 우리는, 뮤추얼펀드는 투자자들의 수수료를 가지고 자산을 모으고 있고 그들의 주식중개기관은 더 많은 거래를 요구하고 있는 광경을 목격하고 있다. 주식중개기관들이 이 전쟁에서 이기고 있는 것으로 보인다. 그리고 늘 그렇듯 이들은 고객의 비용으로 그렇게 하고 있는 중이다.

거래비용을 충당하고 펀드운용진의 보수를 지불하기 위해 부과하는 관행적인 수수료 외에도, 많은 펀드는 투자자들의 총수익을 깎아먹는 다른 여러 수수료를 추가로 부과하고 있다.

많은 펀드들은 펀드 소유에 소요되는 총비용에 추가로 0.25% 이상의 비용을 청구할 수 있는 12b-1 수수료(뮤추얼펀드의 홍보, 마케팅에 소요되는 비용에 충당하는 연간 수수료)를 부과한다.

이 12b-1 수수료는 투자자의 실적에 기여하는 바가 전혀 없으며, 해당 펀드를 다른 투자자들에게 판매하는 목적으로만 사용된다. 펀드회사들은 12b-1 수수료로 확보한 자금을 가지고 신문이나 여타 간행물에 광고를 싣고, 판매전문가들에게 보수를 지급하고, 잠재적인 투자자들을 위한 투자설명서를 인쇄하고, 보다 많은 투자자들을 펀드로 끌어들이기 위한 기타 여러 마케팅 활동을 한다.

12b-1 수수료 외에도 펀드회사들은 신규 투자자들을 끌어들이기 위해 찰스 슈왑Charles Schwab이나 TD 아메리트레이드TD Ameritrade 같은 펀

드 판매 플랫폼에 자사 펀드들을 올리는 비용으로 매년 총자산의 0.4%를 추가로 투자자들에게 부과할 수 있다.

자신이 가입한 펀드회사에 연간 수수료로 얼마나 지불하고 있는지 정확히 계산하기란 매우 어렵다. 펀드 투자설명서의 '비용' 부분에는 여러분이 읽어본 것 중에서도 가장 혼란스러운 말들이 들어 있는 경우가 많을 것이다. 이런 혼란스러운 말들은 여러분이 펀드를 소유하기 위해 정확히 얼마나 많은 수수료를 부담하게 되는지 제대로 파악하는 것을 거의 불가능하게 만든다.

여기서 투자자들이 주목해야 할 것은, 금융서비스회사들이 여러분을 부자로 만들어 주기 위해 일을 하고 있는 것은 아니라는 것이다.

이들은 이익을 내기 위해 일을 하고 있는 것이다. 그리고 그 이익은 고객들이 지불하는 수수료에서 나온다. 투자자들은 자신이 부담하는 그 '비용'이란 것을 정확히 확인하고, 그런 비용을 최소화하기 위해 노력해야 한다.

결국 중요한 것은 투자자로서 무엇을 성취하느냐보다는 투자자로서 무엇을 지키느냐 하는 것이다.

그저 뭔가를 하기 위해 하는 일은 하지 마라, 차라리 그냥 가만히 있어라

- 클린트 이스트우드

클린트 이스트우드Clint Eastwood는 내가 가장 좋아하는 배우 중 하나다. 많은 영화에서 그는 인내심 있고 신중한 인물로 등장해 상황을 평가하고 필요한 경우에만 결정적인 행동을 한다.

그가 주식에 투자할 때도 자신이 연기한 인물들처럼 인내심 있고 신중하게 행동한다면, 성공적인 포트폴리오를 구축할 것이 분명하다.

그레이엄의 투자전략을 사용하기 위해서는 주식중개인과 투자매니저들은 거의 하지 않는 일, 즉 '오랫동안 아무것도 하지 않는 것'을 할 필요가 있다. 우리가 이 책을 통해 주장한 것처럼, 장기적인 매수-보유 전략은 우수한 수익률을 제공할 가능성이 가장 높은 투자전략이다.

그러나 거래지향적인 투자업계에서는 인내를 미덕으로 여기지 않는다. 매수-보유 전략을 취하고 어떤 주식에 투자할 최적의 시기를 인내심 있게 기다리는 것은 '아무것도 하지 않는 것은 나쁜 것'이라는 기관의 원칙과 모순되기 때문이다.

펀드매니저가 아무런 거래도 하고 있지 않으면, 고객들은 그가 고객을 위해 일한다고 생각하지 않는다는 것이다. 따라서 고객들은 "아무것도 하지 않는 당신에게 내가 왜 돈을 내야 하지요?"하고 의문을 제기한다는 것이다.

사실 이와 같은 고객의 '행동 요청'은 거래 기반 중개인들에게는 아주 달콤한 말이다.

이들은 매매회전 없이는 돈을 벌 수 없는 사람들이다. 이들은 고객이 매매에 나서도록 해야 생계를 꾸려나갈 수 있다. 이들이 속한 회사의 명운도 거래에 달려 있다. 매매가 없으면 이런 회사들은 사업을 접어야 할 것이다.

그러나 여러분의 중개인에게 좋은 것이라고 해서 그것이 꼭 여러분에게도 최선인 것은 아니다. 어니스트 헤밍웨이가 말한 것처럼 "(목적이 없는) 움직임과 (목적이 있는) 행동을 결코 혼동하지 말아야 한다."

여러분의 주식계좌에서 일어나는 별 의미 없는 모든 매매활동은 여러분의 장기 실적에 그리 도움이 되지 않을 것이다. 그보다는 오히려 여러분의 장기 실적에 방해가 될 것이다.

우리 회사는 주식중개기관들을 통해 매매를 한다. 이들은 똑똑하고, 의욕적이며, 설득력이 좋은 편이다. 이들은 우리 같은 투자회사들에 계속 주식 아이디어를 전해주고 가장 매매를 많이 하는 투자회사에는 매우 매력적인 인센티브도 제공하고 있다.

자신이 거래하는 주식중개기관의 호감을 얻으면 가지 못할 골프장도, 보지 못할 야구경기나 콘서트도, 가지 못할 여행도 없다. 그리고 무슨 일이 있어도 그들이 여러분의 가족을 만나게 해서는 안 된다. 만약 그런 일이 벌어지면 이들은 아이들 선물, 배우자를 위한 스파 이용권, 그리고 지구에서 가장 이국적인 곳으로의 가족여행권 등을 뿌려 댈 것이다.

적극적인 매매 전략에 이런 여러 혜택이 따라온다는 사실을 알게 되면, 일부 투자매니저들이 장기적인 매수-보유 전략보다 적극적인 매매 전략을 선호하는 이유를 쉽게 알 수 있을 것이다.

그런데 역설적으로 거래 기반의 소매 및 기관 주식중개인들도 그레이엄의 방법을 유용하게 이용할 수 있다. 그레이엄의 공식을 이용해 매수 1순위 후보가 될 수 있는 저평가된 주식들을 찾아내고, 고객 투자자의 포트폴리오에서 주가가 내재가치 이상으로 상승해 매도를 추천할 수 있는 주식들을 찾아낼 수 있기 때문이다.

대규모 거래를 창출하고 싶은 주식중개인이라도 주식 가격을 적절한 시각에서 볼 수 있게 해주는 그레이엄의 공식을 가치평가에 사용하면 여러모로 도움이 될 것이다.

다만, 그레이엄의 공식을 사용하는 소매 및 기관 주식중개인들의 추천 주식이 소속 회사의 추천 주식과 다를 수도 있다.

그리고 투자자의 경우 그레이엄의 방법을 사용하면 주식중개인의 조언에 얽매이지 않고 한결 자유로울 수 있다.

(그는) 특별히 뭔가를 결코 하지는 않았지만, 매우 잘했다
- W. S. 길버트

워런 버핏을 인용하자면, 대부분은 아니라 해도 많은 투자자들은 "새로운 방식으로 성공하기보다는 기존의 방식으로 실패하는 것을 더 편하게 여기는" 경향이 있다. 아주 이상하게도 그들 세계에는 그럴만한 충분한 이유가 있다.

세스 클라만Seth Klarman은 그의 저서『안전마진: 신중한 투자자를 위한 위험회피 가치투자전략Margin of Safety: Risk-averse Value Investing Strategies for the Thoughtful Investor』에서 이 문제를 다음과 같이 매우 간결하게 요약했다.

"개인 및 기관 투자자 모두 기업의 펀더멘털에 기초한 장기 투자 결정을 하지 못하는 모습을 자주 보여준다. 여기에는 많은 이유가 있다.

실적 압박, 월스트리트의 보상 구조, 금융시장의 열광적인 분위기 등이 그런 이유에 속한다. 결과적으로 투자자들은 일시적인 주가 변동이 지배적인 관심의 초점이 되는 단기 실적 경쟁에 자주 휘말리게 된다."

기관들은 고객을 붙들어두는 데 도움이 된다는 생각에 평범함에 안주하는 경우가 종종 있다. 여기서 고객 유지는 수수료 수입을 의미하고, 수수료 수입은 그 기관이 성공했다는 것을 의미한다.

그 기관의 투자실적이 전체 시장 추세와 일치하는 한, 기관은 (고객들의 포트폴리오 가치가 상승했든 하락했든 간에) 자신의 실적을 고객들에게 정당화할 수 있다. 주식시장이 20% 하락하고 그들의 포트폴리오도 20% 하락하면, 기관은 그들의 실적이 시장 평균과 같다고 하면서 자신의 실패를 정당화할 수 있다.

그러나 일관된 투자전략을 사용하는 투자매니저의 실적은 전체 시장 평균과 항상 같지는 않다. 자신의 포트폴리오 실적이 시장 추세에 미달할 경우 이 투자매니저는 자신의 전략을 정당화하는데 어려움을 겪을 것이다.

군중과 다르게 투자를 하려고 한다면, 자신이 옳은 게 분명 좋을 것이다. 자신이 군중과 다르고 그리고 옳다면, 그는 영웅이 된다. 그러나 군중과 다른데다가 틀리기까지 한다면, 그는 구제불능의 패배자가 되고 만다.

물론 투자자가 장기적으로는 옳지만 단기적으로는 틀릴 때에도 도전은 있다. 투자매니저의 실적이 시장에 뒤처지면 고객들의 깐깐한 문의와 회의적인 시각이 증대된다. 고객들은 투자매니저가 뭘 하고 있는지, 왜 그 일을 하고 있는지, 그리고 그 일이 효과적인지 알고 싶어 한다. 이는 우리 같은 투자매니저 대부분이 당연히 피하고 싶은 상황이고, 그래서 우리 모두는 현명한 위험 감수보다는 평범한 투자전략을 사용하려고 한다.

투자회사들이 평범한 것을 선호하는 또 다른, 그러나 덜 확연한 이유가 하나 있다. 그것은 이들의 대형 기관고객이 평범한 전략을 선호하는 경향이 있다는 것이다.

401(k) 퇴직연금시장이 그 대표적인 사례다. 대부분의 고용주들은 직원들에게 다양한 뮤추얼펀드 선택지를 제공하려고 하며, 뮤추얼펀드 회사들은 401(k) 퇴직연금 참가자들의 기호를 맞추는 다양한 상품을 영리하게 설계해 왔다.

가장 최근의 방법은 '타깃-데이트 펀드(TDF)$^{\text{target-date funds}}$'라는 것이다. 이런 형태의 펀드에서 투자자들은 은퇴할 날짜를 고르기만 하면 된다. 그러면 그 펀드는 투자자의 은퇴 연령이 다가오면 자동적으로 펀드의 자산 구성을 조정한다. 이보다 더 단순한 퇴직연금상품이 또 어디에 있겠는가?

그러나 이 방식에는 2가지 중요한 정보가 누락되어 있다. 하나는 펀드매니저의 예상 실적에 관한 정보이고, 또 하나는 수수료에 관한 정보이다. 이 2가지 정보는 직원의 은퇴일보다 훨씬 중요하게 고려해야 할 사항이다.

타깃-데이트 펀드 같은 교묘한 투자자산을 제공함으로써 펀드매니저들은 그들의 실적과 수수료를 잘 모르게 모호하게 만들 수 있다. 이것이 고객의 최선의 이익에는 부합하지 않는, 그러나 기관들이 선택한 방법이다.

유명 각색가 데이몬 러니언Damon Runyon의 말처럼 "빠른 자가 항상 경주에 승리하거나 강한 자가 항상 전투에 승리하는 것은 아니지만, 대개는 다 그렇다."

우리 회사는 시장 움직임과 늘 일치하지는 않는, 규율 있는 매수-보유 전략을 사용하고 있다. 우리가 시장 평균을 앞서고 있을 때는 고객들로부터 거의 아무런 말도 듣지 않는다. 우리가 시장을 이기고 있는 것에 꽤 만족하고 있는 것이다.

그러나 우리의 방법이 불편할 정도로 오랜 기간 시장 평균에 뒤처질 때가 있다. 우리의 포트폴리오가 시장에 뒤처지고 있는 동안에는 우리가 투자 감각을 잃은 것은 아닌지 궁금해 하는 일부 고객들의 전화를 꼭 받게 된다. 그러면 우리는 어떤 시기에는 우리 수익률이 평균 이하일 수 있지만 우리는 장기를 지향하는 엄격한 규율을 따르고 있다고 설명한다.

우리는 단기 실적은 거의 혹은 전혀 중요하지 않다고, 그리고 우리 전략이 지난 30년 동안 그랬던 것처럼 장기적으로 우수한 실적을 제공해 줄 것이라고 계속 그들을 안심시켜야 한다.

고객들을 위해 포트폴리오를 운용했던 지난 30년 이상의 기간 동안 우리가 고객을 잃을 정도로 능력을 의심받았던 때가 단 한 번 짧은 기간 있었다. 1999년 말에서 2000년 말까지 우리 포트폴리오는 일부 고객들이 보기에 만족스러울 만큼 충분히 상승하지 못했다(그래서 일부 고객은 우리를 떠났다). 그러나 이때 우리를 떠나지 않았던 고객들은 그 후 우리와 훨씬 강력한 장기적인 관계를 구축하게 되었다. 그리고 그런 강력한 유대 관계는 2008년 말~2009년 초의 시장 급락이 지난 후 큰 보상으로 돌아왔다.

　어려운 시기에 고객 문제를 처리하고 그들을 안심시키는 일은 우리가 해야 할 일 중 하나이다. 우리는 우리가 하고 있는 일에 확신을 가지고 있고, 안전마진을 포함해 그레이엄의 원칙과 방법론을 고수하는 것이 장기적으로 우리 고객들의 최선의 이익에 봉사하는 일이라고 굳게 믿기 때문에 아주 기꺼이 계속 그렇게 해왔다.

　개인투자자들도 기관 펀드매니저들이 받는 것과 같은 압력에 시달린다. 예컨대, 여러분의 투자가 안 좋아 보일 때 배우자가 압박을 가할 수 있다. '가족의 저축'이 25%나 하락한 것 같은데 제대로 된 배우자라면 어떻게 가만 있을 수 있겠는가? 그리고 결혼생활에 별 도움이 안 되는 조언을 해대는 친척들이 투자에 관해서도 그만큼 혹은 그보다 훨씬 나쁜 조언을 할 수도 있다.

　많은 부모들이 주식투자는 도박이며, 개인투자자들에게 불리하게 주식시장이 조작되고 있다고 자녀들을 가르치고 있다. 바로 이 때문에 시장이 자신에게 불리하게 돌아갈 때 자신의 투자전략과 그레이엄의 원칙을 고수할 수 있는 용기를 갖는 것이 중요하다.

　영국의 노벨문학상 수상자 러디어드 키플링Rudyard Kipling이 말한 것처럼 "주변의 모든 사람이 흥분할 때 침착함을 유지한다면… 이 세상 모든 것은 당신 것이다."

껴안을 것은 지수가 아니라 여러분의 어머니다

포트폴리오에 여러 종목을 '섞어 넣는' 업계의 원칙을 '지수 포옹index hugging' 혹은 '벤치마크 포옹benchmark hugging'이라고 한다.

이는 시장 평균을 확실히 반영하기 위해 고안된 것이어서 펀드매니저들에게 인기 있는 전략이다. 펀드매니저들이 시장 평균과 같은 실적을 유지할 수 있다면, 대개는 자신의 일자리를 지키는 데 도움이 된다.

이런 '지수 포옹자'들은 자신들이 받는 수수료를 정당화하기 위해 스스로를 '실적관리자performance manager'라고 하지만, 이들의 전략은 지수펀드 전략과 매우 유사한 것이다(그런데 지수펀드index funds는 적극적 운용 펀드 혹은 관리운용펀드managed funds보다 연간 수수료가 적다).

이들은 지수와 사실상 동일한 업종 배분 원칙에 따라 포트폴리오를 구축하기 때문에 이들 펀드는 지수펀드와 동일하게 움직인다(그래서 이런 펀드를 '유사지수펀드'라고도 한다—옮긴이). 여기서 고객들이 돈을 벌고 있는지 혹은 잃고 있는지는 중요하지 않다.

불행히도 지수 포옹은 고객들의 리스크를 별로 줄이지 못한다. 시장이 10년 동안 아주 낮은 수익을 올리면, 지수 포옹자들의 고객이 올리는 수익도 매우 낮다(그나마 여기에서 투자운용 수수료도 빼야 한다).

펀드매니저는 고객들이 직면하는 리스크와는 다른 형태의 리스크에 직면한다. 고객들이 직면하는 리스크는 돈을 잃을 가능성이지만, 펀드매니저들이 직면하는 리스크는 직업을 잃을 가능성이다. 펀드매니저가 지수 포옹을 통해 자신의 이런 리스크를 방지할 수 있다면, 기꺼이 지수를 포옹함으로써 자신의 리스크를 고객의 리스크보다 먼저 돌보게 된다. 시장을 추종하고 지수를 포옹하면 원하는 한 자신의 일자리를 지킬 수 있다는 것이다.

3개월이란 기간은 어떤 의미도 없다

기관들은 매 분기마다 실적에 따라 소속 펀드매니저들의 등급을 매긴다. 이는 펀드매니저들이 소속 기관의 통일된 투자법을 단기적으로 준수하게 만들려는, 그러나 궁극적으로는 고객들의 장기적인 수익을 훼손하는 관행이다.

이런 분기 평가는 그레이엄의 방법론에서 요구하는 인간적인 덕성(인내, 용기, 장기적인 시각)과는 맞지 않는 관행이다.

3개월이란 기간에 어떤 마법도, 어떤 특별한 의미도 없다. 투자자의 투자 생애에서 3개월은 별 의미 없는 기간이다. 3개월이란 (장기적인 실적을 추구하는 현명하고 체계적인 전략의 사용을 막음으로써 사실상 고객들의 최선의 이익에 반하는) 기관들이 자신의 평가를 위해 자의적으로 채택한 기간에 불과하다.

우리 회사도 많은 고객들을 위해 분기보고서를 발행하긴 하지만, 결코 분기 실적에 기초해 투자 결정을 하지는 않는다.

우리의 경우, 지난 분기 실적이 훌륭했다면 다음 투자 결정은 매우 신중하게 한다. 그리고 지난 분기 실적이 열악했다면 그래도 역시 다음 투자 결정은 매우 신중하게 한다.

그 기차를 타고, 코카인에 취하다
- 록 그룹 그레이트풀 데드

도파민은 몸에서 자연적으로 생성되는 화학물질로 뇌 기능에 다양한 영향을 미친다. 도파민은 보통 뇌의 쾌락시스템과 관련되며, 식사나 섹스 같은 즐거운 경험을 하는 동안 자연스럽게 분비된다.

또한 도파민은 코카인 사용과도 관련 있다. 코카인은 뇌의 일정 부분에 도파민이 과잉 축적되게 함으로써 기분을 고양시키는 도파민 수송 차단제로 여겨지고 있다.

일부 전문가들은 주식시장 움직임도 감정 변화를 증대시키고 합리적 의사결정 능력을 약화시키는 식으로, 뇌에 코카인과 비슷한 영향을 미칠 수 있다고 주장한다.

우리가 보유한 주식의 가격이 상승할 때, 우리 뇌의 쾌락시스템이 자극을 받는다. 그리고 우리는 이런 쾌락을 더 많이 원한다! 강세장에서 투자자들은 주가가 상승했어도 주식에 더 많은 돈을 투자하면서 더 큰 쾌락을 추구하는 경향이 있다.

계좌의 가치가 일간 혹은 주간 단위로 계속 하락하는 약세장에서 도파민은 이와 정반대의 영향을 미칠 수 있다. 즉, 뇌에 투쟁-도피반응을 유발해 주식이 계속 하락할 때는 주식을 팔게 만들 수 있다.

주식시장 움직임에 대한 뇌의 자연스러운 반응은 (싸게 사서 비싸게 파는 것이 아니라) 시장이 상승할 때 비싸게 사고 시장이 하락할 때 싸게 파는 것이다. 이런 행동들은 뇌의 자연스러운 반응이지만, 우리의 투자 성공에는 역효과를 끼친다.

시장이 신고점을 기록하거나 신저점으로 떨어질 때 투자자가 자신의 심리적 기질을 통제하지 못하면 장기적인 실적에 악영향을 미칠 수 있다.

이런 요인들은 전문투자자와 개인투자자 모두에 영향을 미친다. 시장 격동기에 적절한 규율과 침착함을 유지하지 못하면, 그레이엄의 방법론이 효과를 내기 어렵다.

우리는 투자운용업계의 전문가가 되려는 사람은 누구든 그와 공감한다. 우리의 삶도 코카인에 취한 것 같은 쾌감과 투쟁-도피적인 공포 사이를 오간다. 그러나 우리는 자신을 전문투자자라고 하면서도 주식시장의 심리적 영향에 적절히 대처할 수 있는 그레이엄의 원칙과 방법론을 사용하지 않는 사람들과는 공감하기 어렵다.

개인투자자들은 이런 문제를 전문투자자들과는 다른 방식으로 처리할 필요가 있다. 우선, 개인투자자들은 대부분의 전문투자자들이 이용할 수 있는 자원은 갖고 있지 않다. 따라서 개인투자자들은 자신이 가진 자원을 신중하게 관리해야 한다.

또 한편, 개인투자자들은 전문투자자들과 달리 자산을 모으거나 매매를 창출하는 문제에 대해서는 걱정할 필요가 없다. 개인투자자들은 전문 펀드매니저들이 받고 있는 여러 구속과 압력 없이 그레이엄의 원칙과 방법론을 적용할 수 있다.

나이 들수록 남은 시간은 적어지고
인내심은 커진다
- 프레더릭 마틴

여러분이 투자전략의 핵심으로 그레이엄의 가치평가 공식을 사용하기로 했다면, 이는 인내를 요구하는 방법론을 사용하기로 한 것이다.

하지만 일반적인 투자자나 투자전문가들은 그레이엄의 원칙을 사용하기 위해 상당한 시간과 노력을 들이는 것을 원치 않을 수 있다. 더 중요하게는, 일반적인 투자자나 투자전문가들은 좋을 때든 힘들 때든 자신의 계획을 고수하는 전략을 추구할 그런 기질이 없을 수 있다.

삶의 아이러니 중 하나는 젊은 사람은 생에 남은 시간이 많지만 참을성은 부족한 경향이 있다는 것이다. 월스트리트에서 일하는 속도와 분주함으로 보면, 인내하지 않는 것에 오히려 보상이 돌아가는 것처럼 보인다.

월스트리트에서 일하는 전형적인 전문가는 꽤 젊고 꽤 빨리 부자가 되는 경향이 있다. 이런 사람들은 빠른 결과에 익숙하고, 그들의 투자가 빠르게 좋은 실적을 내는 것을 선호한다. 이들은 장기지향적인 사람들이 아니다. 이들은 장기 투자자들의 시간지평(수년, 수십 년, 혹은 평생)은 고려하지 않는다. 이들은 한 달이나 한 주, 심지어는 하루 만에 뭔가 이루려는 사람들이다. 이들에게 '장기'란 그들과 맞지 않는 이질적인 개념이다.

그레이엄의 방법론을 사용할 때 해야 할 일들은 투자활동을 열심히 할 생각이 없는 사람들에게는 방해가 되는 일들일 수 있다. 10-K 연차

보고서를 꼼꼼히 읽고, 재무상태표와 현금흐름표를 분석하고, 신중하게 전망하는 정성스런 노력을 기울이지 않으면, 그레이엄의 전략을 효과적으로 실행할 수 없다.

많은 투자자들은 '화제성 주식$^{story\ stocks}$'을 선호한다. 이름 그대로 화제성 주식은 투자업계의 관심을 끄는 멋진 스토리가 있는 주식을 말한다. 해당 기업이 아주 훌륭한 차세대 관절염 치료제를 개발 중이라거나, 보다 좋은 웹서핑 방법을 갖고 있다는 식이 될 수 있다. 여기에서 그 주식의 실제 가치가 무엇인지는 중요하지 않다. 월스트리트의 관심을 끌 수 있는 멋진 스토리가 있다면, 투자자들은 보통 그 주식을 포트폴리오에 넣고 어떤 일이 벌어질지 지켜본다.

인내심이 없는 투자는 많은 뮤추얼펀드들의 포트폴리오 회전율에서 드러나는데, 보통은 그 회전율이 연 100%를 초과하는 경우가 많다. 이것은 매매지 투자가 아니다.

포트폴리오 매니저가 연 100% 이상 포트폴리오를 회전시킨다는 것은 그 포트폴리오의 평균 주식 보유기간이 1년 이하라는 것이다. 사실 일부 뮤추얼펀드는 연간 200%의 포트폴리오 회전율을 보이기도 하는데, 이 경우 평균 주식 보유기간은 6개월 이하가 된다.

여러분이 100개 종목을 보유한 뮤추얼펀드의 펀드매니저이고 연 100% 이상 포트폴리오를 회전시킨다면, 여러분은 매년 100개의 신규 종목을 포트폴리오에 새로 편입하게 될 것이다. 그런데 1년에 100개의 신규 종목을 포트폴리오에 편입하려면 3영업일마다 한 개씩 신규 종목을 발견해야 한다.

일부 뮤추얼펀드 매니저들은 자신들이 "포지션을 매매한다"고 하면서 이런 우리의 분석에 이의를 제기할 수도 있다. 한 주식이 상승하면 "그 주식의 (전부가 아니라) 약간을 매도"하고, 그 주식이 하락하면 "약간을 추가 매수"하는 것이기 때문에, 매년 100개의 신규 종목이 필요한 것은 아니라는 것이다.

그럼에도 그런 높은 회전율로 주식을 매매하는 것은 펀드매니저, 매매집행부서, 그리고 지원인력의 시간과 에너지를 소모하는 것이다. 그리고 그런 매매전략이 실제로 펀드의 실적 개선에 도움이 된다는 어떤 증거도 없다.

사실 우리가 보기에는, 연 100%의 회전율을 유지하면서, 모든 투자자산의 적절한 안전마진을 계산할 시간까지 확보하는 것은 인간으로서 불가능한 일이다.

목표가의 함정

주식중개사들이 고객 계좌의 회전율을 높이기 위해 자주 사용하는 또 다른 기법은 목표가격이다.

한 주식을 추천할 때 주식중개사들은 그 주식의 매수 목표가격과 매도 목표가격을 제시한다. 일단 고객이 그 주식을 보유하면, 매도 목표가격에 도달하기 전까지는 그 주식을 보유하고 목표가격에 도달했을 때 그 주식을 매도해야 한다고 한다. 이는 투자업계 전반에 만연한 관행이다.

그러나 목표가격과 관련해 여러분이 모를 수 있는 한 가지 사실은 그 주식이나 주가가 진정한 목표가 아니라는 것이다. 여기서 주식중개사들의 진짜 목표는 (자의적인 목표가격 시스템에 따라 그런 주식을 매수하고 매도해야 한다는 압력을 받는) 순진한 고객들이다.

이런 목표가격에 무슨 마법이 있는 것은 전혀 아니며, 주가가 목표가격에 도달했을 때 그 주식을 매도해야 할 어떤 실질적인 이유도 전혀 없다. 한 주식을 '목표가격'에 매도하고 다른 주식에 재투자하는 것이 수익률을 높이는 좋은 방법이라는 증거는 전혀 없다. 사실 오히려 그 반대라는 것을 보여주는 많은 연구결과들이 있으며, 바로 이 때문에 우리가 장기적인 매수-보유 전략을 지지하는 것이다.

그러나 주요 주식중개사의 애널리스트들은 일반적으로 그들이 추천하는 모든 주식에 대해 매도 목표가격을 설정하라는 지시나 권고를 받는다. 그런데 목표가격은 그 주식의 주가가 더 이상 오르지 않을 것이라거나 그 주식을 더 이상 보유해서는 안 된다는 것을 의미하는 것은 아니다. 목표가격은 그저 고객이 그 주식을 팔도록 설득할 목적으로 (애널리스트들에게 요구해) 설정된 자의적인 가격에 불과하다.

목표가격의 진짜 역할은 투자자들이 그 주식을 오래 보유하지 못하도록 만드는 것이다. 이 경우 투자자는 그 주식의 가치를 보는 것이 아니라 그저 중개인이 팔라고 한 목표가격만 보게 된다.

결국 목표가격에 입각한 투자과정은 투자자와 그 주식의 바탕이 되는 기업을 서로 분리시킨다. 이 경우 투자자는 장기적으로 큰 수익으로 보상할 훌륭한 기업을 매수해 포지션을 구축하는 것이 아니라, 그 주식을 잠시 임차하고 있는 것에 불과하다.

내가 돈보다 더 좋아하는 것이 딱 하나 있다…
바로 다른 사람의 돈이다
- 영화 '타인의 돈' 가운데 대니 드비토의 대사

기업을 인수해 이를 여러 조각으로 나눠 매각했던 칼 아이칸$^{Carl\ Icahn}$ 같은 기업사냥꾼이 악명을 떨치던 1991년, 영화 '타인의 돈$^{Other\ People's\ Money}$'이 개봉되었다.

이 영화에서 대니 드비토$^{Danny\ DeVito}$는 목표기업을 해체해서 완전히 없애버리는 자신의 일을 합리화하는 3류 기업사냥꾼 '분쇄기 래리' 역을 훌륭하게 해냈다.

그의 대사 가운데 이런 것이 있다. "나는 사람들이 내게 붙여준 분쇄기 래리$^{Larry\ the\ Liquidator}$란 별명이 좋습니다. 동료 주주 여러분, 그 이유가 뭐냐고요? 내 장례식장에 오게 되면 여러분은 주머니에 몇 푼의 돈을 챙겨서 웃으면서 장례식장을 떠날 것이기 때문이요."

투자기관은 타인의 돈을 사용하는 일을 한다. 이들은 이런 일을 'OPM$^{Other\ People's\ Money}$'이라고 하면서, 그 일을 거의 예술적인 수준으로 해낸다. OPM은 수수료, 커미션, 채권발행, 기업공개, 벤처캐피탈 등 여러 형태를 띤다. 대부분의 경우 투자자들은 잘 모르고 뛰어든 사람들이다. 투자자들은 투자회사들이 자신들에게 서비스를 제공해주는 대가 혹은 적절한 투자수익을 올릴 수 있는 투자기회를 제공해주는 대가로 자신들의 돈을 사용하고 있다고 생각한다. 그러나 일부 주식중개사들은 OPM으로 훨씬 많은 돈을 짜내기 위해 선을 넘고 고객의 이익에 반하는 매매를 하기도 한다.

가장 일반적인 관행은 '선행매매$^{front\ running}$'이다. 선행매매는 고객을 위해 어떤 주식을 매매하기 직전에 자신이 먼저 그 주식을 매수하거나 매도하는 행위를 말한다.

즉, 한 고객이 특정 주식을 대량으로 매수하기 위해 중개인에게 매수 주문을 내면, 중개인이 그 고객의 주문을 처리하기 직전에 자신이 먼저 그 주식을 매수하는 것이다. 그렇게 일단 주식을 매수한 후, 자신의 매수가보다 약간 높은 가격에 고객의 주문을 내고, 그 즉시 자신의 주식을 넘겨서 그 차액을 이익으로 챙기는 것이다. 주식중개인이 자신의 주식을 이런 식으로 넘기면, 고객은 그 매매로 즉각 손실을 입게 된다.

우리 회사도 여러 번 이런 일을 겪었다. 우리가 어떤 주식을 대량 매수하기 위해 주문을 냈을 때 그 주식의 주가가 바로 1달러 정도 상승하는 경우를 보았는데, 이는 중개인이 우리 매매에 앞서 선행매수를 하고 있었기 때문이었다.

우리가 매수하려는 주식의 주가가 이런 식으로 갑자기 상승하면, 대개의 경우 우리는 그 주문을 취소한다. 그러면 주가는 다시 원래 수준으로 내려온다. 따라서 우리가 어떤 주식을 대량 매수할 때는 시간을 두고 조금씩 나눠 매수하는 방식으로 우리의 매매를 숨김으로써 선행매수가 발생하는 것을 막고 있다.

비록 그 동안 이런 식의 직접적인 선행매매 행위가 금지되기는 했지만, 아직도 주식중개인들이 다른 독창적인 방법으로 선행매매를 하고 있다는 보도가 가끔씩 나오고 있다. 이런 점에서 분쇄기 래리의 다음과 같은 대사는 많은 것을 시사해 주고 있다.

"법은 당신들이 원하는 대로 바꿀 수 있을지 모르지만, 게임은 멈추지 못할 것이다. 나는 여전히 게임을 하고 있을 것이다. 바뀐 법에 적응하기 때문이다."

내가 전문가들을 믿는 실수를 하다니!
- 존 F. 케네디

1961년 4월 대통령에 취임한지 불과 몇 달 만에 존 F. 케네디는 피델 카스트로를 몰아낼 목적으로 쿠바 침공을 명령했다. '피그만 침공'으로 알려진 이 작전은 수십 명이 사망하고 1,000명 이상이 포로로 잡히는 당혹스러운 패배로 끝나고 말았다. 미국으로서는 한 마디로 엄청난 재앙이었다.

대통령 임기 중 최대의 실수로 간주되는 이 패배로 케네디는 몹시 당황했다. 그런데 여기서 케네디의 '진짜' 실수는 무엇이었을까?

그것은 전문가라는 사람들의 아주 순진한 예상을 그대로 믿어버린 것이다. 전문가라는 사람들은 피그만 침공을 저항은 거의 없는, 아주 쉬운 작전이 될 것이라고 생각했다. 그러나 사실 쿠바군은 잘 대비되어 있었으며, 따라서 피그만 침공을 물리치고 미군을 패퇴시킬 수 있었다.

개인투자자들이 자신의 돈을 주식중개인이나 전문 펀드매니저에게 넘길 때는 그들을 전문가로 보고 신뢰하고 있는 것이다. 그러나 월스트리트는 믿을만하지 않다는 것을 여러 차례 보여줬다. 월스트리트가 믿을만하지 않다면, 개인투자자들은 도대체 누구를 믿어야 할까? 대부분의 투자자들은 달리 의존할 곳이 없다고 보고 있다.

그러나 전혀 대책이 없는 것은 아니다. 개인투자자들은 이 책에서 소개한 전략을 사용하고, 그레이엄의 『현명한 투자자』을 읽음으로써 스스로 능력을 쌓을 수 있다.

'성과 없는 노력'의 가치

그레이엄의 원칙과 방법론을 적용하기 위해서는 상당한 노력이 필요하다.

우리는 한 주식을 매수하기로 결정하기 전에 그 주식을 분석하고, 7년 주가 전망을 수립하고, 주식을 추적 조사하는데 몇 주 혹은 몇 달을 사용한다. 그리고서도 그 주식을 매수하지 않기로 결정하는 경우도 많다. 우리가 매수 준비를 하기도 전에 주가가 상승하거나, 그 기업을 평가하는 중에 매수하지 말라는 위험신호를 발견할 수도 있다.

여러분이 그레이엄의 공식을 사용해 주식을 평가하기로 했다면, 자신의 일부 작업이 아무런 성과 없이 무위로 돌아갈 수 있다는 것을 받아들여야 한다. 많은 주식을 분석해도 결과적으로 아무것도 매수하지 않을 수 있다.

그럼에도 이런 노력을 멈춰서는 안 된다. 투자자는 자신이 원하는 가격에 포트폴리오에 편입할 주식을 찾는 것뿐만 아니라 자신의 포트폴리오에 결코 넣지 않아야 할 주식 또한 발견해야 하기 때문이다. 그리고 이것이 바로 '성과 없는 노력'의 가치다.

그레이엄의 공식을 성공적으로 사용하기 위해서는 포트폴리오에 결코 넣지 않을 주식을 발견하는 데도 많은 시간과 노력을 쏟아야 할 것이다. 무엇을 사야할지 그리고 무엇을 사지 말아야할지 아는 것은 투자자의 장기적인 성공에 매우 중요하다.

우리는 이 책을 통해 그레이엄의 공식을 소개하고 성공적인 포트폴리오를 구축하기 위해 그 공식을 어떻게 사용해야 하는지 설명했지만, 기꺼이 시간과 노력을 바쳐 그 전략을 따르는 것은 투자자들의 몫이다.

다른 사람은 모르는 뭔가를 아는 것, 그것이 사업의 비밀이다
- 아리스토텔레스 오나시스

아리스토텔레스 오나시스^{Aristotle Onassis}는 유명한 그리스 선박왕이며, 올림픽항공^{Olympic Airways}의 설립자이다. 여러 산업에서 보여준 탁월한 사업 감각을 통해 오나시스는 1975년 사망하기 전까지 세계에서 가장 부유한 사람 중 한명이 되었다.

또한 그는 사업과 성공에 대한 여러 통찰력 있는 경구를 남긴 것으로도 유명하다.

오나시스는 "다른 사람이 모르는 뭔가를 아는 것, 그것이 사업의 비밀이다"라는 경구를 여러 언어로 말했지만, 여기서 우리는 'believe(믿는 것)'보다는 'know(아는 것)'가 더 정확한 의미를 전해 준다고 보고 '아는 것'이란 말로 이 경구를 소개한다. 옥스퍼드 영어사전은 believe를 "사실로 혹은 사실을 말하거나 전해주는 것으로 받아들이다"란 의미로, know는 "경험, 학습, 혹은 정보를 통해 마음이나 기억 속에 담아두다"로 소개하고 있다.

투자에 성공하기를 원한다면 누구나 자신의 믿음을 지식으로 바꿔야 한다. 어떤 믿음이 틀린 것으로 밝혀지면 이를 수정하거나 버려야 한다. 영속적인 지식을 얻기 위해서는 자신의 믿음이 옳은 것인지 계속 따져보고 시험해 봐야 한다.

우리가 보기에, 대부분의 투자자들은 주식의 장기 보유가 평균 이상의 수익을 올릴 최고의 가능성을 제공해준다고 '믿긴 하지만', 주식 포지션을 장기적으로 보유하는 방법에 대해서는 '알지 못하는' 것 같다.

대부분의 투자자들에게 부족한 한 가지 중요한 지식은, 바로 투자 원금의 50~100%의 이익을 냈을 때가 주식을 보유하기 가장 힘든 때라는 것이다.

그것은 이 정도 이익은 원금에 충분한 쿠션을 제공하지 못하는 수준이기 때문이다. 요컨대 이 정도 이익 쿠션은 정상적인 시장 조정으로도 쉽게 사라질 수 있는 것이다. 한 투자자가 어떤 주식을 10달러에 매수했고 그 주식이 20달러까지 상승했어도, 이 주식이 다시 하락하면 이익 쿠션의 상당 부분이 사라지게 된다.

우리가 이런 사실을 알게 된 것은 델 컴퓨터$^{Dell\ Computer}$에 대한 투자를 통해서였다. 1990년대 초중반 우리는 델 컴퓨터를 보유하고 있었다. 관련 거래의 자세한 내용은 기억나지 않지만, 중요한 결정을 했던 순간들은 마치 어제 일처럼 생생하다. 그만큼 고통스러웠고, 중요한 교훈을 남긴 경험이었다.

1991년 마이클 델$^{Michael\ Dell}$은 미니애폴리스 주에 와서 나를 포함한 일군의 투자자들을 만났다. 당시 델은 25세의 청년이었다. 그는 우리에게 직접판매 사업모델에 대해 설명했는데, 그 때 내 머리에서 뭔가 빛이 번쩍했다. 모임이 끝난 후 나는 델에게 물었다. "델, 당신 컴퓨터는 직접판매로 판매하고 컴팩 컴퓨터는 딜러를 통해 판매한다면, 컴팩 컴퓨터보다 25% 정도 싸게 팔면서도 여전히 좋은 이익률을 올릴 수 있을까요?" 그는 그렇다고 했다.

나는 사무실로 돌아와 델 컴퓨터의 재무상태를 검토하기 시작했다. 재무상태는 양호했고, 주가는 이익의 10배(PER 10) 수준이었다. 따라서 델의 주식 포지션을 구축하기로 한 것은 그리 어렵지 않은 결정이었다.

그리고 2년 후, 우리는 델 주식을 매도했다. 델 주식에 대한 투자로 200% 정도 이익을 냈지만, 당시 델 컴퓨터는 질적인 문제가 있었고, 전환사채 발행을 취소해야 했다. 우리는 델의 성공이 끝나가고 있을지 모른다고 생각했고, 그 주식으로 번 이익을 잃고 싶지 않았다.

그런데 이야기는 여기서 끝나지 않는다. 우리가 델 주식을 매도한 후 컴팩이 납품업체 변경 문제로 인텔과 잡음을 내기 시작했다. 인텔은 개인용 컴퓨터 마이크로프로세서의 지배적 공급자였다. 우리는 그런 인텔과 관계를 끊는 컴팩의 전략은 장기적으로 실패할 전략이라고 생각했다. 아이러니하게도 우리가 매도한 후 델 주식이 크게 하락했기 때문에 나는 꽤 기분이 좋았다.

컴팩이 언론의 조명을 받고 있었고, 월스트리트가 델보다 컴팩에 더 관심을 갖고 있었다. 하지만 델의 직접판매 모델은 여전히 델의 강력한 경쟁우위였다. 주가도 계속 매력적인 수준이었다.

그림 8-1 · 델 컴퓨터의 주가 추이(1991~1996년)

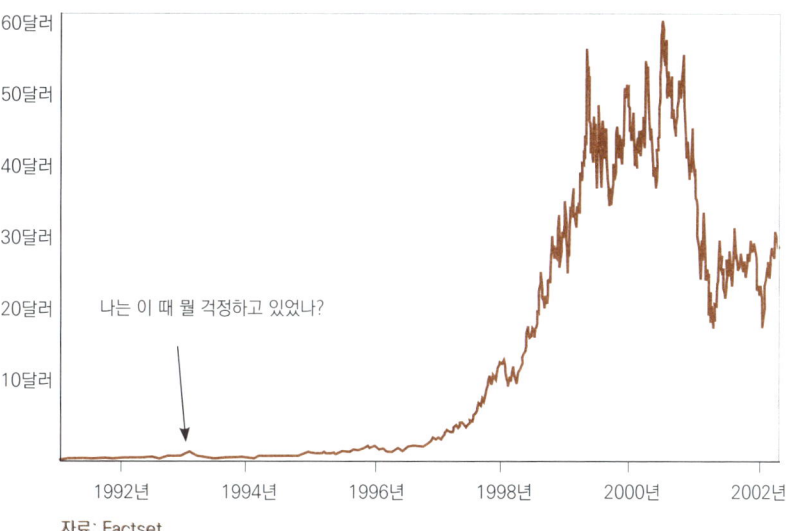

그림 8-2 · 델 컴퓨터의 주가 추이(1991~2002년)

그런데 우리는 델 주식을 다시 매수하지 않았다. 이런 결정은 과연 얼마나 옳은 것이었을까?

한번 살펴보자. 1994년 말까지 50센트 미만이었던 델 주식은 1995년부터 상승하기 시작해 2000년 최고점에서 50달러를 넘었다. 100배 상승한 것이다.

정말 값비싼 교훈이었다.

우리의 값비싼 경험을 통해 여러분도 다소의 이익을 낸 시기를 (매도하지 않고) 버티면서 그 주식을 계속 보유하는 것이 얼마나 힘든 일인지 잘 알 수 있을 것이다.

우리는 계속 실수를 하지만, 그런 실수가 (그리고 성공이) 우리의 믿음을 지식으로 바꾸는데 도움이 되기를 바란다. 그리고 그런 실수를 통해 얻는 교훈은 델 컴퓨터의 경우보다는 조금 덜 값비싼 교훈이 되었으면 한다.

성공투자의
핵심 원칙

> 아는 것만으로는 충분하지 않고, 사용해야 한다.
> 의지만으로는 충분하지 않고, 실행해야 한다.
> - 요한 볼프강 폰 괴테

투자전략을 구성하는 핵심 개념

이 책에서 우리는 성공적인 성장주 투자전략을 자세히 살펴보았다. 그렇지만 여러분이 매수하는 모든 주식에 대해 이 책에서 소개한 모든 내용들을 다 적용하지는 못할 수도 있다. 그럼에도 그 중 최소한 3가지는 반드시 적용해야 한다.

이 3가지는 성공적인 투자를 위한 가장 중요한 개념들이다. 여러분의 투자과정에 이 3가지를 통합해 적용할 수 있다면, 다른 대부분의 주식투자자들보다 훨씬 앞서 나갈 수 있을 것이다.

이 3가지 핵심 개념은 다음과 같다.

안전마진

1976년 〈파이낸셜 애널리스트 저널〉과의 인터뷰에서 벤저민 그레이엄은 투자의 가장 중요한 규칙은 무엇이냐는 질문을 받았다.

그레이엄은 이렇게 답했다. "투자자는 매수를 위해 투자한 돈보다 더 많은 것을 가져갈 수 있다(투자를 보호해 줄 '안전마진이 있다')는 것을 확인시켜주는 객관적인 추론을 통해 자신이 하는 모든 매수와 자신이 지불하는 각각의 가격을 정당화 할 수 있어야 한다."

그레이엄이 제시한 첫 번째 규칙은, 매수하는 모든 주식에 안전마진이 있는지 확인하는 것이었다.

미스터 마켓

모든 주식투자자들의 화신인 '미스터 마켓'은 매일 등장해서 모든 기업의 주식을 그날 주어진 만큼 기꺼이 매수하거나 매도한다. 때로는 미스터 마켓이 사고파는 주가가 말도 안 되게 높기도 하고, 또 때로는 말도 안 되게 낮기도 하다.

이런 시장의 변덕스러운 성격 때문에 기민한 투자자들은 내재가치보다 훨씬 낮은 가격에 주식을 살 수 있는 기회를 얻기도 한다.

1984년 워런 버핏은 컬럼비아대 경영대학원 매거진에 기고한 글 「그레이엄과 도드 진영의 슈퍼 투자자들The Super-Investors of Graham and Doddsville」에서 이렇게 말했다.

"시장에 비효율성이 많다고 생각한다. 한 주식의 주가가 가장 감정적인 사람, 가장 탐욕적인 사람, 혹은 가장 우울한 사람이 설정한 마진에 따라 책정된 가격으로 월스트리트 '군중들'의 영향을 받을 때, 시장이 항상 합리적으로 가격을 정한다고 주장하기란 어렵다. 사실 시장 가격이 터무니없을 때가 자주 있다."

기민한 투자자의 입장에서 볼 때, 미스터 마켓은 그런 터무니없는 가격을 (따라서 기회를) 매일 제공해 준다.

복리 수익의 힘

아인슈타인을 포함한 많은 사람들은 복리의 힘에 경탄했다. 복리는 '우주에서 가장 강력한 힘'으로 일컬어지기도 했다.

한 자릿수 수익률이라도 평생 복리로 불리면 수백만 달러가 되기도 한다. 바로 이 때문에 투자자는 자신이 하는 모든 투자에서 가능한 모든 수익률을 짜내야 하는 것이다.

모두가 승자가 되는 방법

이번 장에서는 지금까지 설명한 그레이엄의 원칙과 투자 개념들을 자신의 투자과정에 적용하는 방법들을 소개할 것이다.

투자를 공부하는 사람이건, 개인투자자건, 혹은 전문 펀드매니저건 모두 자신의 투자 성공 가능성을 높일 수 있다.

그레이엄의 투자전략에 대해 더 많은 것을 알고 싶다면, 그의 두 고전 『현명한 투자자』와 『증권분석』은 꼭 읽어보길 바란다. 더불어 『워런 버핏의 주주서한』도 권한다.

주식 투자를 공부하는 사람들을 위한 조언

투자 공부를 하는 사람들이 이 책에서 얻어야 할 가장 중요한 교훈은 성장주 투자의 힘과 (평생 성공에 반드시 필요한) 인내의 중요성이다.

투자를 시작하고 자신만의 포트폴리오를 구축할 때, 이 책은 그레이엄의 가장 중요한 원칙들을 성장주 투자에 적용하는 것을 돕는 하나의 참고서가 될 수 있을 것이다.

개인투자자들을 위한 조언

우선 이 책은 어려운 투자환경 속에서도 개인투자자들이 성공적으로 투자할 수 있도록 돕기 위해 씌여진 것이다.

사실 그레이엄은 개인투자자가 전문투자자보다 주식시장에서 성공할 가능성이 훨씬 높다고 보았다. 그는 〈파이낸셜 애널리스트 저널〉에서 이렇게 말했다.

"일반 투자자는 대형 기관에 비해 큰 이점을 갖고 있다. 대형 기관은 상대적으로 적은 종목들(약 300~400개의 대기업들) 중에서 투자 종목을 골라야 한다. 그리고 일반적으로 이미 매우 과도하게 분석된 이런 기업들에 자신의 분석과 결정을 집중해야 한다. 반면, 대부분의 개인투자자들은 언제든 S&P 월간 주식가이드에 소개된 3,000개 종목 중에서 투자 종목을 고를 수 있다. 다양한 방법과 선호에 따라 그 중에서 매력적인 매수 기회를 제공하는 종목을 적어도 1%(약 30개 정도)는 언제든 찾을 수 있다."

이런 종목 선정과정만 개인투자자들에게 유리한 것이 아니고, 장기간 주식을 보유할 수 있다는 것도 개인투자자들의 장기 실적에 유리한 요인이다.

자신만의 기준수익률을 수립하고 이를 고수하기 위해 노력하면, 그 기준수익률은 적절한 매수 가격을 판단할 수 있게 해주는 지침이 된다. 그리고 자신이 분석하는 모든 주식에 대해 예비조사를 실시하고 매수에 적절한 안전마진을 고수하면, 실수를 줄이고 군중에 휩쓸리지 않을 수 있다.

이 책을 통해 우리는 성장기업이 우수한 장기 수익률을 제공한다는 여러 증거들을 제시했다. 개인투자자의 경우, 장기 보유의 세후 효과는 막대할 수 있다.

많은 개인투자자들은 뮤추얼펀드를 통해 이미 주식을 보유하고 있을 것이다. 그런 투자자들에게 우리는 보유하고 있는 다양한 펀드를 운용수수료가 낮은 S&P 500 지수펀드로 전환할 것을 제안한다. 또한 어떤 훌륭한 주식 아이디어를 발견하면, 자신의 투자 자산의 더 많은 부분을 뮤추얼펀드에서 개별 주식으로 옮길 수 있을 것이다.

주식 종목은 얼마나 보유해야 할까? 자신이 적절한 안전마진을 계산할 수 있는 종목 수만큼만 보유해야 한다. 대개의 경우, 이런 주식 수는 4~5개에 그칠 수 있다.

또 주식 투자자산의 75%는 S&P 500 지수펀드에 투자하고, 나머지 25%는 약간의 개별 종목에 투자할 수도 있을 것이다. 시간이 감에 따라 보다 부지런한 투자자들은 지속적인 성장과 적절한 안전마진을 제공하는 주식들을 더 많이 찾아낼 것이기 때문에 자신의 포트폴리오에서 그런 개별 종목들이 차지하는 비율이 높아질 수 있을 것이다.

그 과정에서 여러분을 도와줄 주식중개인을 찾고 싶다면, 다음 4가지 질문을 유념해두기 바란다.

1. 그 주식중개인이 안전마진은 어떻게 계산하는가?
2. 그 주식중개인이 미스터 마켓은 어떻게 보고 있는가?
3. 그 주식중개인의 시간지평은 얼마인가?

4. 그 주식중개인의 연간 포트폴리오 회전율은 어떻게 되는가?

이런 질문에 대해 우리가 원하는 일정한 답변들이 있고, 이 책을 읽었다면 그 답을 이미 알고 있을 것이다. 반면, 가장 최악의 답변은 "네?" 혹은 "무슨 말이신지요?" 하는 식의 답변이 될 것이다.

연간 포트폴리오 회전율은 매우 핵심적인 통계지표다. 연간 포트폴리오 회전율은 연간 매수 및 매도 시가총액을 더한 후 이를 2로 나누고, 다시 이를 포트폴리오 시가총액으로 나눈 것이다. 10만 달러의 포트폴리오에서 매수 총액이 10만 달러이고 매도 총액이 10만 달러면, 그 포트폴리오의 회전율은 100%가 된다. 수식으로 나타내면 이렇게 된다.
[(10만 달러 + 10만 달러) ÷ 2] ÷ 10만 달러 = 100%

연간 포트폴리오 회전율은 주식중개인의 실제 시간지평이 얼마인지 말해줄 수 있다. 그의 연간 포트폴리오 회전율이 100%면 그의 시간지평은 1년이고, 50%면 그의 시간지평은 2년이다.

여러분이 (중개수수료commission를 받는 중개인이 아니라) 운용자산의 일정 비율을 수수료로 부과하면서 여러분의 자금을 운용하는 투자매니저(자산운용사)를 찾고 있다면, 앞의 4가지 질문에 다음 2가지 질문을 추가해야 한다.

1. 고객 회전율은 어떻게 되는가?
2. 직원 이직률은 어떻게 되는가?

고객 회전율과 직원 이직률은 연간 포트폴리오 회전율과 비슷한 것을 말해준다. 기존의 고객을 잃고 신규 고객을 끌어들이는 것은 많은 비용이 드는 일이다. 직원의 경우도 마찬가지다. 고객 회전율과 직원 이직률은 그 자산운용사가 고객과 직원을 어떻게 대하고 있는지에 대해 많은 것을 말해줄 수 있다.

투자전문가들을 위한 조언

기관 펀드매니저, 헤지펀드 매니저, 뮤추얼펀드 매니저, 그리고 여타 전문투자자들은 이 책에서 무엇을 얻을 수 있을까?

크게 2가지 범주로 나눠볼 수 있다. 첫째는 투자전문가들이 즐겨 사용할 수 있겠지만 아주 필수적인 것은 아닌 것들이고, 두 번째는 모든 투자전문가들이 아주 진지하게 고려해야 할 변화에 관한 것들이다.

먼저, 우리는 투자전문가들이 성장기업 유니버스에서 기회를 찾고 이를 이용하고자 할 때 이 책을 활용해 그 능력을 더욱 제고하기를 바란다. 이 책을 통해 그레이엄의 원칙과 방법론이 성장주 투자에서 발휘할 수 있는 힘을 잘 이해했기를 바란다.

또 우리는 투자전문가들이 이 책과 그레이엄의 모델을 사용해 자신들의 의사결정 과정을 단순화하기를 바란다.

우리가 보기에 많은 투자매니저들은 뛰어난 수학적 능력이 투자에 더 도움이 된다는 관념에 사로잡힌 것 같다. 이에 대한 우리의 주장은 다소 다르다. 높은 수준의 수학은 실제 세계에는 존재하지 않는 그런 수준의 정확성을 추구하는 것이라고 본다.

단순화된 과정과 함께 고정된 그리고 공개된 기준수익률을 설정할 것을 권한다. 그리고 그 기준수익률을 고객들에게 밝히고, 그 기준수익률에 자신의 실적을 비교해 스스로 평가하기를 바란다.

이 책에는 투자전문가들이 진지하게 고려했으면 하는 많은 내용들이 소개되어 있다.

고객의 이익을 위한 우리 업계의 그간의 노력과 성과부터 돌아봐야 한다. 사실 우리 업계는 지금까지 고객을 위해 그리 잘 봉사했다고는 할 수 없다. 우리 업계는 분명 더 나아져야 한다. 우리는 고객 자산의 수탁자로서 신의성실의 의무가 있으며, 그에 따라 투자 업무를 수행해야 한다.

우리는 투자전문가들이 주식 보유의 시간지평을 확대할 것을 촉구한다. 주식은 장기 투자자산이다. 뮤추얼펀드들이 너나할 것 없이 100%가 넘는 포트폴리오 회전율을 보고하고 있다는 것은 실로 괴로운 일이다. 이런 것은 투자가 아니다! 우리는 업계의 동료들이 주식을 잠시 임차하는 것이 아니라 소유할 것을 촉구한다.

또 분기 이익을 적절한 시각에서 볼 것을 촉구한다. 분기는 단지 하나의 측정점data point일 뿐이다. 최선의 장기적인 생각에 기초해 투자 방침을 확립하고 시장이 일시적으로 자신과 맞지 않는다 해도 그런 투자 방침을 유지하기를 바란다.

대개의 경우, 투자전문가들이 건전한 분석에 기초해 투자 방침을 확립하고 이를 유지하면, 고객들은 장기적으로 보상을 받게 된다.

우리는 투자전문가들이 고객들과 동일한 비율로 동일한 주식을 보유할 것을 촉구한다. 고객과 한 배를 타라는 것이다.

주식을 잠시 임차하기보다는 소유해야 하고, 껴안을 것은 지수가 아니라 어머니다. 만족할만한 안전마진을 계산할 수 없으면 어떤 주식이든 매수하지 말 것을 촉구한다.

투자전문가들은 월스트리트 중개인들의 유혹을 고객들에게 유익한 방향으로 처리할 줄 알아야 한다. 월스트리트 중개인들은 중요한 일을 수행한다. 이들은 자본시장에 유동성을 제공하며, 적극적이고, 많은 창조적인 아이디어를 갖고 있다.

그렇지만 이들은 (전문투자자 여러분이 그냥 놔두면) 여러분 고객의 포트폴리오를 파괴하기도 할 것이다. 월스트리트 중개인들은 1973년 내가 처음 업계에 들어온 이후 지금까지 줄곧 이런 식이었다. 이들은 내가 업계를 떠난 한참 후에도 이런 식으로 변함이 없을 것이다. 이는 받아들일 수밖에 없는 사실이다.

우리는 투자전문가들이 수수료가 장기 복리수익에 미치는 영향에 대한 우리의 의견을 참고할 것을 촉구한다. 일반적으로 우리 업계는 장기적으로 유지될 수 없는 수수료를 부과하고 있다. 헤지펀드 수수료는 당혹스러울 만큼 비싸다.

이 말이 의심스럽다면, 50년 동안 연평균 10% 수익률을 올렸다고 해보자. 여기서 고객에게 돌아가는 수익은 얼마나 될까? 기본적으로 이 수익률에서 헤지펀드가 일반적으로 부과하는 2%의 연간 운용수수료와 잔여 이익의 20%에 해당하는 성과수수료를 빼야 한다. 그런데 이런 수준의 수수료는 정말 최고로 뛰어난 헤지펀드 매니저에게만 합당한 수수료다. 이런 높은 수수료를 제하고 나면 고객에게 돌아가는 장기 수익은 크게 줄어든다.

401(k) 퇴직연금시장에 제공되는 상품들의 수수료도 너무 비싸서, 연 2% 이상인 경우가 많다. 퇴직연금 가입자가 이렇게 과도한 수수료

를 지불하고서는 은퇴에 필요한 장기적인 준비를 제대로 할 수 있을 것 같지 않다.

기업 임원들을 위한 조언

훌륭한 투자자들이 기업 경영진에게 무엇을 기대하는지 먼저 생각해주기 바란다. 그것이 무엇인지 구체적으로 확인하고 싶다면, 그레이엄의 두 고전 『증권분석』과 『현명한 투자자』 그리고 『워런 버핏의 주주서한』부터 다시 읽어보기를 권한다.

우리 또한 이 책에서 기업 경영진에 대한 내용들을 다루었다. 기업 임원들이 이 책을 읽는다면, 성장투자자들이 높은 성장률보다는 높은 자본수익률을 더 높이 평가한다는 것을 알 수 있을 것이다.

기업을 성장시키는 것은 평범한 경영자도 할 수 있는 일이지만, 기업을 성장시킴과 동시에 매력적인 투하자본이익률을 유지하는 것은 훌륭한 경영자만이 할 수 있는 일이란 것도 알게 될 것이다.

또한 그저 다음 분기 이익 전망치를 초과하려고 하기보다는 지속 가능한 경쟁우위를 구축하는 데 더 집중해야 한다는 것도 알게 되었을 것이다.

또 이 책을 읽는 기업 임원들이 훌륭한 기업지배구조를 위해 더욱 노력해주기를 바란다. 기업의 현금흐름을 공정하게 배당금으로 분배하는 식의 조치는 기업 경영자와 장기적인 파트너가 되려는 장기 투자자들을 끌어들일 것이다.

그레이엄의 방법론을 자세히 살펴본 기업 임원들은 잠재적인 인수 자산에 보다 정확한 기준수익률을 적용하는 법, 그리고 장기 투자자들의 심리를 이해하는 법을 배울 수 있을 것이다.

그리고 내부 투자자산과 인수자산에 적용하는 고정된 기준수익률이 주식 매수에 적용하는 고정된 기준수익률과 비슷한 것이라는 것도 이해하게 될 것이다.

시장전문가들을 위한 조언

여러분이 시장전문가라면, 매우 진지하게 투자하면서 매주 많은 시간을 자신의 포트폴리오를 평가하고 다음 행동을 분석하는 데 사용하는 개인투자자이기도 할 것이다.

여러분이 여기에 딱 들어맞는 사람이라면, 이 책도 여러분에게 딱 들어맞는 책이 될 것이다. 나 역시 투자운용업에 뛰어들기 전에는 그런 시장전문가 중 한명이었다.

1973년 당시 해군 장교이자 젊은 투자자였던 나는 손절매$^{\text{stop-loss}}$ 주문을 사용하고 있었다. 그 즈음 베트남전쟁이 끝나고 우리는 일본을 거쳐 진주만으로 복귀하고 있었다.

그런데 일본에서 진주만으로 이동하던 10일 사이 닉슨은 달러화 가치를 평가 절하했다. 이에 시장은 급락했다가 다시 회복했는데, 급락하던 중에 나의 손절매 주문이 발동되었다. 진주만으로 돌아왔을 때, 내가 보유했던 주식들은 원래 가격을 회복했지만, 내 포지션은 이미 모두 매도된 후였다! 그 후 나는 손절매 주문은 절대 사용하지 않았다.

그리고 투자의 개념은 매우 단순한 것이라는 사실을 아주 천천히 깨닫게 되었는데, 그것은 주가가 적정가격보다 낮을 때 훌륭한 기업을 매수한 후 계속 보유하는 것이었다.

이 책은 시장전문가들에게 투자 성공에 필요한 도구를 제공해 줄 것이다. 그리고 성공적인 투자 개념을 나보다 더 빨리 깨우치는데도 도움을 줄 수 있을 것이다.

여러분이 단타 매매자여서 전략의 핵심이 주식을 신속하게 매매하는 것이라면, 이 책의 가치는 제한적일 수 있다. 그레이엄의 성장주 원칙은 단타 매매자가 아니라 장기 투자자들을 위한 것이다.

그리고 그레이엄의 방법론을 사용해 질적으로 우수한 주식을 찾고 그런 주식들로 포지션을 구축하는데 필요한 고된 과정에는 여러분이 쓸 수 있는 시간보다 많은 시간이 들 것이다.

그럼에도 그레이엄의 공식은 주식의 가치를 평가하고, 여러분이 매매하는 주식에 유리한 매수 및 매도 시점을 판단하는데 여전히 중요한 도구가 될 수 있을 것이다.

그레이엄 투자 원칙을 실전에 응용하기

이 책은 여러분이 질적으로 우수한 주식을 찾아서 그 주식을 유리한 가격에 매수하는데 도움이 될 것이다.

여러분의 성공에 도움이 될 수 있는 그레이엄의 성장주 전략을 실전에 응용하는 데는 몇 가지의 단계가 있다. 다음은 그 중 가장 중요한 단계들을 정리한 것이다.

1단계: '복리의 힘'을 기억하라

'복리'는 투자의 매우 중요한 원칙이다. 사실 우리는 모든 투자자가 복리표를 옆에 두고 수시로 참고할 것을 권한다.

복리표를 꼼꼼히 살펴보면, 장기적으로 두 자릿수 수익률을 달성할 때 큰 부자가 될 수 있다는 사실을 포함해 많은 것을 알 수 있다.

여러분이 10만 달러로 투자를 시작해 50년 동안 연평균 10%의 수익을 올린다면, 여러분의 투자자산은 얼마로 불어나게 될까? (잠시 뒤 그 정확한 숫자를 밝히겠다)

이 사실을 통해 거꾸로 우리는 그 정도 부자인 사람은 많지 않기 때문에 연평균 10% 수익률을 올리는 사람은 극히 드물다는 것을 알 수 있다.

또 복리표를 사용해 자신만의 기준수익률을 설정하거나, 가치가 50% 하락해 회복하지 못할 경우 발생할 수 있는 엄청난 손해를 이해할 수 있다.

복리표는 우리가 상당한 운용자산을 보유하고 있을 때 높은 복리수익이 얼마나 중요한지 확인하는데도 도움을 준다.

복리표는 리스크 측정지표로 변동성을 사용하는 것이 오류라는 것을 보여준다.

시장보다 연 1~3% 더 높은 수익을 올려서 얻는 우수한 실적은 단기 변동성으로 인해 확인하기 어려울 수 있다. 어떤 한 시점에 1년 실적을 보면 왜 그 1~3%의 수익을 더 올리기 위해 그렇게 노력해야 하는지 회의가 들 수도 있다.

그러나 장기적으로 보면 시장보다 조금 더 나은 수익이 쌓여서 엄청난 실적 차이를 만들어 낸다. 투자자 A가 10만 달러를 투자해 연평균 10%의 복리수익을 올렸다면, 50년 후 그의 투자자산은 1,173만 9,000달러로 불어나게 된다. 그런데 투자자 B가 같은 10만 달러를 투자해 연평균 7%의 복리수익을 올렸다면, 같은 50년 후 그의 투자자산은 294만 5,703달러로 불어나게 된다.

A의 포트폴리오가 B의 포트폴리오보다 4배로 불어나는 것이다!

복리표는 과도한 투자운용수수료와 중개수수료가 수익에 미치는 치명적인 효과도 보여준다.

투자자 A와 B가 모두 50년 동안 연평균 10%의 복리수익을 올렸다고 해보자. 그런데 투자자 A는 수수료를 전혀 지불하지 않았고, 투자자 B는 연간 1.5%를 투자운용수수료와 중개수수료로 지불해서 그의 연평균 순수익률은 8.5%가 되었다고 해보자. 그러면 50년 후 투자자 A의 포트폴리오 가치는 B의 포트폴리오 가치의 약 2배에 달할 것이다. 투자운용수수료와 중개수수료가 너무 비싼 때문이다!

투자자들은 높은 포트폴리오 회전율이 포트폴리오 수익에 미치는 영향도 확인할 수 있다.

높은 포트폴리오 회전율로 단기적인 자본소득을 창출할 수는 있지만, 단기적으로 창출되는 자본소득에는 장기적으로 창출되는 자본소득보다 많은 세금이 부과된다. 그리고 납부하는 세금이 많을수록 장기 실적은 크게 줄어든다.

한 주식을 매수해서 50년 동안 자본소득세를 납부하지 않고 이 주식을 보유하는 투자자가 누리는 세금혜택을 생각해보라!

2단계: 지속 가능한 경쟁우위를 가진 기업을 찾아라

포트폴리오에 편입할 주식을 고르는 첫 번째 단계는 지속 가능한 경쟁우위를 가진 기업을 찾는 것이다. 이를 위해 우선, 기업이 경쟁에서 앞서 나갈 수 있는 기본 사업모델에 내재된 구조적인 경쟁우위부터 찾아야 한다.

우수한 업무 효율성을 지속 가능한 경쟁우위와 혼동해서는 안 된다. 우수한 업무 효율성은 경쟁우위를 발전시키고 제고하는 데 필수적이지만, 그 자체를 지속 가능한 경쟁우위로 간주하기엔 충분하지 않다. 다른 기업들이 업무 효율성의 격차를 줄일 때 우수한 업무 효율성으로 확보한 수익률 격차도 줄어들기 때문이다.

구조적인 경쟁우위를 가졌을 뿐만 아니라, 그런 경쟁우위를 유지하는데 필요한 노력을 하고 있다는 것을 장기적으로 입증한 기업을 찾아야 한다.

경쟁우위는 시간이 가면서 점차 사라질 수 있다. 그래서 경영진이 중요하다. 회사의 나아갈 방향이나 회사 이익의 재투자에 대한 잘못된 결정 하나가 경쟁우위를 파괴할 수 있다.

한 기업에 투자했다면, 그 기업의 동향을 계속 살펴보면서 그 기업이 여전히 경쟁우위를 유지하고 있는지 확인해야 한다. 그리고 경쟁우위가 점차 약화되고 있다는 것을 발견하면, 경쟁우위가 완전히 사라지기 전에 충분한 시간을 갖고 그에 대응해야 한다.

또한 산업의 거대한 구조적 변화, 규제체계나 정권의 변화, 혹은 혁신적인 기술도 예의 주시해야 한다. 이런 것들은 기업의 경쟁우위를 빠르게 파괴할 수 있다.

3단계: 그레이엄의 공식을 사용해 기업의 가치를 평가하라

일단 지속 가능한 경쟁우위를 보유한 기업을 찾았으면, 다음 단계는 그런 기업의 가치를 평가해 최적의 매수가를 결정하는 것이다.

그레이엄의 가치평가 공식은 다음과 같다.

$$[8.5 + (2 \times 이익증가율)] \times 주당순이익 = 내재가치$$

제로성장기업이나 성장이 느린 기업의 가치를 평가할 때는 이 공식을 한번만 적용해야 한다. 그러나 성장기업에 대해서는 이 공식을 두 번 적용해 현재 내재가치와 미래 내재가치를 함께 평가해야 한다. 우리의 경우, 향후 7년간 그리고 7년 후 기업의 내재가치를 계산한다.

성장기업에 적용할 그레이엄의 공식은 다음과 같다.

$$현재\ 내재가치 = [8.5 + (2 \times 향후\ 7년\ 예상\ 이익증가율^*)] \\ \times 현재의\ 정상\ 주당순이익$$

$$미래\ 내재가치 = [8.5 + (2 \times 7년\ 후\ 이익증가율^{**})] \\ \times 7년차\ 정상\ 주당순이익^{***}$$

* 일반적으로 성장기업은 향후 7년간 예상 이익증가율이 두 자릿수 이상인 기업이다.
** 7년 후 이익증가율(영구성장률)은 7%로 고정했다.
*** 현재의 내재가치를 계산할 때 사용한 '현재의 정상 주당순이익'에 '향후 7년의 예상 이익증가율'을 적용해 계산한다.

현재 내재가치는 현재 시점에서 그 기업의 상태를 보여준다. 현재 그 기업의 사업이 어떠한지 보여주며, 그 기업의 미래가치를 판단하는데(7년차 정상 주당순이익의 계산 등)도 도움을 준다.

미래 내재가치 계산은 해당 주식의 매수, 매도, 혹은 보유를 결정할 핵심 기준점을 제공해 준다. 해당 주식의 주가를 미래 내재가치와 비교해 그 주식의 매수, 매도, 혹은 보유를 결정할 수 있다.

기업의 현재 이익은 해당 기업이 증권거래위원회(SEC)에 제출한 10-K 연차보고서나 10-Q 분기보고서, 그리고 주주총회 안내문들을 분석해 추산할 수 있다.

일단 그 기업의 재무지표들을 분석하고 그 기업의 사업에 대해 철저히 이해하면, 그 기업의 정상 주당순이익과 향후 몇 년 간 실제 가능한 이익증가율에 대해 꽤 적절한 추산치를 구할 수 있다.

기업의 현재 이익을 추산하기 위해 살펴볼 이익으로 우리는 최근 12개월의 이익을 현재의 경기주기를 감안해 조정, 사용할 것을 제안한다.

현재의 이익을 이렇게 '정상화' 함으로써 그 기업을 경기주기적인 이익의 정점에서 매수하거나 경기주기적인 이익의 저점에서 매도할 확률을 줄일 수 있다. 또한 이는 현재의 경제나 산업 상황이 미치는 효과를 제거한 그 기업의 진정한 장기적인 이익증가율을 판단하는데도 도움이 된다.

각 기업에 대해 7년 금융모델을 수립할 것을 권한다.

한 기업을 분석할 때 우리는 손익계산서, 현금흐름표, 재무상태표를 사용해 그 기업을 전망한다. 그리고 우리는 기업 경영진의 질을 평가하고, 그 기업의 규모, 소속 산업의 규모, 그리고 성장 가능성을 살펴보고, 가능한 이익률을 판단한다.

그 기업의 사업모델과 재무실적을 검토한 후에만 우리는 그 기업의 7년 후 미래이익을 합리적으로 전망할 수 있다. 장기적인 성장률 하락을 고려해, 우리는 7년 후 이익증가율(영구성장률)은 7%로 '고정'하기로 했다.

기업의 내재가치와 주가는 거의 일치하지 않는다. 이에 대해 그레이엄은 "단기적으로 주식시장은 개표기와 같지만, 장기적으로는 체중계와 같다"고 했다. 시간이 가면 주가는 그 기업의 내재가치로 수렴된다.

해당 기업이 여러분의 예상대로 혹은 예상과 비슷한 실적을 내는 한, 투자 성공 여부는 이제 '인내'의 몫이다. 성장기업의 내재가치는 전적으로 그 미래에 있다.

4단계: 기준수익률을 설정하라

성공적인 투자를 위해서는 자신이 어느 정도의 수익을 원하는지부터 명확히 해야 한다.

이때 필요한 것이 기준수익률이다. '기준수익률'은 여러분이 매수하는 각 주식에서 올리기를 원하는 연평균 복리수익률이다. 기준수익률은 여러분이 경제적 목표를 달성하기 위해 매수하는 각 주식에 지불해야 할 가격을 판단하는데 핵심적인 기준이 된다.

여러분의 목표가 야심찰수록 기준수익률도 높아진다. 각 투자자의 목표에 따라 기준수익률은 투자자별로 크게 다를 수 있다.

보수적인 투자자나 단기 투자자는 5% 미만의 기준수익률에도 만족할 수 있다. 보다 적극적인 투자자는 8~10%의 기준수익률을 가질 수 있다. 아주 올바른 기질과 투자 지혜를 가진 소수의 뛰어난 투자자들은 10% 이상의 기준수익률을 설정할 수 있다.

기준수익률 설정에 핵심적인 2가지 관건은 여러분의 투자 목표와 그런 목표를 달성할 수 있는 여러분의 능력이다.

기준수익률은 장기적으로 원하는 수익률(장기적인 투자 목표)보다 약 2% 높게 설정해야 한다. 이는 심각한 약세장 그리고/혹은 장기간의 무수익에 대비하기 위한 것이다.

여러분의 기준수익률은 모든 매수 결정에 중요하다. 기준수익률이 장기적으로 원하는 수익률(장기적인 투자 목표)을 달성하기 위해 지불해야 할 가격을 결정하기 때문이다.

5단계: 안전마진을 구축하라

어떤 주식을 매수하기로 결정했을 때는 반드시 안전마진을 확보해야 한다.

'안전마진'은 주식의 내재가치와 시장가격의 차이로 보통 정의된다. 내재가치보다 상당히 낮은 가격에 거래되는 주식은 큰 폭의 안전마진을 가진 것이고, 내개가치보다 높은 가격에 거래되는 주식은 안전마진이 전혀 없는 것이다.

내재가치 대비 보다 낮은 가격에 주식을 매수할수록 안전마진은 더 커지게 된다. 그러나 안전마진이 있는 주식을 매수한다고 해서 그 주식으로 손실을 전혀 보지 않는다는 것을 의미하지는 않는다. 그 기업이 여러 이유로 인기와 관심을 잃어서 이전 주가보다 훨씬 밑으로 하락할 수도 있다. 그러나 전체적으로 안전마진은 손실을 피할 가능성을 높여준다.

개인투자자의 경우, 안전마진은 엄격하게 계량적 분석을 고수해서 확인해야 한다. 반드시 원칙대로 해야 한다. 경험이 쌓이면 질적 요인들도 고려할 수 있게 된다. 안전마진을 계산해서 그 주식이 안전하다는 것을 확인한 후에만 그 주식을 매수해야 한다.

훌륭한 투자자가 되려는 사람은 각각의 주식 매수는 각고의 노력을 기울여 해야 한다는 것을 알아야 한다.

골프에서 방금 친 샷은 그 다음 칠 샷과는 거의 아무런 관계가 없다. 투자도 마찬가지다. 최근 일련의 투자 성공이 다음 투자의 성공을 의미하는 것은 아니고, 최근 일련의 투자 실패가 다음 투자의 실패를 의미하는 것도 아니다.

그레이엄의 기본적인 방법을 따른다면, 최근 투자에 실패했어도 다음 투자에는 성공할 수 있다. 훌륭한 투자자는 그 이전 실적이 어땠든지 간에 그 다음에 할 각각의 주식 매수에서 반드시 적절한 안전마진을 고집한다.

그리고 각 주식 매수에서 적절한 안전마진을 계산하고 확보하는 능력에 따라 보유하는 종목 수가 결정된다.

그레이엄은 기업에 대한 진정한 가치평가에 기초한 정확한 안전마진을 계산하기 위해서는 그 기업의 (사업이 정상 이하일 때의 기간도 가급적 포함해) 수년간의 실적을 평가해야 한다고 했다.

우리는 우리가 매수하는 성장기업의 안전마진을 설정할 때 다음 3가지 핵심 규칙을 따른다.

> 1. 무엇을(어떤 주식을) 소유하는지 알 것
> 2. 적절한 전망치를 수립할 것
> 3. 적절한 기준수익률을 설정할 것

가치기업의 경우 현재 내재가치 미만의 가격에 주식을 매수함으로써 안전마진을 확보할 수 있다. 그러나 성장기업의 경우 투자자들은 그 기업의 미래가치를 고려해야 한다. 성장기업의 안전마진은 그 주식의 현재가치보다는 미래가치에 입각해 설정한다. 우리는 해당 기업의 7년 후 내재가치 전망치에 입각해 안전마진을 설정한다.

우리는 오랫동안 12%의 기준수익률을 사용해 왔다. 우리가 이 목표에 조금 미달해서 10%의 수익률을 올리는데 그친다면, 우리가 그다지 즐거워하지는 않겠지만 그래도 여전히 상당한 수익을 올린 셈이 된다.

여러분이 항상 장기적인 목표 수익률을 달성하지는 못할 것이다. 그러나 보수적으로 예상한 미래의 내재가치를 계산하는 7년 금융모델을 잘 구축하고, 이와 함께 매수하는 모든 주식에 대해 충분한 안전마진을 설정하면, 성공 확률을 높일 수 있을 것이다.

6단계: '미스터 마켓'을 이용하라

미스터 마켓의 행동 특성은 기민한 투자자에게 매력적인 가격에 주식을 매수할 수 있는 일련의 기회를 계속 제공한다. 클릭 몇 번으로 즉석에서 주식을 살 수 있게 되었기 때문에 우리는 주가 하락을 이용해 매력적인 가격에 주식을 살 수 있는 유연성을 갖게 되었다.

그런데 미스터 마켓의 움직임은 불필요하게 포지션을 매도하게 만들기도 한다. 우리는 매일매일의 시장 움직임에 쉽게 휩쓸릴 수 있다.

기민한 투자자는 주식시장에 대해 다소 양면적으로 접근할 필요가 있다. 즉, 매수 시점에는 주가의 변동성을 이용해야 하지만, 그 외의 경우에는 시장의 등락을 무시하고 해당 기업의 펀더멘털 동향에 집중해야 한다. 그리고 이렇게 하기 위해서는 규율과 준비가 필요하다.

그리고 주가가 너무 많이 올라서 안전마진이 사라질 위험에 처했을 때만 매도를 고려해야 한다.

기업의 내재가치와 주가가 큰 차이를 보일 수 있다는 그레이엄의 통찰은 투자 성공에 매우 중요하다. 투자세계에서 성공하기 위해서는 내재가치와 주가의 차이를 이해해야 한다. 어떤 이유든 간에 주가가 하락하면 우리의 기분이 별로 좋지 않겠지만, 이제 주가는 더 싸졌고 안전마진은 더 커진 것이다. 반면, 주가가 상승하면 우리의 기분은 더 좋아지겠지만, 안전마진은 줄어들고 있는 것이다.

이는 악재에 주가가 급락하고 있을 때 특히 중요하다. 이런 상황에서는 냉철한 사고와 올바른 결정이 큰 보상을 제공해줄 수 있다.

기업의 내재가치와 주가의 차이를 잘 이해하는 투자자라면 전체 투자자의 최소한 75%보다는 더 굳건한 토대 위에서 투자하고 있는 것이라고 우리는 믿고 있다.

7단계: 포지션은 점진적으로 구축하라

월스트리트가 만들어내는 변동성을 이용해 한 주식에 대한 포지션을 장기적으로 구축하는 것이 좋다. 어떤 주식에 대해 일단 최초의 포지션을 구축한 후, 그 주식의 주가가 하락하는 적절한 시기에 추가 매수해 포지션을 늘릴 수 있다.

이런 식으로 한 주식에 대한 포지션을 장기적으로 구축하면 시간을 두고 경영진의 능력을 평가할 수도 있다. 경영진이 공표한 목표를 향해 꾸준히 나아가고, 사업모델을 고수하며, 경쟁우위를 유지하고, 사업계획을 충실히 이행하면, 기회가 올 때마다 확신을 갖고 그 기업에 대한 포지션을 늘릴 수 있을 것이다.

장기 투자자는 주가가 오르면 계속 보유하고, 하락하면 추가 매수하는 식으로 시장 변동성을 이용해 유리한 가격에 해당 주식에 대한 포지션을 구축해나갈 수 있다.

이런 전략은 단순해 보이지만 상당한 규율이 필요하다. 그레이엄의 가치평가 공식을 사용해 미래의 내재가치를 추산하면, 감정을 억제하고 장기에 초점을 맞추는데 필요한 기준을 얻은 것이다. 그러면 시장의 단기 반응을 이용해 적정가격보다 낮은 가격에 훌륭한 주식 포지션을 구축할 수 있다.

광범위하고 무시무시한 금융위기가 진행되는 그런 드문 경우에는 훌륭한 기업을 정말 헐값에 매수할 수도 있는데, 이런 경우를 '합법적인 대절도$^{legalized\ grand\ theft}$'라고 한다.

8단계: 장기적으로 투자하라

주식은 매일 거래되지만, 장기적인 투자자산이다. 주가는 단기적으로는 무작위적이지만 장기적으로는 분명 효율적이다.

장기적으로 살아남고 성공하는 투자를 원한다면, 영원히 보유할 생각 없이는 절대 주식을 매수해서는 안 된다.

9단계: 외부의 영향은 최대한 무시하라

일반 아마추어부터 노련한 프로에 이르기까지 모든 투자자들은 투자하는 동안 많은 외부 영향에 시달릴 수 있다.

금융기관들은 여러분에게 필요 없는 비싼 상품들을 팔려고 할 것이고, 주식중개인들은 여러분 돈이 모두 없어질 때까지 그 돈을 투자하려고 할 것이다. 언론의 헤드라인들은 여러분을 잘못된 방향으로 이끌 수도 있다.

모든 투자자는 투자과정에서 심리적, 감정적 요인에 시달릴 것이다. 이는 인간이 살아가는 한 어쩔 수 없는 일이다.

그러나 최고의 투자자는 중요한 것에 초점을 맞추고 나머지는 그냥 무시하는 법을 아는 사람이다. 자신의 투자 능력을 더 높이길 원하는 사람은 이런 능력을 배워야 한다.

투자를 단순화하라

주식시장의 멋진 특징 중 하나는 모두가 승자가 될 수 있다는 것이다. 밀물은 모든 배를 띄운다.

그러나 투자에 성공하길 원하는 투자자는 건전한 투자법을 따라야 한다. 미스터 마켓과 안전마진을 이해하면, 성공적인 투자과정을 개발하고 실행할 수 있는 강력한 토대를 얻게 된다.

이런 방법론을 이용해 얻을 수 있는 가장 큰 혜택은 아마도 투자를 단순화할 수 있다는 것일 것이다. 원하는 주식에 지불할 올바른 가격을 결정하게 되면, 그 밖의 것들(시장, 경제, 가족이나 친구의 조언, 심지어는 자신의 감정조차)은 문제가 되지 않는다.

워런 버핏은 「그레이엄과 도드 진영의 슈퍼 투자자들」에서 월터 슐로스$^{Walter\ Schloss}$의 투자 기법에 대해 다음과 같이 말했다(워런 버핏과 월터 슐로스는 그레이엄의 제자들로 1950년대 그레이엄-뉴만 투자회사$^{Graham\text{-}Newman\ Corp}$에서 함께 일했던 동료이기도 하다).

"그는 가치보다 상당히 낮은 가격에 팔리는 증권을 찾는 법을 알고 있다. '그게 그가 하는 일의 전부'다. 그는 그때가 1월인지, 월요일인지, 선거가 있는 해인지 등에 대해서는 전혀 관심이 없다. 그가 그저 하는 말은, '한 기업의 가치가 1달러인데 내가 40센트에 그 기업을 살 수 있다면, 내게 좋은 일이 있을 것'이라는 것이다. 그리고 그는 이런 일을 되풀이하고 또 되풀이 했다. 그는 내가 보유했던 것보다 더 많은 주식 종목을 보유하고 있다. 그리고 해당 기업의 기본 성격에 대해서는 나보다 훨씬 관심이 적다. 내가 월터에게 그리 큰 영향을 미친 것 같지는 않다. 아무도 그에게 큰 영향을 미치지 못한다는 것, 그게 바로 그의 강점 중 하나다."

여러분이 (주식 선정과정을 오염시킬 수 있는 많은 외부 영향을 피하면서) 객관적인 분석과 냉철한 계산을 통해 이 책에서 소개한 투자 원칙들을 잘 실행할 수 있다면, 성장주 투자자로서 평생 성공을 맛볼 수 있을 것이다.

부록

현재가치와 미래가치

현재가치의 미래가치 계산

한 투자자산의 실제 가치는 무엇일까? 그것은 그 투자자산이 여러분에게 제공할 '미래현금흐름의 현재가치'이다.

동일한 금액이라면, 지금으로부터 1년 후 미래의 현금흐름은 현재 여러분의 수중에 있는 현금보다 그 가치가 적다. 미래현금흐름의 가치가 불확실하고, 1년 동안 여러분이 그 현금을 다른 데 사용하는 것을 미룬 대가로 요구할 수 있는 '돈 사용료^{rent}'가 발생하기 때문에 그렇다.

한 투자자산의 가치를 결정할 때 우리는 우리 투자금에 대해 연간 12%의 기준수익률, 혹은 연간 '돈 사용료'를 요구한다. 이는 그 투자에 따른 리스크를 부담한 것, 그리고 그 투자금을 다른 데 사용하는 것을 미룬 것에 대한 보상을 받기 위한 것이다.

12%의 기준수익률을 사용하면, 지금 현재 투자한 100달러가 1년 후 112달러(투자원금 100달러 + 투자원금 사용료 12달러)가 되어야 그 투자가 정당화된다. 이를 수식으로 나타내면 다음과 같다.

현재	⟶	지금부터 1년 후
현재가치	현재가치 × (기준수익률 +1)	미래가치
100달러	100달러 × (0.12 + 1)	112달러

이 수식은 또 다음과 같이 바꿔 쓸 수 있다.

$$PV(100달러) = FV_{1yr}(100달러 + 12달러)$$
$$= FV_{1yr}(100달러 \times 112\%)$$

이 수식이 의미하는 것은 현재 100달러의 가치는 지금부터 1년 후 112달러와 그 가치가 같다는 것이다. 1년 이후의 미래가치를 판단할 때도 이런 과정을 그대로 반복하면 된다.

1년 동안 여러분의 돈을 투자에 사용하는 것에 대해 여러분이 부과하는 기준수익률, 혹은 돈 사용요율이 12%라면, 처음 1년 동안 여러분은 100달러를 빌려주는 대가로 최소 12달러의 사용료를 요구하는 것이다. 이런 식으로 3년차에는 125.44달러의 12%, 즉 15.05달러를 사용료로 부과하게 될 것이다. 이때의 수식은 다음과 같다.

현재	⟶	지금부터 3년 후
현재가치	현재가치 × (3년 동안의 사용료)	미래가치
100달러	100달러 × [(0.12 + 1) × (0.12 + 1) × (0.12 + 1)]	140.49달러

이 수식은 다음과 같이 바꿔 쓸 수도 있다.

PV(100달러)

= FV_{3yr}[100달러 + (12달러 + 13.44달러 + 15.05달러)]

= FV_{3yr}[100달러 × (112% × 112% × 112%)]

= FV_{3yr}[100달러 × (112%^{3})]

이 수식과 관련해 유념해야 할 것이 2가지 있다.

첫째, 매년 더 많은 돈을 빌려주게 되므로 돈 사용료는 매년 오른다는 것이다. 이게 바로 복리의 힘이다.

둘째, 마지막 수식에서 112%는 3제곱(112%^{3})이 된다는 것이다. 이는 3년 동안의 돈 사용료를 모두 한 번에 표기한 것으로 '112% × 112% × 112%'를 의미한다. 이는 분수식이나 소수점으로도 표기할 수 있는데, 예를 들어 100달러를 2½년 동안 12%의 기준수익률로 빌려줄 때 미래가치는 '100달러 × 112%$^{2.5}$(132.75달러)'와 같이 쓸 수도 있다.

미래현금흐름의 현재가치 계산

이를 역으로 계산하면 미래현금흐름의 현재가치를 구할 수 있다.

동일한 12% 기준수익률을 사용할 때, 지금부터 1년 후 100달러는 지금 현재가치로는 얼마일까?

앞에서 우리는 100달러의 1년 후 가치를 계산하기 위해 100달러에 112%를 곱했다. 따라서 이것을 거꾸로 해 100달러를 112%로 나누면 된다.

이 수식은 다음과 같다.

현재	←	지금부터 1년 후
현재가치	미래가치 ÷ (기준수익률 + 1)	미래가치
89.29달러	100달러 ÷ (0.12 + 1)	100달러

이 수식은 다음과 같이 바꿔 쓸 수도 있다.

$$FV_{1yr}(100달러) = PV(100달러 - 10.71달러)$$
$$= PV(100달러 ÷ 112\%)$$

여기서 10.71달러는 89.29달러의 12%이며, 89.29달러를 1년 동안 12%의 사용요율로 빌려줄 때 부과될 수 있는 사용료다. 지금으로부터 몇 년 후 현금흐름의 현재가치를 계산할 때도 이런 수식을 이용하면 된다. 예컨대 3년 후 100달러의 현재가치는 다음과 같다.

현재	←	지금부터 3년 후
현재가치	미래가치 ÷ (3년 동안의 사용료)	미래가치
71.18달러	100달러 ÷ [(0.12 + 1) × (0.12 + 1) × (0.12 + 1)]	100달러

이 수식은 다음과 같이 바꿔 쓸 수도 있다.

FV_{3yr}(100달러)

= PV[100달러 − (10.71달러 + 9.57달러 + 8.54달러)]

= PV[100달러 ÷ (112% × 112% × 112%)]

= PV[100달러 ÷ (112%^{3})]

증권의 가치

이 수식들을 사용해 한 증권이 그 증권 보유자에게 미래에 지불할 현금흐름을 계산할 수 있다면, 그렇게 계산한 모든 미래현금흐름의 현재가치를 더하는 것은 수학적으로 간단한 계산이 된다. 그리고 이와 같은 미래현금흐름의 현재가치의 합이 그 증권의 가치다.

예를 들어 한 채권이 3년 동안 연간 10달러의 이자를 지불하고 3년 차 말에 액면가 100달러도 같이 지불한다고 하면, 그 채권의 가치(그 채권이 앞으로 지불할 현금흐름의 현재가치의 합)는 다음과 같다.

1년차	2년차	3년차	미래현금흐름의 현재가치의 합
10달러 ÷ 112%	10달러 ÷ 112%^{2}	110달러 ÷ 112%^{3}	= 95.2달러
8.93달러	7.97달러	78.3달러	

(미래현금흐름 및 그 기간이 확정된 채권과는 다른) 주식의 가치를 평가하기 위해서는 추가로 2가지 통찰이 더 필요하다.

첫째, 주식의 경우 미래현금흐름의 가치가 불확실하다. 따라서 그 주식의 가치를 계산하기 전에 미래현금흐름을 (보수적으로) 추산해보아야 한다.

둘째, 이론적으로 주식은 무한한 미래까지 현금흐름을 창출한다. 따라서 무한한 미래의 현금흐름의 현재가치를 일일이 계산하는 일을 피하기 위해서는 그런 무한한 현금흐름의 합을 계산하는 축약방정식 reduced equation을 사용해야 한다.

예를 들어 5달러의 배당금을 지급하는 주식을 생각해보자. 그리고 이 배당금이 매년 5%씩 늘어난다고 해보자. 첫 해 배당금은 5달러이고, 다음 해 배당금은 5.25달러가 되는 식이다. 기준수익률은 여전히 12%다. 그렇다면 연차별 배당금을 계속 계산하는 일 없이, 다음과 같은 축약방정식을 사용해 그 주식의 모든 배당금의 총가치를 계산할 수 있다.

현재가치 = 내년의 배당금 ÷ (기준수익률 - 배당금증가율)
75달러 = 5.25달러 ÷ (12% - 5%)

이를 일반화 한 수식은 다음과 같다.

$$PV = [D_{0yr} \times (1 + g)] \div (k - g)$$
$$= D_{1yr} \div (k - g)$$

여기서 D는 배당금, k는 기준수익률, g는 배당금증가율(배당성장률)이다.

이 방정식을 고든성장모형$^{\text{Gordon growth model}}$ 혹은 고든의 배당성장모형이라고 한다.

일반적으로 이 모형은 한 주식의 이른바 '잔존가치$^{\text{terminal value}}$(영구가치, 잔여가치라고도 한다)'를 계산하는데 사용된다.

한 애널리스트가 한 주식의 다음 3년의 배당금을 각각 1.15달러, 1달러, 1.25달러로 추산했다고 해보자. 그리고 그런 배당금이 그 후에는 무한한 기간까지 5%로 꾸준히 증가할 것이라고 가정해보자. 그러면 이 주식의 가치는 다음과 같이 계산될 수 있다.

	1년차	2년차	3년차	4년차 이후 무한	
배당금	1.15달러	1달러	1.25달러	연 5% 증가	= 16.03달러
현재가치	1.15달러 ÷ 112%	1달러 ÷ 112%^{2}	1.25달러 ÷ 112%^{3}	[1.31달러 ÷ (12% − 5%)] ÷ 112%^{3}	
	1.03달러	0.80달러	0.89달러	13.32달러	

이것이 미래현금흐름의 현재가치를 계산하기 위해 미래현금흐름을 할인하는 개념이다. 여기에서 사용된 방정식이 현금흐름할인모형(DCF)$^{\text{discounted cash flow model}}$이다.

현금흐름할인모형은 주식과 채권에서 회사 내부 프로젝트에 이르기까지 어떤 투자자산이든 그 자산의 가치를 평가하는데 사용될 수 있는 금융분석의 가장 기본적인 모델 중 하나다.

이 모형을 사용하면, 한 주식의 가치를 그 구성 시기별로 나눠볼 수 있다. 예컨대 미래의 전체 현금흐름의 가치 대신 처음 10년간 현금흐름의 가치를 평가할 수 있다.

성장주와 가치주

이를 증명하기 위해 우리는 성장주와 가치주를 비교해 볼 것이다. 성장주는 G라 하고 가치주는 V라 하자.

V는 배당금으로 매년 똑같은 10달러를 지급하며 배당금은 증가하지 않는다고 가정하자. G는 현재 5달러의 배당금을 지급하고 있으며, 배당금이 연 4.75% 증가한다고 가정하자. 이때 기준수익률(돈 사용료)이 연 10%라고 하면, 앞서 소개한 고든성장모형은 이 두 주식의 가치를 모두 100달러로 계산한다.

V = (10달러 × 100%) ÷ (10% - 0%) = 100달러
G = (5달러 × 104.75%) ÷ (10% - 4.75%) = 100달러

이를 다른 식으로 계산할 수 있는데, 그것은 매년 지급되는 각 배당금의 가치를 합하는 것이다. 가치주의 경우 다음과 같은 식이 된다.

V = (10달러) + (10달러 ÷ $110\%^1$) + (10달러 ÷ $110\%^2$)
  + (10달러 ÷ $110\%^3$) + ⋯

그리고 성장주의 경우는 다음과 같은 식이 된다.

$$G = (5달러) + (5.24달러 \div 110\%^1) + (5.49달러 \div 110\%^2)$$
$$+ (5.75달러 \div 110\%^3) + \cdots$$

성장주의 경우 배당금은 매년 4.75%씩 계속 증가한다. 이를 그래프로 그려놓으면 이 두 주식의 차이를 쉽게 확인할 수 있다.

V의 미래현금흐름을 보여주는 것이 [그림 A-1]이고, G의 미래현금흐름을 보여주는 것이 [그림 A-2]이다.

처음에는 가치주의 배당금이 많지만, 미래에는 (고든성장모형에서) 동일한 가치로 평가된 성장주가 훨씬 많은 배당금을 지급하게 된다.

이 두 주식이 같은 가치를 갖는 것으로 평가되는 이유는 더 빨리 지급된 배당금이 나중에 지급된 배당금보다 더 가치 있기 때문이다. 따라서 배당금 지급 상황이 [그림 A-1]과 [그림 A-2]와 같다 할지라도, (현금흐름할인모형에서처럼) 각 배당금을 그 현재가치로 할인하면 V의 배당금의 현재가치는 [그림 A-3]처럼 되고, G의 배당금의 현재가치는 [그림 A-4]와 같이 된다.

이 두 그림의 맨 오른쪽 막대그래프는 51년차 이후 무한대까지의 모든 배당금 가치의 합인 잔존가치를 나타낸 것으로, 고든성장모형 방정식 'PV = [D_{0yr} × (1 + g)] ÷ (k - g)'로 계산한 것이다.

이 두 그림은 성장주(G)와 가치주(V)의 중요한 차이를 보여준다.

성장주는 지금은 더 적은 배당금을 지급하고 있지만 미래로 갈수록 더 많은 배당금을 지급하고, 따라서 미래가치는 계속 증가한다. 반면, 가치주는 영구히 동일한 금액을 지급하며, 기준수익률이 전혀 변하지

그림 A-1 · 가치주(V): 현금흐름의 미래가치

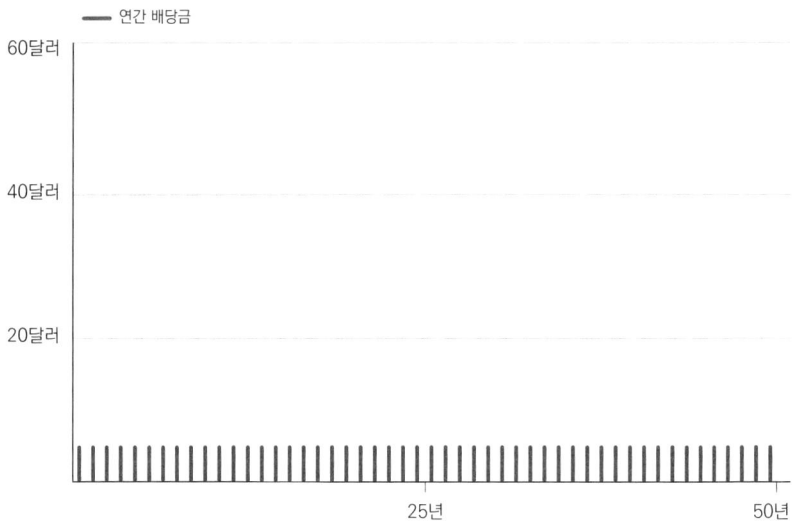

그림 A-2 · 성장주(V): 현금흐름의 미래가치

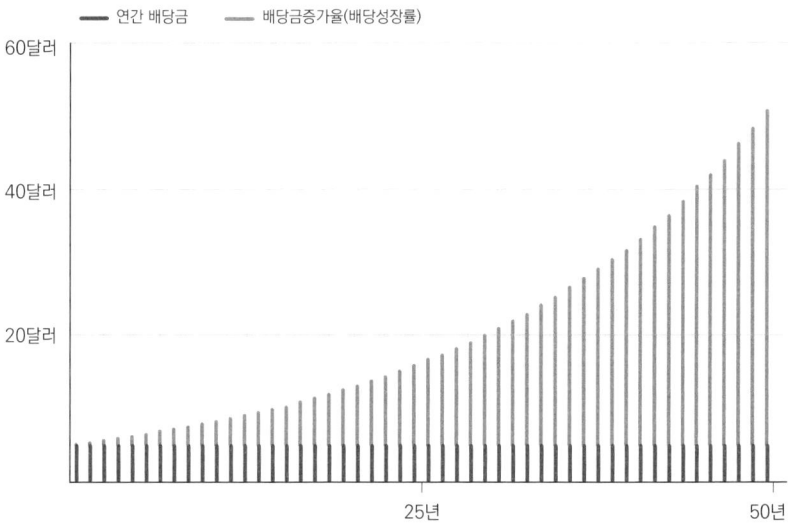

그림 A-3 · 가치주(V): 현금흐름의 현재가치

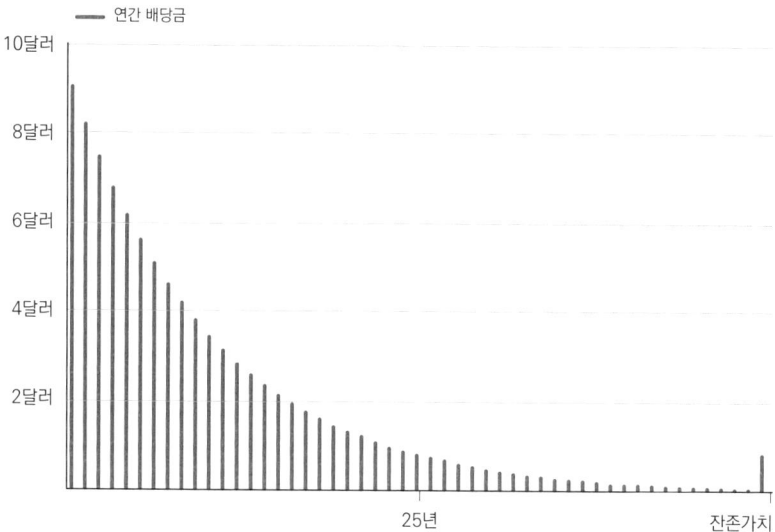

그림 A-4 · 성장주(V): 현금흐름의 현재가치

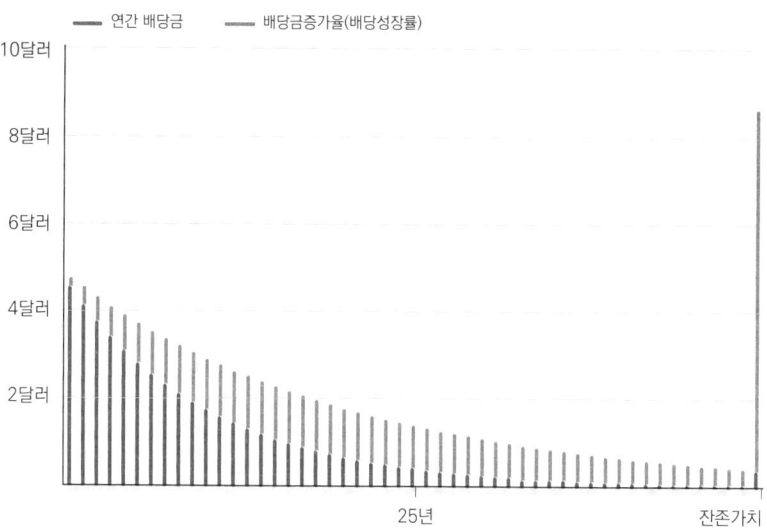

않는다고 가정하면 그 배당금의 미래가치는 감소한다.

결국 가치주의 경우, 향후 몇 년간 지급할 배당금에서 가치의 더 많은 부분이 창출된다. 따라서 지속적으로 자신의 기준수익률을 달성하기 위해서는 이 배당금을 기준수익률과 같은 수익률을 제공해주는 투자 기회에 재투자해야 한다.

그런데 그런 투자 기회가 항상 있어서 계속 이용할 수 있는 것은 아니다. 이를 '재투자 리스크$^{reinvestment\ risk}$'라고 하는데, 이런 재투자 리스크는 성장주보다 가치주에 더 크다.

물론 성장주도 연간 이익의 일부를 배당금으로 지급하기 때문에 어느 정도 재투자 리스크가 있지만, 그 리스크의 크기는 가치주만큼 크지 않다.

성장주의 수익률은 보다 광범위한 거시경제적 환경의 외부 재투자 기회보다는 그 기업 자체의 '내부 기회'에 더 많이 좌우된다.

채권의 가치평가

이를 보다 자세히 살펴보기 위해 간단한 연금의 사례를 살펴보자.

한 연금의 가치는 현재의 금리에 달려있다. 금리가 10%이면, 연간 10달러를 지급하는 연금의 가치는 100달러가 될 것이다(100달러 × 10% = 10달러). 만약 금리가 5%로 하락하면, 연간 10달러를 지급하는 그 연금의 가치는 200달러가 될 것이다(200달러 × 5% = 10달러).

전통적인 구조의 2가지 30년 만기 채권을 생각해 보자.

첫 번째 채권은 쿠폰채권$^{coupon\ bond}$으로 30년 동안 정해진 쿠폰이자를 지급한 후, 30년 만기 시에 액면 가액을 총액 상환한다. 두 번째 채권은 연간 지급금이 없고 30년 만기 시에 고정금액(채권 액면 가액 + 만기이자)을 상환하는 제로쿠폰채권$^{\text{zero coupon bond}}$이다.

제로쿠폰채권 매수자는 연간 지급금은 받지 않지만, 처음 이 채권을 매수할 때 만기 시 받기로 한 고정금액보다 상당히 적은 금액(투자 원금)을 지불하고, 만기 시 그 투자 원금보다 상당히 불어난 고정금액을 받는 것으로 보상을 받는다.

현실세계에서 채권의 가치를 평가할 때는 현재의 금리뿐 아니라 채권의 각 쿠폰이자를 지급받을 당시의 금리와 만기 시 받는 액면 가액도 고려해야 한다.

쿠폰채권 만기 전까지 금리가 크게 요동치면, 쿠폰이자를 재투자할 때의 금리도 훨씬 더 불확실해지고 투자 원금의 지급부터 30년 후 총가치는 (30년 동안 해야 할 모든 이자의 재투자에 따라 그 가치가 달라지기 때문에) 예측하기가 어렵다.

반면 제로쿠폰채권은 중간의 이런 금리 변화에 취약하지 않다. 따라서 30년 만기 시 제로쿠폰채권의 가치는 예측하기가 훨씬 더 쉽다. 그러나 제로쿠폰채권도 만기가 되면 받은 돈을 재투자해야 하며, 따라서 이 채권의 가치 역시 그 시점의 금리의 영향을 받게 된다.

채권의 이런 재투자 리스크를 측정하는 데 사용되는 지표가 '듀레이션^{duration}'이다. 여기서 듀레이션은 금리 변화에 대한 채권 가격의 민감성을 측정한 지표다.

듀레이션에는 또 다른 정의가 있는데, 그것은 듀레이션을 한 채권을 매수할 때 지불받을 할인된 현금흐름의 가중평균 만기^{maturity}로 보는 것이다. 여기서 '만기'는 약정된 지불이 다 이루어질 때까지의 기간을 말한다.

따라서 두 채권 중 제로쿠폰채권의 듀레이션은 30년(30년차에 1회로 약정된 지불이 이루어짐)인 반면, 쿠폰채권의 듀레이션은 쿠폰이자 지불액, 액면 가액 지불액, 그리고 당시의 금리 등에 따라 약 15년이 된다.

본질적으로 그 당시 거시경제적 환경이 제공하는 단기적인 재투자 기회(예컨대 단기 시장금리)가 채권의 궁극적인 총가치에 미치는 영향은 듀레이션이 짧을수록 커지고, 듀레이션이 길수록 적어진다. (그런데 듀레이션이 긴 채권을 만기까지 보유하지 않고 중간에 매도할 때 가격은 그 채권의 미래 예상가치의 단기적인 변동에 더 민감할 수는 있다. 그런 미래 예상가치의 단기적인 변동이 장기적으로 보다 큰 영향을 미치는 것으로 종종 인식되기 때문이다.)

성장주의 이점

성장주와 가치주로 다시 돌아오면, 가치주의 듀레이션이 더 짧고 그 궁극적인 가치가 재투자 기회에 더 많은 영향을 받는다. 반면에 성장주의 듀레이션은 더 길고 그 궁극적인 가치는 그 자체의 내적 투자기회에 더 많은 영향을 받는 것이 분명하다.

이는 매우 중요한 차이다. 가치주의 가격이 상승하고 전체 경제의 투자 기회가 덜 매력적일 경우, 가치주 장기 투자자는 가치주가 아닌 다른 주식이나 자산(현금, 채권, 혹은 덜 익숙한 대체투자자산)에 대한 투자를 고려해야 한다. 그게 아니라면 상승한 가격이라도 가치주에 재투자해서 결국엔 자신의 전체 투자 가치를 훼손할 수밖에 없다.

전체 경제와 모든 종류의 자산 전반에 걸쳐 불확실성이 상당히 높으면 가치주 투자자는 (인플레이션 위협이 있을 경우엔 현금까지도 포함해서) 재투자할 '어떤' 매력적인 기회도 찾기 어려울 것이다.

성장주 장기 투자자의 경우는, 역시 재투자 문제에 어느 정도 취약점이 있긴 하지만, 해당 기업이 이용할 수 있는 내부 기회에 더 많은 영향을 받을 것이다.

성장주는 그 운명을 스스로 통제하지만, 가치주는 경제와 시장가격의 변화에 더 많이 휘둘린다. 더 나은 시장기회가 발생하면 가치주 투자자와 성장주 투자자 모두 그 기회를 이용할 수 있다. 그러나 그런 기회가 없을 경우, 성장주 투자자는 자신이 그 장기적 가치를 이해하고 투자한 투자자산으로부터 더 잘 보호받을 수 있다.

이것이 이 책 전반에 걸쳐 말하고자 했던 핵심 주장 중 하나다.

요컨대 부지런하고 현명한 투자자라면 세계경제의 그 거대하고 복잡한 내용보다는 몇 개의 질적으로 우수한 성장기업들의 장기 전망을 더 효과적으로 분석해낼 수 있다. 따라서 그런 투자 기회들에 자신의 시간, 노력, 돈을 장기적으로 더 유리하게 투자할 수 있다.

함께 읽으면 좋은 부크온의 책들

- 가치투자는 옳다 — 장마리 에베이야르
- 박 회계사의 재무제표 분석법 (개정판) — 박동흠
- 워런 버핏처럼 주식투자 시작하는 법 — 메리 버핏, 션 세아
- 인생주식 10가지 황금법칙 — 피터 세일런
- 주식고수들이 더 좋아하는 대체투자 — 조영민
- 금융시장으로 간 진화론 — 앤드류 로
- 현명한 투자자의 지표 분석법 — 고재홍
- 투자 대가들의 가치평가 활용법 — 존 프라이스
- 워런 버핏처럼 가치평가 시작하는 법 — 존 프라이스
- 투자의 가치 — 이건규
- 워런 버핏의 주식투자 콘서트 — 워런 버핏 강연 모음
- 적극적 가치투자 — 비탈리 카스넬슨
- 투자의 전설 앤서니 볼턴 — 앤서니 볼턴
- 주식투자자를 위한 재무제표 해결사 V차트 — 정연빈
- 워런 버핏의 ROE 활용법 — 조지프 벨몬트
- 주식 PER 종목 선정 활용법 — 키스 앤더슨
- 돈이 불어나는 성장주식 투자법 — 짐 슬레이터
- 현명한 투자자의 인문학 — 로버트 해그스트롬
- 워런 버핏만 알고 있는 주식투자의 비밀 — 메리 버핏, 데이비드 클라크
- 박 회계사의 사업보고서 분석법 — 박동흠
- 이웃집 워런 버핏, 숙향의 투자 일기 — 숙향
- NEW 워런 버핏처럼 적정주가 구하는 법 — 이은원
- 줄루 주식투자법 — 짐 슬레이터
- 경제적 해자 실전 주식 투자법 — 헤더 브릴리언트 외
- 바이오 대박넝쿨 — 허원
- 붐버스톨로지 — 비크람 만샤라마니
- 워렌 버핏처럼 사업보고서 읽는 법 — 김현준
- 안전마진 — 크리스토퍼 리소길
- 주식 가치평가를 위한 작은 책 — 애스워드 다모다란
- 워렌 버핏처럼 열정에 투자하라 — 제프 베네딕트
- 고객의 요트는 어디에 있는가 — 프레드 쉐드
- 투자공식 끝장내기 — 정호성, 임동민
- 앞으로 10년을 지배할 주식투자 트렌드 — 스콧 필립스
- 워렌 버핏의 재무제표 활용법 — 메리 버핏, 데이비스 클라크
- 현명한 투자자의 재무제표 읽는 법 — 벤저민 그레이엄, 스펜서 메레디스